ALEXANDER EISENKOPF/ANDREAS KNORR (Hrsg.)

Neue Entwicklungen in der Eisenbahnpolitik

Schriftenreihe der Hochschule Speyer

Band 189

Neue Entwicklungen in der Eisenbahnpolitik

Herausgegeben von

Alexander Eisenkopf
Andreas Knorr

Duncker & Humblot · Berlin

Bibliografische Information der Deutschen Nationalbibliothek

Die Deutsche Nationalbibliothek verzeichnet diese Publikation in der Deutschen Nationalbibliografie; detaillierte bibliografische Daten sind im Internet über http://dnb.d-nb.de abrufbar.

Fotoprint: Berliner Buchdruckerei Union GmbH, Berlin
Printed in Germany

ISSN 0561-6271
ISBN 978-3-428-12649-1

Gedruckt auf alterungsbeständigem (säurefreiem) Papier
entsprechend ISO 9706 ♾

Internet: http://www.duncker-humblot.de

Vorwort

2007 legte die Monopolkommission erstmals ein – fortan alle zwei Jahre zu erstellendes – Sondergutachten nach § 36 des Allgemeinen Eisenbahngesetzes (AEG) vor. Diesem gesetzlichen Auftrag folgend untersuchte die Monopolkommission darin den Stand und die absehbare Entwicklung des Wettbewerbs auf den Märkten des Eisenbahnwesens in der Bundesrepublik Deutschland. Zur Vorbereitung ihres Sondergutachtens beauftragte die Monopolkommission die beiden Herausgeber dieses Bandes mit der Erstellung von Forschungsgutachten zu aktuellen Fragestellungen der Eisenbahnpolitik. Diese wurden Ende Dezember 2006 von der Monopolkommission abgenommen und sollen hiermit in leicht überarbeiteter und aktualisierter Form einer breiteren Öffentlichkeit vorgestellt werden. Wir danken der Monopolkommission, insbesondere ihrem Vorsitzenden, Herrn Prof. Dr. Dr. h.c. *Jürgen Basedow* LL.M, ihrem Generalsekretär, Herrn Dr. *Horst Greiffenberg*, sowie dem für die Projektbetreuung zuständigen wissenschaftlichen Mitarbeiter, Herrn Dr. *Andreas Arndt*, für die jederzeit überaus angenehme Zusammenarbeit. Last, but not least gebührt Frau *Ilse Steiger* großer Dank für die stets umsichtige und sachkundige Formatierung des Bandes.

Speyer / Friedrichshafen, im Oktober 2007

Andreas Knorr
Alexander Eisenkopf

Inhaltsverzeichnis

Intermodale Wettbewerbsbeziehungen im Verkehr und Wettbewerbsverzerrungen

Von Alexander Eisenkopf

unter Mitarbeit von Carsten Hahn und Christian Schnöbel

I. Problemstellung und Gang der Untersuchung

Der intermodale Wettbewerb auf den Verkehrsmärkten und eventuelle Wettbewerbsverzerrungen zwischen den Verkehrsträgern bilden seit vielen Jahren einen Schwerpunkt der verkehrspolitischen Diskussion. Erstaunlicherweise mangelt es in der Literatur aber weitgehend an Forschungsarbeiten, die sich dem Problem der Abgrenzung relevanter Märkte im Transportsektor aus intermodaler Perspektive widmen. Erst in jüngster Zeit sind Studien vorgelegt worden, welche die intermodalen Wettbewerbsbeziehungen zwischen den Verkehrsträgern intensiver bearbeiten.[1] Differenzierte Analysen der Wettbewerbs- und Substitutionsbeziehungen sind aber eine zentrale Voraussetzung der Beurteilung von Wettbewerbsverzerrungen zwischen den Verkehrsträgern – und bilden den Kern der Problemstellung dieser Studie.

Eine besondere Bedeutung kommt in diesem Kontext dem Schienenverkehr zu. Ein in der verkehrspolitischen Diskussion häufig vorgetragenes Argument läuft darauf hinaus, dass die Eisenbahn aufgrund von Wettbewerbsverzerrungen gegenüber dem Straßenverkehr und dem Luftverkehr, aber auch der Binnenschifffahrt benachteiligt sei. Wettbewerbsnachteile infolge von Abweichungen der künstlich gesetzten oder natürlichen Wettbewerbsbedingungen können aber nur relevant sein, wenn die angesprochenen Verkehrsträger tatsächlich im Wettbewerb stehen, d. h. auf demselben gemeinsamen Markt agieren.

Daher soll im Folgenden vertiefend untersucht werden, inwieweit der Schienenverkehr tatsächlich in verschiedenen Marktsegmenten mit anderen Verkehrsträgern konkurriert. Die Prüfung der wechselseitigen Substitutionsmöglichkeiten und Wettbewerbsbeziehungen muss dabei konsequenterweise dem Bedarfsmarktkonzept folgen, also die Austauschbarkeit aus der Sicht der Nach-

---

[1] Vgl. die Arbeit von *Zauner* (2006) und die Studie von *WIK-Consult* (2006).

frager herausarbeiten. Hierbei spielt die vertiefende Untersuchung der Kriterien des Verkehrsmittelwahlverhaltens der Nachfrager im Güter- und Personenverkehr eine wichtige Rolle.

Für die Analyse der intermodalen Wettbewerbsbeziehungen haben auch die intramodalen Wettbewerbsbeziehungen auf den einzelnen verkehrsträgerbezogen abgegrenzten Märkten eine nicht zu vernachlässigende Bedeutung. Auffällig ist hier die Diskrepanz zwischen der zumeist hohen Wettbewerbsintensität im Luftverkehr, Straßenverkehr und Binnenschiffsverkehr und der derzeit noch relativ geringen Verbreitung des intramodalen Wettbewerbs auf den Märkten des Schienenverkehrs. Eine Belebung des intramodalen Wettbewerbs im Schienenverkehr kann zudem Indizien hinsichtlich der Marktrelevanz intermodaler Wettbewerbsverzerrungen geben, da hiervon auch neu in den Markt eintretende Anbieter betroffen wären. Daher ist im Rahmen der Untersuchung auch eine Erörterung des intramodalen Wettbewerbs auf den Verkehrsmärkten und insbesondere der Möglichkeiten und Grenzen des Wettbewerbs auf den Schienenverkehrsmärkten vorzunehmen.

Letztlich sollte für die einzelnen Teilmärkte die Frage möglicher Verzerrungen des Wettbewerbs im Detail untersucht werden. Als Wettbewerbsverzerrungen wirken unterschiedliche Grade der Wegekostenanlastung, wettbewerbsrelevante Unterschiede bei Steuern und Subventionen, nicht internalisierte externe Kosten sowie spezifische institutionelle Besonderheiten der einzelnen Marktsegmente. Daher sind auch die potentiellen Wettbewerbsverzerrungen teilmarktbezogen zu diskutieren.

Der Gang der Untersuchung folgt der Logik der skizzierten Problemstellung. Kapitel II. widmet sich dem Problem der Abgrenzung relevanter Märkte im Transportsektor und dem Stand des intramodalen Wettbewerbs auf den einzelnen Märkten aus Verkehrsträgerperspektive. Daran anschließend wird in den Kapiteln III. und IV. der Wettbewerb auf den Personenverkehrs- und Güterverkehrsmärkten analysiert. Hierbei wird eine konsequent nutzerorientierte Perspektive eingenommen, d. h. die Märkte werden aus der Sicht des Kunden abgegrenzt. In beiden Fällen erfolgt eine differenzierte Diskussion der Determinanten des Verkehrsmittelwahlverhaltens. Die identifizierten Bestimmungsfaktoren der Verkehrsmittelwahl sind besonders wichtig für die Ableitung von Substitutionsbeziehungen zwischen den Verkehrsträgern.

Im Personenverkehr (Kapitel III.) wird zwischen Personennahverkehr und Personenfernverkehr differenziert, wobei für den Personennahverkehr die Zugehörigkeit des Öffentlichen Straßenpersonenverkehrs und des Schienenpersonennahverkehrs zu einem gemeinsamen Markt überprüft wird. Zudem wird analysiert, inwiefern der Motorisierte Individualverkehr (MIV) als Substitut des ÖPNV anzusehen ist, eine Frage, die sich auch im Personenfernverkehr stellt. Hier stehen allerdings die Wettbewerbsbeziehungen zum Luftverkehr im

Vordergrund, insbesondere zum neuen Marktsegment der Low Cost Airlines. Sowohl für den MIV als auch für den Luftverkehr werden in Kapitel III., Pkt. 3. mögliche Wettbewerbsverzerrungen auf ihre Validität geprüft.

Kapitel IV. widmet sich nach der Diskussion der güterverkehrsspezifischen Parameter der Verkehrsmittelwahl den Wettbewerbsbeziehungen zwischen Schienenverkehr und Binnenschifffahrt sowie Straßengüterverkehr. Hier werden anhand der Angebots- und Nachfragestrukturen gemeinsame Märkte abgegrenzt und anschließend wiederum Quellen potentieller Wettbewerbsverzerrungen überprüft. Die Studie schließt mit einer zusammenfassenden Bewertung der Relevanz von Wettbewerbsverzerrungen im intermodalen Wettbewerb und deren Bedeutung im Spannungsverhältnis von intermodalem und intramodalem Wettbewerb im Schienenverkehr.

II. Wettbewerb auf den Verkehrsmärkten aus Sicht des Schienenverkehrs

1. Abgrenzung relevanter Märkte

Bevor die Funktionsfähigkeit des Wettbewerbs auf einem Markt analysiert werden kann, ist zunächst der Marktbegriff zu klären. In der volkswirtschaftlichen Literatur bezeichnet der „Markt" den ökonomischen Ort des Tausches zwischen Anbietern und Nachfragern, auf dem sich die Preisbildung vollzieht. Der Markt ermöglicht demnach, dass Anbieter und Nachfrager miteinander in Kontakt treten und Informationen austauschen, um Güter und Dienstleistungen zu kaufen und zu verkaufen.[2]

Für eine Wettbewerbsanalyse ist diese volkswirtschaftliche Definition des Marktbegriffs allerdings nicht ausreichend. Stattdessen ist hier der *ökonomisch relevante Markt* von Belang. Dieser zeichnet sich dadurch aus, dass er alle miteinander im Wettbewerb stehenden Anbieter bzw. Nachfrager umfasst. Der relevante Markt ist demzufolge so abzugrenzen, dass von den nicht zum relevanten Markt zählenden Anbietern bzw. Nachfragern keine oder nur vernachlässigbar geringe Einflüsse auf das wettbewerbliche Verhalten der zum relevanten Markt gehörenden Gruppe von Anbietern bzw. Nachfragern ausgehen.[3]

Die Abgrenzung des relevanten Marktes erfolgt typischerweise nach sachlichen und räumlichen Kriterien. Während sich die sachliche Marktabgrenzung mit der Frage beschäftigt, welche Leistungen bzw. Produkte einem relevanten

---

[2] Vgl. *Demmler* (1997), S. 35.

[3] Vgl. *Schmidt* (2001), S. 49.

Markt zuzurechnen sind, geht es bei der räumlichen Marktabgrenzung um das Problem, welche geografischen Gebiete zum relevanten Markt gehören.[4]

Als geeignete Kriterien zur sachlichen und räumlichen Abgrenzung relevanter Märkte nennt die wettbewerbstheoretische Literatur üblicherweise die Nachfragesubstituierbarkeit (d. h. die Austauschbarkeit der angebotenen Leistung aus Sicht der Nachfrager) und die Angebotssubstituierbarkeit (d. h. die Fähigkeit der Unternehmen zur Umstellung des Angebots). Der relevante Markt sollte demnach alle Leistungen umfassen, die enge Nachfrage- oder Angebotssubstitute sind.[5] Diese Abgrenzungskriterien werden auch von den Wettbewerbsbehörden verwendet. So ist z. B. die Nachfragesubstituierbarkeit aus Sicht der Europäischen Kommission das primäre Abgrenzungskriterium, weil ihr die unmittelbarste und stärkste Disziplinierungswirkung im Hinblick auf die Preissetzung der Anbieter zugeschrieben wird. Die Substituierbarkeit beim Angebot wird in der Regel nur als ergänzendes Kriterium herangezogen.[6]

Gemäß dem Kriterium der Nachfragesubstituierbarkeit gehören Leistungen immer dann zu einem gemeinsamen Markt, wenn sie sich hinsichtlich ihrer Eigenschaften, Verwendungszwecke und Preise so ähnlich sind, dass sie vom Käufer als austauschbar (substituierbar) angesehen werden. Ein bedeutendes Instrument zur Beurteilung der Nachfragesubstituierbarkeit ist die Kreuzpreiselastizität. Sie setzt die prozentuale Änderung der Nachfragemenge (Q) einer als Substitut in Frage kommenden Leistung i ins Verhältnis zu einer marginalen prozentualen Änderung des mit P bezeichneten Preises einer Leistung j:

$$\varepsilon_{ij} = \frac{\partial Q_i}{Q_i} : \frac{\partial P_j}{P_j}$$

Steigt der Preis der betrachteten Leistung j und steigt in der Folge auch die Nachfrage nach der als Substitut in Frage kommenden Leistung i, so ist anzunehmen, dass zwischen beiden Leistungen eine Substitutionsbeziehung besteht. Von einer Substituierbarkeit der Leistungen ist demzufolge immer dann auszugehen, wenn der Wert der Kreuzpreiselastizität positiv ist.[7] Ein Problem der

---

4 Vgl. *Knieps* (2005), S. 48. Im Falle von gesetzlichen (z. B. Ladenschlussgesetz, Nachtflug- und Sonntagsfahrverbote), natürlichen (z. B. Saisonprodukte) und technisch-wirtschaftlichen (z. B. Einführung neuer Produkte) Gegebenheiten kann darüber hinaus auch eine zeitliche Abgrenzung des relevanten Marktes notwendig werden. Sie bezieht sich auf die Zeitpunkte, zu denen die Marktteilnehmer zum Leistungsaustausch bereit sind. Vgl. *Schmidt* (2001), S. 53.

5 Vgl. auch *Knieps* (2005), S. 49.

6 Dies gilt auch für den potentiellen Wettbewerb, der von der Europäischen Kommission als drittes Abgrenzungskriterium herangezogen wird. Vgl. *Europäische Kommission* (2001), C 372/6 f.

7 Vgl. *Knieps* (2005), S. 49; *Berndt / Kunz* (2003), S. 173.

Marktabgrenzung auf Basis von Kreuzpreiselastizitäten besteht jedoch darin, dass der Preis oftmals nicht in der Lage ist, alle entscheidungsrelevanten Nachfrageparameter abzubilden.[8]

Neben dem Konzept der Kreuzpreiselastizität kann auch das Prinzip des *theoretischen Monopolisten* zur Beurteilung der Nachfragesubstituierbarkeit einer Leistung herangezogen werden. Dieses Konzept basiert auf der direkten Preiselastizität der Nachfrage[9] und wird sowohl von der Europäischen Kommission als auch von den US-amerikanischen Wettbewerbsbehörden angewandt.[10] Der relevante Markt umfasst nach diesem Konzept die kleinste Menge an Leistungen und geografischen Räumen, für die eine inkrementale, permanente Preiserhöhung in Höhe von 5 bis 10 % mit den damit einhergehenden Absatzrückgängen bei den einbezogenen Leistungen gerade noch profitabel ist (sog. 5 %-Test). Mit anderen Worten: In einen sachlich und räumlich relevanten Markt werden solange weitere Leistungen und Gebiete einbezogen, bis eine dauerhafte 5 bis 10%ige Erhöhung der relativen Preise aller einbezogenen Leistungen die Gewinne der Anbieter erhöht. Dies ist der Fall, wenn der Preisanstieg nur zu einem unterproportionalen Rückgang der nachgefragten Menge führt, weil den Nachfragern keine Substitute (außerhalb des Marktes) mehr zur Verfügung stehen, auf die sie als Reaktion ausweichen können.[11]

Nach dem Kriterium der Angebotssubstituierbarkeit sind dem sachlich und räumlich relevanten Markt alle Anbieter zuzurechnen, die bei einer dauerhaften, inkrementalen Erhöhung der relativen Preise um 5 bis 10 % in der Lage sind, die relevanten Leistungen ebenfalls zu erstellen. Sie müssen in der Lage sein, diese kurzfristig, d. h. innerhalb eines Zeitraumes, in dem es zu keiner erheblichen Anpassung bei den Sachanlagen und immateriellen Aktiva kommen kann, auf dem Markt anzubieten. Sofern diese Flexibilität der Unternehmen zur Umstellung ihres Angebots gegeben ist, können dem sachlich und räumlich relevanten Markt auch Leistungen unterschiedlicher Güte zugeordnet werden, die aus Verbrauchersicht nicht unbedingt substituierbar sind.[12]

Anhand dieser Ausführungen wird deutlich, dass in der Wettbewerbstheorie keine objektiven Kriterien zur eindeutigen Abgrenzung der ökonomisch relevanten Märkte existieren.[13] Dies führt dazu, dass die Marktabgrenzung einem

---

[8] Vgl. dazu *Säcker* (2004) und *Ewald* (2004).

[9] Die direkte Preiselastizität der Nachfrage errechnet sich als Quotient aus der relativen Änderung der nachgefragten Menge eines Produktes bzw. einer Produktgruppe und der relativen Preisänderung dieses Produktes bzw. dieser Produktgruppe.

[10] Vgl. *Schulz* (2003), S. 34f.

[11] Vgl. *Europäische Kommission* (2001), C 372/7.

[12] Vgl. *Europäische Kommission* (2001), C 372/7-C 372/8.

[13] Vgl. *Knieps* (2005), S. 48.

beträchtlichen Ermessensspielraum unterliegt.[14] So ist beispielsweise die Größe des unter Anwendung des Prinzips des theoretischen Monopolisten abgegrenzten relevanten Marktes von der Höhe der unterstellten Preissteigerung abhängig. Im Falle einer hohen prozentualen Preissteigerung werden tendenziell mehr Nachfrager zur Substitution des Produktes bereit sein, so dass sich eine weite Abgrenzung des relevanten Marktes ergibt. Eine niedrigere prozentuale Preissteigerung könnte dagegen unterhalb der Wahrnehmungsschwelle liegen und damit zu einer engen Abgrenzung des relevanten Marktes führen.[15] Je enger jedoch der relevante Markt abgegrenzt wird, desto stärker sind in der Regel auch die Marktpositionen und damit auch die Marktmacht der in diesem Markt tätigen Unternehmen. Dabei besteht die Gefahr, dass der relevante Markt zu eng abgegrenzt wird, was dazu führt, dass ein bedeutender Teil des von anderen Anbietern ausgehenden Wettbewerbsdrucks, der die Unternehmen im relevanten Markt diszipliniert, vernachlässigt wird. Umgekehrt kann aber auch eine zu weite Abgrenzung des relevanten Marktes erfolgen. In diesem Fall besteht die Gefahr, dass sich tatsächlich vorhandene Marktmacht möglicherweise nicht identifizieren lässt.[16]

Auf Grundlage der zuvor beschriebenen theoretischen Grundlagen der Marktabgrenzung sind nun die relevanten Verkehrsmärkte in einem ersten Schritt sachlich und räumlich abzugrenzen. Im Unterschied zu den meisten anderen Wirtschaftsbereichen sind im Verkehrsbereich jedoch zwei Perspektiven der Marktabgrenzung zu unterscheiden: eine intramodale und eine intermodale Perspektive.[17]

Aus *intramodaler* Perspektive ist die Produktionstechnik der Verkehrsleistungserstellung das vorherrschende Marktabgrenzungskriterium, d. h. der relevante Markt umfasst alle aus Nachfragersicht substituierbaren Verkehrsleistungen, die mit derselben Produktionstechnik bzw. demselben Verkehrsträger erstellt werden. Bei intramodaler Marktabgrenzung sind demnach die Märkte für Transportdienstleistungen im Straßenverkehr, im Schienenverkehr, in der Binnenschifffahrt und in der Luftfahrt isoliert zu betrachten.

Aus *intermodaler* Perspektive sind dagegen die Substitutionsbeziehungen, die aus Sicht der Nachfrager zwischen den Verkehrsleistungen bestehen, das vorherrschende Marktabgrenzungskriterium. Bei intermodaler Marktabgrenzung kann der relevante Verkehrsmarkt daher auch Transportleistungen verschiedener Verkehrsträger umfassen. Entscheidend für die Zuordnung der Transportleistungen ist lediglich, dass diese aus Sicht der Nachfrager substitu-

---

[14] Vgl. *Schulz* (2003), S. 34f.

[15] Vgl. *WIK-Consult* (2006), S. 12.

[16] Vgl. *Knieps* (2005), S. 48.

[17] Vgl. im Folgenden *Berndt / Kunz* (2003), S. 172.

ierbar sind. Die Substituierbarkeit verschiedener Verkehrsträger bei der Transportleistungserstellung setzt voraus, dass die Anforderungen der Verkehrsnachfrager bzw. der Transportgüter an das Qualitätsprofil und den Preis der Verkehrsleistung (die Verkehrsaffinitäten) von den verschiedenen Verkehrsträgern ähnlich gut erfüllt werden.[18] Der Erfüllungsgrad dieser Anforderungen ist von der Verkehrswertigkeit (bzw. der Angebotsqualität) der Verkehrsträger abhängig. Diese umfasst verschiedene Dimensionen, die auch als Systemeigenschaften bezeichnet werden. Zu unterscheiden sind:[19]

- Transportdauer bzw. Schnelligkeit,
- Berechenbarkeit bzw. zeitliche Zuverlässigkeit,
- Flexibilität,
- Netzbildungsfähigkeit,
- Massenleistungsfähigkeit,
- Sicherheit,
- Bequemlichkeit,
- Umweltverträglichkeit und
- Preis.

Da sich die verschiedenen Verkehrsträger in ihren Systemeigenschaften unterscheiden, weisen auch die von ihnen erstellten Verkehrsleistungen unterschiedliche Qualitäten auf, d. h. sie sind heterogen. Aus Sicht der Verkehrsnachfrager können die Verkehrsleistungen allerdings trotzdem substituierbar sein, wenn sich die Vor- und Nachteile der Verkehrsträger im Hinblick auf die einzelnen Systemeigenschaften ausgleichen.

Diese Ausführungen verdeutlichen, dass die intermodale Perspektive der Marktabgrenzung üblicherweise zu einem breiter abgegrenzten relevanten Verkehrsmarkt führt als die intramodale Perspektive. Welche Perspektive gewählt wird, hängt letztlich davon ab, welche Erscheinungsform des Wettbewerbs untersucht werden soll. Während eine intermodale Marktabgrenzung die Analyse sowohl des intramodalen (innerhalb des Verkehrszweiges) als auch des intermodalen (verkehrsträgerübergreifenden) Wettbewerbs erlaubt, lässt die intramodale Marktabgrenzung notwendigerweise nur eine Untersuchung des intramodalen Wettbewerbs zu. In einigen Fällen führen die intramodale und die intermodale Perspektive der Marktabgrenzung allerdings auch zum selben relevanten Verkehrsmarkt. Dies ist immer dann der Fall, wenn eine Verkehrsleis-

---

[18] Vgl. *Voigt* (1973), S. 256.

[19] Vgl. *Voigt* (1973), S. 71-92; *Holzmüller* (1997), S. 553-555.

tung aufgrund spezieller unabdingbar zu erfüllender Anforderungen, die von der Seite der Nachfrager gestellt werden, nur durch einen bestimmten Verkehrsträger mit besonderen Systemeigenschaften erbracht werden kann.

Die sachliche und räumliche Abgrenzung der relevanten Märkte kann daher im Verkehrsbereich anhand der gleichen Kriterien erfolgen wie in anderen Wirtschaftsbereichen. Zur Beurteilung der Nachfragesubstituierbarkeit von Verkehrsdienstleistungen kann auf das Konzept der *Kreuzpreiselastizität* oder das Prinzip des *natürlichen Monopolisten* zurückgegriffen werden.[20] Dabei ist jedoch zu beachten, dass das Problem der unvollständigen Abbildung aller relevanten Nachfrageparameter durch den Preis auch im Verkehrsbereich besteht.

Die Verkehrsnachfrage dient der Befriedigung von Verkehrsbedürfnissen, d. h. Verkehr ist in der Regel kein Selbstzweck, sondern ein Mittel zur Erfüllung eines bestimmten Zwecks. Bei den Verkehrsbedürfnissen handelt es sich deshalb mehrheitlich um abgeleitete Bedürfnisse, weshalb auch die Verkehrsnachfrage einen *abgeleiteten Charakter* hat.[21] Die Determinanten der Verkehrsnachfrage sind dabei ökonomischer (Preise, Einkommen, Verfügbarkeit und Qualität von Verkehrsleistungen, Markttransparenz), soziodemographischer (Bevölkerungszahl, Alter, Geschlecht, Familienstand, Führerschein- und Fahrzeugbesitz) und raumstruktureller Art (Siedlungsstruktur der Haushalte, Standortstruktur der Unternehmen, Rohstoffvorkommen).[22]

Im Mittelpunkt der Verkehrsmittelwahlentscheidung stehen die ökonomischen Faktoren. Um ihre Entscheidung zu fundieren, gleichen die Verkehrsnachfrager ihre Anforderungen an die Verkehrsleistung mit den Systemeigenschaften der Verkehrsträger ab; dem Preis kommt daher oft nur eine untergeordnete Bedeutung für die Verkehrsmittelwahlentscheidung zu. Im Falle von speziellen unabdingbar zu erfüllenden Anforderungen können die unterschiedlichen Systemeigenschaften der Verkehrsträger zur Entstehung von Substitutionslücken zwischen den Verkehrsträgern führen, die nur durch erhebliche Preisdifferenzen, im Extremfall aber auch gar nicht ausgeglichen werden können.[23] In diesem Zusammenhang ist außerdem zu bedenken, dass der Preis der Verkehrsleistungen die unterschiedlichen Qualitätsprofile zwischen den verschiedenen Verkehrsträgern in der Regel nur unvollständig widerspiegelt, d. h. die unterschiedlichen Systemeigenschaften der Verkehrsträger müssen nicht zwangsläufig mit Preisunterschieden einhergehen. Dies führt dazu, dass die

---

[20] Vgl. *Berndt / Kunz* (2003), S. 173; *WIK-Consult* (2006), S. 21.

[21] Vgl. *Köberlein* (1997), S. 49f.

[22] Vgl. *Köberlein* (1997), S. 53f.

[23] Vgl. *Aberle* (2003), S. 16.

zwischen den Verkehrsträgern bestehenden Substitutionsbeziehungen von den Preiselastizitäten nicht vollständig abgebildet werden.[24]

Aus diesem Grund werden die relevanten Verkehrsmärkte in dieser Arbeit anhand einer detaillierten Analyse der Verkehrsmittelwahlentscheidungen abgegrenzt. Hierzu werden zunächst die für die Verkehrsmittelwahlentscheidung ausschlaggebenden Anforderungen der Verkehrsnachfrager an die Verkehrsleistungen dargestellt. Im Anschluss erfolgt eine Prüfung der zwischen den Verkehrsträgern bestehenden Substituierbarkeit, indem die von den Systemeigenschaften der Verkehrsträger abhängigen Erfüllungsgrade der Anforderungen systematisch analysiert und bewertet werden.

Anhand der zu befördernden Transportobjekte wird im Rahmen der Marktabgrenzung zunächst eine grobe Untergliederung der Märkte in Personen- und Güterverkehrsmärkte vorgenommen. Für diese beiden Märkte ist prinzipiell auszuschließen, dass die dort angebotenen Transportdienstleistungen in einer Substitutionsbeziehung stehen und damit einem gemeinsamen relevanten Markt zuzuteilen wären. Darüber hinaus erscheint es sinnvoll, die Personen- und Güterverkehrsleistungen nach der Beförderungsweite in Nah- und Fernverkehre zu untergliedern, da eine Substituierbarkeit zwischen Nah- und Fernverkehrsdienstleistungen i.d.R. nicht gegeben ist.[25]

Eine Analyse der Wettbewerbsbeziehungen im Verkehrsbereich sollte sich auf die genannten Teilmärkte konzentrieren, d. h. für jeden dieser Teilmärkte ist zu untersuchen, ob aus Sicht der Nachfrager Substitutionsbeziehungen zwischen den genannten Verkehrsträgern bestehen. In diesem Fall sind die Verkehrsträger demselben relevanten Markt zuzurechnen, was eine Analyse der intermodalen Wettbewerbsbeziehungen erst ermöglicht.

Für den *Personenverkehr* kommen insbesondere folgende Verkehrsträger in Betracht:

- Straße (Motorisierter Individualverkehr, Bus, Taxi),
- Schiene und
- Luft.

---

[24] Vgl. *Voigt* (1973), S. 258.

[25] In der amtlichen Verkehrsstatistik werden alle Personenverkehrsleistungen mit einer Beförderungsweite von weniger als 50 km oder einer Fahrtzeit von höchstens einer Stunde als Nahverkehrsleistungen erfasst. Alles was darüber hinausgeht, ist dem Personenfernverkehr zuzuordnen. Im Güterverkehr wird eine Abgrenzung gemäß der Beförderungsweite nur für den Verkehrsträger Straße durchgeführt. Hier wird zwischen Nahverkehr (1 bis 50 km), Regionalverkehr (51 bis 150 km) und Fernverkehr (ab 151 km) unterschieden. Vgl. *Aberle* (2003), S. 39.

Im Personenfernverkehr sind dabei insbesondere die Substitutionsbeziehungen zwischen dem Motorisierten Individualverkehr (MIV), dem Schienenpersonenfernverkehr (SPFV) und dem Luftverkehr zu untersuchen, um den relevanten Markt abzugrenzen. Im Personennahverkehr konzentriert sich die Marktabgrenzung dagegen auf die Substitutionsbeziehungen zwischen dem Motorisierten Individualverkehr, dem Schienenpersonennahverkehr (SPNV) und dem Öffentlichen Straßenpersonenverkehr (ÖSPV). In diesem Zusammenhang ist zu berücksichtigen, dass es sich beim Motorisierten Individualverkehr um eine Form der Eigenerstellung von Verkehrsleistungen handelt.[26]

Als relevante Verkehrsträger für den *Güterfernverkehr* sind zu nennen:

- Straßengüterverkehr,
- Schienengüterverkehr,
- Binnenschifffahrt,
- Rohrfernleitungen und
- Luftfrachtverkehr.

Der *Güternahverkehr* kann im Rahmen der weiteren Überlegungen vernachlässigt werden, weil die entsprechenden Verkehrsleistungen fast ausschließlich durch den Straßengüterverkehr erbracht werden und intermodale Wettbewerbsbeziehungen daher keine Rolle spielen. Dies ist darauf zurückzuführen, dass die übrigen Verkehrsträger aufgrund ihrer Systemeigenschaften im Güternahverkehr nicht als Substitute des Verkehrsträgers Straße wahrgenommen werden und demzufolge auch nicht dem relevanten Markt zuzurechnen sind. [27]

Im Güterfernverkehr können grundsätzlich alle genannten Verkehrsträger eingesetzt werden. Die Analyse wird sich jedoch vorwiegend auf die Wettbewerbsbeziehungen des Schienengüterverkehrs mit dem Straßengüterverkehr und der Binnenschifffahrt konzentrieren. Darüber hinaus wird der Wettbewerb zwischen dem Schienen- und dem Rohrfernleitungsverkehr thematisiert, der allerdings grundsätzlich nur in einigen wenigen Marktsegmenten relevant sein kann, da sich Rohrfernleitungen nur für den Transport von gasförmigen, flüssigen oder verflüssigten Gütern (insbesondere Mineralölprodukte und Erdgas) eignen. Die Wettbewerbsbeziehungen zum Luftfrachtverkehr werden dagegen vernachlässigt, weil dieser hauptsächlich für den interkontinentalen Transport von schnell verderblichen und wertvollen Waren sowie von Post verwendet

---

[26] Dieses Problem wird in Kapitel III., Pkt. 2. a) ausführlich behandelt.

[27] Diesem Befund widerspricht nicht, dass ein bedeutender Teil der Schienenverkehrsleistungen tatsächlich auch auf kurzen Distanzen erbracht wird (insbesondere im Zwischenwerksverkehr); vgl. zu einer ausführlichen Begründung Kapitel IV., Pkt. 3. a).

wird. Auf innerdeutschen und innereuropäischen Relationen wird das als Luftfracht deklarierte Frachtgut dagegen relativ häufig im Straßengüterverkehr befördert, weil sich hierdurch Zeit- und Kostenvorteile gegenüber der Luftbeförderung ergeben.[28] Darüber hinaus ist zu berücksichtigen, dass die Marktbedeutung des Luftfrachtverkehrs mit Blick auf die beförderte Tonnage gering ist: Im Jahre 2004 lag das binnenländische Verkehrsaufkommen (bzw. die binnenländische Verkehrsleistung) des Luftfrachtverkehrs bei 2,8 Mio. t (bzw. 955,1 Mio. Tkm); der Anteil an dem gesamten binnenländischen Transportaufkommen (bzw. der gesamten binnenländischen Transportleistung) betrug damit 0,08 % (bzw. 0,17 %).

2. Intramodaler Wettbewerb auf den Verkehrsmärkten

Um den intramodalen Wettbewerb auf den Verkehrsmärkten zu untersuchen, sind die Verkehrsmärkte aus intramodaler Perspektive abzugrenzen. Entsprechend den Ausführungen im vorangegangenen Abschnitt wird hierzu zunächst eine Unterscheidung zwischen Güter- und Personenverkehr vorgenommen. Im Anschluss daran werden die relevanten Verkehrsmärkte gemäß der Produktionstechnik, mit der die Verkehrsleistungen erstellt werden, abgegrenzt. Die intramodal abgegrenzten relevanten Verkehrsmärkte umfassen demzufolge nur Verkehrsleistungen, die vom selben Verkehrsträger erbracht werden.

Aus intramodaler Perspektive sind fünf verschiedene Güterverkehrsmärkte zu unterscheiden: Neben dem Straßengüterverkehrsmarkt sind dies der Schienengüterverkehrsmarkt, der Binnenschifffahrtsmarkt, der Luftfrachtmarkt und der Rohrfernleitungsmarkt. Im Personennahverkehr sind demgegenüber nur zwei intramodal abgegrenzte Verkehrsmärkte relevant: der Schienenpersonennahverkehrsmarkt (SPNV) und der Markt des Öffentlichen Straßenpersonenverkehrs (ÖSPV). Ähnliches gilt auch für den Personenfernverkehrsmarkt, der sich in den Schienenpersonenfernverkehrsmarkt (SPFV) und den Luftverkehrsmarkt unterteilt. Für Verkehrsleistungen des Motorisierten Individualverkehrs liegt dagegen kein eigenständiger „Markt" vor, weil hier eine Eigenproduktion der Verkehrsleistungen durch die Verkehrsnachfrager stattfindet und weil diese selbst produzierten Verkehrsleistungen in der Regel nicht auf Märkten angeboten werden.[29] Eine genauere Analyse der Marktwirksamkeit von

---

[28] Vgl. *Aberle* (2003), S. 69.

[29] Diese Auffassung vertritt auch das Bundeskartellamt in seinen Entscheidungen. *Bundeskartellamt* (2001), S. 27f.; *Bundeskartellamt* (2002a), S. 5; *Bundeskartellamt* (2002b), S. 5; *Bundeskartellamt* (2003), S. 12-14. Eine Ausnahme bilden möglicherweise die in Online-Börsen angebotenen Mitfahrgelegenheiten, deren Bedeutung im Vergleich zu den insgesamt erstellten Verkehrsleistungen des Motorisierten Individualverkehrs allerdings marginal ist.

Verkehrsleistungen, die durch den Motorisierten Individualverkehr erstellt werden, findet sich in Kapitel III.

Auf der Grundlage dieser Marktabgrenzungen lässt sich nunmehr die jeweilige Funktionsfähigkeit des intramodalen Wettbewerbs analysieren. Die Ausführungen in diesem Abschnitt werden sich insbesondere auf den Straßengüterverkehr, die Binnenschifffahrt, den Passagierluftverkehr und die Schienenverkehrsmärkte beziehen.[30]

Im Rahmen einer Analyse des intramodalen Wettbewerbs auf dem *Straßengüterverkehrsmarkt* ist zunächst die Marktstruktur zu untersuchen. Hierbei zeigt sich, dass sich der Markt für Straßengüterverkehrsleistungen in die Marktsegmente gewerblicher Verkehr und Werkverkehr untergliedert:

- *Werkverkehre* sind Verkehre, die von Unternehmen des produzierenden Gewerbes und des Handels betrieben werden, wenn sie Güter für eigene Zwecke befördern.[31] Für die Durchführung von Werkverkehren ist heute in Deutschland keine Erlaubnis erforderlich.[32]
- Dem *gewerblichen Güterkraftverkehr* sind dagegen alle Güterverkehre zuzurechnen, die keine Werkverkehre sind.[33] Seine Durchführung ist üblicherweise erlaubnispflichtig. Die Erteilung der Erlaubnis ist dabei an die Erfüllung von drei qualitativen Kriterien geknüpft: Neben der fachlichen Eignung und Zuverlässigkeit des Unternehmers bzw. des Geschäftsführenden muss insbesondere auch die finanzielle Leistungsfähigkeit des Unternehmens gewährleistet sein.[34] Für grenzüberschreitende Güterverkehre innerhalb der EU müssen die Unternehmen des gewerblichen Straßengüterverkehrs darüber hinaus eine Gemeinschaftslizenz beantragen, deren Erteilung an die Erfüllung der gleichen Kriterien geknüpft ist wie die Erteilung der Erlaubnis zur Durchführung gewerblicher Güterkraftverkehre in Deutschland.[35]

---

[30] Auf eine Analyse der intramodalen Wettbewerbsbeziehungen im Luftfrachtverkehr wird aufgrund seiner vergleichsweise geringen Marktbedeutung und der Tatsache, dass die Luftfracht im Kontinentalverkehr oft per Lkw befördert wird, verzichtet.

[31] Weitere Bedingungen, die erfüllt sein müssen, damit Güterverkehre dem Werkverkehr zuzuordnen sind, finden sich in § 1 Abs. 2 Güterkraftverkehrsgesetz.

[32] Vgl. § 9 Güterkraftverkehrsgesetz. Allerdings müssen sich die Unternehmen des Werkverkehrs beim Bundesamt für Güterverkehr anmelden, sobald sie Lkw mit einem zulässigen Gesamtgewicht von mehr als 3,5 Tonnen einsetzen (Güterkraftverkehrsgesetz § 15 Abs. 1).

[33] Vgl. § 1 Abs. 4 Güterkraftverkehrsgesetz § 1.

[34] Vgl. § 3 Abs. 1 und 2 Güterkraftverkehrsgesetz. In diesem Zusammenhang wird üblicherweise von einer qualitativen Marktzugangsbarriere gesprochen.

[35] Vgl. *Frerich / Müller* (2004), S. 146f.

Es stellt sich an dieser Stelle die Frage, ob der relevante Straßengüterverkehrsmarkt neben dem gewerblichen Güterkraftverkehr auch den Werkverkehr umfasst. Diese Frage kann grundsätzlich bejaht werden, obwohl die im Rahmen des Werkverkehrs erstellten Transportleistungen eigentlich nicht marktwirksam sind. Die im Werkverkehr tätigen Unternehmen können jedoch jederzeit eine Erlaubnis zur Durchführung von gewerblichen Güterkraftverkehren beantragen, die ihnen – sofern sie die qualitativen Eignungskriterien erfüllen – auch gewährt wird. Erst dann wird ihr Verkehrsangebot marktwirksam (z. B. bei der Akquisition von Rückladungen) und ist demzufolge auch dem relevanten Markt zuzuordnen. Das Unternehmen ist dann allerdings nicht mehr im Werkverkehr tätig, sondern im gewerblichen Güterkraftverkehr.

Für die Nichtberücksichtigung des Werkverkehrs im relevanten Güterverkehrsmarkt gibt es jedoch ebenfalls Gründe. Hier sind insbesondere die Motive zu nennen, aus denen die Unternehmen der verladenden Wirtschaft Werkverkehre betreiben. Vor der Liberalisierung der europäischen Verkehrsmärkte war der Werkverkehr vorwiegend ein Ventil, mit dem die Verlader auf die strenge Regulierung von Marktzugang und Transportpreisen reagierten. Heutzutage wird Werkverkehr dagegen betrieben, wenn sich besondere Anforderungen an die Transportaufgabe stellen, die von Unternehmen des gewerblichen Güterkraftverkehrs nicht oder nicht in geeigneter Weise erfüllt werden.[36] Aus Sicht dieser Verlader sind Werkverkehre daher in der Regel nicht durch gewerbliche Güterkraftverkehre substituierbar, so dass eine Zuordnung des Werkverkehrs zum selben relevanten Markt nicht sinnvoll erscheint. In jedem Fall zu berücksichtigen sind jedoch die ausländischen Unternehmen des gewerblichen Straßengüterverkehrs, die sowohl grenzüberschreitende Transportleistungen als auch innerdeutsche Kabotagetransporte anbieten dürfen.[37]

Innerhalb des Straßengüterverkehrsmarktes sind verschiedene Marktsegmente zu unterscheiden: Neben dem Ladungs- bzw. Teilladungsverkehr ist insbesondere der Sammelladungsverkehr (auch Systemverkehr) zu nennen. Hier-

---

[36] Dies kann beispielsweise darauf zurückzuführen sein, dass für die Erbringung der Verkehrsleistungen spezifische Investitionen erforderlich sind, die von gewerblichen Straßengüterverkehrsunternehmen nicht oder nicht in ausreichendem Umfang getätigt werden. Darüber hinaus kann der Werkverkehr aufgrund seiner Flexibilität auch ein Instrument zur Kundenbindung darstellen und bei regelmäßig anfallendem, großem Transportaufkommen sowie kurzen Entfernungen kostenmäßig vorteilhaft sein; ausführlicher dazu *Bühler* (2006), S. 39f. Als typische Beispiele sind Baustellenverkehre, regionale Auslieferungsverkehre und Neumöbelverkehre zu nennen.

[37] Durch die seit dem 1. Juli 1998 bestehende Kabotagefreiheit ist es allen Straßengüterverkehrsunternehmen der Europäischen Union, denen in ihrem Heimatland die Gemeinschaftslizenz für grenzüberschreitende Güterverkehre erteilt wurde, erlaubt, ohne mengenmäßige Beschränkungen Kabotageverkehre (d. h. Inlandstransporte) in anderen Ländern der Europäischen Union durchzuführen. Vgl. dazu *Frerich / Müller* (2004), S. 153ff.

bei werden viele kleine Sendungen bei verschiedenen Verladern eingesammelt und zu einer Wagenladung zusammengefasst. Diese Wagenladung wird im Hauptlauf über große Entfernungen transportiert und danach wieder aufgelöst und den verschiedenen Empfängern zugestellt.

Im Jahr 2004 haben insgesamt 94.112 deutsche Unternehmen Transportleistungen im Straßengüterverkehr angeboten. Im gewerblichen Güterkraftverkehr waren 53.486 oder 58,2 % dieser Unternehmen tätig. Die übrigen 40.626 Straßengüterverkehrsunternehmen führten dagegen ausschließlich Werkverkehre durch. Ihr Anteil an allen Straßengüterverkehrsunternehmen lag dementsprechend bei 43,2 %.[38]

Die Größenstruktur der gewerblichen Straßengüterverkehrsunternehmen mit Sitz in Deutschland ist sehr heterogen: So setzen 53,4 % der Unternehmen nur bis zu drei Lastkraftwagen ein, und bei 84,8 % sind nur bis zu zehn Straßengüterverkehrsfahrzeuge im Einsatz. Daran wird deutlich, dass der Straßengüterverkehrsmarkt durch eine Vielzahl kleiner Unternehmen gekennzeichnet ist. Diesen steht eine sehr geringe Zahl bedeutender Großunternehmen gegenüber, die mehr als 50 Lkw einsetzen und darüber hinaus in der Regel auch Unteraufträge an die kleinen Unternehmen vergeben. Ihr Anteil an allen gewerblichen Straßengüterverkehrsunternehmen liegt bei rund 1,3 %.[39]

Zu Anzahl und Größenstruktur der in Deutschland tätigen ausländischen Unternehmen des gewerblichen Straßengüterverkehrs lassen sich keine gesicherten Aussagen treffen, da hierüber keine statistischen Aufzeichnungen geführt werden. Plausibilitätsüberlegungen lassen jedoch vermuten, dass sich die Zahl der in Deutschland tätigen gewerblichen Straßengüterverkehrsunternehmen unter Berücksichtigung der ausländischen Unternehmen auf mehr als 60.000 erhöht.

Gestützt wird diese Überlegung durch die statistischen Aufzeichnungen der in Deutschland erbrachten Verkehrsleistungen des Straßengüterverkehrs: Während die gesamte Straßengüterverkehrsleistung zwischen 1994 und 2004 um 39,6 % auf 380,4 Mrd. Tkm angestiegen ist, haben die von ausländischen Unternehmen erbrachten Güterverkehrsleistungen um 90,4 % auf 113,5 Mrd. tkm zugelegt. Im Jahre 2004 entfielen damit 29,8 % der in Deutschland erbrachten Verkehrsleistungen des Straßengüterverkehrs auf ausländische Unternehmen. Ihr Marktanteil hat sich seit 1994 um 36,3 % erhöht. Darüber hinaus verdeutlicht die Statistik, dass die Verkehrsleistung des Werkverkehrs seit 1994 absolut rückläufig ist. Das vom Werkverkehr erbrachte Verkehrsleistungsvolumen

[38] Vgl. *Bundesamt für Güterverkehr* (2006a), S. 2 und S. 42. Neuere statistische Erhebungen zu den im Straßengüterverkehr tätigen Unternehmen sind derzeit nicht verfügbar.

[39] Vgl. *Bundesamt für Güterverkehr* (2006a), S. 8.

sank in dieser Zeit um 16,6 % von 75,2 Mrd. Tkm auf 62,7 Mrd. Tkm.[40] Hierfür dürften die Auslagerungstendenzen in der verladenden Wirtschaft ursächlich sein, die auf den mit der Liberalisierung der Verkehrsmärkte und der EU-Osterweiterung einhergehenden Verfall bei den Frachtraten zurückzuführen sind.

Die Marktanteilsverschiebungen zu Lasten der deutschen Straßengüterverkehrsunternehmen deuten darauf hin, dass der intramodale Wettbewerb im Straßengüterverkehr sehr intensiv ist. Aufgrund günstigerer Kostenstrukturen ausländischer Unternehmen ist der Wettbewerbsdruck, dem die deutschen Unternehmen insbesondere im grenzüberschreitenden Verkehr ausgesetzt sind, sehr hoch. Der Marktanteil ausländischer Unternehmen liegt hier bei etwa 75 %. Im grenzüberschreitenden Verkehr mit den am 1. Mai 2004 beigetretenen osteuropäischen EU-Mitgliedstaaten liegen die Marktanteile der ausländischen Straßengüterverkehrsunternehmen gar bei mehr als 90 %, weil die Kostenvorteile der ausländischen Unternehmen hier besonders stark ausgeprägt sind.[41] Dies wird zunehmend auch von Unternehmen aus den EU-Staaten ausgenutzt, indem sie eigene Niederlassungen in den osteuropäischen Mitgliedstaaten eröffnen.[42] Der Anteil der Kabotageverkehre an der gesamten innerdeutschen Verkehrsleistung ist dagegen mit 1,6 % relativ unbedeutend.[43] Dies dürfte vor allem an der fehlenden Marktnähe ausländischer Straßengüterverkehrsunternehmen liegen.[44]

Die positiven Effekte des intramodalen Wettbewerbs spiegeln sich insbesondere darin wider, dass die Straßengüterverkehrsunternehmen eine fortlaufende Verbesserung der Effizienz ihres Fahrzeugeinsatzes anstreben. Eine Reduktion des Leerfahrtenanteils war in der Vergangenheit in allen Entfernungsbereichen feststellbar, so dass sich der Anteil der Lastkilometer an den insgesamt zurückgelegten Fahrzeugkilometern von 72,4 % im Jahre 1997 auf 80,3 % im Jahre 2005 erhöhte.[45] Eine leicht negative Entwicklung zeigt sich dagegen bei der gewichtsmäßigen Auslastung der Straßengüterverkehrsfahrzeuge, die von 72,9 % im Jahre 1997 auf 63,9 % im Jahre 2005 gesunken ist. Dies dürfte

---

[40] Vgl. *BMVBW* (2005), S. 252f.

[41] Vgl. *Bundesamt für Güterverkehr* (2006b), S. 10.

[42] Untersuchungen zeigen, dass polnische und tschechische Straßengüterverkehrsunternehmen im Jahre 2004 Kostenvorteile von bis zu 30 % gegenüber deutschen Unternehmen hatten, welche insbesondere auf günstigere Personal- und Kraftstoffkosten zurückzuführen waren. Vgl. *Bundesamt für Güterverkehr* (2004), S. 12-13. Im Jahre 2005 haben sich die Kostenvorteile auf 25 % reduziert. Vgl. *Bundesamt für Güterverkehr* (2006c), S. 8.

[43] Vgl. *Kraftfahrt-Bundesamt* (2006), S. 35.

[44] Vgl. *Schulz* (2004), S. 123f.

[45] Vgl. *Bundesamt für Güterverkehr* (2006a), S. 11.

zum einen auf den steigenden Anteil hochwertiger Konsum- und Investitionsgüter am gesamten Transportvolumen zurückzuführen sein, deren spezifisches Gewicht in der Regel geringer ist als das von einfachen Gütern und Grundstoffen. Zum anderen verhindern die von den Auftraggebern vorgegebenen engen Zeitfenster für die Durchführung der Transportaufgaben in vielen Fällen eine optimale Auslastung der Straßengüterverkehrsfahrzeuge.[46]

Der intensive intramodale Wettbewerb im nationalen und grenzüberschreitenden Straßengüterverkehr wirkt sich darüber hinaus auch auf die Frachtraten aus. Durch vermehrte Neuausschreibungen waren diese im Jahre 2004 und in den ersten Quartalen des Jahres 2005 einem erheblichen Preisdruck ausgesetzt. Während die Transportunternehmen die gestiegenen Dieselpreise nur vereinzelt über Dieselzuschläge an die Verlader weiterreichen konnten, war die Weiterberechnung der Lkw-Maut für Lastkilometer in der Regel kein Problem.[47] Im zweiten Halbjahr 2005 konnte eine leichte Erhöhung der Frachtraten beobachtet werden, wobei mit Ausnahme der besonders wettbewerbsintensiven Bau- und Lebensmitteltransporte auch Dieselzuschläge durchgesetzt werden konnten.[48] Ein weiterer Anstieg der Preise für Transportleistungen war in den ersten beiden Quartalen des Jahres 2006 zu beobachten, was insbesondere auf die anziehende Konjunktur zurückgeführt wird, die mit einem Anstieg der Transportnachfrage einhergeht.[49]

Eine weitere positive Auswirkung des intensiven intramodalen Wettbewerbs ist in der Flexibilität zu sehen, mit der Straßengüterverkehrsunternehmen auf die sich ändernden Anforderungen der Nachfrager reagieren. Aufgrund verschiedener Fahrzeuggrößen und Spezialaufbauten ist der Straßengüterverkehr in der Lage, die unterschiedlichsten Transportaufgaben zu bewältigen.

Auch in der *Binnenschifffahrt* herrscht ein intensiver intramodaler Wettbewerb. Im Jahr 2004 waren insgesamt 1.189 deutsche Unternehmen in der Binnenschifffahrt tätig, 879 davon im Güterverkehr, der neben der Trockengüterschifffahrt auch die Tankschifffahrt und die Schub- und Schleppschifffahrt umfasst.[50] Im Jahr 2004 disponierten die 879 in der Binnengüterschifffahrt tätigen Unternehmen 1.830 Binnengüterschiffe (einschließlich Schubleichter) sowie 216 Schub- und Schleppboote. Der Werkverkehr spielt in der Binnenschifffahrt

---

[46] Vgl. *Bundesamt für Güterverkehr* (2006a), S. 12.

[47] Vgl. *Bundesamt für Güterverkehr* (2005a), S. 11, *Bundesamt für Güterverkehr* (2005b), S. 10f.

[48] Vgl. *Bundesamt für Güterverkehr* (2006b), S. 13.

[49] Vgl. *Stölzle* (2006), S. 24ff.

[50] Im Vergleich zu 1985 ist die Zahl der Unternehmen in der Binnengüterschifffahrt deutlich zurückgegangen. Vgl dazu *Planco* (2003), S. 177.

nur eine untergeordnete Rolle: Nur 20 der 879 im Güterverkehr tätigen Unternehmen betreiben die Binnenschifffahrt im Werkverkehr.[51]

Charakteristisch für die Binnengüterschifffahrt ist die Marktstruktur mit vielen kleinen und mittelständischen Partikulieren, einer begrenzten Anzahl größerer Unternehmen und einigen wenigen Großreedereien. Die Partikuliere zeichnen sich dadurch aus, dass sie über bis zu drei Binnenschiffe disponieren. Sie sind in der Regel über langfristige Beschäftigungs- und Unterfrachtverträge an die Reedereien gebunden; zum Teil sind sie auch zu Partikuliergenossenschaften zusammengeschlossen, über die sie ihre Transportleistungen vermarkten. Die Reedereien verfügen über eine eigene Akquisition und waren in der Vergangenheit oft eigentumsrechtlich an Unternehmen der verladenden Wirtschaft gebunden. Über die langfristigen Beschäftigungs- und Unterfrachtverträge mit den Partikulieren war es ihnen möglich, ihre eigenen Flotten durch günstigere Partikulierschiffe zu ersetzen.[52]

Die deutschen Binnenschifffahrtsunternehmen stehen nicht nur untereinander im Wettbewerb, sondern auch mit Binnenschifffahrtsunternehmen aus anderen EU-Ländern. Schon am 17. Oktober 1868 wurde die Freiheit der Rheinschifffahrt zwischen Belgien, Deutschland, Frankreich, den Niederlanden, der Schweiz und dem Vereinigten Königreich in der Mannheimer Rheinschifffahrtsakte vertraglich vereinbart, d. h. im grenzüberschreitenden und innerstaatlichen Verkehr auf dem Rhein bestand Abgabenfreiheit. Zudem gab es keine Marktzugangs- oder Kapazitätsbeschränkungen.[53] Ausländischen Unternehmen war es darüber hinaus bereits seit der Aufgabe des Kabotagevorbehalts im Jahre 1974 erlaubt, im Rheinstromgebiet innerdeutsche Verkehre zu bedienen. Die völlige Freigabe von Kabotageverkehren auf allen europäischen Wasserstraßen erfolgte schließlich im Jahre 1995 auf Beschluss des EU-Ministerrates.[54]

Während die Konkurrenz im Rheinstromgebiet überwiegend aus den Niederlanden und Belgien, zum Teil aber auch aus Frankreich und Luxemburg stammt, konkurrieren ostdeutsche Anbieter hauptsächlich mit Unternehmen aus Polen, Tschechien und der Slowakei. Die Marktstrukturen in der niederländischen und belgischen Binnenschifffahrt sind aber der deutschen sehr ähnlich: Im Jahre 2001 hatten 93,2 % der 4.168 niederländischen Binnenschifffahrtsunternehmen höchstens drei Schiffe im Einsatz, d. h. der größte Teil der Unternehmen ist auch hier den Partikulieren zuzurechnen. Ähnliches gilt für Belgien, wenngleich die statistischen Aufzeichnungen nur bis 1998 geführt wurden.[55]

---

[51] Vgl. *Statistisches Bundesamt* (2006a), S. 60.

[52] Vgl. *Aberle* (2003), S. 67f.

[53] Vgl. *Frerich / Müller* (2004), S. 196f.

[54] Vgl. *Aberle* (2003), S. 68.

[55] Vgl. *Planco* (2003), S. 181f.

Wie bedeutsam die Konkurrenz durch ausländische Binnenschifffahrtsunternehmen ist, zeigt sich daran, dass im Jahre 2005 fast ein Viertel der Verkehrsleistung im innerdeutschen Binnengüterschiffsverkehr in Form von Kabotageverkehren erbracht wurden. Bezogen auf die gesamte Verkehrsleistung auf deutschen Binnenwasserstraßen liegt der Anteil der Kabotageverkehre immer noch bei 4,4 %.[56] Die Anteile der ausländischen Binnenschifffahrt an der in Deutschland erbrachten Beförderungsleistung auf Binnenwasserstraßen nehmen dabei stetig zu, während sich die Anteilsverluste der unter deutscher Flagge fahrenden Binnenschiffe fortsetzen. Im Jahre 2005 lag der Anteil deutscher Schiffe an der auf deutschen Binnenwasserstraßen erbrachten Verkehrsleistung noch bei ca. 33 %.[57]

Der intensive Wettbewerb in der Binnenschifffahrt zeigt sich auch in der Entwicklung der Frachtraten. Während die Verlader, die keine langfristigen Verträge mit Binnenschifffahrtsunternehmen abgeschlossen haben, bei normalem Wasserstand zwischen verschiedenen Partikulieren auswählen und damit entsprechenden Druck auf die Frachtraten ausüben können, kehrt sich die Verhandlungsmacht im Rheinstromgebiet bei Niedrigwasser in der Regel um, was sich auch in einer Erhöhung der Frachtraten in der Trockenschifffahrt widerspiegelt. Zum Teil waren die Verlader in der Vergangenheit sogar bei langfristigen Verträgen bereit, Niedrigwasserzuschläge zu zahlen, um ihre Versorgung sicherzustellen. Zudem konnte die Trockenschifffahrt im Rheinstromgebiet die Preisanstiege beim Gasöl zumindest anteilig durch entsprechend ausgehandelte Zuschläge kompensieren. Weniger positiv entwickelten sich dagegen die Frachtraten der Trockenschifffahrt im Elbgebiet sowie im Kanalgebiet zwischen Rhein und Oder, da die Wettbewerber aus Polen und Tschechien hier einen starken Preisdruck ausüben. Ebenfalls unter Druck sind die Frachtraten in der Tankschifffahrt, weil die Kapazitäten in den letzten Jahren vergleichsweise stark zugenommen haben, ohne dass die Nachfrage in gleichem Maße angestiegen wäre.[58]

Mit der Bahnreform 1994 wurden die Märkte für *Schienenverkehrsleistungen* in Deutschland grundsätzlich auch für „dritte Anbieter" geöffnet.[59] Allerdings zeigte sich in den ersten Jahren nach der Liberalisierung des Netzzuganges kaum wettbewerbliche Dynamik. Seit Ende 1997 ist jedoch auch auf dem *Schienengüterverkehrsmarkt* eine Intensivierung des intramodalen Wettbe-

---

[56] Vgl. *Bundesamt für Güterverkehr* (2006d), S. 1.

[57] Vgl. *Bundesamt für Güterverkehr* (2006b), S. 27.

[58] Vgl. *Bundesamt für Güterverkehr* (2006b), S. 30ff.

[59] Vgl. zu den intramodalen Wettbewerbspotenzialen des Schienenverkehrs im Detail Kapitel III., Pkt. 2.

werbs zu beobachten, weil zunehmend neue Wettbewerber in den Markt eintreten. Hierbei handelt es sich insbesondere um:[60]

- NE-Bahnen im nationalen und grenzüberschreitenden Schienengüterverkehr (z.T. in Kooperation mit ausländischen „dritten“ Bahnen);
- von der verladenden Wirtschaft neu gegründete Bahnen (z.T. in Kooperation mit Speditionen und Logistikdienstleistern);[61]
- von Einzelpersönlichkeiten neu gegründete Bahnen (z.T. als Management-Buy-outs);
- ausländische Bahnen im Zuge der Übernahme von NE-Bahnen (Bsp.: Die Deutsche Eisenbahngesellschaft mbH wurde von Vivendi übernommen und firmiert heute unter „Connex“);[62]
- von ausländischen Bahnen mit deutschen Unternehmen gegründete Joint Ventures.

Im Jahr 2002 agierten insgesamt 150 nicht-öffentliche Eisenbahnunternehmen im deutschen Schienengüterverkehrsmarkt.[63] Dabei spiegelt sich der stärkere intramodale Wettbewerb insbesondere darin wider, dass sich die dritten Eisenbahnen deutlich dynamischer entwickeln als die DB AG. So konnten die Wettbewerber der DB AG ihre Güterverkehrsleistung von 1,8 Mrd. Tkm im Jahre 1993 auf 8,4 Mrd. Tkm im Jahre 2004 fast verfünffachen, während der Gesamtmarkt nur um knapp 32 % zulegte. Die DB AG konnte ihr im Schienengüterverkehr erbrachtes Leistungsvolumen im gleichen Zeitraum nur um 22 % (14 Mrd. Tkm) verbessern. Zwischen 1993 und 2004 erhöhte sich der intramodale Marktanteil der Wettbewerber der DB AG damit von 2,7 % auf 9,7 %.[64] Für das Jahr 2005 gibt die DB AG an, dass die nicht-öffentlichen Eisenbahnunternehmen ihr Verkehrsleistungsvolumen um weitere 55 % steigern können, während die DB Cargo in einem um 4,6 % wachsenden Gesamtmarkt einen Rückgang um 1,0 % hinnehmen musste. Wie jedoch am Marktanteil von rund 85 % deutlich wird, nimmt die DB AG trotz des intensiveren intramodalen Wettbewerbs immer noch eine klar marktbeherrschende Stellung im Schienengüterverkehr ein.[65]

Die Wettbewerber der DB AG konzentrieren sich neben dem Kombinierten Ladungsverkehr hauptsächlich auf Ganzzugverkehre im Bereich bahnaffiner

---

60 Vgl. *Aberle / Eisenkopf* (2002), S. 70-71.

61 Vgl. *Deutsche Bahn AG* (2002), S. 8.

62 Vgl. *Höhnscheid* (2002), S. 10-11.

63 Vgl. *Pällmann* (2004), S. 132.

64 Vgl. *Booz Allen Hamilton et al.* (2006), S. 79f.

65 Vgl. *Deutsche Bahn* (2006c), S. 23.

Transportgüter. Zum Teil bedienen sie allerdings auch Güterverkehre, die von der DB AG im Rahmen ihres Rationalisierungsprogramms MORA C (Marktorientiertes Angebot Cargo) eingestellt wurden. In diesem Geschäftsfeld sind sie jedoch regelmäßig als Subunternehmer der DB AG tätig.[66] Die Wettbewerbswirkung dieser Angebote ist aufgrund ihres komplementären Charakters eher eingeschränkt.

Auch in den beiden Marktsegmenten des Schienenpersonenverkehrs, dem Nah- und dem Fernverkehr, ist seit der Bahnstrukturreform von 1994 intramodaler Wettbewerb möglich. Wie die folgenden Ausführungen verdeutlichen, ist der tatsächliche intramodale Wettbewerb im Schienenpersonenverkehr allerdings nur relativ schwach ausgeprägt.

Im *Schienenpersonennahverkehr* haben sich zwar seit der Regionalisierung sowohl die Anzahl der tätigen Anbieter als auch die von ihnen erbrachten Verkehrsleistungen erhöht. Mittlerweile agieren rund 60 private Eisenbahnunternehmen auf dem deutschen SPNV-Markt. Ihr Marktanteil ist aber immer noch gering: So konnten die Wettbewerber der DB AG im Jahre 2004 insgesamt 11,9 % der im SPNV gefahrenen Zugkilometer auf sich vereinigen. Noch niedriger ist ihr Marktanteil im Hinblick auf die erbrachten Verkehrsleistungen. Mit einem Verkehrsleistungsvolumen von rund 2,6 Mrd. Pkm konnten sie im Jahr 2004 lediglich einen Marktanteil von 6,3 % besetzen.[67] Im SPNV kann die DB AG damit einen Marktanteil von 93,7 % auf sich vereinigen, so dass weiterhin von einer marktbeherrschenden Stellung auszugehen ist. Für das Jahr 2005 berichtet die DB AG, dass sich das Verkehrsleistungsvolumen des SPNV in Deutschland um 2,5 % auf 41,8 Mrd. Pkm erhöht hat und dass 2,8 Mrd. Pkm auf ihre Konkurrenten entfallen, was einem Marktanteil von 6,8 % entsprechen würde.[68]

Ganz anders stellt sich die Situation im *Schienenpersonenfernverkehrsmarkt* dar. Zwar ist das Verkehrsvolumen im Jahr 2005 um knapp 4 % gegenüber dem Vorjahr auf 33,6 Mrd. Pkm gestiegen. In einer längerfristigen Perspektive wird jedoch deutlich, dass der Schienenpersonenfernverkehrsmarkt stagniert.[69] Anhand der Marktanteile wird zudem deutlich, dass in diesem Marktsegment kaum intramodaler Wettbewerb besteht. So erreichen die Privatbahnen im Jahr 2004 einen auf die Zugkilometer bezogenen Marktanteil von lediglich 0,4 %.[70]

---

[66] Vgl. *Schinke / Hempe / Kolodzinski* (2002), S. 21-22.

[67] Die Differenz zwischen diesen Marktanteilen erklärt sich dadurch, dass die Wettbewerber der DB AG bislang hauptsächlich mit nachfrageschwächeren Verkehren beauftragt wurden.

[68] Vgl. *Deutsche Bahn AG* (2006c), S. 16-18.

[69] Vgl. *BMVBW* (2005), S. 228f.

[70] Vgl. *Booz Allen Hamilton et al.* (2006), S. 83.

Ähnliches gilt für den verkehrsleistungsbezogenen Marktanteil der Privatbahnen im Jahr 2005, der ebenfalls deutlich unter einem Prozent liegt.[71] Daran wird deutlich, dass sich im Schienenpersonenfernverkehr bis heute kaum intramodaler Wettbewerb entwickelt hat.[72] Insgesamt sind nur wenige Unternehmen in Konkurrenz zur DB AG in den Schienenpersonenfernverkehrsmarkt eingetreten. Zu nennen sind die Georg-Verkehrsorganisation, die Connex-Gruppe und die zur britischen Arriva gehörende Vogtlandbahn. Diese Privatbahnen sind vorwiegend in Ostdeutschland und dort auch nur als Nischenanbieter von Punkt-zu-Punkt-Verkehren tätig.[73]

Als Fazit bleibt somit festzuhalten, dass der intramodale Wettbewerb im Schienenverkehr vergleichsweise weniger intensiv ist als bei den übrigen Verkehrsträgern, weil die *DB AG* in allen Segmenten einen *marktbeherrschende Stellung* einnimmt. Zwar nimmt die intramodale Wettbewerbsintensität im Schienengüterverkehr stetig zu, im Schienenpersonennah- und im Schienenpersonenfernverkehr ist sie dagegen weiterhin sehr gering.[74] Damit unterscheiden sich die Schienenverkehrsmärkte in erheblichem Maße von den übrigen Verkehrsmärkten. So ist zum Beispiel im Straßengüterverkehr und auch in der Binnengüterschifffahrt ein deutlich intensiverer Wettbewerb feststellbar, insbesondere auch mit ausländischen Konkurrenten. Ähnliches gilt für den Luftverkehr, wenngleich der streckenbezogene Wettbewerb hier ebenfalls noch eingeschränkt ist.

Im Jahre 2004 hat der *Personenluftverkehr* in Deutschland eine Verkehrsleistung von 48,8 Mrd. Pkm erbracht. Auf den Inlandsverkehr, der sämtliche Flugverkehre zwischen deutschen Verkehrsflughäfen abbildet, entfielen 9,3 Mrd. Pkm. Die übrigen 39,5 Mrd. Pkm entsprechen den Verkehrsleistungen, die im Rahmen des grenzüberschreitenden Luftverkehrs über dem deutschen Hoheitsgebiet erbracht wurden. Insgesamt wurden dabei 106,3 Mio. Menschen befördert, von den 15,2 Mio. auf den Inlandsverkehr entfielen.[75] Die Entwicklung des Personenluftverkehrs zeichnet sich durch ein dynamisches Verkehrsleistungswachstum aus, das von Zeit zu Zeit immer wieder durch externe Schocks unterbrochen wird.[76] So wuchs die Verkehrsleistung des Luftverkehrs in Deutschland zwischen 2002 und 2004 um durchschnittlich 8,9 % p.a. Das

---

[71] Vgl. *Deutsche Bahn AG* (2006c), S. 15.

[72] Vgl. *Deutsche Bahn AG* (2004), S. 12.

[73] Vgl. *Deutsche Bahn AG* (2005a), S. 12f.; *Deutsche Bahn AG* (2006c), S. 15.

[74] Die Gründe dafür werden in den Kapiteln III., Pkt. 2. sowie III., Pkt. 3. ausführlich behandelt.

[75] Vgl. *BMVBW* (2005), S. 228f.

[76] Die letzten Schocks betrafen die Jahren 2001/02. Es handelte sich um die Terroranschläge vom 11. September 2001 und den Ausbruch von SARS (Schweres Akutes Atemwegssyndrom) in Asien.

Wachstum des Inlandsflugverkehrs war im gleichen Zeitraum deutlich geringer (durchschnittlich 3,4 % p.a.).

Die Luftverkehrsleistungen werden von einer Vielzahl verschiedener Fluggesellschaften erbracht, d. h. auch der Luftverkehrsmarkt ist durch intramodalen Wettbewerb gekennzeichnet. Im Jahr 2004 waren insgesamt 293 deutsche Unternehmen in der Luftfahrt tätig, bei immerhin 285 dieser Unternehmen lag auch der Schwerpunkt der wirtschaftlichen Tätigkeit auf der Passagier- und Frachtbeförderung im Luftverkehr. Während nur 17 dieser Unternehmen überwiegend Linienverkehre betreiben, haben die übrigen 268 ihren Schwerpunkt im Gelegenheitsverkehr (u.a. Pauschalreiseflüge, Tramp- und Anforderungsverkehre).[77] Über die Zahl der deutschen Unternehmen, die im Passagierluftverkehr tätig sind, existieren jedoch keine statistischen Aufzeichnungen. In diesem Zusammenhang ist zudem zu berücksichtigen, dass die deutschen Luftverkehrsunternehmen durch die Liberalisierung des europäischen Luftverkehrs zum 1.1.1993 und die Verwirklichung der Kabotagefreiheit zum 1.4.1997 auch mit ausländischen Airlines konkurrieren. Die Nachfrage nach Luftverkehrsleistungen wird dabei durch verschiedene Typen von Luftverkehrsgesellschaften bedient. Neben den klassischen Netzwerkairlines sind insbesondere Touristikfluggesellschaften, Regionalfluggesellschaften und Low Cost Airlines zu nennen. Sie unterscheiden sich nicht nur durch ihre Streckennetze und ihr Produktionsverfahren, sondern auch durch ihre Flottenpolitik, ihre Produktpolitik bzw. ihr Servicekonzept, ihr Vertriebskonzept, die angesprochen Kundengruppen sowie die Preispolitik.[78]

Die Gruppe der *Netzwerkairlines*, die zum Teil auch als Internationale Passage Airlines oder Netzwerkcarrier bezeichnet werden, umfasst sämtliche Fluggesellschaften, die ein umfangreiches Streckennetz im Hub-and-Spoke-System (Nabe-Speiche-System) mit aufeinander abgestimmten nationalen und internationalen Anschlussflügen anbieten, welche an einem oder mehreren zentralen Flughäfen (Hubs bzw. Drehkreuzen) gebündelt werden. Ihre Flüge sind in der Regel im oberen Preissegment angeordnet und zeichnen sich durch ein gehobenes Serviceniveau aus. Zudem verfügen sie über eine starke Position auf dem Luftverkehrsmarkt ihres Heimatlandes.[79] Zur Gruppe der Netzwerkcarrier zählen neben der Lufthansa Passage Airline auch andere internationale Airlines, wie z. B. Air France KLM, British Airways, Delta Airlines usw.[80]

---

[77] Vgl. *Statistisches Bundesamt* (2006b), S. 364.

[78] Vgl. *Maurer* (2006), S. 30.

[79] Vgl. *Franke* (2004), S. 15f.; *Fridstrøm et al.* (2004), S. 72; *Pompl* (2002), S. 402.

[80] Im ersten Halbjahr 2006 beförderte die Lufthansa Passage Airline weltweit rund 25,5 Mio. Passagiere, im gesamten Jahr 2005 waren es 51,3 Mio. Vgl. *Lufthansa AG* (2005), S. 19; *Lufthansa AG* (2006), S. 5.

Die *Touristikfluggesellschaften* (Synonyme: Ferienflug- bzw. Charterfluggesellschaften) zeichnen sich dadurch aus, dass sie überwiegend solche Destinationen anfliegen, die als Urlaubsziele deutscher Urlauber bekannt sind. Die angebotenen Strecken sind vergleichsweise auslastungssicher und werden typischerweise in Form von Direktverbindungen bedient. Verkauft werden die Flüge im Rahmen von Pauschalangeboten über Reiseveranstalter, aber auch im Einzelplatzverkauf. Als wichtigste deutsche Ferienfluggesellschaften sind Condor, LTU und Hapagfly zu nennen. Zusammen haben sie im Jahr 2005 20,3 Mio. Passagiere befördert.[81]

Regionalfluggesellschaften (Regional carrier) zeichnen sich insbesondere dadurch aus, dass sie kürzere Strecken im Inlands- und zum Teil auch im Auslandsverkehr mit kleinem Fluggerät anbieten. Es handelt sich hierbei in der Regel um Zubringerdienste von Regionalflughäfen zu den internationalen Drehkreuzen. Die wichtigsten deutschen Regionalfluggesellschaften sind Lufthansa Cityline, Eurowings und Augsburg Airways. Zusammen haben sie 2005 knapp 9 Mio. Passagiere befördert.[82]

Als vierte Gruppe von Fluggesellschaften sind die *Low Cost Airlines* (LCA)[83] anzusprechen. Die erste europäische Low Cost Airline Ryanair wurde 1985 gegründet, weitere kamen in den 90er Jahren und zu Beginn des neuen Jahrtausends hinzu (z. B. Virgin Express, EasyJet, Go, Buzz und Germania).[84] Der Markterfolg dieser Low Cost Airlines ist zunächst aus betriebswirtschaftlicher Perspektive interessant, weil es ihnen laut einschlägiger Marktstudien gelingt, die Kosten je Sitzplatzkilometer um bis zu 60 % gegenüber den besten etablierten Airlines zu drücken. Damit stellen sie eine enorme Bedrohung für die Geschäftsmodelle der etablierten Netzwerkairlines und der Ferienfluggesellschaften dar.[85]

Die Strategie der Low Cost Airlines lässt sich als Lehrbuchbeispiel für die betriebswirtschaftliche Strategiealternative „Kostenführerschaft“ im Sinne der Porterschen Strategielehre heranziehen. Während die Netzwerkairlines trotz Erosion ihrer Preise an ihrer Differenzierungsstrategie festhalten, ihre Kosten-

---

81 Vgl. *Maurer* (2006), S. 35ff.

82 Vgl. *Maurer* (2006), S. 40ff.

83 Die Low Cost Airlines werden in der Praxis häufig auch als Low Cost Carrier (LCC), No Frills Airlines oder Billigflieger bezeichnet. Insbesondere die Publikationen der DB AG, die sich mit dem Marktsegment des Luftverkehrs beschäftigen, sprechen durchgängig von Billigfliegern. Da der Begriff eine gewisse Geringschätzung dieser Anbieter signalisiert, werden im Folgenden ausschließlich die Fachtermini Low Cost Airline oder Low Cost Carrier verwendet, welche das Spezifikum dieser Anbieter neutral beschreiben.

84 Vgl. *Bjelicic* (2004), S. 310.

85 Vgl. *Franke* (2004), *Mercer Consulting* (2004).

basis aber zugleich massiv in Frage gestellt wird, konzentrieren sich die Low Cost Airlines auf das Ziel, durch straffe Organisation aller Aktivitäten unter Kostengesichtspunkten mit niedrigen Kosten je Sitzplatz und hoher Auslastung erfolgreich zu agieren. Ansätze für Kostensenkung finden sich insbesondere in den Bereichen Produktion, Vertrieb und Marketing sowie Organisation/Geschäftsprozesse:[86]

- Produktion: LCA konzentrieren ihr Flugangebot auf ausgewählte aufkommensstarke Direktverbindungen im Kurz- oder Mittelstreckenbereich, auf denen in der Regel keine direkte Streckenkonkurrenz durch Wettbewerber besteht.[87] Zusätzliche Serviceleistungen werden nicht angeboten (z. B. Sitzplatzreservierung, In-Flight-Entertainment) oder müssen extra bezahlt werden (z. B. Catering). Darüber hinaus setzen die LCA typischerweise eine einheitliche Flugzeugflotte ein, wodurch Economies of Scale and Scope ausgeschöpft werden.[88] Auch das fliegende Personal kann aufgrund der vereinfachten Planung effektiver eingesetzt werden. Außerdem fliegen die LCA vor allem nachrangige Flughäfen mit nicht ausgelasteten Kapazitäten an (z. B. Hahn (HHN), Mönchengladbach (MGL) oder Lübeck (LBK)), die kürzere Handling- bzw. Turnaround-Zeiten und niedrigere Gebühren aufweisen.[89] Eine höhere Auslastung der Flugzeuge wird auch durch geringere Sitzabstände und ein optimiertes Kabinendesign ermöglicht;
- Vertrieb und Marketing: LCA bieten ihre Tickets ausschließlich im Internet oder über Call-Center an. Sie sparen damit Verkaufsprovisionen oder die Kosten eines Listings in konventionellen Reservierungs- und Distributionssystemen. Darüber hinaus nutzen sie konsequent das Electronic Ticketing und betreiben ausgefeilte Revenue Management Systeme;
- Organisation/Geschäftsprozesse: Der gesamte Geschäftsprozess der LCA ist so einfach und kosteneffizient wie möglich strukturiert. Es wird konsequentes Outsourcing bei Funktionen betrieben, die am Markt besser und günstiger zu beschaffen sind. Ein wichtiger Faktor ist auch die höhere Arbeitsproduktivität des Personals – wobei Kostenvorteile partiell auch auf schlechtere Arbeitsbedingungen der Beschäftigten zurückzuführen sind.

---

[86] Vgl. zum Folgenden *Greifenstein / Weiß* (2005), S. 8f.; *Lawton* (2002), S. 38f.; *Williams* (2001), S. 278f.

[87] Im Sommerflugplan des Jahres 2006 bestand nur auf 22 von 426 Flugstrecken ein direkter Wettbewerb zwischen den Low Cost Carriern; vgl. *DLR / ADV* (2006b), S. 3.

[88] Kosten lassen sich dadurch insbesondere im Hinblick auf Personalausbildung, Wartung und Instandhaltung einsparen.

[89] Kritisch anzumerken ist hierzu, dass nachrangige (Regional-)Flughäfen aus politischen Motiven zum Teil erheblich subventioniert werden und damit das Geschäftsmodell der LCA überhaupt erst ermöglichen; vgl. *Heymann* (2006a), S. 273f.

Es ist durchaus möglich, dass einige Low Cost Carrier in bestimmten Punkten von dem beschriebenen generellen Geschäftsmodell abweichen. Die Zuordnung von Airlines zum Low-Cost-Segment unterliegt daher auch einem erheblichen Ermessensspielraum. In ihrem auf den Winterflugplan 2005/06 bezogenen Low Cost Monitor ordnen die Arbeitsgemeinschaft Deutscher Verkehrsflughäfen (ADV) und das Deutsche Zentrum für Luft- und Raumfahrt (DLR) diesem Segment 15 der in Deutschland tätigen Fluggesellschaften zu.[90] Auf die sechs größten Carrier DBA, Germanwings, Air Berlin, Hapag Lloyd Express (HLX), Ryanair und Easyjet entfallen dabei 95 % des Low-Cost-Marktes. Der Low Cost Verkehr auf deutschen Flughäfen (internationale Verkehrsflughäfen und Regionalflughäfen) umfasste 2005 insgesamt 33,2 Mio. Passagiere.[91] Gegenüber dem entsprechenden Vorjahreszeitraum entspricht dies einem Zuwachs von 36,2 %. Damit erzielte der Low Cost-Markt im Jahre 2005 einen Anteil von 19,7 % am Gesamtmarkt. Im ersten Halbjahr 2006 erhöhte sich dieser Anteil weiter auf 23,4 %.[92]

Anhand dieser Ausführungen wird deutlich, dass die Low Cost Airlines immer mehr an Bedeutung gewinnen und die etablierten Airlines unter Druck setzen. Ferienfluggesellschaften reagieren auf diesen Wettbewerbsdruck mit einer Anpassung ihrer Geschäftsmodelle. Sie verkaufen bspw. vermehrt Einzelplatztickets im Direktvertrieb über Internet und Call-Center und reduzieren zum Teil auch ihren Service an Bord. Die Netzwerkcarrier verfolgen dagegen verschiedene Strategien, um im Wettbewerb mit den Low Cost Airlines zu bestehen: Zum einen konzentrieren sie sich vermehrt auf die weniger preissensiblen Geschäftsreisenden, zum anderen bieten sie in begrenzten Kontingenten ebenfalls Flüge zu Niedrigpreisen an.[93] Darüber hinaus werden zunehmend unrentable Strecken aus dem Angebot gestrichen. Eine weitere Strategie der Netzwerkcarrier besteht in der Gründung bzw. Übernahme von Low Cost Airlines, um die LCA direkt anzugreifen. So hat beispielsweise Lufthansa 49 % der Anteile von Eurowings und ihrer Low Cost-Tochter Germanwings übernommen.[94]

Obwohl der intramodale Wettbewerb im europäischen und deutschen Luftverkehr nach der Liberalisierung deutlich zugenommen hat, so ist doch zu

---

[90] Im Sommer 2006 waren bereits vier weitere Low Cost Carrier in Deutschland tätig; vgl. *DLR / ADV* (2006b), S. 2.

[91] 11,5 Mio. Passagiere reisten innerhalb Deutschlands, die übrigen 21,7 Mio. im Auslandsverkehr.

[92] Vgl. *DLR / ADV* (2006a), S. 2ff.; *DLR / ADV* (2006b), S. 2ff.

[93] So bietet beispielsweise die Lufthansa Passage Airline im Rahmen ihres better Fly Angebotes zahlreiche innereuropäische Flüge zum Preis von 99,00 EUR zuzüglich 10,00 EUR Ticket Service Charge an; Abfrage bei http://www.lufthansa.com/online/portal/lh/de/specials/content?l=de&nodeid=1899215 am 08.12.2006.

[94] Vgl. *Maurer* (2006), S. 58ff.

konstatieren, dass sich der *streckenbezogene Wettbewerb* nur bedingt entwickelt hat.[95] Dies ist häufig darauf zurückzuführen, dass aufkommensschwache Strecken nicht von zwei oder mehr Airlines gleichzeitig bedient werden können.[96] Zum Teil könnte dies aber auch dadurch begründet sein, dass potenziellen Konkurrenten der Marktzutritt versperrt ist. So erweisen sich beispielsweise fehlende Slots auf hoch belasteten Flughäfen mit Kapazitätsengpässen als Marktzutrittsbarrieren für potenzielle Konkurrenten. Dies ist insbesondere deshalb der Fall, weil die Zuteilung der knappen Slots größtenteils noch nach dem Großvaterprinzip erfolgt.[97]

Der seit der Liberalisierung gestiegene Wettbewerbsdruck spiegelt sich dabei auch in der Entwicklung der Ticketpreise wider: So ist der Preisindex für Luftverkehrsleistungen zwischen 1991 und 1994 zunächst deutlich gesunken und erreichte erst im Jahr 2001 wieder das Niveau von 1991. Zwischen 2001 und 2005 waren jedoch kräftige Preissteigerungen von durchschnittlich 4,8 % p.a. zu verzeichnen.[98] Bei der Beurteilung dieses Preisanstieges für Luftverkehrsleistungen ist jedoch zu berücksichtigen, dass die Kerosin- und Sicherheitskosten der Fluggesellschaften im Anschluss an die Terroranschläge vom 11. September 2001 vergleichsweise stark angestiegen sind.

3. Möglichkeiten und Grenzen des Wettbewerbs auf den Schienenverkehrsmärkten

Gemäß § 14 Abs. 1 – 3 AEG n. F. haben in Deutschland neben der Deutschen Bahn AG alle Eisenbahnverkehrsunternehmen (ausländische Bahnen[99], NE-Bahnen, internationale Eisenbahngruppierungen) Anspruch auf einen diskriminierungsfreien *Zugang zum Schienennetz*, sofern sie eine Genehmigung für den Schienenverkehr besitzen,[100] die bei Zuverlässigkeit, finanzieller Leistungsfähigkeit und fachlicher Eignung ausgestellt wird.[101] Für den deutschen Schienenverkehr existieren damit keinerlei gesetzliche Marktzugangsbeschrän-

---

[95] Vgl. *Stanovsky* (2003), S. 178; *DLR / ADV* (2006b), S. 3.

[96] Vgl. *Europäische Kommission* (1996), S. 9.

[97] Diese Problematik besteht beispielsweise am Flughafen Frankfurt am Main. Vgl. *Bundeskartellamt* (2002c), S. 28; *Fichert* (2004), S. 108.

[98] Vgl. *Statistisches Bundesamt* (2006c).

[99] Für ausländische Eisenbahnen gilt zwar das sog. Gegenseitigkeitsprinzip nach § 14 Abs. 2 AEG. Allerdings kann faktisch jede EU-ausländische Eisenbahn in den deutschen Schienenverkehrsmarkt unter Bezug auf die Niederlassungsfreiheit innerhalb der Gemeinschaft durch Gründung einer Niederlassung in Deutschland ein Recht auf diskriminierungsfreien Netzzugang geltend machen.

[100] Vgl. § 6 Abs. 1 AEG n. F.

[101] Vgl. § 14 Abs. 5 AEG n. F.

kungen,[102] so dass ein aktiver Wettbewerb in allen Marktsegmenten grundsätzlich möglich ist, sofern die betreffenden Unternehmen Trassennutzungsrechte erwerben und man von den Diskriminierungspotenzialen der vertikal integrierten DB Netz AG bzw. deren abschreckender Wirkung auf potentielle Wettbewerber abstrahiert.[103]

Die formellen Potenziale des intramodalen Wettbewerbs im Schienenverkehr reichen jedoch für eine realistische Potenzialabschätzung nicht aus. Vielmehr müssen auch die ökonomischen Markteintrittsbarrieren und Marktchancen berücksichtigt werden. Hierbei ist aufgrund der in den einzelnen Marktsegmenten des Schienenverkehrs divergierenden ökonomischen Rahmenbedingungen eine differenzierte Betrachtung erforderlich.

So besteht zwar formal ein Open access zum *Schienenpersonennahverkehr* (SPNV) und damit die Möglichkeit eines freien Wettbewerbs innerhalb des Marktes. Die originären Marktpotenziale sind hier jedoch als marginal einzustufen. Die Fahrgasterlöse reichen regelmäßig nicht zum kostendeckenden Angebot von SPNV-Leistungen aus. Allerdings fragen die Länder SPNV-Leistungen im Rahmen der „Daseinsvorsoge“ nach. Insgesamt fließen Bestellerentgelte von rd. 5 Mrd. € jährlich, so dass der SPNV ein für Eisenbahnunternehmen wirtschaftlich höchst attraktives Marktsegment darstellt. Die für den SPNV relevanten Wettbewerbspotenziale bestehen damit vor allem in der Konkurrenz der potentiellen SPNV-Betreiber *um* die öffentlichen Dienstleistungsaufträge und werden daher von der konkreten Ausgestaltung der öffentlichen Auftragsvergabe determiniert. Neuanbieter könnten hier gegenüber der DB AG signifikante Wettbewerbsvorteile realisieren, weil sie von den überkommenen (Kosten-)Strukturen eines (ehemaligen) Staatsunternehmens oder von Konzerninteressen nicht belastet werden. Allerdings sind nicht alle Unternehmen gleichermaßen in der Lage, beliebig voluminöse öffentliche Verkehrsaufträge zu bedienen. Kleine und mittlere Unternehmen dürften oftmals das notwendige Know how und/oder die erforderliche Finanzkraft nicht mitbringen. Potente SPNV-Betreiber sind neben der DB Regio AG vor allem international agierende Verkehrs- bzw. Eisenbahnunternehmen oder Verkehrskooperationen.[104]

Der Wettbewerb im *Schienenpersonenfernverkehr* (SPFV) wird durch Markteintrittsbarrieren und die geringe Attraktivität der Märkte restringiert. So ist das Marktpotenzial des SPFV gering, weil die öffentlichen Gebietskörperschaften (Bund, Länder) anders als im SPNV keine SPFV-Leistungen nachfragen und sich der SPFV daher ausschließlich über die erzielten Fahrgastein-

---

102 Vgl. *IBM / Kirchner*, C. (2004).

103 Vgl. etwa *Aberle / Eisenkopf* (2002); *Hedderich* (1996).

104 Vgl. *Booz Allen Hamilton et al.* (2006), S. 180.

nahmen finanzieren muss. Diese reichen jedoch allenfalls auf wenigen stark frequentierten Relationen für einen profitablen Betrieb aus.[105] Zur mangelnden Rentabilität des SPFV tragen auch infrastrukturelle Defizite bei. Trotz hoher Investitionen in prestigeträchtige Hochgeschwindigkeitstrassen kann die Eisenbahn ihre Systemstärken auf langen Distanzen nicht ausspielen, weil die Vielzahl von Haltepunkten bzw. die (regelmäßig politisch geforderte) infrastrukturelle Anbindung bestimmter Städte und die damit einhergehende Linienführung die Reisezeiten und Betriebskosten im SPFV erhöhen bzw. dessen intermodale Wettbewerbsfähigkeit einschränken. Der deutsche SPFV-Markt verliert damit für Newcomer an Attraktivität.[106] Im grenzüberschreitenden Fernverkehr kommen die Systemvorteile der Eisenbahn aufgrund der mangelnden Marktöffnung auf europäischer Ebene bzw. der protektionistischen nationalen Ordnungsrahmen sowie infolge der mangelnden Interoperabilität der nationalen Rad-/ Schiene-Systeme (divergierende Spurweiten, Stromversorgungen, Lichtraumprofile usw.) nicht zum Tragen. Internationale Verkehre werden derzeit nur auf Basis bilateraler vertraglicher Vereinbarungen zwischen den nationalen Eisenbahnen angeboten. Wettbewerbswirkungen gehen hiervon jedoch nicht aus,[107] weil die nationalen (Ex-)Monopolisten vielfach eine Marktaufteilungspolitik betreiben, indem sie bei nationalen und grenzüberschreitenden Verkehren nicht miteinander konkurrieren.[108] Der geplante Abbau der bestehenden Markteintrittsbarrieren für grenzüberschreitende Personenverkehre im Zuge der Umsetzung des „Dritten Eisenbahnpaketes" der EU ab 2010 kann jedoch mittelfristig zu einer zumindest partiellen Stärkung des intramodalen Wettbewerbs beitragen.[109] Allerdings wird es ohne Bestellungen der öffentlichen Hand mit den heutigen Produktionskonzepten und Kostenstrukturen auch künftig wohl nur eine begrenzte Anzahl profitabler Fernverkehrsangebote und mithin ein nur geringes Marktpotenzial geben.

Der zweite Grund für das geringe Wettbewerbspotenzial im SPFV liegt in den bestehenden ökonomischen Markteintrittsbarrieren. So stellen die hohen Kapitalkosten des (spezifischen) Rollmaterials in Verbindung mit den lange Zeit fehlenden Lok- und Waggonpools wirksame Marktzutrittshürden dar.[110]

---

[105] Vgl. *Deutsche Bahn AG* (2004), S. 12.

[106] Frankreich nimmt demgegenüber eine Vorbildfunktion ein: Hier werden die Metropolen mit Non-Stop-Fahrten verbunden, so dass die systemspezifischen Vorzüge des SPFV im intermodalen Wettbewerb zum Tragen kommen können; vgl. *Deutsche Bahn AG* (2005), S. 13.

[107] Vgl. *Aberle / Eisenkopf* (2002), S. 68f.

[108] Vgl. *Leister* (2004), S. 208.

[109] Vgl. zur vorgesehenen Marktöffnung für den grenzüberschreitenden SPFV *Europäische Kommission* (2004), insbesondere S. 11f.

[110] Vgl. *IBM / Kirchner* (2004), S. 41.

Gleiches gilt für die Investitionserfordernisse für den Aufbau von Kundeninformations- und Vertriebssystemen.[111] Für Newcomer besteht zudem die Schwierigkeit der Platzierung von Zügen in vertakteten Verkehrssystemen. Die DB AG kann hier aufgrund ihrer Größe Netzbildungs- und mithin Wettbewerbsvorteile realisieren, da sie über ein auch mit dem SPNV vertaktetes flächendeckendes Fernverkehrsnetz verfügt und so Umsteigemöglichkeiten bzw. Anschlussverbindungen oder durchgehende Tickets zwischen Nah- und Fernverkehr anbieten kann.[112] Hiermit verbunden sind Auslastungsvorteile bei den Zügen, welche potentielle Wettbewerber nicht ohne weiteres realisieren können. Insgesamt stellt der Aufbau eines solchen flächendeckenden Transportnetzes eine nicht zu unterschätzende Markteintrittsbarriere dar.[113] In diesem Kontext ist neben dem reinen Transportnetz auch die dezentrale Verfügbarkeit sekundärer Infrastruktur (z. B. Abstellmöglichkeiten, Reinigungsanlagen) von Bedeutung. Da lediglich die DB AG über ein entsprechendes Netz sekundärer Infrastrukturen verfügt, müssen Wettbewerber diese Leistungen typischerweise bei der DB AG einkaufen. Hinzu kommen systematische Informationsvorteile des etablierten Unternehmens hinsichtlich relevanter Nachfrageinformationen, wohingegen Newcomer in aufwendige Marktforschungen investieren müssen.[114]

Unter den gegebenen Rahmenbedingungen bestehen in Bezug auf flächendeckend vernetzte oder grenzüberschreitende SPFV-Angebote daher kaum Wettbewerbspotenziale. Allenfalls im Falle eines Markteintritts großer, leistungsfähiger internationaler Eisenbahnunternehmen (z. B. SNCF, ÖBB, SBB) sind spürbare Wettbewerbsimpulse zu erwarten. Für kleinere Anbieter sind le-

---

[111] Vgl. *Aberle* (2004), S. 121. In diesem Kontext wurde kontrovers diskutiert, ob Kundeninformations- und Vertriebssysteme als Teil der Essential facilities des Schienenverkehrs zu verstehen sind und daher für DB-Wettbewerber zugänglich zu machen sind. Das Kammergericht Berlin hat hierzu im Jahr 2003 entschieden, dass die Angebote (An- und Abfahrtszeiten, nicht jedoch die Fahrpreise) der DB-Wettbewerber in einer Reihe von Informationsmedien der DB AG zu integrieren sind (Kursbuch, Online-Reiseauskunft sowie die gebührenfreie Telefonauskunft); vgl. *Deutsche Bahn AG* (2004), S. 31.

[112] Vgl. *Aberle* (2004), S. 121; *Booz Allen Hamilton et al.* (2006), S. 180.

[113] Vgl. auch die theoretische Analyse von *Seabright* (2003), der auf einen wettbewerblichen Struktureffekt hinweist. Derzeit betreibt die DB AG Zubringerverkehre zum SPFV, die für sich genommen nicht rentabel sind. Sie entfalten ihre wirtschaftliche Attraktivität durch ihren Auslastungsbeitrag zu den Transportkapazitäten auf den Magistralen. Intramodaler Wettbewerb, so die Befürchtung, würde sich auf diese Magistralen konzentrieren (sog. *„Rosinenpicken“*) und den Auslastungsbeitrag der Zubringerverkehre für die eigenen Angebote auf den Hauptrelationen senken. Im Ergebnis könnte dies dazu führen, dass sich einige Zubringerverkehre auch in einer integrierten Betrachtung des Gesamtfernverkehrsnetzes der DB AG nicht mehr rentieren und daher eingestellt würden.

[114] Vgl. auch nachfolgend *Booz Allen Hamilton et al.* (2006), S. 182ff.

diglich ausgewählte Punkt-zu-Punkt-Verbindungen in den Tagesrandzeiten wirtschaftlich interessant (z. B. aufkommensstarke Verbindungen zwischen Metropolen). Hinzu kommen ausgewählte Marktnischen wie Saison- oder Charterverkehre (z. B. im Urlaubs- und Freizeitverkehr).[115] Denkbar sind vereinzelt auch mit dem DB Fernverkehr direkt konkurrierende Billigangebote mit längeren Fahrzeiten. Schließlich könnten auch Wettbewerbsangebote auf solchen Relationen zwischen Mittelzentren oder zwischen Mittelzentren und Metropolen entstehen, auf denen sich die DB AG im Zuge der Einstellung ihres Interregioverkehrs zurückgezogen hat und mithin Angebotslücken entstanden sind, d. h. im Grenzbereich zwischen Nah- und Fernverkehr.[116] Auf den zugrunde liegenden Relationen besteht eine Nachfrage nach Transportleistungen, welche Newcomer aufgrund ihres Kostenvorteils, mit Hilfe verbesserter Qualitäten und eines zielgruppenorientierten Marketings im Gegensatz zur DB AG rentabel bedienen könnten. Sofern ein funktionierender Ausschreibungswettbewerb im SPNV herrscht, könnten zusätzlich wettbewerbliche Impulse auf den SPFV ausgehen, da die Übernahme von SPNV-Leistungen in einer Region als möglicher Ausgangspunkt für die Bedienung von Verkehren auf längeren Strecken dienen kann.[117] Insgesamt bestehen damit zwar durchaus Wettbewerbspotenziale im SPFV, allerdings sind diese aufgrund der bestehenden Eintrittsbarrieren und geringen Marktpotenziale als begrenzt zu qualifizieren.

Die Wettbewerbspotenziale im *Schienengüterverkehr* werden im Wesentlichen von den Marktpotenzialen und Produktionsbedingungen in den verschiedenen Segmenten des SGV-Marktes determiniert, wobei dem Nahbereich – sieht man einmal von Werks- oder Hafenbahnen ab – aufgrund der Systemeigenschaften der Eisenbahn (v. a. räumliche und zeitliche Inflexibilität) keine Bedeutung zukommt.[118] Die ökonomischen Vorteile und Marktpotenziale des Schienengüterverkehrs liegen vielmehr bei Transporten großer Mengen über lange Distanzen, bei denen die hohe Massenleistungsfähigkeit der Bahn zum Tragen kommt; hier lassen sich ausgeprägte Economies of density realisieren. Die Massenleistungsfähigkeit kommt allerdings nur dann zum Tragen, wenn

[115] Vgl. *Deutsche Bahn AG* (2004), S. 12.

[116] So hat die Bundesarbeitsgemeinschaft der Aufgabenträger im SPNV im Jahr 2003 ein interregionales Netz als Ergänzung zum bestehenden Fernverkehrsnetz vorgeschlagen. Vgl. *BAG-SPNV* (2003). Dieses sieht über die von der DB AG aufgegebenen Verkehre hinaus auch neue Direktverbindungen vor. Allerdings wird ein Teil dieses Netzes derzeit durch Bestellerverkehre abgedeckt. Es verbleibt netto ein Volumen von rd. 14,7 Mio. Zugkm p. a.

[117] Vgl. *Booz Allen Hamilton et al.* (2006), S. 405.

[118] Der KLV könnte die Schiene zwar dort sinnvoll ergänzen, wo die infrastrukturellen Voraussetzungen für einen durchgängigen Schienentransport fehlen. Allerdings stößt dieses gebrochene System aufgrund hoher Kosten der Umladevorgänge bei kürzeren Transportweiten an seine ökonomischen Grenzen. Vgl. *Aberle* (2003), S. 549.

auf Zugumbildungen während der Fahrt verzichtet werden kann, d. h. wenn die in einem Zug verbundenen Waggons lange gemeinsame Laufweiten haben. Je kürzer hingegen der gemeinsame Lauf der innerhalb eines Zuges gekoppelten Waggons ist, desto öfter werden Zugumbildungen notwendig, verbunden mit entsprechend höherem Dispositions- und Koordinationsaufwand und steigenden Betriebskosten.

Wenig aufwendig im Handling sind die sog. Ganzzugverkehre, die als relativ leicht zu konzipierende Punkt-zu-Punkt-Verbindungen gänzlich ohne Zugumbildungen auskommen, und partiell auch sog. Mehrgruppenzüge, bei denen nur wenige Zugumbildungen anfallen. Demgegenüber sind Einzelwagenverkehre, bei denen einzelne Waggons direkt von den Gleisanschlüssen der Verlader abgeholt und dann auf Rangierbahnhöfen zum Hauptlauf in größeren Zügen zusammengestellt werden, mit einem hohen Handlingaufwand verbunden.

Newcomer verfügen typischerweise nicht über die für das wirtschaftliche Angebot von Einzelwagenverkehren notwendigen dezentralen Produktionsstrukturen, Informations- und Koordinationssysteme und das erforderliche Know how. Die hiermit verbundenen hohen spezifischen Investitionen stellen gerade für kleine Unternehmen wirksame Markteintrittsbarrieren dar.[119] Hier hat die DB AG aufgrund ihrer Netzbildungsfähigkeit einen Wettbewerbsvorteil.[120] Im Einzelwagenverkehr sind lediglich von der DB AG ausgelagerte Zubringertransporte ohne Wettbewerbswirkung relativ problemlos für Newcomer bedienbar. Nur für den Fall, dass große, kapitalstarke Eisenbahnen oder Kooperationen von Eisenbahnen in den SGV-Markt eintreten, ist ein spürbarer Wettbewerb im Marktsegment des Einzelwagenverkehrs vorstellbar. Für markteintrittswillige Unternehmen sind vielmehr die Ganz- und Mehrgruppenzüge wirtschaftlich interessant, da sie anders als Einzelwagenverkehre keine besonderen logistischen Anforderungen an den Transport stellen.[121]

Die Einsatzmöglichkeiten von Ganz- oder Mehrgruppenzügen differieren je nach zu transportierender Güterart. Zu den bahnaffinen Güterarten zählen vor allem Kohle, Erze und Schrott, Mineralölerzeugnisse, Holz oder Papier,[122] weil sie klassische Massengutverkehre erlauben.[123] Dabei ist ein quantitativ stagnie-

---

[119] Auch die erforderlichen hohen Investitionen in das Rollmaterial wurden lange als Markteintrittsbarriere genannt. Allerdings halten zunehmend spezialisierte Unternehmen (z. B. Dispolok oder Angeltrans) Lokpools vor, auf welche die Eisenbahnen zurückgreifen können; vgl. *IBM / Kirchner* (2004), S. 40.

[120] Vgl. *Booz Allen Hamilton et al.* (2006), S. 190f.

[121] Vgl. *Aberle / Eisenkopf* (2002), S. 70; auch nachfolgend BAG (2005a), S. 22ff.

[122] Vgl. *Deutsche Bahn AG* (2005), S. 21; (2004), S. 14f.; (2003), S. 9.

[123] Zwar muss die Eisenbahn bei den Massengutverkehren mit dem kostengünstigen Binnenschiff konkurrieren. Dies gilt allerdings aufgrund des grobmaschigen Wasserstraßennetzes nur auf einer stark begrenzten Anzahl von Relationen.

render bzw. schrumpfender Güterbereich wie etwa Kohle, in dem der dominante Anbieter eine lange etablierte Marktposition besitzt, weniger attraktiv für Newcomer als andere Bereiche wie etwa der Transport von Mineralölerzeugnissen oder chemischen Gütern. Dies gilt insbesondere für solche Verkehrsunternehmen, die als Töchter der verladenden Wirtschaft über ein gewisses Basistransportaufkommen verfügen. Steine und Erden, Chemie und Düngemittel sind ebenfalls häufig in großen Mengen zu transportieren, so dass sich auch hier Ganz- oder zumindest Mehrgruppenzüge einsetzen lassen. Allerdings ist das Marktpotenzial der Ganzzug- und Massengutverkehre in den letzten Jahrzehnten stark geschrumpft (Güterstruktureffekt); in arbeitsteiligen Volkswirtschaften gewinnen vor allem Investitionsgüter sowie Halb- und Fertigerzeugnisse (etwa im Automotive-Bereich) zunehmend an Bedeutung, die typischerweise in kleineren Mengen mit höheren Qualitätsanforderungen zu transportieren sind (so genannter Logistikeffekt).[124] Diesen für die Eisenbahn negativen Strukturentwicklungen wirkt jedoch die europäische Integration in Verbindung mit der vollständigen Öffnung der europäischen Schienennetze für den SGV ab 1. Januar 2007 entgegen.[125] Mit zunehmenden durchschnittlichen Transportweiten lassen sich vermehrt lang laufende Ganz- und Mehrgruppenzüge einsetzen. Dies gilt insbesondere auch für den wachstumsstarken Container-Verkehr. Hier existiert nicht nur ein beachtliches Marktpotenzial für den SGV insgesamt, sondern auch ein erhebliches Wettbewerbspotenzial.[126]

Zusammenfassend bestehen die größten Markt- und Wettbewerbspotenziale des SGV in lang laufenden Transporten von Eisen, Stahl und anderen Metallen, chemischen Erzeugnissen und Düngemittel, von Fahrzeugen, Maschinen, Halb- und Fertigwaren sowie Containern in Form von Ganz- oder Mehrgruppenzügen. Diese gewinnen im Zuge der europäischen Integration und der Öffnung der europäischen Schienennetze künftig noch an Bedeutung. Einzelwagenverkehre sind aufgrund ihres Koordinations- und Dispositionsaufwandes und der erforderlichen dezentralen Produktionsstrukturen wirtschaftlich nur wenig attraktiv und dürften zumindest kleinere und mittlere Eisenbahnunternehmen kaum zum Markteintritt ermuntern. Lediglich im Sinne von Zubringerverkehren für den DB-Güterverkehr bestehen hier gewisse Markt-, aufgrund des

---

124 Vgl. *Aberle* (2003), S. 93ff.

125 Vgl. *Eisenkopf* (2006b).

126 Allerdings besteht bei auch grenzüberschreitenden Güterverkehren das Problem mangelnder Interoperabilität der nationalen Rad-/Schiene-Systeme, welches die vollständige Erschließung dieser Marktpotenziale zumindest mittelfristig noch verhindert. Die EU-Kommission bemüht sich jedoch schon seit Jahren um die sukzessive Herstellung der Interoperabilität. Zumindest auf den internationalen Korridoren des Transeuropean Rail Freight Netzwork (TERFN) ist sie schon heute in weiten Teilen gegeben. Zudem bietet die Industrie zunehmend Mehr-System-Loks für den Einsatz im grenzüberschreitenden Verkehr an.

Komplementärcharakters dieser Verkehre jedoch kaum Wettbewerbspotenziale.

III. Wettbewerbsbeziehungen im Personenverkehr

1. Verkehrsmittelwahlentscheidungen im Personenverkehr

Das Verständnis von Verkehrsmittelwahlentscheidungen im Personenverkehr bildet eine zentrale Voraussetzung für die Analyse der Wettbewerbsbeziehungen im Personenverkehrsmarkt, mit denen sich Kapitel III. dieser Studie auseinandersetzt. Verkehrsmittelwahlentscheidungen werden in der transportökonomischen Literatur mit Verkehrsmittelwahlmodellen erklärt. Dabei wird unterschieden zwischen aggregierten Modellansätzen, die insbesondere in der Verkehrsplanung zum Einsatz kommen, und disaggregierten Modellen, die sich auf die Beobachtung des individuellen Verkehrsteilnehmers konzentrieren.[127] Darüber hinaus spielen verhaltenswissenschaftlich fundierte Entscheidungsmodelle in der Literatur eine wichtige Rolle.[128]

Die differenzierte Analyse des Nachfragerverhaltens und die Ableitung von Determinanten der Verkehrsmittelsubstitution als Bestimmungsgrund der Wettbewerbsbeziehungen erfordert eine Beschäftigung mit den *„Besonderheiten" der Nachfrage* nach Personenverkehrsleistungen. Diese liegen zum einen in den Merkmalen von Dienstleistungen an sich (Immaterialität, Nichtlagerfähigkeit, Individualität, Mitwirkung des Kunden als externem Faktor beim Produktionsprozess) und deren Ausprägung im Verkehrsdienstleistungsbereich, darüber hinaus aber auch in den angebots- und nachfrageseitigen Spezifika der jeweiligen Verkehrsmärkte.[129]

Wie bei allen anderen Dienstleistungen auch, bieten Personenverkehrsdienstleister kein fertiges, lagerfähiges Produkt an, sondern sind auf die Integration des externen Faktors Fahr- oder Fluggast angewiesen, gegenüber dem ein nicht gegenständliches Leistungsversprechen (z. B. der Ortsveränderung von A nach B) abgegeben wird. Dabei ist die Individualität der Dienstleistung beim jeweiligen Anbieter in der Regel nur vergleichsweise schwach ausgeprägt, z. B. durch unterschiedliche Beförderungsklassen und damit Serviceniveaus. Wie auch bei anderen Dienstleistungen können Schwankungen in der Beförderungsqualität (z. B. Wartezeiten, Verspätungen oder Nichtverfügbarkeit eines Sitzplatzes) eine Minderung der Kundenzufriedenheit bewirken. Diese im

---

127 Vgl. *Aberle* (2003), S. 455ff.

128 Vgl. *Müller* (1999).

129 Vgl. *Ehrhardt* (2004), S.27ff.

Gegensatz zur Individualisierung unerwünschte Heterogenität der Verkehrsdienstleistung und das damit verbundene Kaufrisiko werden jedoch zumindest partiell dadurch kompensiert, dass Verkehrsdienstleistungen ein Erfahrungsgut darstellen und es sich bei den Kunden in den meisten Fällen um Wiederholungskäufer handelt. Dies ist auch für das Verständnis der Verkehrsmittelwahlentscheidungen bedeutsam, da hier gemachte Erfahrungen mit Verkehrsmitteln und daraus resultierende Limitierungen bzw. Habitualisierungen von Entscheidungen eine bedeutende Rolle spielen.

Angebotsseitige Besonderheiten der Verkehrsdienstleistungsproduktion liegen in den Produktions- und Kostenstrukturen der Verkehrsdienstleistungsunternehmen begründet. Charakteristisch für den Personenverkehr ist die so genannte Batch-Produktion, d. h. eine kontinuierliche Variation der Produktionsleistung ist nicht möglich. So ist im Luftverkehr die verfügbare Angebotskapazität durch das gewählte Fluggerät determiniert, eine Entscheidung, die kurzfristig nicht reversibel ist. Dagegen ließe sich im Schienenverkehr die Kapazität zumindest sprungfix durch das An- oder Abhängen von Reisezugwagen variieren. Dies ist jedoch bei modernen Zugkonzeptionen (z. B. ICE-Verkehr) technisch nicht mehr möglich und wird auch sonst kaum praktiziert. Mit der weitgehend unflexiblen Kapazitätsvorhaltung ist auch die Kostenstruktur determiniert: Sowohl Schienen- wie auch Luftverkehrsunternehmen weisen hohe nutzungsunabhängige Kostenblöcke auf, während die Grenzkosten eines zusätzlichen Passagiers sehr niedrig sind. Hinzu kommt die hohe Relevanz der weitgehend fixen Infrastrukturkosten insbesondere im Schienenpersonenverkehr.[130]

An dieser Stelle ist auch die Möglichkeit der Selbsterstellung von Verkehrsdienstleistungen durch die Nutzung des Pkw im Motorisierten Individualverkehr (MIV) anzusprechen. Die Selbsterstellung der Verkehrsleistung im MIV ist zwar prinzipiell möglich, ähnlich wie ein Unternehmen der produzierenden Wirtschaft Werkverkehr durchführen kann, anstatt Transportaufträge an Spediteure bzw. Güterkraftverkehrsunternehmer zu vergeben. Es stellt sich allerdings die Frage, inwieweit die selbst erstellte Pkw-Fahrt als Substitut für die Leistungen von Schienen- oder Luftverkehrsunternehmen anzusehen ist. Dies dürfte wahrscheinlich nur für spezifische Verkehrszwecke, Entfernungsbereiche und Kundensegmente anzunehmen sein. Die Frage der Einbeziehung des MIV in die Marktabgrenzung wird daher für den Personennah- und Personenfernverkehr ausführlich in den Kapiteln III.; Pkt 2. bzw. III., Pkt. 3. diskutiert.

Nachfrageseitig wird beim Personenverkehr das Phänomen der *abgeleiteten Nachfrage* relevant. Grundsätzlich kann die Inanspruchnahme einer Mobilitätsdienstleistung an sich für ein Wirtschaftssubjekt Nutzen stiftend sein (Mo-

---

130 Vgl. *Ehrhardt* (2004), S. 32f.

bilität um ihrer selbst willen). In der überwiegenden Zahl der Fälle dürfte die Personenmobilität jedoch eine aus individuellen Fahrt- oder Reisezwecken abgeleitete Nachfrage darstellen.[131] Als Reisezwecke werden in der einschlägigen Literatur unterschieden:[132]

- Ausbildung und Beruf
- Geschäft
- Einkauf/sonstige Besorgungen
- Freizeit
- Urlaub.

Bei den verschiedenen Reise- oder Verkehrszwecken sind durchaus differenzierte Bestimmungsfaktoren der Mobilität relevant. Insbesondere besteht bei den einzelnen Aktivitäten ein unterschiedlich hoher Anteil an Zwangsmobilität, deren Ursachen dem Verkehrsbereich vorgelagert sind.[133] Abweichende Rahmenbedingungen der Mobilität bedingen, dass in den Verkehrsmittelwahlkalkülen unterschiedliche Faktoren bedeutsam werden. So sind z. B. für den Geschäftsreiseverkehr Reisezeit, Pünktlichkeit und Komfort des gewählten Verkehrsmittels von erhöhter Bedeutung, während die Reisezeit im Freizeitverkehr gegenüber dem Preis von eher untergeordneter Wichtigkeit ist. Auch zwischen Fern- und Nahverkehr dürften – aufgrund der damit verbundenen jeweils spezifischen Reisezwecke – unterschiedliche Schwerpunkte in den Verkehrsmittelwahlkalkülen relevant werden.

Während *aggregierte Verkehrsmittelwahlmodelle* auf diese Besonderheiten der Mobilitätsnachfrage nicht eingehen, beschäftigen sich *disaggregierte Modelle* der Verkehrsmittelwahl mit dem individuellen Verkehrsverhalten von Wirtschaftssubjekten. Sie beinhalten

- räumliche, zeitliche und soziale Strukturvariablen, welche das Verkehrssystem und die Aktivitätsgelegenheiten charakterisieren;
- Beschreibungsvariablen mit sozidemographischen Merkmalen von Personen und Haushalten bzw. Erreichbarkeiten und

---

131 Vgl. *Knapp* (1998), S. 27.

132 Vgl. *Aberle* (2003), S. 6f.

133 Hinzuweisen ist z. B. auf die Zwangsmobilität im Ausbildungs- oder auch Einkaufsverkehr aufgrund der räumlichen Konzentration von Ausbildungs- und Einkaufsstätten. Diskutiert werden in diesem Kontext außerdem die Wechselwirkungen zwischen Verkehrssystemen und Siedlungsstruktur, die mobilitätsbeeinflussende Wirkungen aufweisen; vgl. *Aberle* (2003), S. 6f.

- Verkehrsnachfragevariablen (Verkehrszwecke, Quelle- und Zielorte, Routen, Abfahrts- und Ankunftszeiten).[134]

Die disaggregierte Modellierung baut auf dem Ansatz der Discrete Choice-Analyse auf, welche die Beobachtung tatsächlich durchgeführter Wahlakte beinhaltet, aus denen auf die Bewertungskriterien der Nachfrager und deren zukünftiges Verhalten geschlossen werden soll.[135] Sie ist daher als Revealed-Preference-Ansatz einzustufen.[136] Im Falle der Verkehrsmittelwahl werden deterministische Nutzenkomponenten aus den verschiedenen Nutzen stiftenden Eigenschaften des Verkehrsmittels abgeleitet (z. B. Fahrzeit, Bequemlichkeit, Pünktlichkeit, Flexibilität und Kosten). Hinzu treten deterministische Persönlichkeitsmerkmale, welche das Kaufverhalten in der Entscheidungsphase abbilden. Die verschiedenen in der Forschung gebräuchlichen Modelltypen (z. B. multinominales Logit-Modell, binäres bzw. multinominales Probit-Modell) unterscheiden sich jedoch hinsichtlich der Modellierung der stochastischen Nutzenkomponente.

Aufgrund der hohen Komplexität der Modellierung sind die disaggregierten Verkehrsmittelwahlmodelle als Grundlage für eine Analyse der Wettbewerbs- und Substitutionsbeziehungen auf den Personenverkehrsmärkten allerdings kaum geeignet. Es kommt hinzu, dass sie in den meisten Fällen die für die Entscheidung wesentlichen Komponenten Komfort und Flexibilität nur unzureichend abbilden. Zu bedenken ist auch, dass ein Großteil der Modelle für den innerstädtischen Verkehr erarbeitet wurde, während Untersuchungen zum Fernverkehr eher selten sind. Daher sollten hinsichtlich der Erklärung der Verkehrsmittelwahl verstärkt verhaltenswissenschaftlich fundierte Modellansätze herangezogen werden.[137]

Eine *verhaltensorientierte* Erklärung der Verkehrsmittelwahl stützt sich darauf, dass der Verkehrsteilnehmer ex ante über eine situationsunabhängige Zusammenstellung bekannter und nutzbarer Verkehrsmittel verfügt. Dieses so genannte „allgemeine Alternativen-Set" wird in Abhängigkeit vom konkreten Mobilitätsbedürfnis in ein „situationsspezifisches Alternativen-Set" transfor-

---

[134] Vgl. *Wermuth* (1981), S. 101ff.

[135] Vgl. die grundlegenden Arbeiten zu dieser Thematik von *Domencich / McFadden* (1975) und *Quandt* (1968).

[136] Bei Revealed-Preference-Modellen wird am tatsächlichen Verhalten der Nachfrager angesetzt und nicht an hypothetischen Präferenzen, die im Rahmen von Experimenten erhoben werden; vgl. *Knapp* (1998), S. 174 und S. 186f.

[137] Vgl. die Einschätzung disaggregierter Verkehrsmittelwahlmodelle bei *Ehrhardt* (2004). Verhaltenswissenschaftliche Modelle der Verkehrsmittelwahl basieren auf Beiträgen zur verhaltenswissenschaftlichen Modellierung des generellen Konsumverhaltens, die in Deutschland vor allem von der Schule von Kroeber-Riel forciert wurden (sog. S-O-R-Modelle); vgl. hierzu *Bänsch* (2002).

miert. Hierbei und bei der eigentlichen Entscheidung für ein Verkehrmittel spielen mentale Informationsverarbeitungsprozesse in Form kognitiver, emotionaler oder reaktiver Prozesse eine wichtige Rolle. Je nachdem, wie diese Prozesse im Detail konfiguriert sind und zusammenwirken, lassen sich vier Formen des Entscheidungsverhaltens klassifizieren:[138]

- *Habitualisierte* Entscheidungen: Sie sind durch reaktive Prozesse charakterisiert, d. h. Stimuli lösen beim Individuum jeweils das gleiche Reaktionsschema aus. Kognitive Prozesse sind bei diesem Entscheidungstyp möglicherweise völlig vernachlässigbar. Habitualisierte Entscheidungen können auf eigenen Erfahrungen oder Empfehlungen und Gebrauchserfahrungen Dritter aufbauen. Bestimmte Persönlichkeitsmerkmale (z. B. hohe Risikoaversion) begünstigen Habitualisierungsprozesse;
- *limitierte* Entscheidungen: Hier werden aufgrund der beherrschbaren Handlungssituation bewusste Vereinfachungen des Procedere vorgenommen. Trotzdem dominieren Ansätze der kognitiven Problembewältigung, so dass reaktive oder emotionale Prozesse von untergeordneter Bedeutung sind;
- *impulsive* Entscheidungen: So genannte „Impulskäufe" werden vor allem durch emotionale Prozesse aktiviert, hier spielen kognitive Prozesse nur eine begrenzte Rolle;
- *extensive* Entscheidungen: Diese Form des Entscheidungsverhaltens ist vor allem für innovative Entscheidungssituationen relevant, in denen aufwendige Informationsverarbeitungsprozesse initialisiert werden. Bei extensiven Entscheidungen dominieren komplexe kognitive Entscheidungsprozesse.

Ein Großteil der Verkehrsmittelwahlentscheidungen im Personenverkehr dürfte dem Modell der limitierten Entscheidung nahe kommen, bei dem eine kognitive Entlastung des Konsumenten durch Vergangenheitserfahrungen und Lernprozesse stattfindet.[139] Neuere empirische Untersuchungen legen zudem nahe, dass Verkehrsmittelwahlentscheidungen im hohen Maße habitualisiert sind.[140] Im Fall des limitierten Entscheidungsprozesses verbleiben jedoch gegenüber der habitualisierten Entscheidung im situationsspezifischen Alternativen-Set mehrere Alternativen, die einer näheren Überprüfung unter Nutzenaspekten unterzogen werden. Allerdings sind bei limitierten Entscheidungsprozessen weitere Vereinfachungen etwa hinsichtlich der in den Vergleich einzubeziehenden Eigenschaften möglich. Dies erklärt z. B., dass für einen Teil der Nachfrager bei der Verkehrsmittelwahlentscheidung der Preis eines Produktes

---

[138] Vgl. *Ehrhardt* (2004), S. 52ff. zu dem im Folgenden skizzierten verhaltensorientierten Modell.

[139] Vgl. *Perrey* (1998), S. 170f.

[140] Vgl. *Müller* (1999), *Schneider* (1999).

im Vordergrund steht.[141] Dies kann als Vereinfachungsstrategie interpretiert werden. Eine deutlich abgeschwächte Bedeutung kommt bei Verkehrsmittelwahlentscheidungen jedoch den impulsiven und extensiven Entscheidungsprozessen zu. Impulskäufe stehen in einem gewissen Widerspruch zum abgeleiteten Charakter der Personenverkehrsnachfrage, während extensive Entscheidungsmuster nicht erforderlich sind, da es bei der Verkehrsnachfrage nicht um eine schwierige und/oder innovative Handlungssituation geht.

Wichtig ist, dass der skizzierte Entscheidungsprozess durch eine Reihe von Randbedingungen beeinflusst wird. Zu erwähnen sind soziodemographische Faktoren (z. B. die Pkw-Verfügbarkeit), Prädispositionen des Individuums gegenüber bestimmten Verkehrsmitteln und eigene oder auch von Dritten übernommene Gebrauchserfahrungen. Sie sind insbesondere für Limitierungs- und Habitualisierungsprozesse bedeutsam. Hinzuweisen ist aber auch auf die situationsspezifischen Variablen, die das „situationsspezifische Alternativen-Set" beeinflussen (Reisezweck, Reiseentfernung, evtl. Mitreisende, Gepäck oder auch das Wetter).

2. Wettbewerbsbeziehungen im Personennahverkehr

a) Relevante Märkte

Als Träger des *Personennahverkehrs* (PNV), der sich auf Transportweiten von maximal 50 bzw. 100 km bezieht, agieren der Motorisierte Individualverkehr (MIV) und der Öffentliche Personennahverkehr (ÖPNV), wobei innerhalb des ÖPNV zwischen dem Öffentlichen Straßenpersonenverkehr (ÖSPV) und dem Schienenpersonennahverkehr (SPNV) zu differenzieren ist. Während man unter dem ÖPNV generell die „allgemein zugängliche Beförderung von Personen im Linienverkehr [versteht], die überwiegend bestimmt ist, die Verkehrsnachfrage im Stadt-, Vorort- oder Regionalverkehr zu befriedigen"[142], sind dem SPNV nur die Eisenbahn- und S-Bahnverkehre im Nahbereich zuzuordnen. Unter dem Rubrum ÖSPV werden die Straßen- und U-Bahnen[143], Busverkehre und Taxen subsumiert.[144]

---

[141] Empirische Untersuchungen bestätigen die hohe Bedeutung des Preises für den Schienenpersonenfernverkehr und den Personenluftverkehr; vgl. *Laakmann* (1995), S. 230f. und *Schneider* (1999), S. 7.

[142] § 2 RegG.

[143] Diese sind auch Teil des schienengebundenen ÖPNV, nicht aber des SPNV; vgl. *Weiß* (2003), S. 233.

[144] Vgl. *Püttner* (1997), S. 89.

Auch die Nachfrage nach Personennahverkehrsleistungen lässt sich im Sinne einer abgeleiteten Nachfrage verstehen. Je nach dem vom jeweiligen Nachfrager verfolgten Verkehrszweck kann im Nahbereich zwischen Berufs- und Ausbildungsverkehr (produktive Verkehre) sowie zwischen Einkaufs-, Freizeit- und ggf. auch Urlaubsverkehr (konsumtive Verkehre) unterschieden werden.[145] Als Determinanten der Verkehrsmittelwahlentscheidungen werden insbesondere Quantität und Qualität der Angebote sowie deren Zugänglichkeit genannt. Hinzu kommen die Transportpreise bzw. -kosten sowie subjektive Merkmale wie Pkw- und Führerscheinbesitz, körperliche Voraussetzungen, die Berufstätigkeit, demographische und geographische Entwicklungen sowie das gesamtwirtschaftliche Wachstum bzw. die Einkommensentwicklung der Haushalte.[146] Neben diese Individualnachfrage tritt die mit den staatlichen Pflichten der „Daseinsvorsorge" begründete Kollektivnachfrage der öffentlichen Hand nach solchen Verkehren, die vom Markt aufgrund mangelnder privater Nachfrage oder zu geringer individueller Zahlungsbereitschaften bzw. des hiermit verbundenen betriebswirtschaftlich defizitären Charakters nicht bereitgestellt werden (sog. gemeinwirtschaftliche Verkehre, Daseinsvorsorgeverkehre).

Die für die Beurteilung des Wettbewerbs bzw. für die Feststellung einer marktbeherrschenden Stellung erforderliche Abgrenzung des sachlich *relevanten Marktes im öffentlichen Personennahverkehr* ist in der verkehrswissenschaftlichen Literatur bislang kaum diskutiert worden. Lediglich einzelne Quellen setzen sich mit diesem Themenkomplex auseinander.[147] Dominiert wird die Diskussion von kartellrechtlichen Auseinandersetzungen, so dass die Entscheidungen des Bundeskartellamtes, der mit Streitfragen beschäftigten Gerichte sowie die Veröffentlichungen der beteiligten Unternehmen bzw. der von diesen beauftragten Gutachter als einschlägig herangezogen werden können. Strittig ist bei der Abgrenzung des relevanten Marktes im Personennahverkehr vor allem die Frage, ob der ÖPNV insgesamt als einheitlicher Markt zu betrachten ist oder ob eine disaggregierte, d. h. separierte Beurteilung des ÖSPV und SPNV vorgenommen werden sollte. Unterschiedliche Einschätzungen gibt es zudem im Hinblick auf die Frage, ob die Marktgegenseite des Personennahverkehrsangebotes in den Fahrgästen und/oder in der öffentlichen Hand zu sehen ist und ob der MIV zum sachlich relevanten Markt gehört.[148]

---

145 Vgl. auch nachfolgend *Aberle* (2003), S. 5ff.

146 Vgl. *Köberlein* (1997), S. 53f.

147 Vgl. etwa *Zauner* (2006), S. 76ff.

148 Der *räumlich relevante Markt* ist als regional begrenztes Gebiet zu verstehen, weil Nahverkehrsleistungen in einer Region mit solchen anderer Verkehrsräume nicht austauschbar sind. Region ist dabei nicht gleichzusetzen mit Verwaltungs- oder „Nahverkehrsgebiet", weil der öffentliche Aufgabenträger bei seinen Entscheidungen die Belange benachbarter Städte oder Landkreise zu berücksichtigen hat und sich die Mobili-

Insbesondere die *Zugehörigkeit des MIV zum relevanten ÖPNV-Markt* wird kontrovers diskutiert. Von denjenigen, welche den MIV dem sachlich relevanten Markt zurechnen, wird vor allem eine starke Konkurrenzierung des ÖPNV durch den MIV behauptet.[149] Begründet wird eine Einbeziehung des MIV in den relevanten Personennahverkehrsmarkt zudem mit politischen Strategien der Verkehrsverlagerung und der Methodik der Verkehrsplanung.[150]

Tatsächlich bestehen zwischen MIV und ÖPNV aus Nachfragesicht grundsätzlich Substitutionsbeziehungen,[151] wobei diese Aussage allerdings mehrfach einzuschränken ist. So existieren zum einen Marktsegmente, in denen der MIV als Alternative zum ÖPNV nicht in Frage kommt. Der MIV ist für Teile der Nachfrager etwa aufgrund individueller Merkmale wie Krankheit, Behinderung, Alter und geringes Einkommen nicht zugänglich (ÖPNV-Zwangskunden bzw. captive customers).[152] Mit einem Anteil von rd. 6 % der Gesamtnachfrage stellt diese Gruppe eine nicht zu unterschätzende Größe dar.[153] Zu den ÖPNV-Zwangskunden ist im Prinzip auch die öffentliche Hand zu zählen, deren Nachfrage ja gerade der Daseinsvorsorge dient. Entsprechend der staatlichen Anteile am Gesamtumsatz des ÖPNV nimmt dieser Teil der Nachfrage eine exponierte Stellung ein.[154]

Vice versa ist auch die Substituierbarkeit des MIV durch den ÖPNV eingeschränkt. Dies betrifft zum einen ländliche Räume, in denen aufgrund eines unzureichenden ÖPNV-Angebots größere Substitutionslücken für die Nachfrage-

---

tätsbedürfnisse des Fahrgastes nicht auf ein Verwaltungs- oder Nahverkehrsgebiet begrenzen lassen. Da sich zudem PNV-Angebote durch ein Netzwerk von Linien auszeichnen, welches vom Fahrgast entsprechend seiner konkreten, im Zeitablauf veränderlichen Verkehrsbedürfnisse genutzt wird, und auch aus Sicht des Aufgabenträgers nur ein Netzwerk eine „ausreichende Verkehrsbedienung" sicherstellt, ist eine linienbezogene Abgrenzung nicht sachgerecht. Entscheidend sind vielmehr die verkehrswirtschaftlichen Verflechtungen einer Region, wobei neben dem Linienverlauf und der Angebotsvertaktung die konkreten Pendlerverflechtungen bedeutend sind; vgl. *Bundeskartellamt* (2003), S. 21.

149 So kommt *WIK-Consult* (2006), S. 36, Fn. 93, zu der Einschätzung, der MIV sei „in erheblichem Maße dazu geeignet, die Ausübung von Marktmacht durch Anbieter öffentlicher Verkehrsdienste zu begrenzen…".

150 Vgl. *WIK-Consult* (2006), S. 32.

151 Vgl. *Aberle* (2003), S. 12 und S. 91; *Köberlein* (1997), S. 97.

152 Vgl. *Bundeskartellamt* (2003), S. 18f.; (2001), S. 28. Gerade die mangelnde allgemeine Zugänglichkeit ist das entscheidende Abgrenzungskriterium des MIV vom ÖPNV; vgl. *Siekmann* (2000), S. 106.

153 Vgl. *Zauner* (2006), S. 80.

154 So macht das originäre Marktvolumen im Sinne von Fahrgasterlösen lediglich rd. 45 %, der Anteil der staatlichen Finanzmittel hingegen etwa 55 % des gesamten Marktvolumens aus; vgl. *Ewers / Ilgmann* (2000a), S. 136; *Lasch et al.* (2005), S. 12. Das gesamte Marktvolumen wird auf rd. 20 Mrd. € p. a. beziffert. vgl. *Reinhold* (2002), S. 18.

seite bestehen. Zu berücksichtigen sind dabei auch die stark divergierenden Verkehrswertigkeiten von MIV und ÖPNV. Aufgrund seiner Systemvorteile (Fahrzeiten, Wartezeiten, Verfügbarkeit, Erreichbarkeit, zeitliche und räumliche Flexibilität, Komfort, Netzbildungsfähigkeit) lässt sich der MIV nur bedingt durch den ÖPNV substituieren. Vielmehr begründen die Verkehrswertigkeiten eine allgemeine Präferenzierung des MIV durch die Verkehrsnachfrage,[155] so dass von einem gemeinsamen sachlich relevanten Markt nicht ausgegangen werden kann.[156] Für separate Märkte sprechen neben divergierenden Nutzen- auch unterschiedliche Kosteneffekte der Verkehrsmittelwahlentscheidung. Die beim MIV regelmäßig hohen Fixkostenanteile (Fahrzeuganschaffung, Steuer, Versicherung) sind aufgrund ihres Sunk Cost-Charakters ex post nicht entscheidungsrelevant und beeinflussen daher bei gegebener Fahrzeugvorhaltung die Verkehrsmittelwahlentscheidung zugunsten des MIV; bei einer einzelnen Fahrt finden nur die variablen Kosten des MIV im Entscheidungskalkül Berücksichtigung. Lediglich in Ballungszentren kann aufgrund der Siedlungsstruktur, der Kapazitätsengpässe der Straßeninfrastruktur sowie eines engmaschigen, eng getakteten ÖPNV-Netzes von einer aus Sicht der Nachfrage relativ guten Substituierbarkeit des MIV durch den ÖPNV ausgegangen werden. Dies gilt vor allem für den Berufsverkehr, tendenziell weniger jedoch für Teile des Einkaufs-, Urlaubs- und Freizeitverkehrs.

Selbst wenn man eine uneingeschränkte Substitutionsbeziehung zwischen ÖPNV und MIV akzeptieren würde, ist die Einbeziehung des MIV in den relevanten Markt aus grundsätzlichen Überlegungen abzulehnen. Anbieter und Nachfrager fallen beim MIV zusammen und Marktpreise existieren wegen der Eigenproduktion nicht. Eine Berücksichtigung der Eigenproduktion würde die Idee der Abgrenzung eines relevanten Marktes ad absurdum führen, weil eine marktbeherrschende Stellung per se ausgeschlossen wäre:[157] „Ein Monopol im Gaststättengewerbe, beim Angebot von Gartenbau-Dienstleistungen oder im Bereich des Bau-Handwerks wäre mit der Begründung abzulehnen, dass der Verbraucher jederzeit erforderliche Zutaten selbst einkaufen und seine Mahlzeiten selbst zubereiten, den heimischen Garten im Rahmen einer aktiven Freizeitgestaltung selbst pflegen oder sein Wohneigentum in Eigenleistung erstel-

---

[155] Vgl. *Köberlein* (1997), S. 61ff.; *Aberle* (2003), S. 91.

[156] Analoge Überlegungen sind für die Taxi- und Kraftverkehre im Gelegenheitsverkehr anzustellen. Diese sind nicht dem sachlich relevanten Markt zuzurechnen, weil eine Austauschbarkeit mit ÖPNV-Leistungen aufgrund stark divergierender Qualitätseigenschaften (beschränktes Streckenangebot sowie unflexible Abfahrtzeiten des ÖPNV), die sich auch in erheblichen Preisunterschieden widerspiegeln, nicht gegeben ist. Die Marktgegenseite fragt hier zeitlich und räumlich flexible Verkehrsleistungen nach; vgl. *Bundeskartellamt* (2003), S. 18.

[157] Vgl. *Bundeskartellamt* (2003), S. 14; *Bundeskartellamt* (2002a), S. 6; *Hummel / Theobald* (2003), S. 36; kritisch hierzu *Zauner* (2006), S. 77ff.

len, erweitern oder in Stand halten könne. Eine solche Schlussfolgerung würde ... offensichtlich dem Schutzzweck der Fusionskontrolle widersprechen ...“[158].

Hinsichtlich des ÖPNV wird jedoch häufig von einem *gemeinsamen Markt* von *ÖSPV und SPNV* ausgegangen.[159] Tatsächlich lassen sich schwerwiegende Argumente gegen eine solche Betrachtungsweise anführen. Zum einen spricht die Tatsache, dass SPNV und ÖSPV einem unterschiedlichen Ordnungs- und Regulierungsrahmen mit divergierenden Marktzutrittsbedingungen unterliegen, für eine disaggregierte Betrachtung des ÖPNV. So hat sich der ÖSPV an den Vorgaben des Personenbeförderungsgesetzes (PBefG) zu orientieren, während für den SPNV die Regelungen des Allgemeinen Eisenbahngesetzes (AEG) maßgeblich sind.[160] Zum anderen ist kritisch zu hinterfragen, inwieweit tatsächlich eine sachliche Austauschbarkeit von SPNV- und ÖSPV-Leistungen aus Sicht der Nachfrage gegeben ist.

Da die Nachfrage nach ÖPNV-Leistungen sich aus den Komponenten Fahrgastnachfrage und Nachfrage der öffentlichen Gebietskörperschaften bzw. Aufgabenträger zusammensetzt, sind für beide Nachfragegruppen differenzierte Überlegungen anzustellen.[161] Zudem ist zwischen Ballungszentren und ländlichen Regionen zu differenzieren. So ist für die Fahrgäste in den Ballungszentren mit eng verflochtenen Liniennetzen des ÖSPV und SPNV bzw. gut ausge-

---

158 *Bundeskartellamt* (2003), S. 14.

159 Kartellrechtlich ist diese Frage irrelevant, weil potentielle Substitutionsbeziehungen zwischen ÖSPV und SPNV stets, d. h. entweder innerhalb eines einheitlichen Marktes oder aber im Sinne eng benachbarter Märkte, in die Beurteilung eines Fusionsvorhabens einzubeziehen sind; vgl. *Bundeskartellamt* (2003), S. 20.

160 Hiermit angesprochen ist das Kriterium der *Angebotssubstituierbarkeit.* Im ÖSPV stellen die Notwendigkeit des Erwerbs von Konzessionen im eigenwirtschaftlichen Verkehr und die Vergabepraxis bei gemeinwirtschaftlichen Verkehren Marktzutrittshemmnisse dar. Letzteres trifft auch für den SPNV zu. Vgl. auch die Ausführungen in Abschnitt III 2. b). Allerdings gibt es ÖPNV-Unternehmen, die sowohl im SPNV als auch im ÖSPV agieren oder im Zuge von Übernahmen konzessionierter Unternehmen in diese relativ kurzfristig eintreten könnten. In diesen Fällen wäre auf Basis des Kriteriums der Angebotssubstituierbarkeit eine weite Marktabgrenzung vorzunehmen, d. h. vom gesamten (regionalen) ÖPNV als relevanten Markt auszugehen.

161 Vgl. *Monopolkommission* (2006), S. 273. Demgegenüber hält das Bundeskartellamt diese Differenzierung für überflüssig, weil im Falle des Aufgabenträgers als maßgeblichee Marktgegenseite der relevante Markt sachlich und räumlich identisch mit dem Fahrgastmarkt und insbesondere die Nachfrage des Aufgabenträgers auf die Erbringung derselben Verkehrsleistungen gerichtet sei. Der öffentliche Nachfrager wäre damit nur als „Verbrauchsdisponent“ anzusehen, der bestimmt, in welchem Umfang die Verkehrsunternehmen auf dem Fahrgastmarkt tätig werden können; vgl. *Bundeskartellamt* (2003), S. 13f. Allerdings wird dabei übersehen, dass die öffentliche „Disposition“ darüber entscheidet, welche Leistungen die Fahrgäste überhaupt nachfragen können. Zudem fragt die öffentliche Hand ja gerade solche Verkehre nach, welche die Fahrgäste sonst eben nicht (hinreichend) nachfragen. Insofern erscheint die Unterscheidung keineswegs irrelevant.

bauten S-Bahnverkehren (z. B. Berlin) zwar von einer relativ guten Austauschbarkeit auszugehen – sieht man von partiellen Substitutionslücken ab.[162] In ländlichen Räumen kann der ÖPNV jedoch überwiegend nicht mit Schienenverkehren abgewickelt werden, weil die infrastrukturellen Voraussetzungen hierfür nicht gegeben sind oder Schienenverkehre aus Effizienzgründen nicht angeboten werden. Das SPNV-Angebot ist hier weitgehend auf lang getaktete Regionalzug-Verbindungen mit einer begrenzten Anzahl von Haltepunkten und Relationen beschränkt.[163] Ein einheitliches Verkehrsangebot bzw. eine Austauschbarkeit von ÖSPV- durch SPNV-Leistungen aus Sicht der Fahrgäste dürfte daher nicht gegeben sein. Bei außerstädtischen Verkehren in der Fläche greift zudem für den ÖSPV gemäß § 13 Abs. 2 Nr. b) PBefG ein gesetzliches Verbot von Schienenparallelverkehren, so dass im ländlichen Raum die Substituierbarkeit des SPNV durch den ÖSPV begrenzt ist.[164]

Analoge Überlegungen sind für die *öffentliche Nachfrage* anzustellen. Für die Verkehrsnachfrage der öffentlichen Hand ist zudem zu berücksichtigen, dass ÖSPV und SPNV unterschiedlichen Verantwortungsstrukturen unterliegen. Während für den SPNV die Länder zuständig sind, verantworten die Kommunen bzw. Landkreise den ÖSPV. Insofern handelt es sich bei der öffentlichen Nachfrage um zwei unterschiedliche Nachfragegruppen, die entweder ÖSPV- oder SPNV-Leistungen nachfragen. Auch unterliegen wesentliche Teile der für den ÖPNV bereitgestellten öffentlichen Finanzmittel einer zumindest tendenziellen Zweckbestimmung. Nach § 7 RegG sind die Länder dazu angehalten, mit den Regionalisierungsmitteln „insbesondere de[n] Schienenpersonenverkehr zu finanzieren“. Dies schließt eine Umschichtung der Mittel zugunsten des ÖSPV zwar nicht aus; allerdings findet eine solche in der überwiegenden Mehrzahl der Fälle nicht statt. Aus Sicht des öffentlichen Nachfragers ist daher eine uneingeschränkte Austauschbarkeit von ÖSPV- und SPNV-Leistungen nicht gegeben. Lediglich für den Fall, dass die öffentliche Hand zu einer rein relationenbezogenen (Bedienung der Strecke A – B) anstelle der bislang gängigen verkehrsträgerbezogenen Nachfrage (Bedienung der Strecke A –

162 Vgl. *Bundeskartellamt* (2003), S. 20.

163 Das Bundeskartellamt sieht dagegen in den Unterschieden hinsichtlich der Haltestellendichte keinen grundlegenden Qualitätsunterschied, da nicht nur die verschieden langen Wegstrecken zwischen den Haltestellen, sondern auch Ausgangs- bzw. Zielpunkte zu berücksichtigen sind; vgl. *Bundeskartellamt* (2003), S. 19; (2002a), S. 6 f.; (2002b), S. 5 f.; (2001), S. 29f.

164 Hierdurch werden volkswirtschaftliche Ineffizienzen gefördert, weil Busverkehre in ländlichen Gebieten aus Nachfragersicht ähnliche Leistungseigenschaften aufweisen wie der SPNV, aber mit deutlich geringeren Kosten verbunden ist; vgl. *Zauner* (2006), S. 77.

B mit Bussen bzw. Zügen) übergehen würde, bestünde ein echtes Substitutionspotenzial.[165]

Zusammenfassend ist festzuhalten, dass MIV und ÖPNV keinen gemeinsamen Markt bilden, weil aufgrund stark unterschiedlicher Verkehrswertigkeiten aus Nachfragersicht keine hinreichend homogenen Angebote vorliegen, für beachtliche Teile der Personennahverkehrsnachfrage der MIV erst gar nicht zugänglich ist und sich insbesondere für die öffentliche Nachfrage der MIV nicht als Alternative anbietet. SPNV und ÖSPV stehen in der Regel nicht im direkten Wettbewerb. Zum einen unterliegen sie unterschiedlichen Ordnungsrahmen und öffentlichen Verantwortlichkeiten. Zum anderen bedient der ÖSPV Ballungszentren und ländliche Gebiete, während der SPNV überwiegend die Städte mit dem Umland oder verschiedene Ballungszentren verbindet. Gleichzeitig sind Schienenparallelverkehre im ländlichen Raum gesetzlich verboten. Lediglich in Ballungszentren mit gut ausgebauten S-Bahn-Systemen ist ein Substitutionspotenzial gegeben. Hinzu kommt, dass sich die öffentliche Nachfrage typischerweise auf ein bestimmtes Marktsegment fokussiert. Von entscheidender Bedeutung für die Beurteilung des Wettbewerbs im Personennahverkehr ist daher nicht der intermodale Wettbewerb, sondern sind vielmehr die intramodalen Wettbewerbsverhältnisse in den relevanten Teilmärkten des ÖSPV und SPNV, wobei gerade im SPNV dem Wettbewerb um öffentliche Verkehrsaufträge die entscheidende Rolle zukommt.[166]

b) Marktzugang und Wettbewerb im ÖSPV

Den *Marktzugang* zum Öffentlichen Straßenpersonenverkehr regelt das Personenbeförderungsgesetz (PBefG), das im Zuge der Bahnreform und der von der EU erlassenen bzw. überarbeiteten Verordnung 1191/69/EWG n. F. mit Wirkung zum 1. Januar 1996 novelliert wurde. Maßgeblich ist dabei die Differenzierung zwischen eigen- und gemeinwirtschaftlichen Verkehren, wobei Eigenwirtschaftlichkeit vorliegt, wenn der Leistungsaufwand durch Beförderungserlöse, Erträge aus gesetzlichen Ausgleichs- und Erstattungsregelungen im Tarif- und Fahrplanbereich sowie sonstige Unternehmenserträge im handelsrechtlichen Sinne gedeckt wird.[167]

Für *eigenwirtschaftliche Verkehre* sind Linienkonzessionen für den Markteintritt erforderlich (sog. Genehmigungswettbewerb). Danach dürfen

[165] Dieses ist in ländlichen Gebieten wiederum asymmetrischer Natur zu Lasten des SPNV, der im Gegensatz zum ÖSPV eben nicht beliebige Relationen anbieten kann.

[166] Vgl. *Heymann* (2001), S. 25.

[167] Vgl. § 8 Abs. 4 PBefG.

Verkehrsunternehmen nur nach Erteilung einer Linienkonzession durch die Genehmigungsbehörde des betreffenden Bundeslandes tätig werden. Die Konzessionserteilung ist an mehrere Bedingungen geknüpft. Diese betreffen die Gewährleistung der Sicherheit, die Leistungsfähigkeit, Zuverlässigkeit und fachliche Eignung des jeweiligen Antragsstellers sowie dessen (Zweig-) Niederlassung in Deutschland.[168] Zum anderen sollen die zu genehmigenden ÖSPV-Leistungen mit den „öffentlichen Verkehrsinteressen" im Einklang stehen. Sofern die betreffenden Verkehre mit den vorhandenen Verkehrsmitteln bedient werden können und die Genehmigungserteilung keine wesentliche (qualitative) Verbesserung verspricht bzw. die vorhandenen Verkehrsunternehmen die betreffenden Leistungen bereits anbieten oder sich hierzu bereit erklären, kann eine Konzessionserteilung von der Genehmigungsbehörde verweigert werden. Gleiches gilt für den Fall, dass der beantragte Verkehr nicht mit dem nach dem herrschenden Landesrecht geltenden und von der betreffenden Aufgabenträgerinstitution aufgestellten Nahverkehrsplan in Einklang steht,[169] an dessen Entstehung die Verkehrsunternehmen zu beteiligen sind.[170] Im Ausgleich für die vergebenen Linienkonzessionen mit Ausschließlichkeitsgarantie werden den Konzessionären umfassende Betriebs-, Beförderungs- und Tarifpflichten auferlegt, wofür sie jedoch entsprechende Ausgleichszahlungen der öffentlichen Hand erhalten.[171]

---

[168] Vgl. § 13 Abs. 1 PbefG.

[169] Vgl. § 13 Abs. 2 und 3 PBefG sowie zur Länderverantwortung für die Nahverkehrsplanung § 8 Abs. 4 (5) PBefG. Der Nahverkehrsplan stellt den Rahmen für die Ausgestaltung und Entwicklung des ÖPNV dar und soll die Koordination sämtlicher ÖPNV-Leistungen sicherstellen. Vgl. § 8 Abs. 3 PBefG. Hintergrund ist die Befürchtung, dass der freie Markt bzw. Wettbewerb keine hinreichende Abstimmung der Einzelangebote im Hinblick auf die Netzplanung und Linienführung, Umsteigestellen, die Fahrpläne, das Ticketing und die Preisgestaltung im Sinne eines „ÖPNV aus einem Guss" gewährleisten könne bzw. dies erschwere. Wettbewerb soll vielmehr durch Ausschreibungen sichergestellt werden. So befürwortet auch der Wissenschaftliche Beirat beim *BMV* (1998), S. 222, das *Modell des kontrollierten Wettbewerbs.* Tatsächlich impliziert der „kontrollierte Wettbewerb" eine staatliche Zentralplanung des (regionalen) ÖPNV, mit der die Gefahr einhergeht, dass sich die Unternehmen mehr an den Wünschen der Aufgabenträger als an den Fahrgastbedürfnissen orientieren; vgl. *Stertkamp* (1998). Gerade die Potenziale wettbewerblicher Innovationsprozesse sprechen für eine vollständige Marktliberalisierung; vgl. *Beesley / Glaister* (1985), S. 133ff. Eine freiwillige Marktkoordination zur Sicherstellung eines „ganzheitlichen" ÖPNV-Angebots ist nicht nur (insbesondere für den deutschen Markt) theoretisch vorstellbar, sondern findet in London auch seine praktische Anwendung; vgl. *Weiß* (1998); (2003), S. 236ff.

[170] Vgl. § 8 Abs. 3 PBefG. Diese Beteiligung ist nicht unproblematisch, da die etablierten Verkehrsunternehmen ihre Beteiligung möglicherweise zum Aufbau von Markteintrittsbarrieren nutzen könnten.

[171] Diese Zahlungen sollen die den Verkehrsunternehmen entstandenen Kosten aus den Bedienungspflichten bzw. tariflichen Ermäßigungsgeboten für den Schüler- und Ausbildungsverkehr nach § 45a PBefG bzw. § 6a AEG sowie die unentgeltliche Beför-

Gemeinwirtschaftliche Verkehre ergeben sich als Residuum des gesamten ÖSPV, wenn man die gemäß PBefG eigenwirtschaftlichen Leistungen abzieht. Sie „ergänzen" entsprechend der Ausgestaltung des Nahverkehrsplans die Verkehrsbedienung und sind nach §13a PBefG bzw. VO 1191/69/EWG n. F. von den Aufgabenträgern einer wettbewerblichen Vergabe zuzuführen,[172] wobei das Angebot den Zuschlag erhalten soll, das für die Allgemeinheit die geringsten Kosten verursacht.[173]

Der deutsche ÖSPV-Markt ist durch eine stark fragmentierte Angebotsstruktur gekennzeichnet. So agierten im Jahr 2002 6.351 Unternehmen im deutschen ÖSPV, von denen allerdings nur 5.099 Unternehmen ihren wirtschaftlichen Schwerpunkt im ÖSPV hatten. Bei den ÖSPV-Unternehmen handelt es sich in weiten Teilen um kleine und mittlere Anbieter. Lediglich 2.419 Unternehmen verfügen über sechs oder mehr Busse.[174] Unter den 5.099 schwerpunktmäßig im ÖSPV aktiven Unternehmen waren 4.804 private Unternehmen, 235 kommunale und gemischtwirtschaftliche Unternehmen[175] sowie 60 sonstige Unternehmen.[176] Auf die kommunalen und gemischtwirtschaftlichen Unternehmen entfiel trotz ihrer relativ geringen Anzahl im Jahr 2004 ein Marktanteil von rd. 90 % auf Basis des Verkehrsaufkommens bei Straßenbahnen und Omnibussen und von etwa 65 % auf Basis der gesamten Verkehrsleistung (Pkm).[177] Die pri-

---

derung von Schwerbehinderten gemäß §§ 145ff. SGB IX ausgleichen. Vgl. *Höhnscheid* (2000b), S. 16f. Da die Finanzierungspraxis historisch gewachsen und mit Intransparenzen behaftet ist, lässt sich das Zahlungsvolumen kaum valide bestimmen. Vgl. *Laaser / Rosenschon* (2001).

[172] Allerdings gesteht Art. 1 Abs. 1 VO 1191/69/EWG n. F. den Mitgliedsstaaten ausdrücklich zu, bei „Unternehmen, deren Tätigkeit ausschließlich auf den Betrieb von Stadt-, Vorort- und Regionalverkehrsdiensten beschränkt ist", von der Ausschreibung abzusehen. Eine weitere Einschränkung des Ausschreibungsgebots besteht darin, dass die gemeinwirtschaftlichen Leistungen gemäß Art. 1 Abs. 5 VO 1191/69/EWG n. F. bzw. § 13a PBefG einem Verkehrsunternehmen durch Hoheitsakt auferlegt werden können (z. B. Beförderungspflicht). Dabei sollen die dem Unternehmen entstehenden wirtschaftlichen Nachteile ausgeglichen werden.

[173] Vgl. Art. 3 Abs. 1 VO 1191/69/EWG i. d. F. 1893/91/EWG.

[174] Hierin erfasst sind auch die Unternehmen, die Straßenbahn-, Stadtbahn- oder Obusverkehre betreiben.

[175] Hierunter fallen Verkehrsunternehmen ohne Eisenbahn-Schienenverkehr, an deren Grund- oder Stammkapital oder vergleichbaren Kapitalausschüttungen – unabhängig von der Rechtsform – Körperschaften und Anstalten des öffentlichen Rechts mit mehr als 50 % beteiligt sind. Unternehmen mit Stadtbahn-, Straßenbahn- oder Obusverkehr gelten auch dann als gemischtwirtschaftlich, wenn der Anteil der öffentlichen Hand unter 50 Prozent liegt. Vgl. *Statistisches Bundesamt* (2004a), S. 16, Fn. 2.

[176] Hierunter fallen Regionalverkehrs- und Eisenbahnunternehmen. Vgl. *Statistisches Bundesamt* (2004a), S. 12f.

[177] Vgl. *Statistisches Bundesam*t (2006d), S. 421; Eigene Berechnung der Marktanteile.

vaten Unternehmen erbringen mit einem Leistungsvolumen von rd. 35 % des Gesamtmarktes zwar ebenfalls einen beachtlichen Teil der ÖSPV-Leistungen, agieren jedoch regelmäßig nur als Subunternehmer der konzessionierten kommunalen Unternehmen.[178] Neben den kommunalen Unternehmen sind vor allem die Regionalbusverkehre bzw. Beteiligungen der DB AG an ÖSPV-Unternehmen von Bedeutung. Die DB Busverkehre mit einem Leistungsvolumen von rd. 8,3 Mrd. Pkm[179] erreichten einen intramodalen Marktanteil von 16,54 % am Gesamtmarkt des ÖSPV-Linienverkehrs von 49,9 Mrd. Pkm.[180] Trotz ihres eigentlich im SPNV zu verortenden Kerngeschäfts ist der Deutsche Bahn-Konzern damit die „Nr. 1 im Busverkehr in Deutschland“[181], so dass ihr im ÖSPV bundesweit eine exponierte Stellung zu bescheinigen ist.[182]

Trotz dieser Angebotsstruktur stellt *Wettbewerb im ÖSPV* bislang eine Ausnahmeerscheinung dar. Zurückzuführen ist dies vor allem auf den Ordnungsrahmen bzw. seine praktische Anwendung, welche die im PBefG vorgesehenen Wettbewerbselemente systematisch aushebelt und kaum überwindbare Marktzutrittsbarrieren schafft.[183]

Der im PBefG vorgesehene *Genehmigungswettbewerb* findet praktisch bislang kaum statt; nur selten werden konkurrierende Genehmigungsanträge gestellt, oder kommt es gar zu einem Wechsel des Konzessionsinhabers.[184] Vielmehr werden Genehmigungen regelmäßig an den bisherigen Konzessionär wiedererteilt. In den wenigen Fällen, in denen konkurrierende Genehmigungsanträge gestellt wurden, handelte es sich bei den Wettbewerbern des Konzessionsinhabers vor allem um solche Unternehmen, die bereits in dem relevanten ÖSPV-Markt tätig waren. Entsprechend ist im eigenwirtschaftlichen Bereich des ÖSPV allenfalls von einem „Restwettbewerb“[185] auszugehen. Dieser wird durch institutionelle Defekte des ÖSPV-Marktes zusätzlich restringiert. So unterliegen Neubewerber einem systematischen Informationsnachteil gegenüber dem etablierten Konzessionär hinsichtlich der konkreten Gegebenheiten des regionalen ÖSPV-Marktes (z. B. Nachfrageverhalten). Zwar sind in einem regionalen ÖSPV-Markt typischerweise mehrere Verkehrsunternehmen tätig, so dass auch potentielle Konkurrenzanbieter über die für einen Markteintritt bzw. die Kalkulation eines Genehmigungsantrags erforderlichen Informationen ver-

178 Vgl. *Scheele / Sterzel* (2000), S. 16.
179 Vgl. *Deutsche Bahn AG* (2006b), S. 23.
180 Vgl. *BMVBW* (2005), S. 229.
181 *Deutsche Bahn AG* (2006a).
182 Vgl. *Lasch et al.* (2005), S. 26; *Karl* (2002), S. 32.
183 Vgl. *Höhnscheid* (2000a), S. 69.
184 Vgl. *Bundeskartellamt* (2003), S. 31.
185 *Bundeskartellamt* (2003), S. 32.

fügen. Allerdings handelt es sich bei diesen häufig um (Sub-)Auftragnehmer der Konzessionsinhaber, so dass die potentiellen Konkurrenten oftmals in einem Abhängigkeitsverhältnis zum Konzessionsinhaber stehen. Drohende Sanktionen des Konzessionärs (z. B. Nichtberücksichtung nach Neuerteilung der Konzession) dürften eine zumindest dämpfende Wirkung auf die Motivation potentieller Wettbewerber zur Abgabe eines konkurrierenden Genehmigungsantrags haben.[186]

Das maßgebliche Problem des „Genehmigungswettbewerbs" besteht jedoch darin, dass es sich bei den bisherigen Konzessionsinhabern in der überwiegenden Mehrzahl der Fälle um kommunale Verkehrsunternehmen handelt, deren Eigentümer zugleich die Genehmigung eigenwirtschaftlicher Verkehre verantworten. Die kommunalen Aufgabenträger unterliegen infolge ihrer Doppelfunktion einem systematischen Interessenkonflikt zwischen Effizienzsteigerungs- bzw. Kostensenkungspotenzialen durch die Etablierung intramodalen (Genehmigungs-)Wettbewerbs einerseits und der (regional-, struktur- bzw. arbeitsmarkt-)politischen Instrumentalisierung der kommunalen Verkehrsunternehmen andererseits.[187] Hiervon geht ein „sehr beachtliches Diskriminierungspotenzial"[188] gegenüber markteintrittswilligen ÖSPV-Unternehmen aus. So wird denn auch beklagt, dass etwa Transparenz über die Konditionen der laufenden Linienkonzessionen und deren Auslauffristen nicht gegeben ist.[189] Obwohl eigenwirtschaftliche Verkehrsangebote im ÖSPV also formal lediglich der Genehmigung bedürfen, kann von einem freien Marktzugang und Wettbewerb daher keine Rede sein. Auch künftig wird der „Genehmigungswettbewerb" nach herrschender Meinung keine nennenswerte Bedeutung erlangen.[190]

Demgegenüber wird dem zweiten Wettbewerbselement, der Ausschreibung *gemeinwirtschaftlicher ÖSPV-Leistungen,* in der Literatur oft die größere Bedeutung zugeschrieben. Allerdings gelten die für eigenwirtschaftliche Verkehre angestellten Überlegungen, insbesondere der festgestellte Interessenkonflikt der öffentlichen Gebietskörperschaften, auch für den gemeinwirtschaftlichen Leistungsbereich des ÖSPV. Entsprechend ist auch der Ausschreibungswettbewerb im ÖSPV unterentwickelt. Bislang wurden lediglich vereinzelt kleinere Buslinien ausgeschrieben. So hat etwa der Oberspreewald-Lausitz-Kreis 15 % seiner Verkehrsleistungen europaweit ausgeschrieben. Der Münchener Verkehrs- und Tarifverbund (MVV) hat einige regionale Buslinien ausge-

---

186 Vgl. *Bundeskartellamt* (2003), S. 34f.

187 Vgl. *Reinhold* (2002), S. 21; *Ewers / Ilgmann* (2000a), S. 156.

188 *Aberle* (2001), S. 82.

189 Vgl. *Bundeskartellamt* (2002a), S. 23. Mangelnde Transparenz kritisiert auch *Runge* (2001), S. 229.

190 Vgl. *Lasch et al.* (2005), S. 18.

schrieben, das Frankfurter (Frankfurt am Main) Busliniennetz wurde ausgeschrieben ebenso wie der Bocholter Stadtbusverkehr. Erfahrungen mit Ausschreibungen eines S- oder U-Bahnnetzes oder auch nur Teilen davon liegen dagegen nicht vor.[191] Lediglich das Land Hessen hat sich dazu entschieden, die Verordnung 1191/69/EWG n. F. flächendeckend zur Anwendung zu bringen. In den übrigen Bundesländern wird hingegen weitgehend auf eine durchgängige Ausschreibung gemeinwirtschaftlicher ÖSPV-Leistungen und deren Effizienzpotenziale verzichtet.

Dass Ausschreibungen in der Regel nicht stattfinden, ist auf die in der Praxis gängige *Abgrenzung von eigen- und gemeinwirtschaftlichen Verkehren* gemäß PBefG zurückzuführen.[192] Insbesondere die Definition der Eigenwirtschaftlichkeit nach § 13 PBefG bzw. deren extensive Auslegung hat sich als höchst problematisch erwiesen,[193] lässt doch die Formulierung „sonstige Unternehmenserträge im handelsrechtlichen Sinne“ es zu, beinahe jeden faktisch zuschussbedürftigen Verkehr als eigenwirtschaftlich deklarieren.[194] Hierzu müssen die kommunalen Verkehrsunternehmen mit direkten oder indirekten finanziellen Zuwendungen der öffentlichen Hand (GVFG-Mittel, strukturelle Ausgleichszahlungen, kommunale Querverbünde bzw. interne Quersubventionierungen zwecks Verlustausgleichs[195] etc.) lediglich formal kostendeckend gestellt werden. Diese sehr weitgehende Interpretation des Eigenwirtschaftlichkeitsbegriffs hat dazu geführt, dass die im deutschen ÖSPV erteilten Linienverkehrsgenehmigungen regelmäßig nur eigenwirtschaftliche Verkehre betreffen,[196] für die eine öffentliche Ausschreibung gemäß § 13 PBefG nicht obligatorisch ist. Durch die sozusagen „fingierte“[197] Eigenwirtschaftlichkeit ist es den Gebietskörperschaften möglich, ihre kommunalen Verkehrsunternehmen auch dem Druck eines Wettbewerbs um den Markt zu entziehen.

Insgesamt sind die kommunalen Verkehrsunternehmen daher bislang keinem nennenswerten intramodalen Wettbewerb ausgesetzt. Vielmehr agieren sie als Quasi-Monopolisten auf der Grundlage „eigenwirtschaftlicher“ Linienkon-

---

191 Vgl. *Karl* (2002), S. 19.

192 Vgl. *Karl* (2002), S. 18.

193 Vgl. etwa *DIW* (1998), S. 313.

194 Vgl. *Heymann* (2001), S. 18.

195 Vgl. *Aberle* (2003), S. 448. Unter dem Terminus Quersubventionierung werden die Zahlungen subsumiert, die innerhalb kommunaler Querverbünde (etwa mit gewinnbringenden kommunalen Energieversorgungsunternehmen) verrechnet oder im Sinne von Verlustausgleichszahlungen zur Defizitdeckung durch den öffentlichen Eigentümer geleistet werden. Diese werden auf rd. 2,5 Mrd. € p. a. beziffert; vgl. *Ewers / Ilgmann* (2000a), S. 134f.

196 Vgl. etwa *Bundeskartellamt* (2002a), S. 17; (2003), S. 31.

197 *Stein* (1999), S. 32.

zessionen.[198] Markteintritte sind aufgrund des Ordnungsrahmens bzw. seiner praktischen Anwendung im Wesentlichen nur über Strategien der Unternehmensbeteiligung bzw. -übernahme möglich,[199] wie sie neben der Deutschen Bahn AG auch markterfahrene ausländische Verkehrsunternehmen (z. B. Connex, die Arrriva-Gruppe, Stagecoach, Firstgroup, Linjebuss AB und Rhenus Keolis) verfolgen.[200]

Die Handhabung des Ordnungsrahmens bzw. die weite Auslegung des Eigenwirtschaftlichkeitsbegriffs ist bereits seit Jahren Gegenstand *juristischer Kontroversen.* So hatte das Unternehmen „Altmark Trans GmbH“ seinerzeit gegen die weitgehende Interpretation der Eigenwirtschaftlichkeit geklagt. Im viel beachteten „Magdeburger Urteil“ von 1998 stellte das Oberverwaltungsgericht (OVG) Magdeburg fest, dass „jede Zahlung von Subventionen und Zuschüssen der öffentlichen Hand ... als staatliche Beihilfe [im Sinne des Art. 92 EGV] zu qualifizieren und folglich grundsätzlich verboten“ ist bzw. das Vorliegen gemeinwirtschaftlichter Verkehre im Sinne des PBefG und mithin eine Ausschreibungspflicht begründet. Das mit der Revision des Verfahrens befasste Bundesverwaltungsgericht (BVerwG) hat nachfolgend den Europäischen Gerichtshof (EuGH) zur Einholung einer Vorabentscheidung angerufen. Dieser sollte die Voraussetzungen klären, unter denen Zuschüsse der öffentlichen Hand an Verkehrsunternehmen dem EU-Beihilferecht unterliegen und an welche Voraussetzungen die Gewährung von Beihilfen im ÖSPV geknüpft ist.

Der Europäische Gerichtshof entschied am 24. Juli 2003, dass öffentliche Zuschüsse dann nicht als Beihilfe im Sinne des Gemeinschaftsrechts zu verstehen sind, wenn (1) das begünstigte Unternehmen tatsächlich zur Erfüllung gemeinwirtschaftlicher Aufgaben verpflichtet ist, (2) die Kriterien der Zuschussbemessung ex ante objektiv und transparent aufgestellt wurden, (3) der finanzielle Augleich unter Berücksichtigung der erzielten Erlöse und eines angemessenen Gewinns keine finanzielle Überkompensation darstellt und (4) sich die Höhe des finanziellen Ausgleichs an den Kosten eines durchschnittlich effizient geführten Verkehrsunternehmens bemisst. Diese Kriterien fordern letztlich nur ein transparenteres Besteller-Ersteller-Verhältnis, lassen aber offen, wie der Marktzugang zu organisieren ist und wie eng die Bedingungen auszulegen sind.[201] Insbesondere wurde den Ländern innerhalb der umrissenen

---

[198] Vgl. *Scheele / Sterzel* (2000), S. 21.

[199] So sieht auch das *Bundeskartellamt* (2002a), S. 21, diese in der Praxis verfolgten Strategien als Ergebnis der hohen Markteintrittsbarrieren zum ÖSPV.

[200] Vgl. *Karl* (2002), S. 31f.; *Deutsche Bahn AG* (2006c), S. 21.

[201] Vgl. *Lasch et al.* (2005), S. 16.

Grenzen die Möglichkeit offen gelassen, Verkehre nicht dem Ausschreibungswettbewerb, sondern der „marktorientierten Direktvergabe" zuzuführen.[202]

Aus dem EuGH-Urteil folgt die grundsätzliche *europarechtliche Konformität* der deutschen ÖSPV-Praxis. Strittig blieb jedoch bis zuletzt, ob die Teilbereichsausnahme gemäß § 8 Abs. 4 PBefG von Art. 1 Abs. 1 VO (EWG) Nr. 1191/69 für eigenwirtschaftliche Verkehre den Anforderungen des EuGH genügt und damit rechtssicher ist. Diesbezüglich hat das BVerwG am 19. Oktober 2006 geklärt, dass eine wirksame Teilbereichsausnahme der Anwendung der VO 1191/69/EWG n. F. für gemäß der vom EuGH aufgestellten Kriterien eigenwirtschaftliche Verkehre gegeben ist. Diese sind also nicht ausschreibungspflichtig, dürfen jedoch im Sinne des „hessischen Weges" ausgeschrieben werden. Da innerhalb der Genehmigungsverfahren für eigenwirtschaftliche Verkehre zudem nicht geprüft werden muss, ob die Vorgaben des EuGH erfüllt sind, sondern die Prüfung in einem speziellen Verfahren durch den Finanzmittelgeber erfolgen soll,[203] ist vor dem Hintergrund des beschriebenen Interessenkonflikts der Eigentümer der kommunalen ÖSPV-Unternehmen zu befürchten, dass ein (intensiver) Wettbewerb sowohl im eigenwirtschaftlichen als auch um den gemeinwirtschaftlichen Bereich des deutschen ÖSPV-Marktes auch weiterhin, zumindest jedoch auf absehbare Zeit, nicht stattfinden wird.

c) Marktzugang und Wettbewerb im SPNV

Wie bereits festgestellt wurde, existieren in Deutschland keinerlei gesetzliche Markteintrittsbarrieren zum SPNV, so dass ein aktiver Wettbewerb zwischen verschiedenen SPNV-Anbietern grundsätzlich möglich ist,[204] sofern die betreffenden Unternehmen Trassennutzungsrechte erwerben und man von den grundsätzlichen Problemen der Diskriminierungspotenziale vertikal integrierter Eisenbahnen abstrahiert.[205] Allerdings können nach herrschender Meinung SPNV-Leistungen regelmäßig nicht betriebswirtschaftlich rentabel erbracht werden,[206] so dass dem freien Marktzugang bzw. dem Wettbewerbspotenzial auf dem SPNV-Markt allenfalls eine nachrichtliche Bedeutung zukommt. Entscheidend sind für den SPNV vielmehr die öffentlichen Verkehrsaufträge der Länder, d. h. der Wettbewerb um den Markt. Die Nachfrage nach SPNV-Leistungen hängt maßgeblich von den Bestellungen der Länder bzw. der Aufgabenträgergesellschaften ab. Dabei ist im Zuge der Regionalisierung ein

---

202 Vgl. *Lasch et al.* (2005), S. 19.

203 Vgl. *KCW* (2006).

204 Vgl. *IBM / Kirchner* (2004), 39.

205 Vgl. etwa *Aberle / Eisenkopf* (2002); Hedderich (1996).

206 Vgl. etwa *Stertkamp* (1998), S. 214 oder *Scherm* (1995), S. 16.

höchst attraktiver Markt um die (regionale) Bedienung des SPNV entstanden.[207] Das Marktvolumen beträgt bezogen auf die für den SPNV verwendeten Regionalisierungsmittel rd. 5 Mrd. € jährlich;[208] das Leistungsvolumen des SPNV-Marktes umfasste im Jahre 2004 628 Mio. Zugkilometer bzw. 40,5 Mrd. Pkm.[209]

Im deutschen SPNV-Markt sind mittlerweile über 60 private Eisenbahnen aktiv, die allerdings im Jahre 2004 einen gemeinsamen Markt-Anteil von lediglich 11,9 % der Zugkilometerleistungen auf sich vereinen konnten.[210] Berücksichtigt man, dass bereits im Jahr 1993/94 neben der damaligen DB / DR fünfundzwanzig überwiegend mittelständische Anbieter im SPNV agierten,[211] und diese einen Marktanteil von etwa 3 % der gesamten Zugkilometerleistung erbrachten,[212] so muss die Entwicklung des *intramodalen Wettbewerbs* im SPNV seit der Bahnreform bzw. der Regionalisierung als dürftig bezeichnet werden. Diese Einschätzung wird dadurch untermauert, dass der Marktanteil der „Dritten" auf Basis der geleisteten Personenkilometer (rd. 2,6 Mrd. Pkm im Jahr 2004) noch deutlich geringer ausfällt (6,3 % des gesamten SPNV-Leistungsvolumens).[213] Für das Jahr 2005 geht die DB AG von einem Marktvolumen von 41,8 Mrd. Pkm aus, wovon die DB-Wettbewerber mit 2,8 Mrd. Pkm einen Anteil von 6,8 % erbrachten. Damit nimmt die DB AG auch über zehn Jahre nach der Bahnreform eine quasi-monopolistische Stellung im SPNV-Markt ein.[214]

---

207 Vgl. *Tegner* (2004), S. 773.

208 Damit liegen die Zahlungen über den noch 1993 vom Bund an die Deutsche Bundesbahn für den Nahverkehr gezahlten Subventionen; vgl. *Pällmann* (2004), S. 129.

209 Vgl. *Deutsche Bahn AG* (2005a), S. 9; (2006c), S. 18.

210 Vgl. auch nachfolgend *Deutsche Bahn AG* (2006c), 18.

211 Vgl. *Schinke / Hempe / Kolodzinski* (2002), S. 21f.

212 Vgl. *VDV* (2003), S. 34.

213 Die Differenz zwischen den Marktanteilen auf Basis der Zugkilometer und der Personenkilometer erklärt sich dadurch, dass die DB-Wettbewerber bislang nur mit relativ nachfrageschwachen Verkehren beauftragt wurden. Die *Deutsche Bahn AG* (2004), S. 8, sieht nachfrageschwache SPNV-Dienste nicht als weniger attraktiv an, weil sie deutlich geringere Investitionen erfordern und die Differenz zwischen Aufwand und Fahrgeldeinnahmen durch die vertraglichen Bestellerentgelte abgedeckt würden. Allerdings dürften die erforderlichen Investitionen je Beförderungsfall bei nachfrageschwachen Verkehren aufgrund der dem Eisenbahngeschäft zugrunde liegenden Batch-Produktion tatsächlich deutlich höher ausfallen. Hinzu kommt, dass sich Nachfrage- und damit verbundene Einnahmensteigerungen in nachfragestarken Regionen relativ stärker auf das wirtschaftliche Ergebnis auswirken und die Bestellerentgelte dies nicht auffangen, weil sie oftmals ex ante fixiert werden.

214 Vgl. auch *Booz Allen Hamilton et al.* (2006), S. 81. Selbst wenn man bei der Abgrenzung des sachlich relevanten Marktes auf den gesamten ÖPNV abstellt und hypothetisch eine flächendeckend vollkommene Substituierbarkeit von ÖSPV und SPNV annimmt, lag der Anteil der DB AG am gesamten Leistungsvolumen des ÖPNV

Vor dem Hintergrund des grundsätzlich freien Marktzugangs, der hohen wirtschaftlichen Attraktivität des deutschen SPNV-Marktes und der Erfolgsquote der DB-Wettbewerber bei den bis 2004 erfolgten Ausschreibungen von deutlich über 50 %,[215] ist die Frage nach den Gründen für die bislang enttäuschende Entwicklung des intramodalen Wettbewerbs bzw. das geringe Leistungsvolumen der DB-Wettbewerber zu stellen.

Dies ist zum einen auf die *intramodalen Wettbewerbsverzerrungen* zugunsten der DB AG zurückzuführen. So ist bislang im Wesentlichen nur die DB Regio AG in den Genuss öffentlicher Finanzmittelzuschüsse für Fahrzeuginvestitionen gekommen; die öffentlich geförderten Fahrzeuge sind in der Regel nicht in öffentliche Fahrzeugpools für den SPNV,[216] sondern in das Eigentum der DB AG übergegangen.[217] Hierdurch erfährt die DB Regio AG in Folgeausschreibungen einen systematischen Wettbewerbsvorteil. Gleichzeitig besteht auf Seiten der DB AG allenfalls eine begrenzte Bereitschaft zum Verkauf überzähligen (alten) Fahrzeugmaterials an ihre Wettbewerber. Hinzu kommen die zu problematisierenden grundsätzlichen Diskriminierungspotenziale vertikal integrierter Eisenbahnen, die (hier) nicht erschöpfend diskutiert werden können. Hingewiesen sei lediglich auf die hohen Trassenpreise für den SPNV, welche die DB AG intern ergebnisneutral auszugleichen in der Lage ist, während diese für ihre Wettbewerber voll ergebniswirksam werden.[218]

Maßgeblich für die nur marginalen Marktanteile der DB-Wettbewerber ist aber vor allem die *Praxis der öffentlichen Auftragsvergabe* der Bundesländer. Lediglich rd. 19 % der zu vergebenen SPNV-Leistungen wurden bislang dem Ausschreibungswettbewerb zugeführt. Das Gros der Bundesländer vergibt die SPNV-Aufträge freihändig. So wurden in den Jahren 2002 bis 2004 umfassende Verkehrsverträge mit Laufzeiten von zehn bis fünfzehn Jahren ohne Ausschreibung direkt vergeben. Das Land Thüringen etwa vergab im Jahr 2002 einen nahezu flächendeckenden, zehnjährigen Verkehrsvertrag mit einem Auftragsvolumen von rd. 17 Mio. Zugkilometer bzw. 1,5 Mrd. € direkt an die DB AG. Baden-Württemberg schloss im Juli 2003 einen Vertrag mit 13 Jahren

---

im Jahr 2004 (90,4 Mrd. Pkm) mit 46,2 Mrd. Pkm bei rd. 51 %. Insofern wäre auch *bei weiter Marktabgrenzung* eine Marktbeherrschungsvermutung im Sinne des § 19 Abs. 3 GWB begründet.

215 Vgl. *Deutsche Bahn AG* (2006c), S. 16; (2005), S. 15; (2004), S. 9; *VDV* (2002), S. 35.

216 Fahrzeugpools sind im SPNV kaum verbreitet; vgl. etwa *Ludwig* (2002); *Schnell* (2002).

217 Vgl. *Schäfer* (2002).

218 Vgl. zu den diskriminierenden Wirkungen des Trassenpreissystems von 2001 (TPS 01) *Ewers / Ilgmann*, (2001), S. 14. Vgl. zu den Trassenpreissystemen der DB AG auch *Aberle* (2003), S. 357ff.

Laufzeit mit der DB AG ab, dem eine Fahrleistung von 49 Mio. Zugkm p. a. zugrunde liegt. Hierfür wird das Land Baden-Württemberg in Zukunft insgesamt 4,6 Mrd. € an die DB AG zahlen. In Bayern wurde Ende 2004 ein Verkehrsvertrag mit 11 Jahren (S-Bahn 15 Jahren) Laufzeit und einem Volumen von 96,1 Mio. Zugkm an die DB AG vergeben.[219] Auch das Land Sachsen-Anhalt schloss mit der DB AG einen Verkehrsvertrag über elf Jahre mit einem Volumen von rd. 2 Mrd. € ab.[220]

Insgesamt wurden allein im Jahr 2004 Direktvergaben in Höhe von 215 Mio. Zugkilometer mit der DB AG abgeschlossen. Zwar wurden auch DB-Wettbewerber (Lausitzbahn, Sächsisch-Böhmische Eisenbahn) von der Direktvergabe begünstigt,[221] die betreffenden Auftragsvolumina in Höhe von insgesamt etwa 2 Mio. Zugkilometer machen allerdings nur ca. 1 % der in 2004 freihändig an die DB AG vergebenen Auftragsvolumina aus. Dies erstaunt angesichts der öffentlichen Finanzmittelknappheit umso mehr, als sich nach den Erfahrungen Hessens, Schleswig-Holsteins und Niedersachsens Effizienzpotenziale von rd. 20 % bzw. Kostensenkungspotenziale auf Basis der Regionalisierungsmittel des SPNV von etwa 1 Mrd. € p. a. durch den Ausschreibungswettbewerb heben lassen sollten.[222]

Die Ursache für dieses scheinbar irrationale Verhalten der öffentlichen Hand liegt in der starken Verhandlungsposition bzw. in den polit-ökonomischen Machtpotenzialen der DB AG. Die Länder stehen in einem Abhängigkeitsverhältnis zur DB AG (Capture), weil die vertikal integrierte Konzernstruktur letztere in die Lage versetzt, die Bundesländer mit einer Infragestellung ihrer (überwiegend mit Steuermitteln finanzierten!) Infrastrukturinvestitionen, ihrer regionalen Standorte und der Sicherheit der damit verbundenen Arbeitsplätze zur direkten Vergabe voluminöser Verkehrsverträge zu bewegen.[223] Gleichzeitig können die Länder durch die Ausschreibung hinreichend großer Leistungsvolumina das Risiko einer Klage durch die benachteiligten potentiellen SPNV-Betreiber minimieren, da hierdurch die mit der Anrufung der zuständigen Vergabekammern bzw. Gerichte verbundenen Transaktionskosten auf ein für zumindest Teile des Betreiberpotenzials prohibitiv hohes Niveau gehoben wer-

---

219 Vgl. *Brenck* (2006), S. 10.

220 Vgl. *Tegner* (2004), S. 773f.

221 Vgl. *Deutsche Bahn AG* (2005a), S. 14.

222 Vgl. *Tegner* (2004), S. 776f. Dies wird auch darauf zurückgeführt, dass die Regionalisierungsmittel den Ländern bisher relativ sicher sind und daher Effizienzanreize fehlen; vgl. *Bennemann/ Wölfel* (2004), S. 30.

223 Vgl. *Leister* (2004), S. 200; *Tegner* (2004), S. 775. So wies der DB AG-Vorstand die Landesverkehrsminister darauf hin, dass die Anwendung des Ausschreibungswettbewerbs aufgrund fehlender Planungssicherheit zu einem Abbau von Verkehrsleistungen, Investitionen und regionalen Arbeitsplätzen führen würde.

den.[224] Auch über ihre Einbindung in die relevanten öffentlichen Entscheidungsgremien und die Erarbeitung entsprechender Vorlagen kann die DB AG als mächtigste Interessengruppe der Eisenbahnpolitik[225] einen nicht zu unterschätzenden Einfluss auf den polit-ökonomischen Outcome geltend machen.

Die Vergabepraxis der Länder ist seit einiger Zeit Gegenstand *juristischer Auseinandersetzungen.* Ausgangspunkt war eine Klage der damaligen Connex-Gruppe, welche die Nachprüfung der in Thüringen erfolgten freihändigen Vergabe durch die zuständige Vergabekammer Magdeburg zum Ziel hatte. In ihrem Urteil stellten die Richter fest, dass Verkehrsverträge im SPNV grundsätzlich ausschreibungspflichtig sind und darüber hinaus der Auftraggeber verpflichtet ist, bei der Definition der auszuschreibenden Teilnetze die jeweilige Aufnahmefähigkeit des Marktes zu berücksichtigen, um zu verhindern, dass Aufträge nur in solch umfassenden Losgrößen ausgeschrieben werden, dass lediglich ein Bieter (die DB AG) die Teilnetze zeitnah zu bedienen in der Lage ist.[226] In einem zweiten Verfahren, welches die Connex-Gruppe gegen die freihändige Vergabe der brandenburgischen SPNV-Leistungen an die DB AG anstrengte, entschied das zuständige Oberlandesgericht (OLG) Brandenburg hingegen, dass SPNV-Leistungen als Teil der Daseinsvorsorge nicht ausschreibungspflichtig seien, weil gemäß Wortlaut des § 15 Abs. 1 AEG die Länder diese Dienste ausschreiben „können". Schließlich sei das deutsche und europäische Wettbewerbsrecht gegenüber dem deutschen Eisenbahnrecht als nachrangig einzustufen.

Demgegenüber forderte die EU-Kommission die Bundesländer auf, aufgrund „der offensichtlich verbreiteten inkorrekten Interpretation von Gemeinschaftsrecht ... bei der Vergabe von SPNV-Leistungen das europäische Verga-

---

[224] Vgl. *Tegner* (2004), S. 777f.

[225] Vgl. *Momberg* (2000), S. 237ff.

[226] Vgl. *Höhnscheid* (2002), S. 11; Müller (2003). Anstatt jedoch fortan den Ausschreibungswettbewerb zu forcieren, wurde die *deutsche Vergabeverordnung (VgV)* novelliert mit dem verkündeten Ziel eines sukzessiven Übergangs in den Wettbewerb. Nach § 4 Abs. 3 VgV n. F. ist die freihändige Vergabe nur noch zulässig, „wenn ein wesentlicher Teil der durch den Vertrag bestellten Leistungen während der Vertragslaufzeit ausläuft und anschließend im Wettbewerb vergeben wird. Die Laufzeit des Vertrages soll 12 Jahre nicht überschreiten". Dabei wurde der „wesentliche Teil" jedoch als maximal 30 % des relevanten Verkehrsleistungsvolumens definiert, so dass nach dem Auslaufen der abgeschlossenen Verkehrsverträge beinahe flächendeckend ein Block von 70 % der gesamten SPNV-Leistungen schlagartig auf den Markt gelangt, den auch in (naher) Zukunft allein die DB AG zu bedienen in der Lage sein dürfte. Erschwerend kommt hinzu, dass einige Länder die vor Inkrafttreten der Novelle des VgV bereits ausgeschriebenen Verkehre jenem „wesentlichen Teil" zurechnen, die lukrativen Verkehrsdienste (z. B. Regionalexpress-Verkehre) jedoch nicht. Insgesamt führt dies dazu, dass der Ausschreibungswettbewerb frühestens ab dem Jahr 2012 verstärkt Anwendung findet; vgl. *Tegner* (2004), S. 774ff.

berecht" einzuhalten und daher gemeinschaftsrechtswidrig abgeschlossene Verkehrsverträge zu revidieren. Entsprechend hat die EU-Kommission im Oktober 2004 ein Vertragsverletzungsverfahren gegen die Bundesrepublik Deutschland eingeleitet, um gegen die Vergabepraxis der Bundesländer vorzugehen.[227] Das Verfahren war zur Zeit der Fertigstellung dieser Studie noch nicht abgeschlossen. Während das Vertragsverletzungsverfahren eine begründete Hoffnung für eine künftige Stärkung des Ausschreibungswettbewerbs schürt, enttäuscht aus wettbewerblicher Sicht die aktuelle Version der geplanten Novelle der europäischen Vergaberichtlinie 1191/69/EWG n. F., welche auf Druck der Verkehrsministerkonferenz nunmehr eine Teilbereichsausnahme auch für den SPNV vorsieht. Allerdings ist diese Novelle bislang nicht verabschiedet. Wie die zukünftigen Regelungen tatsächlich aussehen werden, ist daher derzeit noch nicht definitiv absehbar.

Zusammenfassend ist festzuhalten, dass auch im deutschen SPNV-Markt Wettbewerb bislang kaum stattfindet. Die Rahmenbedingungen des SPNV bieten diverse Ansatzpunkte für eine Diskriminierung von Konkurrenten der Deutsche Bahn AG. Die Markteintrittsbarrieren sind daher trotz eines formaljuristisch freien Marktzugangs als hoch zu bezeichnen. Ohne eine grundlegende Neuausrichtung zumindest der Vergabepolitik der Länder wird die quasimonopolistische Struktur des deutschen SPNV-Marktes kaum zu überwinden sein.[228] Zwar spricht die erwartete Absenkung der öffentlichen Mittel für den ÖPNV für eine stärkere Motivation der öffentlichen Aufgabenträger zur Anwendung des Ausschreibungswettbewerbs nicht nur im ÖSPV, sondern auch im SPNV.[229] Ob und inwieweit es jedoch künftig tatsächlich zu einer stärkeren Anwendung des Ausschreibungswettbewerbs kommen wird, ist im Moment nicht absehbar. Angesichts der jüngsten politischen Entwicklungen auf europäischer Ebene bestehen diesbezüglich jedoch zumindest erhebliche Zweifel. Doch selbst wenn dies erfolgen sollte, verbleiben der DB AG aufgrund ihrer

[227] Vgl. *Deutsche Bahn AG* (2005a), S. 31.

[228] So stellt die *Monopolkommission* (2004), TZ 723, fest: „Die Notwendigkeit, Ausschreibungen im SPNV vorzuschreiben, ergibt sich neben den erhofften Wirkungen einer höheren Effizienz der Leistungserbringung und des geringeren öffentlichen Zuschußbedarfs insbesondere auch aus der ... Problematik einer ungleich verteilten Wettbewerbsintensität bei Betrachtung verschiedener regionaler Märkte. Die Möglichkeit der DB Regio, ihre überragende Stellung durch eine Strategie der Quersubventionierung zu behaupten, kann letztlich nur dadurch eliminiert werden, daß sie überall gleichen Wettbewerbsbedingungen ausgesetzt wird."

[229] Vgl. *Lasch* (2005), S. 74.

vertikal integrierten Konzernstruktur vielfältige Möglichkeiten, einem stärkeren Wettbewerb gerade im SPNV entgegenzuwirken.[230]

3. Wettbewerbsbeziehungen im Personenfernverkehr

a) Entwicklung der Rahmenbedingungen

Die Entwicklung des Personenverkehrs in Deutschland ist sowohl von nachfrageseitigen wie auch von angebotsseitigen Veränderungen der Rahmenbedingungen der Verkehrsmärkte betroffen. Hinsichtlich der *Nachfrage nach Personenverkehrsleistungen* war in den letzten Jahrzehnten eine kontinuierliche Abkehr der Verkehrsnachfrage von den mit öffentlichen Verkehrsmitteln erstellten Verkehrsleistungen zugunsten individueller Verkehrsmittel festzustellen (Substitutionseffekt). Davon hat in erster Linie der Pkw-Verkehr profitiert, begünstigt durch die stark verbesserte Ausstattung der Haushalte mit motorisierten Individualverkehrsmitteln und den Ausbau der Verkehrsinfrastruktur. Der langfristig wirkende Substitutionseffekt spiegelt sich in der starken Veränderung der Marktanteile der verschiedenen Verkehrsträger wider. Gemessen an der Personenverkehrsleistung hatte der öffentliche Verkehr (Eisenbahnen, Öffentlicher Straßenpersonenverkehr und Luftverkehr) im Jahr 1950 noch einen Marktanteil von über 60 %. Dieser sank bis zum Jahr 2000 auf ca. 19 %. Der Modal Split-Anteil des Motorisierten Individualverkehrs (MIV) stieg dagegen im gleichen Zeitraum von 35 % auf 81 %. Seither hat sich der Marktanteil des öffentlichen Verkehrs weiter leicht reduziert (auf 17,7 %), während der Anteil des Pkw geringfügig auf 82,3 % gestiegen ist.[231]

Die tendenzielle Stabilisierung des Anteils des öffentlichen Verkehrs wird zum einen vom Zuwachs des Luftverkehrs getragen, hat aber auch Ursachen in einer Verstärkung der Marktposition der Schiene. Diese wird vor allem von angebotsseitigen Verbesserungen begünstigt, denn die *Angebotsqualität* der Bahn konnte durch hohe Investitionen des Bundes in den Ausbau des Schienennetzes sowie durch den Einsatz moderner Personenzüge mit deutlich höherem Reisekomfort spürbar verbessert werden. Fahrzeuginvestitionen im SPNV wurden zudem durch umfängliche öffentliche Beihilfen gefördert. Hinzu kommt die verbesserte Finanzmittelausstattung in Folge der Regionalisierung des SPNV.[232] Der Motorisierte Individualverkehr wurde dagegen von steigen-

---

[230] Zu einer ähnlichen Einschätzung kommen etwa auch *Karl* (2002), S. 18; *Holzhey / Tegner* (2004), S. 4ff.; *Bundeskartellamt* (2003), 91/03, S. 36ff.; *Berschin / Dippel / Werner* (2002); *Ewers / Ilgmann* (2000a); *Laaser / Rosenschon* (2001).

[231] Vgl. *BMVBW* (2005), S. 230f., *Aberle* (2003), S. 46.

[232] Vgl. hierzu Kapitel III., Pkt. 2.

den Betriebskosten infolge stark steigender Mineralölpreise sowie von Mineralölsteuererhöhungen im Zuge der Einführung und sukzessiven Ausweitung der sog. Ökosteuer belastet. Hinzu kommt, dass sich die Stauintensitäten im Straßenverkehr in den letzten Jahren deutlich erhöht haben, insbesondere auf dem Autobahnnetz und in den Ballungsräumen. Hieraus resultieren im direkten Vergleich sowohl preisliche als auch qualitative Attraktivitätsverluste gegenüber dem Schienenverkehr.

Während sich somit die intermodale Wettbewerbsfähigkeit des Schienenpersonenverkehrs im Vergleich zum MIV erhöht hat, verschärft sich seit geraumer Zeit seine Konkurrenzierung durch den (binnenländischen) *Luftverkehr*. Die Intensivierung der intermodalen Wettbewerbswirkungen des Luftverkehrs auf den Schienenpersonenfernverkehr ist primär auf die weitgehende Deregulierung der Luftverkehrsmarktordnung durch die so genannten Liberalisierungspakete der EU-Kommission zurückzuführen. Seither herrscht im nationalen wie im europäischen Luftverkehr intensiver Wettbewerb, der sich im Marktsegment der klassischen Luftverkehrsgesellschaften vor allem durch eine erhöhte Anzahl von Marktaustritten bzw. Unternehmensübernahmen zeigt. Für die Eisenbahn besonders wettbewerbswirksam ist jedoch weniger die Konkurrenzierung in diesem vergleichsweise hochpreisigen Marktsegment des Personenverkehrs, sondern vielmehr die Entstehung eines neuen Low-Cost-Segments im Luftverkehr durch zahlreiche Markteintritte so genannter Low Cost Airlines (z. B. Ryan Air, DBA, Air Berlin).[233]

Weiterhin für die intermodale Wettbewerbssituation der Eisenbahn relevant ist ihr derzeitiger Schutz vor Konkurrenz durch den *Buslinienfernverkehr*. § 13 Abs. 2 des Personenbeförderungsgesetzes (PBefG) sieht vor, dass Genehmigungen für Linienverkehre nicht zu erteilen sind, wenn durch den beantragten Verkehr eine Beeinträchtigung der „öffentlichen Verkehrsinteressen" zu erwarten ist, der beantragte Verkehr nicht zu einer „wesentlichen Verbesserung der Verkehrsbedienung" führt oder bereits vorhandene Unternehmer oder Eisenbahnen sich bereit erklären, den entsprechenden Dienst zu übernehmen. Außerdem werden die Preise der Linienverkehre durch Tarifgenehmigungen reguliert. Letztere, ursprünglich zum Schutz der Kunden formulierte Regelung, erweist sich heute als Instrument zur Verhinderung von Preiswettbewerb.

Die genannte Vorschrift des PBefG hat dazu geführt, dass nationale Buslinienfernverkehre in Deutschland bislang faktisch nicht vorhanden sind. Eine Ausnahme bilden Buslinienverkehre von und nach Berlin. Diese stützen sich auf Linienverkehrsgenehmigungen, die noch aus Zeiten der DDR stammen, als man in Westdeutschland ein Interesse daran hatte, unabhängig von der Reichsbahn öffentliche Verkehrsverbindungen nach West-Berlin aufzubauen. Die an-

[233] Vgl. *Eisenkopf* (2005a), S. 3f.

gebotenen Verkehre stellen aber derzeit keine ernsthafte Konkurrenz zum SPFV der DB AG dar, da sie zum einen nur eine relativ schwache Angebotsfrequenz aufweisen[234] und zum anderen von Tochterunternehmen der DB AG angeboten werden. Hinzu kommen einige Linienverbindungen auf Flughafenzubringerstrecken.[235]

Die offensichtlich dem Schutz der Eisenbahn und der privaten Busunternehmen vor Wettbewerb dienende Regulierung des Buslinienfernverkehrs zieht erhebliche Wohlfahrtsverluste nach sich. Es kommt zu überhöhten Kosten und Preisen, effizientere Anbieter werden vom Markt ferngehalten.[236] Der fehlende intermodale Wettbewerb durch den Bus führt beim Fernverkehr der DB AG vermutlich zu X-Ineffizienzen, die sich z. B. bei der Durchführung von Schienenersatzverkehren zeigen, für deren Durchführung die DB AG ein Vorrecht hat. Letztlich wird mit der faktischen Nichtzulassung des Buslinienfernverkehrs eine volkswirtschaftlich sinnvolle Arbeitsteilung der Verkehrsträger verhindert.

Hinzuweisen ist abschließend auch auf die restriktiven Rahmenbedingungen für den *grenzüberschreitenden Schienenpersonenfernverkehr.* Derzeit ist der Marktzugang in der EU sowohl für internationale Personenfernverkehre als auch für Kabotageverkehre beschränkt. Eine Marktöffnung im internationalen Schienenpersonenverkehr ist im so genannten „Dritten Eisenbahnpaket" voraussichtlich erst ab dem Jahre 2010 vorgesehen. Allerdings wird über die Regelungen und Fristen dieses Eisenbahnpakets auf EU-Ebene derzeit noch kontrovers diskutiert.[237] Eine Einigung wird für das Jahr 2007 angestrebt, ist aber aufgrund der abweichenden Standpunkte derzeit noch nicht absehbar. Daher werden internationale Angebote im Schienenpersonenfernverkehr auf absehbare Zeit weiterhin „auf Gegenseitigkeit" von den nationalen Bahnen angeboten. Die Kooperation der Bahnen bei der Planung und Erstellung dieser Leistungen kann man durchaus als infolge der Marktordnung toleriertes Kartell interpretieren. Die Wachstums- und Marktchancen des internationalen Personenfernver-

---

[234] Mit Ausnahme der Linie Berlin-Hamburg werden die Relationen in der Regel nur maximal einmal täglich bedient und unterliegen strikten Zusteigebeschränkungen; vgl. *Scherff* (2003).

[235] Vgl. *Maertens* (2006), S. 8f.

[236] Dies zeigt sich z. B. bei einem Vergleich mit dem deregulierten Buslinienfernverkehrsmarkt in Großbritannien, wo die Fahrpreise nach der Deregulierung um bis zu 40 % zurückgegangen sind und das Linienangebot für die Nachfrager ausgeweitet wurde; vgl. *Maertens* (2006), S. 18ff. und die dort angegebene Literatur.

[237] Vgl. *Heymann* (2006b), S. 3.

kehrs lassen sich aufgrund der Abschottung der Märkte sowohl für die etablierten europäischen Bahnen wie auch für Newcomer nur eingeschränkt nutzen.[238]

b) Marktabgrenzung im Personenfernverkehr

Bei der Diskussion der Rahmenbedingungen der Personenfernverkehrsmärkte wurden der Motorisierte Individualverkehr (MIV), der Schienenpersonenfernverkehr (SPFV) und der Luftverkehr als Träger der Verkehrsleistungen angesprochen. Hieraus ließe sich prima facie die Schlussfolgerung ziehen, dass alle drei Verkehrsträger zum selben relevanten Markt gehören und daher bei der Diskussion der intermodalen Wettbewerbsbeziehungen und möglicher Wettbewerbsverzerrungen im Personenfernverkehrsmarkt zu berücksichtigen sind.[239]

Wie bereits in Kapitel II., Pkt. 1. herausgearbeitet wurde, ist die Abgrenzung des relevanten Marktes für den Personenfernverkehr jedoch aus der Sicht der Nachfrager vorzunehmen, d. h. es ist insbesondere auf die Substituierbarkeit durch die Nachfrager einzugehen. Ergänzend können Angebotssubstitution und potentieller Wettbewerb berücksichtigt werden. Zum gleichen *relevanten Markt* gehören demnach Verkehrsleistungen, die hinsichtlich ihrer Dienstleistungsmerkmale (insbesondere Reisezeit, Pünktlichkeit/Berechenbarkeit, Sicherheit, Komfort, Umweltverträglichkeit, Netzbildungsfähigkeit und Flexibilität) und hinsichtlich des Preises von den Kunden als austauschbar angesehen werden. Entsprechend dem Charakter des Personenfernverkehrs als abgeleiteter Nachfrage werden diese „Verkehrswertigkeiten" bei Entscheidungen über die Verkehrsmittelwahl fahrtzweckspezifisch betrachtet und gewichtet, wobei im Fernverkehr insbesondere folgende Reisezwecke relevant sind:

- Geschäftsreiseverkehr, d. h. die Fahrten anlässlich geschäftlicher und beruflicher Verpflichtungen;

---

238 Dies zeigt sich z. B. an der Diskussion um die Kooperation von DB AG und SNCF bei der Fortführung der TGV-Verbindungen von Paris nach Frankfurt, Stuttgart und München (TGV-Est); vgl. hierzu *o. V.* (2006b), S. 17.

239 Der theoretisch als Wettbewerber in Frage kommende Buslinienfernverkehr ist entsprechend der Ausführungen in Kapitel III., Pkt. 3. a) als Wettbewerber faktisch nicht relevant. Es ergibt sich auch keine Bedrohung durch den Buslinienfernverkehr als potentiellem Wettbewerber, da eine Öffnung des Marktes derzeit politisch nicht opportun ist. Insbesondere gibt es von Seiten der EU keine Handhabe, auf eine Marktöffnung hinzuwirken, da zum einen die Zwischenstaatlichkeitsklausel nicht greift und zum anderen keine Diskriminierung ausländischer Anbieter vorliegt, da für in- und ausländische Unternehmen dieselben Marktzugangsbeschränkungen gelten.

- Urlaubsverkehr, d. h. Mobilität zur Befriedigung von Erholdungsbedürfnissen;
- Freizeitverkehr: Mobilität anlässlich von Freizeitaktivitäten, z. B. Besuche von Freunden und Verwandten, die mit Reiseaktivitäten verbunden sind.[240]

Die Ausführungen zur Theorie der Verkehrmittelwahlentscheidungen haben gezeigt, dass limitierte und habitualisierte Entscheidungsprozesse eine besondere Rolle für die Verkehrsmittelwahl spielen. Der Nutzer orientiert sich demnach vor allem an eigenen Erfahrungen mit Qualitäten und Preisen von Verkehrmitteln sowie an entsprechenden Erfahrungen von nahe stehenden Dritten sowie an spezifischen Gewohnheiten. Damit werden bei Verkehrsmittelwahlentscheidungen keine umfassenden Optimierungsansätze durchgeführt, sondern verkürzte und vereinfachte Entscheidungsprozeduren mit reduzierten Alternativensets. Empirische Untersuchungen zeigen zudem, dass ein großer Teil der Reisenden in seiner Entscheidungssituation faktisch an ein Verkehrsmittel gebunden ist: Im Straßen- und Luftverkehr verzichten z. B. nach den Ergebnissen einer einschlägigen aktuellen Studie 83 % der Nutzer auf die Erwägung eines anderen Verkehrsmittels.[241]

Vor diesem Hintergrund soll im Folgenden der Versuch einer *Marktabgrenzung für den Urlaubs- und Freizeitverkehr* einerseits sowie den *Geschäftsreiseverkehr* andererseits vorgenommen werden. Hierbei stellt sich insbesondere die Frage, ob es auf mittleren Strecken (100 bis 350km) ausgeprägte Substitutionsbeziehungen zwischen dem *MIV* und dem *Schienenverkehr* gibt und daher der MIV mit SPFV und Luftverkehr zum selben relevanten Markt gehört.[242] Die Analyse geht von der Perspektive des Schienenverkehrs aus und untersucht in einem ersten Schritt, ob der MIV zum selben relevanten Markt wie der SPFV gehört. In Kapitel III., Pkt. 3. aa) werden dann die Substitutionsbeziehungen zwischen Luftverkehr und SPFV diskutiert.

Da *Urlaubs- und Freizeitverkehr* definitionsgemäß in der Freizeit bzw. im Urlaub der Wirtschaftssubjekte stattfindet, dürften hier andere Eigenschaften der Verkehrsleistung im Vordergrund stehen als bei Geschäftsreisen. Urlaubs- und Freizeitreisende sind in der Regel als besonders preissensibel einzustufen.[243] Dies weist bereits auf die besondere Rolle des privaten Pkw hin. Die Tatsache, dass Anschaffungskosten und fixe Kosten des Pkw-Halters vom Nutzer als für eine einzelne Fahrt ökonomisch nicht entscheidungsrelevant angesehen werden, in das Verkehrsmittelwahlkalkül also nur die Grenzkosten der

---

240 Vgl. *Ehrhardt* (2004), S. 35.

241 Vgl. *Last / Manz / Zumkeller* (2003), S. 272.

242 Diese Einschätzung wird z. B. vertreten von *WIK-Consult* (2006), S. 22ff.

243 Vgl. *Zauner* (2006), S. 81.

Nutzung, d. h. im Zweifelsfall lediglich die Treibstoffkosten eingehen, begünstigt in limitierten Entscheidungskontexten die Nutzung des privaten Pkw. Dies wird dadurch verstärkt, dass bei Urlaubsfahrten in der Regel mehrere Personen ohne nennenswerte Zusatzkosten den Pkw nutzen können, während im Schienen- und Luftverkehr grundsätzlich für jede Person ein voller Fahrpreis zu zahlen ist.[244]

Dagegen spielt die Pünktlichkeit eines Verkehrsmittels im Urlaubs- und Freizeitverkehr eine eher untergeordnete Rolle, da die marginale Zeitbewertung deutlich unter der eines Geschäftsreisenden liegt. Auch hinsichtlich Bequemlichkeit und Komfort ergeben sich klare Vorteile für den Pkw-Nutzer, da z. B. im Rahmen der Fahrzeugkapazitäten Gepäck problemlos befördert werden kann. Für den Urlaubs- und Freizeitverkehr haben auch die Netzbildungsfähigkeit und Flexibilität des Pkw überragende Bedeutung. Zum einen werden im Rahmen dieser Fahrten in der Regel im Raum dispers verteilte Ziele angesteuert, die im Schienen- bzw. Luftverkehr aufgrund deren geringerer Raumabdeckung nicht oder nur mit zusätzlichen Zubringerverkehren erreichbar wären. Dies ist jedoch aus Komfortgründen wenig attraktiv, zumal auch am Urlaubsort die Verfügbarkeit über den eigenen Pkw ein besonderen Nutzen stiftendes Flexibilitätsmerkmal darstellt. Bezüglich der letztgenannten Merkmale dürften bei den Reisenden zudem Habitualisierungen der Verkehrsmittelwahlentscheidungen dominieren. Diese werden in der Regel auch nicht durch Sicherheitsaspekte tangiert, da die objektiv schlechtere Verkehrssicherheit des MIV gegenüber dem SPFV und Luftverkehr subjektiv verzerrt wahrgenommen wird.

Alles in allem sprechen gute Argumente dafür, den Urlaubs- und Freizeitverkehr mit dem Pkw als *eigenständigen „Markt"* anzusehen, d. h. bei der Diskussion des intermodalen Wettbewerbs im Personenfernverkehr von Freizeitreisenden und Urlaubern die Eigenproduktion der Verkehrsleistung nicht einzubeziehen. Zur Unterstützung dieser Vorgehensweise sei auch auf die in Kapitel III., Pkt. 2. a) vorgetragenen grundsätzlichen Argumente gegen die Einbeziehung der Eigenproduktion von Verkehrsleistungen hingewiesen.

Im Gegensatz zum Urlaubs- und Freizeitverkehr dürfte der *Geschäftsreiseverkehr* deutlich weniger preissensibel sein. Die unter Umständen sehr hohen Opportunitätskosten von Geschäftsreisenden und der faktische Zwang, in Tagesrandverbindungen wichtige nationale und europäische Destinationen zu erreichen, sprechen für eine Dominanz der Merkmale Reisezeit sowie Pünktlichkeit und Berechenbarkeit, welche die Nutzung des Luftverkehrs bzw. in be-

---

244 Gruppen- oder Familienrabatte im Schienenverkehr oder Rabatte für Kinder im Luftverkehr können dem nur bedingt entgegenwirken. Die Nutzung des Luftverkehrs dient insbesondere dem Erreichen von Fernreisezielen, die für Bahn und Pkw nicht relevant sind.

stimmten Entfernungsbereichen auch des Schienenverkehrs nahe legen.[245] Insbesondere die in den letzten Jahren massiv erhöhte Stauhäufigkeit im deutschen Autobahnnetz hat die Kalkulierbarkeit von Pkw-Fahrten reduziert,[246] womit Reisezeitnachteile gegenüber dem Luftverkehr bzw. auf bestimmten Relationen auch gegenüber dem Hochgeschwindigkeitsverkehr der Bahn verstärkt werden.

Hinzu kommt das ausgeprägte Komfortbedürfnis, da Reisende in der Regel ausgeruht und frisch ihre Geschäftskontakte erreichen wollen oder die Reisezeit zum Arbeiten nutzen möchten. Letzteres ist bei der Nutzung eines privaten Pkw oder eines Dienstwagens in der Regel nicht möglich.[247] Daher dürfte die Pkw-Nutzung nur bei kürzeren und mittleren Reiseentfernungen überhaupt zum relevanten Alternativenset der Geschäftskunden gehören. Auf kürzeren Strecken (z. B. im Nahverkehr bis 50km) können somit die Flexibilitätsvorsprünge des Pkw gegenüber der Eisenbahn relevant werden. Auf mittleren Distanzen (ab 100km bis etwa 350km) ist dagegen die Nutzung des Pkw kaum als geeignetes Substitut für den Schienen- und Luftverkehr anzusehen.[248]

Gegen die Separierung des MIV spricht auch nicht der statistische Befund, dass der MIV im Jahre 2001 mit 122,6 Mrd. Pkm für fast 80 % des Geschäftsreiseverkehrs steht.[249] Ermittelt man unter Berücksichtigung des Verkehrsaufkommens die durchschnittliche Reiseweite im Geschäftsreiseverkehr, beträgt diese knapp 23 km für den MIV, während sie für den Schienenverkehr bei ca. 71 km und den Luftverkehr bei 469 km liegt.[250] Diese markanten Differenzen zwischen den einzelnen Verkehrsträgern legen bereits nahe, dass es sich im Hinblick auf die Reisedistanzen um getrennte Märkte handelt.

---

245 Vgl. *Freyer* (2006), S. 96.

246 Fahrten mit dem Pkw werden von Vielfahrern nicht zuletzt aufgrund der hohen Stauhäufigkeit als anstrengend und nervenaufreibend angesehen; vgl. *Last / Manz / Zumkeller* (2003), S. 272.

247 Nicht diskutiert werden soll im Folgenden der Geschäftsreiseverkehr von Handwerkern, Gewerbetreibenden oder Außendienstmitarbeitern. Hier besteht in der Regel ein Zwang zur Nutzung des Pkw, da zum einen räumlich verteilte Ziele (z. B. private Haushalte) zur Auslieferung, Zustellung oder Abholung anzufahren sind und zum anderen häufig zusätzliche Ladung zu befördern ist (Produkte, Muster, Werkzeuge). Die Substitutionslücken zum SPFV und Luftverkehr sind hier offensichtlich nicht zu überwinden.

248 Zu diesem Ergebnis kommt auch *Zauner* (2006), S. 87.

249 Zu beachten ist auch, dass ein Großteil des Geschäftsreiseverkehrs nicht auf den klassischen „Geschäftskunden" entfällt, der anlässlich der Vorbereitung oder Finalisierung von Geschäftsabschlüssen, zum Besuch von Fortbildungen oder Seminaren oder zu Messen und Kongressen reist, sondern auf die o.g. produktions- oder vertriebsnahen Reiseaktivitäten.

250 Vgl. *BMVBW* (2005), S. 238ff.

Die vorgetragenen Argumente sprechen insgesamt dafür, die Eigenproduktion von Verkehrsleistungen bei einer Marktabgrenzung aus der Perspektive des Schienenpersonenfernverkehrs auszuschließen, weil die von den Reisenden zu überwindenden Substitutionslücken sowohl im Urlaubs-/Freizeitverkehr als auch im Geschäftsreiseverkehr zu groß sind. Dies gilt beim Freizeitverkehr insbesondere für die Substitution von Pkw-Fahrten durch die Bahn, während im Geschäftsreiseverkehr über längere Entfernungen die Substitution von Bahnfahrten durch den Pkw problematisch ist. Ein Argument für erhebliche Substitutionslücken zwischen den Verkehrsträgern findet sich auch in der Empirie der gemessenen Kreuzpreiselastizitäten zwischen dem Schienenverkehr und dem Pkw bzw. dem Luftverkehr. Sie sind kurzfristig durchweg sehr niedrig, was sich durch relativ starre Präferenzen der Nachfrager erklären lässt, die eine Substitution der Verkehrsträger offenbar erschwert.[251]

Im Hinblick auf die Frage, ob der MIV bei der Abgrenzung des relevanten Marktes für den Personenfernverkehr mit einzubeziehen ist, spielt das Kriterium der *Angebotssubstitution* keine Rolle, die Nutzung des MIV kann allenfalls im übertragenen Sinne als „potenzieller Wettbewerb" verstanden werden. Damit ist gemeint, dass Bahnkunden aufgrund von zu hohen Preisen oder schlechter Leistungsqualität zu einer Eigenproduktion der Verkehrsleistung übergehen. Aufgrund der geringen Preissensitivität des Geschäftsreiseverkehrs und der beschriebenen Substitutionslücken dürfte dies jedoch von untergeordneter Bedeutung sein.

Exkurs: Mögliche Wettbewerbsverzerrungen zwischen SPFV und MIV

Ergebnis der Überlegungen in Kapitel III., Pkt. 3. b) war, dass die Eigenproduktion von Verkehrsleistungen bei der Marktabgrenzung aus der Perspektive des Schienenpersonenverkehrs ausgeschlossen werden kann. Trotz dieses eindeutigen Befundes soll an dieser Stelle auf mögliche Wettbewerbsverzerrungen zwischen den Verkehrsträgern eingegangen werden, auch wenn diesen aufgrund der Verneinung der Zugehörigkeit zu einem gemeinsamen relevanten Markt für die Beurteilung des Sachverhalts letztlich keine Bedeutung zukommen wird.

---

[251] Vgl. die Kompilation der einschlägigen Elastizitätsschätzungen bei *Seabright* (2003), S. 14f. Die Elastizitätswerte liegen international zwischen 0,02 und 0,35 %, weisen also auf relative schwache Substitutionsbeziehungen hin. Entsprechend fällt die Einschätzung des Autors aus: „This suggests that many passengers have strong preferences for the mode of travel they use, perhaps because they have invested in vehicles, jobs or (more generally) lifestyles that make substitution between transport modes difficult". Langfristig höhere Elastizitätswerte stehen diesem Befund nicht entgegen, sondern entsprechen dem üblichen ökonomischen Kalkül in Hinblick auf Elastizitäten.

Wettbewerbsverzerrungen zwischen den Verkehrsträgern Straße und Schiene im Personenverkehr können aus Differenzen bei der *Anlastung von Wegekosten* und nicht internalisierten externen Effekten resultieren. Vergleicht man die Wegekostendeckungsgrade von MIV und SPFV, zeigt sich, dass der Pkw im deutschen Straßennetz einen Wegekostendeckungsgrad von über 200 % aufweist. Dagegen liegt der Wegekostendeckungsgrad des SPFV bei ca. 90 %.[252] Dies bedeutet, dass der Pkw mit seinen spezifischen Wegeabgaben (Mineralölsteuer und Kfz-Steuer) mehr als das Doppelte seiner ihm zuzurechnenden Kosten erwirtschaftet, während es dem SPFV nicht gelingt, die entstandenen volkswirtschaftlichen Wegekosten zu decken. Hiermit ist eine Wettbewerbsverzerrung zu Lasten des Straßenverkehrs verbunden.

Die angeführten Wegekostendeckungsgrade entstammen einer Studie des Deutschen Instituts für Wirtschaftsforschung (DIW) aus dem Jahr 2000 für das Jahr 1997. Neuere empirische Untersuchungen zu dieser Thematik sind nicht verfügbar. Daher ist bei der Interpretation zu beachten, dass für die Kalkulation der Wegekostendeckungsgrade des Schienenverkehrs aus heutiger Sicht unrealistisch hohe Trassenentgelte in Höhe von 5 Mrd. € zugrunde gelegt wurden.[253] Im Straßenverkehr dürften sich dagegen infolge der seither zusätzlich erhobenen Ökosteuer von 15,34 ct je Liter Kraftstoff die Wegekostendeckungsgrade deutlich erhöht haben.

Hinsichtlich der *negativen Externalitäten* von Straßen- und Schienenverkehr zeigen aktuelle empirische Schätzungen dagegen erhebliche Vorteile der Eisenbahn. Nach einer im Auftrag des internationalen Eisenbahnverbandes UIC erstellten Studie verursachte der Straßenverkehr in Europa im Jahr 2000 ca. 544 Mrd. € an externen Kosten, während die Eisenbahn nur auf gut 12 Mrd. € kommt. Diese Diskrepanz wird allerdings deutlich entschärft, wenn man die erstellten Verkehrsleistungen mit in die Betrachtung einbezieht. Der motorisierte Individualverkehr zieht demnach ca. 76 €/1000 Personenkilometer (Pkm) an externen Kosten nach sich, während die Schiene mit 22 €/1000 Pkm eine deutlich günstigere Position einnimmt.[254]

Eine Analyse der von der UIC vorgelegten Schätzungen für die externen Kosten des Pkw-Verkehrs in Europa zeigt, dass die Unfallfolgekosten mit über 40 % die externen Kosten des Pkw-Verkehrs in Europa dominieren. Weitere 23 % entfallen auf den Klimawandel und weitere 17 % auf Luftverschmutzung durch Schadstoffemissionen.[255]

---

252 Vgl. *Link / Rieke / Schmied* (2000), S. 54 und S. 68.

253 Im Jahr 2005 betrugen die gesamten (internen und externen) Trassenerlöse der DB Netz AG 3,6 Mrd. €; vgl. *DB Netz AG* (2006).

254 Vgl. *UIC* (2004), S.72ff.

255 Vgl. *UIC* (2004), S. 72.

Aufgrund der deutlichen Diskrepanz zu den Werten für den Schienenverkehr wäre eine stärkere Internalisierung der externen Kosten des Pkw vorzusehen, um Wettbewerbsverzerrungen zu beseitigen. Eine Internalisierung könnte nun, wie zuweilen gefordert, als Anlastung der verursachten durchschnittlichen Kosten auf die Pkw-Nutzer verstanden werden. Entsprechend den von der UIC vorgelegten Berechnungen müssten dann für die genannten drei Kostenkategorien 61 € je 1000 Pkm angelastet werden. Bei einem für Deutschland repräsentativen Besetzungsgrad von ca. 1,5 Personen je Pkw würde dies eine Belastung von ca. 4 Euro je 100 Pkw-Kilometer bedeuten.

Eine solche „Umlegung der externen Kosten" auf die Nutzer ist jedoch aus verschiedenen Gründen fragwürdig. Zum einen sind die von der UIC vorgelegten Kostenschätzungen aus methodischen Gründen kritisch zu hinterfragen. So werden in die Unfallfolgekostenschätzungen nicht nur medizinische Kosten und Ressourcenausfallkosten einkalkuliert, sondern auch (fiktive) Wohlfahrtsverluste für Unfalltote und Verletzte, deren Kalkulation auf Zahlungsbereitschaftsansätzen beruht (Willingness To Pay - WTP). Auch die Berechnung anderer externer Kostenkategorien in der UIC-Studie basiert mit auf WTP-Ansätzen, womit merklich überhöhte Kosten ausgewiesen werden. Hinsichtlich der durch CO_2 verursachten Kosten des Klimawandels wird z. B. von einem sehr anspruchsvollen Vermeidungsziel (minus 50 % bis zum Jahre 2030) und einem daraus resultierenden Schattenpreis von 140 €/t CO_2 ausgegangen.[256] Insgesamt ist die Höhe der in der Diskussion befindlichen Kostenschätzungen daher in Frage zu stellen.

Außerdem wird ein Großteil der Externalitäten des Pkw-Verkehrs bereits heute einer Internalisierung zugeführt. So spielen ordnungsrechtliche Maßnahmen im Personenverkehr eine wichtige Rolle. Beispielhaft seien Abgasemissionsstandards für den Pkw-Verkehr genannt: Entsprechend den einschlägigen Verordnungen der EU wurden in Deutschland Schadstoffgrenzwerte für Pkw je gefahrenen Kilometer festgelegt, die bezüglich der Emissionen von Kohlenmonoxid (CO), Kohlenwasserstoffen und Stickoxiden (HC und NOx) und Partikelemissionen (Dieselfahrzeuge) seit Anfang der neunziger Jahre erhebliche spezifische Emissionsminderungen vorsehen. Hinzu tritt die Differenzierung der Kfz-Steuer für Pkw nach der Schadstoffklasse und die geplante Einführung von emissionsabhängigen Durchfahrtsbeschränkungen bzw. Fahrverboten in Großstädten, die unter die Begrenzung der so genannten Feinstaub-Richtlinie der EU fallen (Richtlinie 1999/30/EG). Mit der ab Januar 2005 verbindlichen Norm Euro-4 für neu zugelassene Pkw werden selbst nach Einschätzung des Umweltbundesamtes langfristig die Luftreinhaltungsziele in Deutschland und Europa erreicht; lediglich bei Diesel-Pkw wird hier von den

[256] Vgl. *UIC* (2004), S. 23ff.

Experten ein weiterer Anpassungsbedarf hinsichtlich der Stickoxide und Partikelemissionen gesehen.[257]

Auch in anderen Bereichen gibt es staatliche Auflagen bzw. Ge- und Verbote, welche zu einer höheren Umweltverträglichkeit des Personenverkehrs beitragen sollten. Im weitesten Sinne schaffen etwa die Straßenverkehrsordnung und die Straßenverkehrzulassungsordnung einen Regulierungsrahmen, der z. B. den Umfang der von der Gesellschaft zu tragenden ungedeckten Unfallfolgekosten beeinflusst. Wenn Konsens darüber besteht, dass Alkohol am Steuer bzw. überhöhte Geschwindigkeit als häufigste Ursache schwerer Verkehrsunfälle anzusehen sind, dann dürften ein umfassendes Alkoholverbot am Steuer sowie generelle und streckenspezifische Tempolimits mit geeigneter Sanktionsbewehrung geeignete Instrumente zur Reduzierung ungedeckter Unfallfolgekosten sein.[258] Auch sicherheitsspezifische Zulassungsvorschriften tragen zur Vermeidung von Unfällen und zur Reduzierung von Unfallfolgen bei und senken damit die externen Kosten des Pkw-Verkehrs. Ähnliches gilt auch für die durch Lärmemissionen verursachten externen Kosten; allerdings finden sich hier auch vielfältige Maßnahmen des passiven Lärmschutzes im infrastrukturellen Bereich (z. B. Lärmschutzwände).

Es existieren im Personenverkehr also bereits heute *wirksame Ansätze zur Internalisierung externer Effekte* im Sinne ordnungsrechtlicher Maßnahmen. Hinzu kommt, dass Anlastung externer Kosten im Sinne einer Pigou-Steuer nicht bedeuten kann, die errechneten absoluten Kosten in einer Durchschnittsbetrachtung auf die Nutzer umzulegen. Erforderlich wären vielmehr Informationen über die jeweiligen externen Grenzkosten. Eine Anlastung externer Grenzkosten scheint allerdings praktisch kaum umsetzbar.

Bei vorsichtiger Abschätzung kann man zu dem Ergebnis kommen, dass bei einer zukunftsorientierten Betrachtung eine zusätzliche Abgabe zur Anlastung externer Kosten des Pkw-Verkehrs nicht erforderlich ist, um evtl. Wettbewerbsverzerrungen gegenüber dem Schienenverkehr zu vermeiden. Bezüglich der Schadstoffemissionen sei auf die absehbaren Emissionsminderungen hingewiesen, die sich mit der in Zukunft größeren Verbreitung emissionsarmer Fahrzeuge in der Pkw-Population ergeben werden. Auch bezüglich der externen Lärmkosten dürften aktive und passive Lärmschutzmaßnahmen eine wichtige Rolle spielen, die Konsequenzen verkehrsbedingter Lärmemissionen auf ein akzeptables Maß zu senken,[259] zumal hier methodische Probleme im Hinblick auf die Anlastung durch eine Gebühr bestehen.[260] Hinsichtlich ungedeck-

---

[257] Vgl. *Kolke / Friedrich* (1998), S. 12f.

[258] Vgl. *SRU* (2005).

[259] Vgl. *Puwein* (2005).

[260] Vgl. *Reinhold* (1998).

ter Unfallkosten ist grundsätzlich zu hinterfragen, ob eine kilometerbezogene Abgabe das geeignete Anlastungsinstrument für risikobehaftete Schadensereignisse ist; im Vordergrund der Überlegungen sollte die Kompensation derzeit evtl. noch nicht gedeckter Kosten über das Versicherungssystem stehen.[261] Außerdem dürfte ein Großteil der ungedeckten Unfallkosten eher auf Staatsversagen denn auf Marktversagen beruhen, weil der Staat es versäumt, geeignete ordnungsrechtliche Maßnahmen zur Unfallvermeidung zu definieren und durch ungenügenden Infrastrukturausbau mit zu einer Steigerung der Unfallszahlen beiträgt.

c) Wettbewerb zwischen Schienenverkehr und Low Cost Airlines

aa) Substitutionsbeziehungen und Marktabgrenzung

Bei der Analyse der Wettbewerbsbeziehungen zwischen dem Schienenpersonenfernverkehr und dem Luftverkehr ist eine differenzierte entfernungs- und sogar relationsspezifische Betrachtung erforderlich, weil der Luftverkehr gegenüber dem SPFV über eine deutlich eingeschränkte Netzbildungsfähigkeit verfügt und Wettbewerb daher faktisch nur auf definierten Relationen auftreten kann. In Anlehnung an eine unlängst vorgelegte Untersuchung von Zauner sollen im Folgenden die Entfernungsbereiche von 100 bis 350 km und von 350 bis 700 km als Analyserahmen unterschieden werden.[262] Dabei wird im Wesentlichen für den Geschäftsreisverkehr argumentiert, da die Geschäftsreisenden vermutlich die bedeutendste Nutzergruppe des SPFV darstellt, für die eine Substitution durch den Luftverkehr in Frage kommt.

Im *Entfernungsbereich zwischen 100 und 350 km* spielt der Luftverkehr als Wettbewerber für den Schienenverkehr lediglich eine eingeschränkte Rolle. Hier existieren zum einen Zubringerverkehre zu Interkontinental- oder längeren Kontinentalflügen (insbesondere zu den Drehkreuzen Frankfurt und München), seit dem Markteintritt der so genannten Low Cost Airlines im Jahre 2002 aber auch vermehrt Direktverbindungen auf bestimmten aufkommensstarken Relationen. Der auch in diesem Entfernungsbereich bereits spürbare primäre Reisezeitvorteil des Luftverkehrs wird jedoch im Regelfall dadurch kompensiert, dass An- und Abfahrten zu häufig weit außerhalb der Stadtzentren gelegenen Flughäfen erforderlich sind. Außerdem entfallen bei der Nutzung des SPFV Zeitverluste durch frühe Check-in-Zeiten und zeitraubende Sicherheitskontrollen. Es ist zudem davon auszugehen, dass Geschäftsreisende

---

[261] Unfall- und Unfallfolgekosten im Sinne der Reproduktionskosten und medizinischen Kosten werden grundsätzlich bereits über das Versicherungssystem internalisiert.

[262] Vgl. *Zauner* (2006), S. 84ff.

als Nutzer der Bahn in der Regel Ziele in den Stadtzentren erreichen wollen; daher bleibt das Substitutionspotenzial durch den Luftverkehr beschränkt, zumindest auf Relationen, die auf der Schiene durch Hochgeschwindigkeitsverkehre bedient werden.

Die vorteilhafte Wettbewerbsposition der Bahn gegenüber dem Luftverkehr wird verstärkt, wenn man den im Segment der Geschäftsreisenden bedeutenden Komfortaspekt einbezieht. Eine Zugfahrt bietet aufgrund der deutlich höheren Bewegungsfreiheit mehr Komfort als die Flugreise. Außerdem werden Sicherheitskontrollen und andere luftverkehrsspezifische Prozeduren als nutzenmindernd empfunden. Hinzu kommt das im Vergleich zum Schienenverkehr häufig beschränkte Angebot an Verbindungen je Relation und Zeiteinheit. Insgesamt dürften daher im Entfernungsbereich bis 350 km für den Geschäftsreiseverkehr nur sehr schwache Substitutionsmöglichkeiten zwischen Flugzeug und Eisenbahn bestehen, so dass bei der Abgrenzung des relevanten Marktes für den SPFV der Luftverkehr in diesem Entfernungsbereich nicht einzubeziehen wäre.[263]

Auf *längeren Distanzen* sollten dagegen die Geschwindigkeitsvorteile des Luftverkehrs stärker spürbar werden. In einem Entfernungsbereich von ca. über 500 km bleibt die Reisezeit mit dem Flugzeug auch bei Einbeziehung der Nebenzeiten deutlich unter der Reisezeit mit der Eisenbahn. Dies lässt sich beispielhaft an der Relation München/Berlin aufzeigen (640 km). So beträgt die reine Flugzeit zwischen München und Berlin mit der Lufthansa 1h10min.[264] Die kürzeste Hochgeschwindigkeitsverbindung der Deutschen Bahn AG auf dieser Strecke weist eine Fahrzeit von 5h50min auf; in der Regel beträgt die Fahrzeit etwa 6h20min.[265] Auch wenn Zubringerzeiten im Luftverkehr von insgesamt 1h30 min und 30 min Check-in-Zeit einbezogen werden, dauert die Reise mit der Bahn etwa doppelt so lange wie mit dem Flugzeug. Ein Geschäftsreisender, der auf eine Tagesrandverbindung angewiesen ist, um seine Geschäftstermine wahrzunehmen, hat praktisch keine Alternative zur Nutzung des Flugzeugs, weil die absolute Reisezeit mit der Bahn für ihn unakzeptabel ist. Aus Sicht des Geschäftsreiseverkehrs sind Bahn und Flugzeug auf solch langen Strecken daher keine Substitute, da ein Wechsel vom Flugzeug auf die Schiene kaum möglich erscheint.[266]

Eine Wettbewerbs- und Substitutionsbeziehung zwischen Schienenverkehr und Luftverkehr dürfte eher im Entfernungsbereich *zwischen etwa 400 und*

---

[263] Vgl. *Zauner* (2006), S. 88 zu einer ähnlichen Argumentationskette.

[264] Laut aktuellem Winterflugplan der Lufthansa 2006/07; Abfrage unter www.lufthansa.com am 04.12.2006.

[265] Fahrplanauskunft unter www.bahn.de am 04.12.2006.

[266] Zu diesem Ergebnis kommt auch *Zauner* (2006), S. 95.

600 km gegeben sein, weil hier Bahn und Flugzeug vergleichbare Bruttoreisezeiten anbieten und der Kunde eine Abwägung von Reisezeit, Reisekomfort und gegebenenfalls Preis vornehmen wird.[267] In diesen Entfernungsbereich fallen Relationen wie Berlin-Köln (540 km), Berlin-Düsseldorf (520 km), Hamburg-Köln (410 km), Düsseldorf-München (530 km) oder Köln-München (490 km). Insbesondere auf diesen innerdeutschen Relationen ist es aber in den letzten Jahren zum Markteintritt der Low Cost Airlines gekommen. Mit ihrem in Kapitel II., Pkt. 2. beschriebenen Geschäftsmodell haben die Low Cost Airlines einen nachhaltigen Markterfolg erzielt und stellen eine ernsthafte Bedrohung für die etablierten Netzwerk-Airlines und die so genannten Ferienflieger dar.[268]

Der bereits in Kapitel II., Pkt. 2. zitierte aktuelle Low-Cost-Monitor des Deutschen Zentrums für Luft- und Raumfahrt (DLR) und der Arbeitsgemeinschaft Deutscher Verkehrsflughäfen (ADV) weist aus, dass die Zahl der bedienten Relationen nach wie vor stark zunimmt.[269] Im Jahre 2005 wurden auf deutschen Flughäfen insgesamt 33,2 Mio. Passagiere abgefertigt, die dem Low Cost Segment zuzurechnen waren; hiervon nutzen 11,5 Mio. Passagiere innerdeutsche Verbindungen. Zentrum des Low Cost-Verkehrs in Deutschland ist der Flughafen Köln-Bonn mit etwa 600 Flügen pro Woche und 6,2 Mio. Low Cost-Kunden im Jahre 2005. Eine höhere Passagierzahl wurde lediglich auf den Berliner Flughäfen abgefertigt (7 Mio.), wo aber der Anteil der Low Cost-Passagiere lediglich bei ca. 40 % liegt. Fast 19 % der Passagiere auf den internationalen Flughäfen in Deutschland sind dem Low Cost-Segment zuzurechnen.[270]

Angesichts dieser Marktentwicklung stellt sich die Frage, ob Low Cost Airlines in einer direkten Substitutions- und Wettbewerbsbeziehung zum Schienenverkehr stehen. Zumindest beklagt die Deutsche Bahn den harten Wettbewerb seitens der Low Cost Airlines, während sie gegenüber der Lufthansa seit Jahren eher kooperative Beziehungen pflegt – auch im Hinblick auf die politisch unterstützte Substitution des Kurzstreckenluftverkehrs der Lufthansa durch die Bahn. In einem Positionspapier vom Februar 2005 greift sie u.a. die

---

[267] Z. B. beträgt die Flugzeit zwischen Köln und Hamburg flugplanmäßig ca. 1h; die Fahrzeit mit der DB AG etwa 4h. Bei Einbeziehung von Zu- und Abgangs sowie Check-in-Zeiten dürfte die Schienenverkehrsverbindung durchaus wettbewerbsfähig gegenüber dem Luftverkehr sein; Abfrage der Zeiten unter www.lufthansa.com und www.bahn.de am 04.12.2006.

[268] Vgl. *Berster / Wilken* (2005).

[269] Vgl. *DLR / ADV* (2006b), S. 3.

[270] Hier bestehen allerdings, wie bereits in Kapitel II., Pkt. 2. erwähnt, Zurechnungsprobleme, da nicht alle vom Low Cost Monitor der DLR/ADV unter Low Cost subsumierten Fluggesellschaften tatsächlich Low-Cost-Anbieter im engeren Sinne sein dürften.

Mineralölsteuerbefreiung der Luftfahrt an. Die Steuerbefreiung gehe mit staatlichen Subventionen in Höhe von 373 Mio. € in Deutschland einher und ermögliche erst die „Schnäppchenpreise" der Billigflieger. Außerdem lässt sich nach Aussage der Bahn eine deutlich negative Korrelation zwischen dem „Billigfliegerangebot" und der Reisendenzahl auf der Schiene feststellen.[271] Der Forderung nach der Abschaffung der Steuerbefreiung für Flugbenzin wurde durch Beschwerden bei der EU-Kommission und eine Klage beim EuGH Nachdruck verliehen, welche allerdings nicht erfolgreich waren.[272]

Bevor in Kapitel bb) mögliche derartige Wettbewerbsverzerrungen zu untersuchen sind, soll an dieser Stelle noch die Frage der Substitutions- und Wettbewerbsbeziehungen von Bahn und LCA abschließend geprüft werden. Generell ist auf den o.g. Relationen im Entfernungsbereich zwischen 400 und 600 km eine Substitutionsbeziehung zwischen Luft- und Schienenpersonenfernverkehr anzunehmen. Es ist allerdings fraglich, welche Bedeutung dieser Wettbewerb auch quantitativ für das Geschäftsmodell der Deutschen Bahn AG im SPFV hat, da er sich auf wenige ausgewählte Relationen beschränkt.

Wertvolle Informationen im Hinblick auf diese Frage liefert eine empirische Studie, die im Auftrage der Deutschen Bahn von der Forschungsstelle Bahnmarketing an der Universität Münster erstellt wurde.[273] Sie liefert Daten über Reiseabsichten und Verkehrsmittelwahlverhalten von 2408 Low Cost-Passagieren an sechs deutschen Flughäfen (Berlin, Düsseldorf, Hamburg, Hannover, Köln-Bonn, Mönchengladbach).[274] Wesentliche Ergebnisse dieser Feldstudie sind:

- LCAs schaffen in der Tat Neuverkehr – allerdings in einem geringeren Umfang als gemeinhin angenommen: Lediglich 14 % der Befragten wären bei Nichtexistenz des genutzten Low Cost-Angebotes überhaupt nicht verreist. Dagegen hätten 79 % der Befragten in diesem Fall ihre Reise mit einem an-

---

271 Vgl. *Deutsche Bahn AG* (2005b), S. 3f.

272 Vgl. *o.V.* (2006a): Die Richter argumentierten, dass die Steuerbefreiung schon deshalb keine ungerechtfertigte Beihilfe Deutschlands sei, weil sie in einer EU-Steuerrichtlinie so vorgesehen sei. Auch könne sich die Bahn nicht auf eine Diskriminierung gegenüber den Fluglinien berufen. Bahnen und Fluglinien unterschieden sich so stark, dass sie nicht gleich behandelt werden müssten. Die Ungleichbehandlung sei sogar objektiv gerechtfertigt, da auch Nicht-EU-Staaten keine Steuern auf Flugbenzin erheben würden.

273 Vgl. *Meffert / Nießing / Ballensiefen* (2005).

274 Ob diese Studie repräsentativ ist, soll an dieser Stelle nicht zu kritisch hinterfragt werden – allerdings ergibt sich ein merklicher Bias im Hinblick auf die Bedrohung der Bahn durch LCA allein dadurch, dass der Flughafen Hahn nicht Teil des Surveys war und im internationalen Verkehr gezielt Passagiere auf Routen befragt wurden, für die es auch Angebote der DB AG gibt.

deren Verkehrsmittel angetreten. 20,1 % dieser Gruppe – also 15,9 % der Grundgesamtheit – wären definitiv mit der Bahn gereist und 33,9 % (26,8 % der Grundgesamtheit) hatten die Bahn zumindest in ihrem Alternativenset der Verkehrsmittelwahl.[275]

- Im Durchschnitt stellen daher zwischen 15,9 und 26,8 % der Low-Cost-Reisen (auf den genannten Routen) eine Substitution von Bahnreisen dar. Die Rate der direkten Substitution ist höher bei Bahnreisen unter 4 Stunden und auf nationalen Relationen. Damit werden die obigen qualitativen Überlegungen zur Substitutionselastizität bestätigt.
- Die Substitutionsbeziehung zu den etablierten Airlines ist dagegen, wie zu erwarten war, deutlich stärker ausgeprägt. Hier liegen die Bandbreiten der direkten Substitution zwischen 34,2 und 47,5 %.

Insgesamt lässt sich festhalten, dass es auf ausgewählten nationalen Routen Substitutionsbeziehungen zwischen dem Angebot der LCA und der DB AG gibt. Dies betrifft z. B. die Relationen Berlin-Köln, Berlin-München, Hamburg-Köln und Düsseldorf-Berlin.[276] Um das Substitutionspotenzial zu quantifizieren, ist jedoch zusätzlich ein Vergleich der *relevanten Kapazitäten* erforderlich, was die Studie der Forschungsstelle Bahnmarketing versucht, indem sie die Zahl der Low-Cost-Passagiere auf den einzelnen Routen mit denen der Deutschen Bahn vergleicht.

Hierbei werden auf in der verkehrspolitischen Diskussion häufig angesprochenen Routen wie Köln-Berlin mit 34 %, Köln-Hamburg mit 10 % und Düsseldorf-Berlin mit 21 % relativ geringe quantitative Relationen von Low Cost-Passagieren zu Bahn-Reisenden ausgewiesen. Routen mit relativ hohen kapazitätsbezogenen Verhältniszahlen wie Berlin-München (71 %) oder Berlin-Stuttgart (64 %) sind dagegen aufgrund der Entfernung und der Bahnreisezeit von der Substitutionsbeziehung her weniger relevant. Außerdem überzeichnet die Studie das Bedrohungspotenzial durch die LCA, indem sie tatsächliche Passagierzahlen und nicht angebotene Kapazitäten miteinander vergleicht. Da die LCA im fraglichen Zeitraum Auslastungsgrade von gut 80 %, die DB AG aber nur von ca. 40 % realisierten, sind die eigentlich relevanten Kapazitätsrelationen tatsächlich nur etwa halb so groß. Auf der Route Köln-Berlin betragen die wettbewerbsrelevanten Kapazitäten der LCA im Vergleich zu denen der DB AG demnach nur 17 % und nicht 34 %, wie in der Studie errechnet. Weiterhin unterstellt die Studie, dass pauschal 25 % der Tickets der Lufthansa als Low-

---

[275] Die zweite Gruppe schließt die erste Gruppe ein; diese Prozentangaben sind also nicht additiv zu verstehen.

[276] Ebenfalls interessante Verbindungen wie Frankfurt/Berlin, Frankfurt/München oder Frankfurt/Hamburg spielen für die LCA keine Rolle, weil sie wegen der Slotknappheit am Flughafen Frankfurt kaum eine Möglichkeit des Markteintritts haben.

Cost-Angebote anzusehen sind – eine Annahme, die durchaus kritisch zu hinterfragen ist und die Wettbewerbsrelevanz der LCA überzeichnet.[277]

Insgesamt dürfte die Substitutionskonkurrenz der LCA für den Personenfernverkehr der DB AG weniger bedeutsam sein, als die DB AG selbst vorgibt. Bahn-Insider schätzen zudem, dass das Geschäftsmodell der so genannten Billigflieger eine Größenordnung von maximal lediglich ca. 3 % des Umsatzes von DB Fernverkehr betrifft. Aus der Perspektive des Gesamtunternehmens gibt es *keinen gemeinsamen Markt* von LCA und DB AG. Dieser betrifft lediglich relationsspezifisch wenige selektive Teilsegmente des Fernverkehrsmarktes.

bb) Analyse möglicher Wettbewerbsverzerrungen

Auch wenn die Substitutionsbeziehungen zwischen Schienenpersonenfernverkehr und LCA nur ein kleines und relationsspezifisches Marktsegment betreffen, ist im Folgenden möglichen Wettbewerbsverzerrungen nachzugehen, welche die Marktposition des Schienenverkehrs beeinträchtigten könnten. Hierzu ist zunächst auf die Möglichkeit wettbewerblicher Verteidigungsstrategien der Bahn einzugehen, um anschließend Wettbewerbsverzerrungen durch ungedeckte Infrastrukturkosten oder externe Kosten zu überprüfen. Eine besondere Rolle spielen in diesem Zusammenhang die klimarelevanten CO_2-Emissionen des Luftverkehrs.

Seitens der DB AG wird der Wettbewerb durch die LCA als unausweichliche Bedrohung ihrer Marktposition und volkswirtschaftlich schädliches „Rosinenpicken“ bewertet, das nur infolge der steuerlichen Subventionierung des Flugverkehrs (Verzicht auf eine Kerosinsteuer) möglich wird.[278] Bei genauerer Analyse der Argumentation der DB AG zeigt sich jedoch, dass es hierbei zunächst um die Frage der angemessenen unternehmerischen Reaktion auf wettbewerbliche Vorstöße intermodaler Konkurrenten gehen müsste

Wie die zitierte Studie von Meffert / Niessing / Ballensiefen zeigt, sind trotz der unterschiedlichen Produktions- und Kostenstrukturen und der Belastung der DB AG mit Mineralöl- und Ökosteuer die durchschnittlichen Ticketpreise der Bahn deutlich niedriger als die der LCA. Zum Beispiel lag der durchschnittliche Yield der DB AG auf der Strecke Berlin-Köln bei 44 €, während ein „Billigflugticket“ auf derselben Strecke im Mittel 61 € kostete. Die LCA

---

[277] Vgl. *Eisenkopf* (2005a), S. 5.

[278] Vgl. *Deutsche Bahn AG* (2005b), S. 3f.

realisieren aufgrund der steuerlichen Entlastung tatsächlich keinen Preisvorteil gegenüber der Bahn.[279]

Aus betriebswirtschaftlicher Sicht wäre daher eine *offensive Verteidigung der Marktposition* mit Preissenkungen bzw. einer differenzierten Preisbildung Erfolg versprechend. Auf dem „engen Wettbewerbsfeld“ der von den LCC bedienten Relationen dürften preispolitische Gegenmaßnahmen durchaus realistisch und umsetzbar sein. In diesem Kontext ist auch auf das Thema Preisempfindlichkeit der Nachfrager einzugehen. Generell sprechen gute Argumente dafür, dass insbesondere Geschäftsreisende bei ihrer Verkehrsmittelwahlentscheidung den Preis weniger in den Vordergrund stellen und somit nicht allein durch wahrgenommene Preisvorteile der LCA zu einer Abwanderung verleitet werden. Wenn allerdings, wie bereits in Kapitel III., Pkt. 1. ausgeführt, bei einem Teil der Nachfrager das Kriterium Preis im Mittelpunkt der Verkehrsmittelwahlentscheidung steht und empirische Untersuchungen bestätigen, dass der Preis trotz aller qualitätsbezogenen Aspekte für die Bahnnutzer ein wichtiges Entscheidungskriterium darstellt,[280] sollte die Bahn das moderne preispolitische Instrumentarium des Revenue Management auch konsequent nutzen.[281]

Bedauerlicherweise wird aber die preisliche Wettbewerbsfähigkeit der Bahn von (potentiellen) Kunden deutlich schlechter wahrgenommen als sie es tatsächlich ist. Bahnfahrpreise werden insbesondere von Nichtnutzern merklich überschätzt (bis zu 100 % von LCA-Nutzern).[282] Hier besteht eine zentrale Herausforderung für das strategische Marketing der DB AG, in der Kommunikationspolitik die Preiswahrnehmung insbesondere bei potentiellen Kunden zu verbessern.

Von strategischer Bedeutung ist das Thema Preissystem aber auch aus anderer Sicht. Die vorherrschende Batch-Produktion (Fahrplanbindung, fest gekoppelte Züge im HGV) bei zeitlich und relationsspezifisch schwankender Nachfrage erfordert den Einsatz von Revenue Management-Konzepten mit Preisdifferenzierungskomponenten. Über ein intelligentes Revenue bzw. Yield Management sollte die DB AG durchaus in der Lage sein, die für das wirtschaftliche Ergebnis zentrale Auslastung ihrer Züge zu steigern und auf den wenigen von LCA bedienten Relationen in den Wettbewerb einzutreten.[283]

---

[279] Vgl. *Meffert / Nießing / Ballensiefen* (2005), S. 72f.

[280] Vgl. *Schneider* (1999).

[281] Vgl. *Ehrhardt* (2004) zur Konzeption eines Revenue Management für den Schienenverkehr.

[282] Vgl. *Meffert / Nießeing / Ballensiefen* (2005), S. 72.

[283] Eine alternative Strategie besteht in der Einrichtung eines eigenen Low Cost-Angebotes für den Schienenverkehre („Low Cost Railway“). Einen solchen Weg schla-

Gegen preispolitische Maßnahmen wird von der DB AG häufig das Argument der „*Kannibalisierung*" vorgebracht.[284] Während Low Cost Airlines streng kontingentierte Tickets für 19 € oder sogar weniger gezielt zur Preiswahrnehmung der Kunden einsetzen, argumentiert die DB AG, dass eine vergleichbare Preispolitik für die Bahn nur schwer umsetzbar sei, weil es sich beim Luftverkehr um ein geschlossenes System handele, während das Bahnsystem offen ist.[285] Damit ist die Möglichkeit des Bahnkunden angesprochen, im Gegensatz zu Flugreisenden bei Zwischenhalten vorzeitig aussteigen zu können. Ein Lead-Preis von 49 € für die Relation Köln-Berlin (Normalpreis derzeit 93 € in der 2. Klasse) hätte so z. B. auch Auswirkungen auf die Preise aller Teilstücke auf der Stecke, wie z. B. Hannover-Berlin (derzeit 53 €). Reisende auf Teilstrecken, die für die Auslastung der Züge extrem wichtig sind, wären nicht mehr bereit, den regulären Preis zu zahlen.

Die vorgetragene Argumentation scheint zwar auf den ersten Blick schlüssig, dürfte jedoch in der Realität weniger bedeutsam sein, wenn Niedrigpreistickets wie bei den LCA stark kontingentiert werden und nur eine begrenzte Zahl von Kunden in deren Genuss kommen. In diesem Fall stören auch Niedrigpreistickets von 19 € das Gefüge zwischen Gesamtstrecken- und Teilstreckenpreisen nicht. Bei Einsatz eines auf den Schienenverkehr angepassten Revenue Managements kommt es daher nicht zu der behaupteten Kannibalisierung.[286] Schon heute setzt die DB AG gezielt kontingentierte Niedrigpreisaktionen ein, insbesondere um neue Kunden zu gewinnen und die Auslastung der Züge zu steigern (z. B. Frühling-Spezial, Herbst-Spezial etc. mit Tickets für 29, 39 oder 49 €). Hinzu kommen Sonderaktionen über die Discounter Lidl oder aktuell Tchibo.

Außerdem wäre es der DB AG grundsätzlich möglich, ihren SPFV als geschlossenes System zu betreiben, wie es z. B. auch die SNCF tut. Die größere Zahl der Zwischenhalte auf Fernstrecken (sogar bei Hochgeschwindigkeitsverkehren) ist Konsequenz einer unternehmerischen Entscheidung, die allerdings auch von politischer Einflussnahme geprägt ist.

Wettbewerbsverzerrungen können jedoch auch aus *ungedeckten Infrastrukturkosten* resultieren. Hier ist zunächst darauf hinzuweisen, dass der Luftverkehr über Start- und Landegebühren sowie Flugsicherungsgebühren vollumfänglich seine Infrastrukturkosten deckt. Eine zusätzliche Anlastung von Kero-

---

gen z. B. die italienischen und französischen Staatsbahnen ein; vgl. *Sauter-Servaes* (2006).

[284] Vgl. *Friebel / Niffka* (2005).

[285] Vgl. *Meffert / Nießeing / Ballensiefen* (2005), S. 73.

[286] Vgl. *Eisenkopf* (2005a), S. 7f.

sinsteuern zur Deckung von Infrastrukturkosten ist daher nicht relevant.[287] Dagegen deckte der Personenfernverkehr der DB AG seine Wegekosten laut der letzten vorliegenden Zahlen nur zu ca. 90 %.[288] Eine mögliche Wettbewerbsverzerrung resultiert jedoch daraus, dass die LCA zum Teil Regionalflughäfen nutzen, deren Betrieb ohne öffentliche Subventionen auf Dauer nicht möglich ist.[289] Obwohl der Anteil der hiervon betroffenen Flugangebote nur schwer abschätzbar ist, muss dieses Argument aus wettbewerbspolitischer Sicht grundsätzlich Ernst genommen werden. Ihm steht jedoch faktisch entgegen, dass auch die Investitionspolitik bei Neubaumaßnahmen im Schieneninfrastrukturbereich nur bedingt von Effizienzüberlegungen geleitet wird. Zudem ist auf regionalwirtschaftliche und sonstige volkswirtschaftliche Nutzen einer flächendeckenden Luftverkehrsinfrastruktur hinzuweisen.[290]

Es verbleiben Wettbewerbsverzerrungen infolge *nicht internalisierter externer Kosten*. Nimmt man Bezug auf die Daten der bereits erwähnten UIC-Studie, stellt sich die Situation im Personenluftverkehr problematisch dar. Er weist zwar mit 52,5 €/1000 Pkm gegenüber der Straße (76 €/1000 Pkm) und Schiene (18 €/Pkm) eine mittlere spezifische Belastungsintensität auf, steht aber mit insgesamt 85 Mrd. € für ca. 16 % der gesamten verkehrsbedingten Externalitäten in Europa.[291] Mit 74,5 Mrd. € resultieren 88 % der geschätzten externen Kosten des Luftverkehrs in Europa aus Kosten des CO_2-bedingten Klimawandels.[292] Im Folgenden sind daher einige kurze Überlegungen im Hinblick auf geeignete Internalisierungsstrategien für die CO_2-Emissionen des Luftverkehrs anzustellen.

Bei der Internalisierung CO_2-bedingter Externalitäten des Luftverkehrs sollte auf die bestehenden Internalisierungsmechanismen für CO_2 rekurriert werden. Die Einführung einer Kerosinabgabe, wie sie von der Bahn und der Bahn nahe stehenden Umweltverbänden gefordert wird (eine Forderung die z. T.

[287] Sie ist außerdem aus sachlogischen Gründen nicht geboten. Die Mineralölsteuerbelastung des Schienenpersonenverkehrs trifft mit wenigen Ausnahmen primär den Nahverkehr, während der Fernverkehr im Wesentlichen mit elektrischer Traktion abgewickelt wird.

[288] Vgl. *Link / Rieke / Schmied* (2000), S. 54. Es muss zudem darauf hingewiesen werden, dass der Rechnung tendenziell zu hohe Trassenentgelte zugrunde gelegt wurden und Hinweise darauf existieren, dass das Trassenpreissystem der DB AG den SPFV bei der Zuscheidung der Wegekosten gegenüber dem SPNV erheblich begünstigt.

[289] Vgl. *Heymann* (2006a).

[290] Vgl. *Klophaus* (2006).

[291] Vgl. *UIC* (2004), S. 72ff.

[292] Dabei ist anzumerken, dass die Emission einer Tonne CO_2 in der Studie der UIC mit 140 € bewertet wird. Die Spitzenpreise für CO_2-Emissionskontrakte an der Strombörse Leipzig lagen im Frühjahr 2006 bei ca. 30 €; vgl. www.eex.de.

auch von der Politik unterstützt wird),[293] ist daher aus ökonomischen Gründen abzulehnen.[294] Dies gilt ungeachtet der Frage der rechtlichen Zulässigkeit einer solchen Steuer, die in Rechtsgutachten geprüft wurde.[295] Zielführend wäre dagegen die Einbeziehung des Luftverkehrs in den europaweiten Emissionshandel für CO_2. Dies würde nach Aussagen der EU-Kommission Langstreckenflüge um rund 9 € je Flugstrecke verteuern. Zu bedenken ist jedoch, dass die Flugzeug-Emission derzeit weltweit nur 3 % des CO_2-Ausstoßes ausmachen.[296] Eine Lösung des Klimaschutzproblems sollte daher aus ökonomischen Effizienzüberlegungen primär bei Sektoren mit höherer CO_2-Emissionsintensität ansetzen. Unabhängig davon wird in der Literatur die Möglichkeit des CO_2-Emissionshandels positiv bewertet.[297]

Abschließend ist festzustellen, dass es mit Ausnahme der gegebenenfalls über den allgemeinen Zertifikatehandel zu internalisierenden CO_2-Emissionen des Luftverkehrs keine Anhaltspunkte für Wettbewerbsverzerrungen gibt, welche die Marktposition des Schienenpersonenfernverkehrs gegenüber dem Luftverkehr negativ tangieren.

IV. Wettbewerbsbeziehungen im Güterverkehr

1. Verkehrsmittelwahlentscheidungen im Güterverkehr

Im Rahmen einer Analyse der Wettbewerbsbeziehungen im Güterverkehrsmarkt ist es zunächst erforderlich, ein grundlegendes Verständnis für die Verkehrsmittelwahlentscheidungen im Güterverkehr zu entwickeln. Die Verkehrsmittelwahlentscheidung ist ein wichtiger Ausgangspunkt für die Beurteilung der Substituierbarkeit von Verkehrsträgern und damit letztlich auch für die zwischen den Verkehrsträgern bestehenden Wettbewerbsbeziehungen.

Eine detaillierte Analyse des Verkehrsmittelwahlverhaltens im Güterverkehr muss an den Besonderheiten der Nachfrage nach Güterverkehrsleistungen ansetzen. Diese sind zunächst auf die Spezifika von Güterverkehrsleistungen zurückzuführen, welche – wie andere Dienstleistungen auch – durch Immateriali-

---

293 Vgl. *Deutsche Bahn AG* (2005b), S. 3f. und beispielsweise die Homepages von BUND oder VCD.

294 Eine modelltheoretische Untersuchung der Auswirkungen einer solchen Kerosinsteuer findet sich bei *Ivaldi / Vibes* (2005).

295 Vgl. z. B. *Umweltbundesamt* (2005).

296 Vgl. *o.V.* (2006c).

297 Vgl. *Öko-Institut* (2004).

tät und Nichtlagerfähigkeit gekennzeichnet sind; diese Eigenschaften bedingen, dass Produktion und Absatz zusammenfallen.[298]

Des Weiteren ist zu berücksichtigen, dass die *Güterverkehrsnachfrage* – ähnlich wie auch die Mobilität im Personenverkehr – keine originäre Nachfrage ist, sondern eine Nachfrage, die aus übergeordneten Bestimmungsgründen abgeleitet ist. Dies ist darauf zurückzuführen, dass Güterverkehre in der Regel nicht als Selbstzweck durchgeführt werden, sondern als Mittel zur Erfüllung eines bestimmten Zweckes. Nicht der Transport eines Gutes selbst stiftet Nutzen, sondern die Möglichkeit, das beförderte Gut an einem anderen Ort zu Produktions- oder Konsumzwecken einzusetzen. Güterverkehre sind demzufolge als Teil der Produktion anzusehen. Da die Produktion der Unternehmen immer der Bedürfnisbefriedigung der Konsumenten dient, kann die Güterverkehrsnachfrage letztlich immer als abgeleitete Nachfrage bezeichnet werden.[299]

Einzelwirtschaftlich sind es demnach die produzierenden und Handel treibenden Unternehmen, aus deren wirtschaftlichen Aktivitäten die Nachfrage nach Güterverkehrsleistungen resultiert. Diese Unternehmen werden oft auch als Verlader bezeichnet. Gesamtwirtschaftlich ist die Güterverkehrsnachfrage daher von zahlreichen *Bestimmungsgrößen* abhängig. In diesem Zusammenhang sind

- der Umfang und die Struktur der Produktions- und Handelstätigkeit,
- der Grad der industriellen Arbeitsteilung,
- die räumliche Verteilung der Produktions- und Konsumstandorte,
- die Intensität des internationalen Güterhandels,
- die großräumige Lage der Volkswirtschaft,
- der Umsetzungsgrad logistischer Konzeptionen in der produzierenden und Handel treibenden Wirtschaft,
- die Qualität und Quantität des Verkehrswegenetzes und der verfügbaren Verkehrsmittel sowie
- das Niveau und die Struktur der Transportpreise

zu nennen. Dabei ist zu berücksichtigen, dass zwischen den genannten Determinanten zahlreiche Interdependenzen bestehen: So dürfte beispielsweise die

---

298 Vgl. *Voigt* (1973), S. 261ff.

299 Vgl. *Köberlein* (1997), S. 49f.

Umsetzung moderner Logistikkonzepte vom Grad der industriellen Arbeitsteilung und der Qualität der angebotenen Verkehrsleistungen abhängig sein.[300]

Anbieter von Güterverkehrsleistungen sind die so genannten Frachtführer. Gemäß § 425 HGB handelt es sich hierbei um Personen bzw. Unternehmen, die es gewerbsmäßig übernehmen, die Beförderung von Gütern zu Lande, auf Flüssen oder sonstigen Binnengewässern auszuführen. Als Verkehrsträger nutzen sie den Straßengüterverkehr, den Schienengüterverkehr, die Binnenschifffahrt und den Rohrfernleitungsverkehr.

Auf welchen Verkehrsträger die Güterverkehrsnachfrage entfällt, hängt letztlich von der *Verkehrsmittelwahlentscheidung* ab. Getroffen wird diese entweder vom Verlader oder vom Spediteur[301]. Während sich die Verkehrsmittelwahlentscheidung beim Verlader sowohl auf gewerbliche Güterkraftverkehre als auch auf Werkverkehre erstrecken kann,[302] betrifft sie beim Spediteur nur gewerbliche Güterverkehre.[303] Spediteure können die Güterbeförderung auch selbst durchführen, d. h. sie werden selbst als Frachtführer tätig. Man spricht in diesem Fall vom sog. Selbsteintritt.[304]

Grundsätzlich ist davon auszugehen, dass die Verkehrsmittelwahlentscheidung von Verladern und Spediteuren aufgrund des hohen Wettbewerbsdrucks stärker durch ein ökonomisches Rationalitätskalkül geprägt wird als die Verkehrsmittelwahlentscheidung im Personenverkehr.[305] Habitualisierte oder limitierte Entscheidungsprozesse dürften hier eine geringere Rolle spielen. Theoretisch müsste die Verkehrsmittelwahlentscheidung der Verlader und Spediteure daher transportfallbezogen erfolgen und sich an den Preis-Leistungsverhältnissen der Verkehrsträger orientieren. Das heißt, dass die Verlader und Spediteure im Rahmen ihrer Entscheidungsfindung für jede Transportaufgabe einen Abgleich zwischen den aus dieser Aufgabe resultierenden Anforderungen an die Verkehrsleistung und den Systemeigenschaften der Verkehrsträger durchführen müssten, um den Verkehrsträger auszuwählen, der diese Anforde-

---

300 Vgl. *Aberle* (2003), S. 9f.; *Baum / Kurte* (2000), S. 9; *Cole* (2005), S. 5ff.; *Gaube / Herry et al.* (2003), S. 16-25; *Meersman / Van de Voorde* (2003), S. 13ff.

301 Spediteure organisieren gewerbsmäßig den Gütertransport durch Frachtführer oder Verfrachter von Seeschiffen auf Rechnung des Verladers (§§ 453 – 454 HGB).

302 Zur Unterscheidung von Werkverkehren und gewerblichen Güterkraftverkehren vgl. Kapitel II., Pkt. 2.

303 Vgl. *Bühler* (2006), S. 37-43. Expertenschätzungen gehen davon aus, dass Spediteure 80 % des gewerblichen Straßengüterfernverkehrsaufkommens, 98 % des Luftfrachtaufkommens, 20 % der Tonnage in der Binnenschifffahrt und 25 % des Verkehrsaufkommens im Schienengüterverkehr (einschließlich des kombinierten Verkehrs) disponieren; vgl. *Heigl, P.* (2003), S. 3.

304 § 458 HGB.

305 Vgl. *Aberle* (2003), S. 13f.

rungen (Verkehrsaffinitäten) insgesamt am besten erfüllt. Verkehrsträger, die eine unabdingbar zu erfüllende Anforderung nicht erfüllen, kommen dabei nicht als Alternative in Frage und werden daher auch im Rahmen der Entscheidungsfindung nicht weiter berücksichtigt.

Bei ihrer Verkehrsmittelwahlentscheidung sollten die Verkehrsnachfrager demzufolge eigentlich verkehrsträgerneutral sein. Diese theoretisch zu erwartende Verkehrsträgerneutralität lässt sich in der Praxis allerdings nur eingeschränkt bestätigen, weil die Verkehrsmittelwahlentscheidung auch auf vergangenen Investitionsentscheidungen beruht.[306] So ist bei Speditionen oft eine gewisse Lkw-Affinität zu beobachten, die insbesondere auf den Selbsteintritt zurückzuführen sein dürfte.[307] Ähnliches gilt auch für Verlader, die im Rahmen des Werkverkehrs eine langfristige Entscheidung zugunsten eines Verkehrsträgers treffen und diese bei veränderten Rahmenbedingungen in der Regel nicht kurzfristig ändern können.[308]

Neben den transportfallbezogenen Anforderungen an Verkehrsleistungen sind die Systemeigenschaften der Verkehrsträger die zweite wichtige Komponente der Verkehrsmittelwahlentscheidung. Die Systemeigenschaften beschreiben die Qualitätsmerkmale der Verkehrsträger und der von ihnen erbrachten Verkehrsleistungen; in ihrer Gesamtheit entsprechen sie der *Verkehrswertigkeit* eines Verkehrsträgers. In diesem Zusammenhang sind die potenzielle und die tatsächliche Verkehrswertigkeit zu unterscheiden.[309] Die potenzielle Verkehrswertigkeit beschreibt das durchschnittliche Qualitätsprofil eines Verkehrsträgers für die Gesamtheit aller Transportaufgaben. Die tatsächliche Verkehrswertigkeit beschreibt dagegen das Qualitätsprofil eines Verkehrsträgers im Hinblick auf einen bestimmten Transportfall und kann daher erheblich von der potenziellen Verkehrswertigkeit abweichen. Für die Verkehrsmittelwahlentscheidung ist im konkreten Einzelfall immer die tatsächliche Verkehrswertigkeit relevant. Aus gesamtwirtschaftlicher Perspektive wird die Substituierbarkeit der Verkehrsträger dagegen durch deren potenzielle Verkehrswertigkeiten bestimmt. Aus diesem Grund werden neben den für die Verkehrsmittelwahl relevanten *Systemeigenschaften* im Folgenden auch die potenziellen Verkehrswertigkeiten der Verkehrsträger dargestellt.[310]

---

[306] Vgl. *Bühler* (2006), S. 43.

[307] Vgl. *Ewers / Holzhey* (1998), S. 11.

[308] Vgl. *Scheunemann* (1982), S. 4f.

[309] Vgl. dazu im Folgenden *Bühler* (2006), S. 58f.

[310] Vgl. dazu im Folgenden *Aberle* (2003), S. 18-23, S. 31-34 und S. 62ff.; *Eisenkopf* (2006a), S. 276f.; *WIK-Consult* (2006), S. 18; *Heinze* (2006), S. 41-44; *Holzmüller* (1997), S. 553ff.; *Voigt* (1973), S. 80-91 sowie *Zauner* (2006), S. 48f. In betriebswirtschaftlichen Untersuchungen werden darüber hinaus oft noch weitere Einflussfaktoren der Verkehrsmittelwahl im Güterverkehr genannt. Hierzu zählen beispielsweise die

(a) Schnelligkeit bzw. Dauer des Transportvorgangs

Die Dauer eines Transportvorgangs ist die Zeit, die zwischen Verlassen der Transportquelle und Erreichen des Transportziels vergeht. Sie hängt von der Länge und -dichte des Verkehrsnetzes, der Streckenführung, der Anzahl der Knotenpunkte und Fahrspuren bzw. Gleise, dem Qualitätszustand der Verkehrswege, der Geschwindigkeit der Verkehrsmittel, den Verkehrsbehinderungen durch das übrige Verkehrsaufkommen, den Umladeerfordernissen sowie den dazu erforderlichen Zeiten und der Anzahl der Halte ab.

Die geringste Transportdauer weist gewöhnlich der Lkw auf, Transporte im Schienengüterverkehr sind typischerweise langsamer, insbesondere wenn Versand- und Empfangsorte abseits der Hauptrouten liegen oder wenn Verlader und Empfänger nicht über Gleisanschlüsse verfügen. In diesem Fall wird der Transport durch Umschlagvorgänge unterbrochen, weil Zu- und Ablauftransporte per Lkw erfolgen müssen. Dies gilt auch für Binnenschiffsverkehre, die Direktverkehre nur zwischen sog. „nassen" Versand- und Empfangsorten durchführen können. Darüber hinaus ist die Transportdauer der Binnenschifffahrt systembedingt in der Regel länger als bei Lkw oder Eisenbahn. Zurückzuführen ist dies insbesondere auf die relativ niedrige Transportgeschwindigkeit, die unter anderem auch davon abhängt, ob der Transport in Berg- oder Talfahrt stattfindet. Bei langen Strecken wird dieser Geschwindigkeitsnachteil zum Teil dadurch ausgeglichen, dass mit Radar ausgestattete Schiffseinheiten 18 (sog. Semi-Continue-Fahrt) oder sogar 24 Stunden (Continue-Fahrt mit Doppelbesatzung) fahren können. Die Transportdauer bei Rohrfernleitungen wird durch die Fließgeschwindigkeit bestimmt, die in der Regel zwischen fünf und sieben km/h liegt und temperaturabhängig ist.[311]

(b) Massenleistungsfähigkeit bzw. Mengenflexibilität

Die Massenleistungsfähigkeit beschreibt die Fähigkeit eines Verkehrsträgers, Transporte mit unterschiedlichen Mengen (Volumina und/oder Gewichten) von Gütern möglichst kostengünstig zu bewältigen. Hierbei geht zum einen darum, dass große Transportmengen besonders kostengünstig transportiert werden, zum anderen aber auch um die Effizienz beim Versand kleiner Transporteinheiten. Die Massenleistungsfähigkeit hängt insbesondere von der gewichts- und volumenmäßigen Kapazität der Verkehrsmittel und Transportgefä-

Möglichkeit der Sendungsverfolgung/Sendungsortung und die Unternehmensstruktur der Transportdienstleister. Einen Überblick über alle Einflussfaktoren, die zum Teil auch in den nachfolgend aufgezählten Systemeigenschaften enthalten sind, gibt *Bühler* (2006), S. 63.

311 Vgl. *Mineralölwirtschaftsverband* (2000), S. 8.

ße, von ihrer Antriebskraft, der Eignung der Verkehrswege und vom spezifischen Gewicht der zu befördernden Güter ab.

Bei kleinen Sendungsgrößen (Paletten, Teilladungen, Wagenladungen) besitzt der Lkw aufgrund der breiten Verfügbarkeit von Fahrzeuggrößen und Aufbauarten und der hohen Flexibilität bei der Beladung Vorteile gegenüber Eisenbahn und Binnenschiff. Die Wettbewerbsfähigkeit der Eisenbahn wird hier durch den zeit- und kostenintensiven Rangieraufwand beeinträchtigt, der erforderlich ist, um Einzelwagen zu einem Ganzzug zusammenzustellen. Eisenbahn und Binnenschifffahrt haben dagegen Vorteile bei großen Ladungsmengen, wenn diese als Direktverkehre zwischen Versender und Empfänger bzw. zwischen Umschlagplätzen organisiert sind. Auch der Rohrfernleitungsverkehr ist durch eine hohe Massenleistungsfähigkeit ausgezeichnet, diese beschränkt sich jedoch auf flüssige, gasförmige oder verflüssigte Transportgüter (z. B. Rohöl, Mineralölprodukte, Gase, Fernwärme und in seltenen Fällen auch mit Wasser vermischte Kohle). Bei gleichmäßig hoher Auslastung können diese Güter mit Rohrfernleitungen wesentlich kostengünstiger transportiert werden als mit anderen Verkehrsträgern.

(c) Netzbildungsfähigkeit

Unter der Netzbildungsfähigkeit wird im Allgemeinen die Erschließung des Raumes durch die Verkehrswege eines Verkehrsträgers verstanden. Sie ist ein Indikator für die Fähigkeit eines Verkehrsträgers, beliebige Punkte im Raum direkt – ohne Umschlagvorgänge – zu erreichen.

Da eine Straßenanbindung in Deutschland faktisch fast überall gegeben ist, verfügt die Straße über die höchste Netzbildungsfähigkeit aller Verkehrsträger. Die Netzbildungsfähigkeit der Schiene ist dagegen deutlich schlechter, da nicht alle Versender und Empfänger einen eigenen Gleisanschluss besitzen. Hier besteht die Möglichkeit, den Lkw- und Schienentransport zu kombinieren. Die geringste Netzbildungsfähigkeit weisen dagegen die Binnenwasserstraßen auf. Das Netz schiffbarer natürlicher und künstlicher Binnenwasserstraßen (Kanäle, kanalisierte Flüsse) ist im Vergleich zum Schienen- und Straßennetz relativ weitmaschig; zudem ist ein Zugang zu den Wasserstraßen in der Regel nur in Häfen (öffentliche Binnenhäfen und Werkshäfen) gegeben. Diese Ausführungen spiegeln sich auch in den Netzlängen wider: Während das deutsche Straßennetz im Jahre 1999 ca. 656.000 km umfasste, erstreckte sich das deutsche Schienennetz nur über eine Länge von ca. 45.150 km. Eine noch geringere Netzbildungsfähigkeit weisen die Binnenwasserstraßen mit 7.300 km schiffbarer Länge auf. Mit knapp 3.000 km ist das deutsche Rohrfernleitungsnetz für Erdöl und Mineralölprodukte noch etwas kürzer, da ein wirtschaftlicher Betrieb ein hohes und kontinuierliches Transportaufkommen voraussetzt, das nur zwischen Aufkommensschwerpunkten gewährleistet ist. In Europa beschränken sich die Rohölleitungen daher auf die Verbindung von Seehäfen mit Rohölanlandung (z. B. Wilhelmshaven, Rotterdam, Trieste) und Raffinerien, während die Produktenleitungen die Raffinerien mit den Verteiler-Tanklägern, Unternehmen der Chemischen Industrie und Flughäfen verbinden.[312]

(d) Flexibilität

Die Flexibilität der Verkehrsträger hat verschiedene Dimensionen. In zeitlicher Hinsicht umfasst sie neben der Frequenz, mit der die Transporte durchgeführt werden können, auch die Anpassungsfähigkeit an zeitliche Änderungen des Transportauftrages. In sachlicher Hinsicht geht es um die Nutzbarkeit des Verkehrsträgers für verschiedenartige Transportgüter sowie die Fähigkeit zur Bildung intermodaler Transportketten. Aus räumlicher Sicht ist dagegen die Möglichkeit einer Verlagerung des Transportes auf andere Strecken gemeint.

Bezüglich der Flexibilität ist der Lkw den übrigen Verkehrsträgern ebenfalls überlegen. In zeitlicher Hinsicht ist er jederzeit verfügbar und fahrplanunabhängig einsetzbar, höhere Bedienungsfrequenzen sind zudem fast immer realisierbar. Aufgrund unterschiedlicher Fahrzeuggrößen und Aufbauarten ist der Lkw darüber hinaus vergleichsweise flexibel für vielfältige Transportgüter einsetzbar. Auch bei der räumlichen Flexibilität weist der Lkw aufgrund der hohen Netzbildungsfähigkeit der Straße Vorteile auf. Bei der Eisenbahn sind die Bedienungsfrequenzen deutlich geringer, weil die Transporte notwendigerweise fahrplangebunden sind. Aufgrund der Vorrangregelung für den zeitlich vertakteten Personenverkehr müssen Gütertransporte im Schienenverkehr darüber hinaus meist in der Nacht abgewickelt werden, so dass eine flexible Anpassung der An- und Abfahrtstermine an die Bedürfnisse der verladenden Wirtschaft oft nicht möglich ist. Die zeitliche Flexibilität der Binnenschifffahrt dürfte etwas höher einzuschätzen sein als die der Eisenbahn, da hier keine Fahrplangebundenheit bzw. Vorrangregelung für Personenverkehre gegeben ist. Hinsichtlich der räumlichen und sachlichen Flexibilität dürfte dagegen die Eisenbahn gegenüber der Binnenschifffahrt im Vorteil sein. Die geringste Flexibilität weist der Rohrfernleitungsverkehr auf, weil nur flüssige, gasförmige und verflüssigte Transportgüter in Frage kommen und Transporte immer nur in eine Richtung erfolgen können.[313] Um Verstopfungen zu vermeiden, ist zudem ein kontinuier-

---

[312] Vgl. *Mineralölwirtschaftsverband* (2000), S. 8.

[313] Rohöl und Mineralölprodukte werden in Batches (Partien) transportiert. Verschiedene Rohölpartien können dabei ohne jegliche Trennung unmittelbar nacheinander transportiert werden, ohne dass nennenswerte Vermischungen entstehen. Im Falle von Mineralölprodukten ist eine sortenreine Trennung dagegen zwingend erforderlich, um

lich anfallendes, hohes Transportaufkommen erforderlich, was die zeitliche Flexibilität einschränkt.

(e) Zeitliche Zuverlässigkeit

Die zeitliche Zuverlässigkeit beschreibt die Fähigkeit der Verkehrsträger, die vorgegebenen Abfahrts-, Fahrt- und Ankunftszeiten einzuhalten. Beeinträchtigt wird die zeitliche Zuverlässigkeit durch Staus sowie durch natürliche (z. B. Schnee, Eis, Wasserstand) und technische Einflüsse (insbesondere Defekte) oder Unfallereignisse.

Im nationalen Verkehr dürfte die zeitliche Zuverlässigkeit bei der Eisenbahn aufgrund der Fahrbahngebundenheit der Verkehre insgesamt besser ausgeprägt sein als beim Lkw, dessen Zuverlässigkeit durch Verkehrsstauungen immer wieder beeinträchtigt wird. Die Zuverlässigkeit der Binnenschifffahrt kann dagegen durch Niedrigwasserstände und Eisgang eingeschränkt sein. Bei internationalen Verkehren dürften Lkw und Binnenschiff dagegen aufgrund mangelnder Interoperabilität und Kooperation zwischen den internationalen Eisenbahnunternehmen im Vorteil sein.[314]

(f) Sicherheit

Die Sicherheit der Verkehrsträger wird durch die Unfallhäufigkeit bzw. die durch Unfälle hervorgerufenen, aber nicht durch Versicherungsleistungen abgedeckten Zusatzkosten gemessen. Eine besondere Bedeutung kommt der Sicherheit beim Transport von Gefahrgütern zu.

Infolge der Spurgebundenheit hat die Eisenbahn im Hinblick auf die Transportsicherheit in der Regel Vorteile gegenüber dem Straßengüterverkehr und der Binnenschifffahrt. Zum Teil bestehen auch gesetzliche Vorschriften, die vorsehen, dass bestimmte Gefahrguttransporte zwingend auf der Schiene abzuwickeln sind. Die sicherheitsbezogenen Vorteile des Lkw liegen insbesondere in der individuellen Begleitung durch das Fahrpersonal, das Unregelmäßigkeiten bzw. Schäden an der Ladung vergleichsweise schnell erkennen und entsprechende Gegenmaßnahmen einleiten kann. Im Falle von Rohrfernleitungen ist die Sicherheit durch aufwändige Leckkontrollen sicherzustellen.

---

die Produktqualität nicht zu beeinträchtigen. Hierfür werden flexible Trennbälle eingesetzt; vgl. *Mineralölwirtschaftsverband* (2000), S. 8.

[314] Vgl. Kapitel II., Pkt. 3.

(g) Umweltverträglichkeit

Ergänzend kann auch die Umweltverträglichkeit des Verkehrsträgers entscheidungsrelevant sein. Sie lässt sich unter anderem durch den Energieverbrauch sowie die Schadstoff- und Lärmemissionen der Verkehrsmittel messen. Am umweltschonendsten sind die Rohrfernleitungen, aber auch Binnenschifffahrt und Schienengüterverkehr sind dem Straßengüterverkehr in Bezug auf die Umweltverträglichkeit vorzuziehen.[315]

(h) Transportpreise bzw. Transportkosten

Eine weitere ökonomisch relevante Systemeigenschaft von Verkehrsträgern sind die Transportpreise. Sie werden durch die Kostenstrukturen der Verkehrsträger und die jeweilige Transportweite determiniert.

Aus gesamtwirtschaftlicher Sicht ist der Straßengüterverkehr bei kürzeren Versandweiten günstiger als die Eisenbahn. Der kombinierte Verkehr dürfte unter aktuellen Rahmenbedingungen erst ab 350 km gegenüber dem Straßentransport wettbewerbsfähig werden. Auch Eisenbahn und Binnenschiff können erst bei größeren Transportentfernungen Kostenvorteile realisieren.[316]

Die Anforderungen an Güterverkehrsleistungen, die eine wichtige Grundlage der Verkehrsmittelwahlentscheidung darstellen, haben sich im Zeitablauf deutlich verändert. Dabei spiegeln sich die Auswirkungen dieser veränderten Anforderungen in dem Güterstruktureffekt, dem Logistikeffekt und dem Substitutionseffekt wider:[317]

- Der *Güterstruktureffekt* bezeichnet die Auswirkungen, welche die Veränderung der gesamtwirtschaftlichen Produktionsstruktur im Sinne eines steigenden Anteils von hochwertigen Konsum- und Investitionsgütern bei gleichzeitiger Stagnation bzw. Rückläufigkeit der Produktion in der Grundstoffindustrie auf die langfristige Entwicklung des Modal Splits im Güterverkehr hat. So führen die beschriebenen Änderungen der gesamtwirtschaftlichen Produktionsstruktur zu einem Bedeutungsgewinn der Anforderungen an Transportdauer, Pünktlichkeit, Flexibilität und Netzbildungsfähigkeit. Da der Straßengüterverkehr diese Anforderungen aufgrund seiner Systemeigenschaften tendenziell besser erfüllen kann als Binnenschifffahrt und Eisenbahn, konnte er im Zeitablauf Marktanteile zu Lasten der übrigen Verkehrsträger gewinnen.

---

[315] Auf Details wird im Rahmen der Diskussion um Wettbewerbsverzerrungen durch externe Kosten in den Kapiteln IV., Pkt. 2. und IV., Pkt. 3. angegangen.

[316] Vgl. *Siegmann / Heidmeier* (2006), S. 10.

[317] Vgl. dazu im Folgenden *Aberle* (2003), S. 93-98; *Schulz* (2004), S. 35-48.

- Der *Logistikeffekt* beschreibt die verkehrlichen Auswirkungen moderner Logistikkonzepte in Industrie und Handel auf den Güterverkehrsmarkt. Diese stellen hohe Anforderungen an die Flexibilität und zeitliche Terminsicherung der Transporte sowie an die Integration moderner Informations- und Kommunikationstechnologie. Der Logistikeffekt ist eng mit dem Güterstruktureffekt verbunden und verstärkt diesen in seiner Wirkung, weil sich Logistikkonzepte insbesondere auf hochwertige Konsum- und Investitionsgüter beziehen, die überwiegend als Teilladungen und oft auch grenzüberschreitend versendet werden. Da die Systemeigenschaften des Straßengüterverkehrs die logistischen Anforderungen der Verkehrsnachfrager am besten erfüllen können, ist die Affinität logistikrelevanter Güter zum Straßenverkehr am höchsten.

- Der *Integrationseffekt* beschreibt die Auswirkungen der wirtschaftlichen Integration im Rahmen von EU, WTO und GATT auf die Entwicklung des Modal Split im Güterverkehr, insbesondere jedoch im grenzüberschreitenden Güterverkehr. Durch die Schaffung eines einheitlichen europäischen Binnenmarktes kommt es im Wesentlichen zu zwei Substitutionsprozessen. Die heimische Produktion wird durch Importe aus anderen EU-Staaten substituiert (zusätzlicher Außenhandel). Zudem wird ein Teil der Importe aus Nicht-EU-Staaten durch Importe aus EU-Staaten ersetzt (umgelenkter Außenhandel). Ausgelöst werden diese beiden Substitutionseffekte vor allem durch sinkende Transaktionskosten (z. B. Wegfall von Grenzkontrollen, Steuerschranken und Handelshemmnissen). Die Substitution heimischer Produktion durch Importe aus EU-Staaten löst insgesamt weitere Kostensenkungen in der Produktion aus, so dass dieser Effekt sowohl die Arbeitsteilung innerhalb der EU dauerhaft verstärkt als auch das wirtschaftliche Wachstum steigert. Die Markterweiterung ist dabei mit einer räumlichen „Desintegration" der Produktionsprozesse verbunden. Verkehrlich führt der gesamte Substitutionseffekt zu einem steigenden Aufkommen im grenzüberschreitenden Verkehr und zu einem Anstieg der durchschnittlichen Versandweite. Dies sollte sich eigentlich positiv auf den Marktanteil des Schienengüterverkehrs auswirken, da Zeitnachteile durch notwendige Umschlagvorgänge auf langen Relationen an Bedeutung verlieren, so dass der Schienengüterverkehr seine Kostenvorteile ausspielen kann. Wegen mangelnder Effizienz, Interoperabilität und internationaler Kooperation im Bereich des Schienenverkehrs konnte der Schienengüterverkehr allerdings in der Vergangenheit noch nicht von den günstigen Marktbedingungen profitieren, vielmehr hat sich der Einschaltgrad des Systems Straße gegenüber dem System Eisenbahn weiter erhöht.

Anhand dieser Ausführungen wird deutlich, dass die Verkehrsmittelwahlentscheidung im Güterverkehr vergleichsweise komplex ist. Dies spiegelt sich auch in den ökonomischen *Verkehrsplanungsmodellen* wider, die in der verkehrswissenschaftlichen Forschung eingesetzt werden, um die Verkehrsnachfrage abzuschätzen. Die meisten dieser Verkehrsplanungsmodelle folgen dem so genannten Vier-Stufen-Modell.[318] Im Rahmen dieses Vier-Stufen-Modells werden nacheinander Verkehrserzeugung (Verkehrsaufkommen), Verkehrsverteilung, Verkehrsmittelwahl und Routenwahl modelliert.[319] Die Verkehrsmittelwahlmodelle betreffen daher ausschließlich die dritte Stufe dieser vierstufigen Verkehrsplanungsmodelle. Dabei kann – ähnlich wie auch im Personenverkehr – zwischen aggregierten und disaggregierten Ansätzen zur Modellierung der Verkehrsmittelwahl unterschieden werden.[320]

Im Rahmen der *aggregierten* Ansätze wird die Verkehrsmittelwahlentscheidung in der Regel über Kostenminimierungsmodelle abgebildet. Der Modal Split resultiert hier aus der Kostenminimierungsstrategie der Verlader. Ausgangspunkt ist die Erkenntnis, dass Transportleistungen Produktionsfaktoren sind, die in die Kostenfunktion der Verlader eingehen. Das Ziel der Verlader ist es dann, den gewinnmaximalen Output mit der optimalen (weil kostenminimalen) Faktoreinsatzkombination herzustellen.[321] Die Kostenfunktionen können dabei unterschiedlich spezifiziert sein: Während ältere Studien ausschließlich die Transportkosten der Verkehrsmittel berücksichtigten, greifen neuere Arbeiten auf einen so genannten „generalisierten Kostenansatz" zurück. Dieser bildet die monetär bewerteten Systemeigenschaften der Verkehrsträger ab, d. h. er kann neben dem Preis der Transportdienstleistung auch die monetarisierte Transportdauer, die monetarisierte Transportzuverlässigkeit und -flexibilität sowie die mit der Auftrittswahrscheinlichkeit gewichteten Kosten von Transportschäden umfassen.[322] Der generalisierte Kostenansatz bedingt demnach, dass die Verkehrsträger in Abhängigkeit von der zu bewältigenden Transportaufgabe unterschiedlich hohe generalisierte Kosten aufweisen. Im Zusammenhang mit dem Kostenminimierungsverhalten der Verlader ergibt sich schließlich der Modal Split im Güterverkehr.[323] Ein wesentlicher Kritikpunkt an derartigen Verkehrsmittelwahlmodellen, die auf mikroökonomisch fundierten Verhaltensannahmen basieren, ist, dass sich die Verkehrsmittelwahlentscheidung in der Regel nur unvollständig abbilden lässt, weil in den generalisierten Kostenfunktionen nicht alle relevanten Systemeigenschaften berücksichtigt werden

---

[318] Vgl. *Bühler* (2006), S. 67. Zu Ausnahmen vgl. *Aberle* (2003), S. 462f. und *Ortúzar / Willumsen* (1995), S. 396f. sowie die dort angegebene Literatur.

[319] Einen umfassenden Überblick über das Vier-Stufen-Schema der Verkehrsmodellierung gibt *McNally* (2000), eine kurze Zusammenfassung findet sich bei *Bates* (2000).

[320] Vgl. Kapitel III., Pkt. 1.

[321] Vgl. *Oum* (1979), S. 464f.

[322] Vgl. dazu *Ortúzar / Willumsen* (1995), S. 393-395.

[323] Vgl. *Winston* (1985), S. 70.

können.[324] Darüber hinaus liefern sie nur Aussagen über den Modal Split, nicht jedoch über die zugrunde liegende Entscheidungsfindung.[325]

Die *disaggregierten Verkehrsmittelwahlmodelle* unterscheiden sich von den aggregierten Verkehrsmittelwahlmodellen, indem sie berücksichtigen, dass der Modal Split durch eine Vielzahl von individuellen Einzelentscheidungen bestimmt wird, die von Verladern und Spediteuren getroffen werden. Sie versuchen das individuelle Entscheidungsverhalten der Verkehrsnachfrager mit Hilfe des Discrete-Choice-Ansatzes abzubilden.[326] Die disaggregierten Verkehrsmittelwahlmodelle gehören daher zur Gruppe der diskreten Entscheidungsmodelle. Sie unterstellen, dass die Verkehrsnachfrager ihre Verkehrsmittelwahlentscheidung so treffen, dass ihr Nutzen maximiert wird.[327] Die Nutzenfunktionen der Verkehrsnachfrager weisen dabei eine deterministische und eine stochastische Komponente auf. Die deterministische Nutzenkomponente enthält insbesondere die folgenden Argumente:

- Systemeigenschaften der Verkehrsträger (z. B. Transportpreise, Transportdauern, zeitliche Zuverlässigkeit, Flexibilität, Wahrscheinlichkeit einer Beschädigung des Transportgutes usw.);
- Eigenschaften des Transportgutes (z. B. Güterart, Sendungsgrößen, Gewicht-Volumen-Verhältnis, Wert-Volumen-Verhältnis, spezielle logistische Anforderungen usw.);
- Struktur der Absatz- und Beschaffungsmärkte (z. B. relative Preise, Unternehmensgrößen usw.);
- Eigenschaften des Verladers (z. B. Produktprogramm, Preise, Standortstruktur, Umsetzung spezieller Logistikkonzepte wie Just in Time- bzw. Just in Sequence-Belieferung, Verkehrsanschlüsse usw.).[328]

Die stochastische Nutzenkomponente soll darüber hinaus die Auswirkungen unbeobachteter Eigenschaften von Alternativen, unbeobachteter Präferenzvariationen oder auch von Messfehlern abbilden. Sie lässt sich durch unterschiedliche Modelltypen (z. B. multinominales Logit-Modell, genestetes Logit-Modell, multinominales Probit-Modell) abbilden. Der Vorteil der disaggregierten Ver-

---

[324] Vgl. *Ortúzar / Willumsen* (1995), S. 395.

[325] Vgl. dazu *Bühler* (2006), S. 75.

[326] Vgl. *Ortúzar / Willumsen* (1995), S. 395.

[327] Eigentlich dürfte im Güterverkehr nicht von Nutzenmaximierung gesprochen werden, da das Ziel eines Unternehmens in der Gewinnmaximierung besteht. Es ist jedoch bei disaggregierten Verkehrsmittelwahlmodellen üblich, sowohl im Personen- als auch im Güterverkehr von Nutzenmaximierung zu sprechen; vgl. z. B. *Winston* (1981), S. 983ff.

[328] Vgl. *Ortúzar / Willumsen* (1995), S. 396f.

kehrsmittelwahlmodelle besteht insbesondere darin, dass sie Wahrscheinlichkeiten angeben, mit denen sich die Verkehrsnachfrager für die verschiedenen Verkehrsmittelalternativen entscheiden.[329] Damit bilden sie den intermodalen Wettbewerb besser ab als aggregierte Verkehrsmittelwahlmodelle. In der Praxis ist die Anwendung disaggregierter Modelle allerdings mit Problemen verbunden, weil sämtliche Determinanten der Verkehrsmittelwahlentscheidung im Rahmen von Unternehmensbefragungen erhoben werden müssen.[330]

Das Verständnis der Verkehrsmittelwahlentscheidung ist – wie einleitend dargestellt wurde – eine wichtige Grundlage für die Analyse der intermodalen Wettbewerbsbeziehungen auf dem Güterverkehrsmarkt. Im Rahmen dieser Arbeit wird die Wettbewerbsanalyse *aus Sicht des Schienenverkehrs* durchgeführt. In Kapitel IV., Pkt. 2. wird daher der intermodale Wettbewerb zwischen Schienenverkehr und Binnenschifffahrt analysiert. Anschließend befasst sich Kapitel IV., Pkt. 3. mit den Wettbewerbsbeziehungen zum Straßengüterverkehr. In beiden Kapiteln wird zunächst systematisch überprüft, ob aus theoretischer Sicht Substitutionsbeziehungen zwischen den betrachteten Verkehrsträgern bestehen und inwieweit sich diese empirisch belegen lassen. Auf dieser Grundlage lässt sich schließlich untersuchen, ob Verzerrungen des intermodalen Wettbewerbs bestehen.

Von einer ausführlichen Untersuchung der Wettbewerbsbeziehungen zwischen Schienengüter- und *Rohrfernleitungsverkehr* wird im Rahmen dieser Studie abgesehen, weil zwischen beiden Verkehrsträgern nur eingeschränkt Wettbewerb besteht. Dafür gibt es mehrere Gründe:

- Rohrfernleitungen eignen sich nur für den Transport einer beschränkten Anzahl flüssiger, gasförmiger sowie verflüssigter Güter. In Deutschland beschränkt sich der Rohrfernleitungsverkehr insbesondere auf Rohöl, Mineralölprodukte und Erdgas. Während der Transport von Rohöl fast ausschließlich über Rohrfernleitungen abgewickelt wird, werden Transporte von Mineralölprodukten (z. B. Benzin, Dieselkraftstoff) auch über die drei anderen Landverkehrsträger vorgenommen.[331]
- Dies lässt darauf schließen, dass der Schienengüterverkehr aus Sicht der Verlader bei Rohöltransporten kein geeignetes Substitut für den Rohrfernleitungsverkehr ist, d. h. bei Rohöltransporten ist kein intermodaler Wettbewerb zu beobachten.

---

329 Vgl. dazu *Bühler* (2006), S. 75ff. sowie die dort angegebene Literatur.

330 Vgl. *Winston* (1985), S. 70 f. Hierfür bieten sich Stated-Preference- und Revealed-Preference-Ansätze an. Vgl. *Bühler* (2006), S. 85ff.

331 Vgl. *BMVBW* (2005), S. 246ff.; *Mineralölwirtschaftsverband* (2000), S. 3.

- Ähnliches dürfte für Transporte von Mineralölprodukten gelten, allerdings aus einem anderen Grund. Rohrfernleitungen werden hier vorwiegend eingesetzt, um Großabnehmer, wie z. B. Verteiler-Lager, Unternehmen der Chemischen Industrie und Flughäfen direkt von den Raffinerien aus zu beliefern. Die Mineralölwirtschaft kann diese Transporte mit Hilfe der Produktenleitungen sehr viel günstiger durchführen als mit anderen Verkehrsträgern. Dies gilt insbesondere für kurze Transportentfernungen, da die Kosten des Transports per Rohrfernleitung nahezu unabhängig von der Transportweite sind.[332] Darüber hinaus ist zu berücksichtigen, dass ein Großteil der Investitionen für die Rohrfernleitungen in der Vergangenheit getätigt wurde und somit heute als Marktaustrittsbarriere wirkt, weil eine Alternativnutzung der Rohrfernleitungen nicht möglich ist.

Anhand dieser Ausführungen wird deutlich, dass zwischen Schienengüterverkehr und Rohrfernleitungsverkehr keine Substitutionsbeziehung besteht. Eine Analyse der intermodalen Wettbewerbsbeziehungen ist daher nicht erforderlich.

2. Wettbewerb zwischen Schienenverkehr und Binnenschifffahrt

a) Substitutionsbeziehungen und Marktabgrenzung

Der Wettbewerb zwischen Schienengüterverkehr und Binnenschifffahrt bezieht sich fast ausschließlich auf das Marktsegment der *Massengutverkehre*, für die beide Verkehrsträger aufgrund ihrer Systemeigenschaften eine besondere Eignung aufweisen.[333] Dem Marktsegment der Massengutverkehre werden alle Transporte zugerechnet, deren Sendungsgewicht oberhalb einer bzw. mehrerer Lkw- bzw. Bahnwaggonladungen liegt. Demzufolge können sämtliche Transporte mit einem Transportaufkommen von mindestens 100 t als Massenguttransporte bezeichnet werden. Die durchschnittliche Auftragsgröße eines Massenguttransportes lag im Jahr 2004 bei etwa 500 t. Typische Massengüter sind land- und forstwirtschaftliche Produkte (z. B. Getreide, Soja, Zuckerrüben, Holz), Kohle, Erze, Eisen, Stahl und sonstige Metalle, Metallabfälle, Steine und Erden (insbesondere im Baustellenverkehr), Erdgas, Erdöl und daraus gewonnene Produkte (z. B. Otto- und Dieselkraftstoffe, Heizöl, Schmieröl), chemische Produkte und Düngemittel sowie Entsorgungs- und Recyclinggüter.

---

332 Vgl. *Mineralölwirtschaftsverband* (2000), S. 12.

333 Aufgrund seiner unzureichenden Massenleistungsfähigkeit spielt der Lkw in diesem Marktsegment nur eine untergeordnete Rolle. Sein Einsatz ist allenfalls als komplementäres Verkehrsmittel im Vor- und Nachlauf zu Massenguttransporten denkbar; vgl. dazu auch Kapitel IV., Pkt. 3. a).

Gemeinsames Kennzeichen dieser Massengüter ist im Allgemeinen ihre geringe Wertdichte.[334]

Um festzustellen, ob Binnenschifffahrt und Schienengüterverkehr bei Massengutverkehren zum selben relevanten Markt zählen, ist im Folgenden zu untersuchen, ob die beiden Verkehrsträger aus Sicht der Verlader bzw. der Spediteure, die im Auftrag der Verlader Verkehrsleistungen nachfragen, austauschbar sind. Dafür ist es zunächst erforderlich, die Anforderungen zu untersuchen, die von den Verkehrsnachfragern an Massengutverkehrsleistungen gestellt werden. Im Anschluss daran sind diese Anforderungen mit den Systemeigenschaften der Verkehrsträger abzugleichen. Die Anforderungen selbst werden wiederum durch die Eigenschaften der zu befördernden Transportgüter und die Sendungsgrößen von Massenguttransporten determiniert.

Da Massengüter grundsätzlich in großen Mengen transportiert werden müssen, spielt die *Massenleistungsfähigkeit* der Verkehrsträger die wichtigste Rolle bei der Beurteilung der Substituierbarkeit von Binnenschiff und Eisenbahn. Demzufolge sind zunächst die Transportkapazitäten beider Verkehrsträger zu vergleichen. Ganzzüge haben eine Kapazität von ca. 1.000 t, mit so genannten Doppelzügen können sogar bis zu 2.600 t transportiert werden.[335] Die Transportkapazitäten von Binnengüterschiffen sind grundsätzlich vergleichbar, hängen jedoch auch von der Ausbauqualität und dem Wasserstand der Binnenwasserstraßen ab. Während kleinere Binnengüterschiffe (z. B. das Dortmund-Ems-Kanal-Schiff) eine Kapazität von knapp 1.000 t aufweisen, können die etwas größeren Europa-Schiffe bis zu 1.350 t transportieren. Die Tragfähigkeit großer Rheinschiffe liegt bei mehr als 2.000 t, im Koppelverband mit bis zu drei Schubleichtern ergeben sich Transportkapazitäten von bis zu 10.000 t. Schubverbände, also Schubboote mit bis zu sechs Leichtern, können auf dem Niederrhein sogar bis zu 17.000 t Massengut befördern.[336] Im Rheinstromgebiet sind demzufolge Vorteile der Binnenschifffahrt im Hinblick auf ihre Massenleistungsfähigkeit zu konstatieren. Diese relativieren sich jedoch bei niedrigem Wasserstand und bei Verkehren auf anderen Binnenwasserstraßen, so dass beide Verkehrsträger hinsichtlich ihrer Massenleistungsfähigkeit als vergleichbar einzustufen sind.[337]

Eine weitere Anforderung der Nachfrager von Massengutverkehren resultiert daraus, dass es sich bei den zu befördernden Bulkgütern zumeist um geringwertige Güter mit einer geringen Wertdichte handelt. Dies führt dazu, dass die *Transportkosten bzw. -preise* einen vergleichsweise hohen Anteil an den

---

334 Vgl. *Klaus / Kille* (2006), S. 92f.

335 Vgl. *Bundeskartellamt* (2005), S. 20 und S. 26.

336 Vgl. *Aberle* (2003), S. 31f.

337 Zu diesem Ergebnis kommt auch das *Bundeskartellamt* (2005), S. 20.

Gesamtkosten bzw. dem Gesamtwert der transportierten Massengüter haben. Die Nachfrager nach Massengutverkehren haben daher ein starkes Interesse daran, dass die Verkehre möglichst kosten- bzw. preisgünstig abgewickelt werden, d. h. die Transportkosten bzw. -preise sind eine weitere wichtige Determinante ihrer Verkehrsmittelwahl.[338] Dies spiegelt sich auch in den vergleichsweise geringen Frachtsätzen für Massengutverkehre von durchschnittlich 6 € je Tonne wider.[339] Da genauere Informationen über die Frachtraten von Binnenschifffahrt und Schienengüterverkehr nicht verfügbar sind, muss die transportkostenbezogene Substituierbarkeit beider Verkehrsträger anhand ihrer Kostenstrukturen beurteilt werden. Dabei wird deutlich, dass sowohl beim Schienengüterverkehr als auch bei der Binnenschifffahrt sehr niedrige beschäftigungsabhängige (variable) Kosten und entsprechend hohe beschäftigungsunabhängige (fixe) Kosten vorliegen. Beide Verkehrsträger können daher auf langen Strecken Fixkostendegressionseffekte erzielen. Im direkten Vergleich beider Verkehrsträger fällt allerdings auf, dass die Binnenschifffahrtsunternehmen eine günstigere Kostenstruktur aufweisen als die Schienengüterverkehrsunternehmen. Dies ist insbesondere darauf zurückzuführen, dass die Personal- und Verwaltungskosten bei den Schienengüterverkehrsunternehmen deutlich höher sind als bei den vergleichsweise kleinen Binnenschifffahrtsunternehmen. Aufgrund der hohen Schieneninfrastrukturkosten dürfte das Binnenschifffahrtsgewerbe auch bei den Verkehrswegenutzungsabgaben Vorteile im Vergleich zum Schienenverkehr aufweisen.[340] Beides spricht dafür, dass die kilometerbezogenen Kosten der Binnenschifffahrt geringer sind als die des Schienengüterverkehrs.[341] Berücksichtigt man darüber hinaus, dass der intramodale Wettbewerbsdruck in der Binnenschifffahrt deutlich höher ist als im Schienengüterverkehr,[342] so ist davon auszugehen, dass die Binnenschifffahrt für die Verlader preisliche Wettbewerbsvorteile gegenüber dem Schienentransport aufweisen kann.

Die Anforderungen der Verlader und Spediteure an Transportdauer, Flexibilität und Bedienungshäufigkeit sind bei Massengutverkehren vergleichsweise schwächer ausgeprägt als bei anderen Güterverkehren. Dies ist insbesondere auf die geringe Wertdichte der Bulkgüter zurückzuführen.[343] Diesbezügliche Differenzen in den Systemeigenschaften der Verkehrsträger, wie z. B. die geringeren Transportdauern des Schienengüterverkehrs, sind daher für die Verkehrsmittelwahlentscheidung der Verlader weitgehend irrelevant.

---

338 Vgl. *Bundeskartellamt* (2005), S. 22; *WIK* (2006), S. 43f.

339 Vgl. *Klaus / Kille* (2006), S. 94.

340 Vgl. *Aberle* (2003), S. 276-279; *Ihde* (2001), S. 157f.

341 Vgl. *Mineralölwirtschaftsverband* (2000), S. 12.

342 Vgl. dazu Kapitel II., Pkt. 2.

343 Vgl. *Köberlein* (1997), S. 69; *WIK* (2006), S. 44.

Eine deutlich größere Bedeutung für die Verkehrsmittelwahlentscheidung kommt dagegen der *Netzbildungsfähigkeit* beider Verkehrsträger zu. Während der Schienengüterverkehr auf ein vergleichsweise dichtes Schienennetz von ca. 41.500 km zurückgreifen kann, ist das Netz der natürlichen und künstlichen Wasserstraßen (Kanäle), das eine Länge von rund 7.300 km aufweist, deutlich weitmaschiger.[344] Im Vergleich zum Schienengüterverkehr ist die Netzbildungsfähigkeit des Binnenschiffsverkehrs offensichtlich eingeschränkt. Für Nachfrager abseits des Binnenwasserstraßennetzes dürfte die Binnenschifffahrt daher keine oder zumindest nur eine eingeschränkte Alternative zum Schienengüterverkehr darstellen. In diesem Zusammenhang ist allerdings zu berücksichtigen, dass viele Unternehmen, deren Produktion von einer regelmäßigen Belieferung mit großen Mengen von Massengütern abhängt, bei ihrer Standortwahl auf einen Anschluss an die Binnenwasserstraßen geachtet haben. Dies gilt insbesondere für Kraftwerke, in der Regel aber auch für Unternehmen der Eisen und Stahl erzeugenden Industrie.[345]

Aus Sicht von Verladern und Spediteuren ist eine Substituierbarkeit von Schienengüterverkehr und Binnenschifffahrt demnach nur parallel zu schiffbaren Binnenwasserstraßen gegeben. In diesem Zusammenhang ist jedoch zu berücksichtigen, dass die Substituierbarkeit zwischen beiden Verkehrsträgern auch von Fahrwasserverhältnissen und Eisgang auf den Binnenwasserstraßen abhängt. Besonders deutlich wurde dies im Jahre 2003, als die Binnenschifffahrt aufgrund des extremen Niedrigwassers erhebliche Einbußen bei Verkehrsaufkommen und Verkehrsleistung zu Lasten der Schiene hinnehmen musste.[346] Zwar konnte die Binnenschifffahrt einen Teil dieser Aufkommensverluste im Folgejahr wieder von der Eisenbahn zurückgewinnen, ein Teil der Verlader verblieb jedoch beim Schienengüterverkehr, um die Abhängigkeit seiner Transporte von witterungsbedingten Einflüssen zu reduzieren.[347] So konnte die Binnenschifffahrt ihr Verkehrsaufkommen aus dem Jahr 2002 erst 2005 wieder übertreffen, obwohl ihre Entwicklung in den letzten Monaten dieses Jahres erneut durch Niedrigwasser gebremst wurde. Ähnliches gilt für die Winter- und Sommermonate des Jahres 2006.[348] Eisgang und Niedrigwasser bewirken dabei nicht nur eine abnehmende Zuverlässigkeit der Binnenschifffahrt, sondern auch Einschränkungen bei der Transportkapazität, so dass Kostendegressionseffekte nicht mehr vollständig ausgenutzt werden können.[349] Beides führt letztlich dazu, dass die Substituierbarkeit von Binnenschifffahrt

---

344 Vgl. *BMVBW* (2005), S, 56f., S. 68 f. und S. 126.

345 Vgl. *Bundeskartellamt* (2005), S. 20 f.

346 Vgl. *Bundesamt für Güterverkehr* (2005a), S. 29.

347 Vgl. *Progtrans* (2005), S. 27.

348 Vgl. *BVU / DLR / ISL* (2006), S. 15.

349 Vgl. *Ifo-Institut* (1999), S. 100f.

und Schienengüterverkehr aus Sicht der Nachfrager von Massengutverkehren eingeschränkt wird.

Dennoch ist davon auszugehen, dass Schienengüterverkehre und Binnenschiffstransporte im Rheinstromgebiet und für Teile des übrigen Binnenwasserstraßennetzes einem gemeinsamen relevanten Markt für Massengutverkehre zuzurechnen sind.[350] Dafür sprechen auch die *Kreuzpreiselastizitäten* zwischen Eisenbahn und Binnenschiff, die im Jahre 1989 für zehn Gütergruppen ermittelt und später modifiziert bzw. ergänzt wurden.[351] Kritisch ist in diesem Zusammenhang zu bewerten, dass der Ermittlungszeitpunkt der Elastizitäten vor der Liberalisierung der Verkehrsmärkte lag; im Zusammenhang mit den vorangegangenen Plausibilitätsüberlegungen können die Kreuzpreiselastizitäten allerdings trotzdem zur Einschätzung des Substitutions- und Wettbewerbsverhältnisses zwischen Binnenschifffahrt und Schienengüterverkehr beitragen. Sie lassen darauf schließen, dass die Wettbewerbsintensität zwischen Bahn und Binnenschiff bei den Gütergruppen „Kohle", „Eisen, Stahl und NE-Metalle" sowie bei „Erzen und Metallabfällen" am stärksten ausgeprägt ist. Preissenkungen eines Verkehrsträgers sind hier mit nahezu proportionalen, zum Teil aber auch überproportionalen Nachfragerückgängen beim jeweils anderen Verkehrsträger verbunden. Bei den übrigen Gütergruppen, die teilweise ebenfalls einen hohen Anteil von Massenguttransporten erwarten lassen (z. B. „Land- und forstwirtschaftliche Erzeugnisse", „Erdöl- und Mineralölerzeugnisse", „Steine und Erden", „Düngemittel" und „Chemische Erzeugnisse") sind die Kreuzpreiselastizitäten dagegen vergleichsweise gering. Im Falle der „land- und forstwirtschaftlichen Erzeugnisse" sowie der „Steine und Erden" dürfte dies im Wesentlichen darauf zurückzuführen sein, dass der größte Teil des Transportvolumens in diesen Segmenten im Nahverkehr anfällt und somit per Lkw transportiert wird. Bei chemischen Erzeugnissen könnte dies dagegen auf den hohen Gefahrgutanteil zurückzuführen sein, der mit einer Bevorzugung des Schienengüterverkehrs einhergeht. Unerwartet niedrig ist dagegen die Kreuzpreiselastizität zwischen beiden Verkehrsträgern beim Transport von „Erdöl- und Mineralölprodukten". Im Hinblick auf die Transportanforderungen in diesem Marktsegment und die vergleichbaren Systemeigenschaften von Schienengüterverkehr und Binnenschifffahrt hätte man hier eigentlich eine höhere Substituierbarkeit beider Verkehrsträger erwartet.[352] Darauf deuten auch die Ver-

---

[350] Zu dieser Einschätzung kommt auch das Bundeskartellamt, wenngleich es sich bei seiner Marktabgrenzung auf das Marktsegment schüttfähiger Massengüter beschränkt; vgl. *Bundeskartellamt* (2005), S. 21.

[351] Vgl. dazu im Folgenden *Baum* (1990), S. 41; *Maßmann* (1993), S. 79f.; *Ifo-Institut* (1999), S. 107.

[352] Vgl. auch *Zauner* (2006), S. 60f.

kehrsleistungen und Transportvolumina beider Verkehrsträger hin, die in diesem Marktsegment eine ähnliche Größenordnung erreichen.[353]

Zusammenfassend bleibt festzuhalten, dass sowohl die Plausibilitätsüberlegungen bezüglich der Übereinstimmung von Transportanforderungen und Systemeigenschaften als auch die Kreuzpreiselastizitäten dafür sprechen, dass Binnenschifffahrt und Eisenbahn im Massengutsegment dem selben relevanten Markt zuzuordnen sind. Aufgrund der geringeren Netzbildungsfähigkeit der Binnenschifffahrt beschränkt sich das Wettbewerbsverhältnis allerdings auf Verkehrsrelationen entlang der schiffbaren Binnenwasserstraßen.

b) Analyse möglicher Wettbewerbsverzerrungen

Da Schienengüterverkehr und Binnenschifffahrt bei Massengutverkehren in einem vergleichsweise engen Substitutionsverhältnis stehen, ist im Folgenden zu untersuchen, ob dieses Verhältnis durch Wettbewerbsverzerrungen beeinträchtigt wird. In diesem Zusammenhang ist zunächst zu untersuchen, ob bei beiden Verkehrsträgern ungedeckte Infrastrukturkosten oder nicht internalisierte externe Kosten vorliegen. Im Anschluss ist zu prüfen, ob durch staatliche Subventionen oder sonstige Abweichungen der institutionellen Rahmenbedingungen Wettbewerbsverzerrungen hervorgerufen werden.

Um zu prüfen, ob der Wettbewerb zwischen den Verkehrsträgern Binnenschifffahrt und Eisenbahn durch eine ungleichmäßige Anlastung der *Infrastrukturkosten* verzerrt wird, sind die Wegekostendeckungsgrade beider Verkehrssysteme und ihre absoluten Kostenbelastungen zu vergleichen.[354] Hierzu wird auf Ergebnisse von kategorialen Wegekostenrechnungen zurückgegriffen, die Wegekostendeckungsgrade für verschiedene Nutzerkategorien ermitteln.[355]

Die letzte Wegekostenrechnung für den Schienengüterverkehr wurde vom DIW für das Jahr 1997 veröffentlicht. Sie weist einen Wegekostendeckungsgrad von 15,8 % für den Schienengüterverkehr aus.[356] Der Wegekostendeckungsgrad der Binnenschifffahrt wurde zuletzt für das Jahr 1987 ermittelt. Bezogen auf das gesamte Binnenwasserstraßennetz lag er bei 8,5 %. Sofern bei den Wegeeinnahmen nur die Kosten der abgabepflichtigen Wasserstraßen berücksichtigt werden, erhöht sich der Deckungsgrad auf 10,3 %. Für den Schie-

---

[353] Vgl. *BMVBW* (2005), S. 268f.

[354] Vgl. *Kommission der Europäischen Gemeinschaften* (1995), S. 20.

[355] Vgl. *Aberle* (2003), S. 381f.; *Holocher* (1988), S. 2.

[356] Vgl. *Link / Rieke / Schmied* (2000), S. 49.

nengüterverkehr wurde im gleichen Jahr ein Wegekostendeckungsgrad von 13,7 % ermittelt.[357]

Der Wegekostendeckungsgrad des Schienengüterverkehrs dürfte demzufolge über dem der Binnenschifffahrt liegen, so dass sich eine Wettbewerbsverzerrung zu Lasten der Schiene ergibt. Diese Schlussfolgerung ist jedoch in verschiedener Hinsicht zu relativieren:

- Der niedrige Kostendeckungsgrad der Binnenschifffahrt ist im Wesentlichen auf die politisch nicht in Frage gestellte Abgabenfreiheit von Rhein und Donau zurückzuführen.[358] Würde diese Abgabenfreiheit aufgehoben, dürfte der Kostendeckungsgrad der Binnenschifffahrt erheblich höher liegen, weil knapp 80 % der gesamten Güterverkehrsleistung der Binnenschifffahrt auf dem Rhein erbracht werden.[359]
- Die vom DIW verrechneten Trasseneinnahmen der DB Netz AG erscheinen insgesamt überhöht:[360] So unterstellt das DIW für 1997 Trasseneinnahmen von rund 5,0 Mrd. €. Dieser Wert liegt jedoch deutlich über den Umsatzerlösen, die von der DB Netz AG in den Jahren nach 2000 erwirtschaftet wurden.[361] Es erscheint daher unwahrscheinlich, dass im Jahre 1997 Trasseneinnahmen erwirtschaftet wurden, die um mehr als 1 Mrd. € über den gegenwärtigen Trasseneinnahmen liegen, insbesondere wenn man berücksichtigt, dass die Schienenverkehrsleistungen im Jahre 2005 deutlich höher sind als die von 1997. Es ist daher davon auszugehen, dass die Wegekostendeckungsgrade des Schienengüterverkehrs im Jahre 1997 tatsächlich deutlich geringer waren als vom DIW ausgewiesen.
- Darüber hinaus relativieren sich die vom DIW ermittelten Unterschiede in den Wegekostendeckungsgraden, wenn man die absoluten Wegekostenunterdeckungen berechnet. Während der absolute Betrag der ungedeckten Wegekosten bei der Binnenschifffahrt im Jahr 1987 rund 0,6 Mrd. € betrug, wies der Schienengüterverkehr 1987 eine absolute Kostenunterdeckung von rund 2,5 Mrd. € auf. Die absolute Unterdeckung des Schienengüterverkehrs war somit deutlich größer als die der Binnenschifffahrt.[362] Setzt man die ab-

---

[357] Vgl. *Aberle / Hennecke / Eisenkopf* (1999), S. 66f. sowie die dort angegebene Literatur.

[358] Vgl. *Aberle* (2003), S. 391.

[359] Vgl. *Statistisches Bundesamt* (2006a), S. 23f.; eigene Berechnungen.

[360] Vgl. *Aberle* (2003), S. 403.

[361] Im Jahr 2000 lagen die Umsatzerlöse der DB Netz AG bei 3,473 Mrd. €, im Jahr 2005 immerhin bei 3,864 Mrd. €, von denen 3,649 Mrd. € auf Trassenentgelte entfielen; vgl. *DB Netz AG* (2002), S. 10; *DB Netz AG* (2006), S. 41.

[362] Dabei ist die absolute Wegekostenunterdeckung des Schienengüterverkehrs im Zeitablauf weiter angewachsen. So ermittelt das DIW für 1997 eine Unterdeckung von rund 4,4 Mrd. €. Vgl. *Link / Rieke / Schmied* (2000), S. 49.

soluten Unterdeckungen der Wegekosten schließlich ins Verhältnis zu den erbrachten Verkehrsleistungen, so wird deutlich, dass die Unterdeckung je Tkm beim Schienengüterverkehr nahezu viermal größer ist als bei der Binnenschifffahrt.[363]

- Mit der Wegekostenunterdeckung der Binnenschifffahrt korrespondiert die unterschiedliche steuerliche Belastung der von den Verkehrsträgern bezogenen Mineralölprodukte.[364] Während das von der Binnenschifffahrt bezogene Dieselöl von der Mineralölsteuer befreit ist, muss der Schienengüterverkehr auf die von ihm bezogenen Dieselkraftstoffe Mineralölsteuer zahlen. Diese Ungleichbehandlung beider Verkehrsträger resultiert letztlich aus der 1886 in der Mannheimer Akte festgeschriebenen Abgabenfreiheit auf dem Rhein. Bezogen auf den Dieselkraftstoffverbrauch der Binnenschifffahrt im Jahr 2004, der bei ca. 273.000 t lag, blieben dem Binnenschifffahrtsgewerbe Mineralölsteuerzahlungen von ca. 100 Mio. € erspart.[365] Die Eisenbahnen im Personen- und Güterverkehr haben im Bezugsjahr 2004 ca. 500.000 t Dieselkraftstoff verbraucht und hatten demzufolge eine Mineralölsteuerbelastung (ohne Ökosteuer) in Höhe von etwas mehr als 190 Mio. € zu tragen.[366] Durch die einseitige Steuerbefreiung der Binnenschifffahrt ergibt sich eine jährliche Subventionierung des Binnenschifffahrtsgewerbes, die aus Sicht der Eisenbahn als Wettbewerbsverzerrung zu bezeichnen ist. Aus Sicht der Bahn liegt eine Wettbewerbsverzerrung auch in der Belastung mit Ökosteuer. Die DB AG zahlt selbst jährlich fast 200 Mio. € Ökosteuer, während die Binnenschifffahrt wegen der Mineralölsteuerbefreiung auch davon komplett befreit ist.[367]

Wettbewerbsverzerrungen können auch aus *nicht internalisierten externen Kosten* resultieren, weshalb im Folgenden die externen Kosten von Schienengüterverkehr und Binnenschifffahrt zu vergleichen sind. Hierfür wird auf die Ergebnisse der bereits zuvor zitierten UIC-Studie zurückgegriffen. Die insgesamt verursachten externen Kosten der Binnenschifffahrt sind dabei mit 2,6 Mrd. € etwas geringer als die des Schienengüterverkehrs mit 4,5 Mrd. €.

---

363 Vgl. *Aberle / Hennecke / Eisenkopf* (1999), S. 66f.

364 Vgl. dazu im Folgenden *Aberle / Hennecke / Eisenkopf* (1999), S. 100.

365 Dieser Rechnung liegen die vom BMVBW (2005) auf der Seite 299 ausgewiesenen Verbrauchswerte zugrunde. Für Dieselkraftstoffe wurde eine durchschnittliche Dichte von 0,83 kg/l unterstellt und für die Mineralölsteuer wurde ein Betrag von 0,32 € je l Dieselkraftstoff angesetzt, d. h. von der Ökosteuer wurde abstrahiert. Bezieht man diese ebenfalls in die Rechnung ein, so ergibt sich eine Steuerersparnis des Binnenschifffahrtsgewerbes in Höhe von rund 150 Mio. €.

366 Unter Berücksichtigung der Ökosteuer lag die Gesamtbelastung des Schienenverkehrs bei rund 280 Mio. €.

367 In diesem Betrag ist auch die auf die Stromerzeugung zu zahlende Ökosteuer enthalten. vgl. *Deutsche Bahn AG* (2006d), S. 4.

Dieses Bild relativiert sich jedoch, sobald die Verkehrsleistungen beider Verkehrsträger in die Betrachtung einbezogen werden: Bezogen auf eine Verkehrsleistung von 1.000 Tkm verursachte die Binnenschifffahrt im Jahr 2000 externe Kosten in Höhe von 22,5 €. Dem Schienengüterverkehr waren im gleichen Jahr etwas geringere externe Kosten in Höhe von 17,9 € je 1.000 Tkm zuzurechnen.[368] Bezüglich der externen Kosten weist die Binnenschifffahrt daher eine gegenüber dem Schienengüterverkehr geringfügig schlechtere Position auf.

Dass die häufig als „umweltfreundlichster" Verkehrsträger apostrophierte Binnenschifffahrt höhere spezifische externe Kosten verursacht als der Schienengüterverkehr, liegt insbesondere an den im Vergleich zum Schienenverkehr höheren Kohlendioxid- und Schadstoffemissionen.[369] Beides führt dazu, dass die in der UIC-Studie ermittelten spezifischen externen Kosten der Luftverschmutzung und des CO_2-bedingten Klimawandels bei der Binnenschifffahrt größer sind als beim Schienengüterverkehr.[370] Ursache dafür sind insbesondere die Motoren der Binnenschiffe, die oftmals nicht mehr dem neuesten Stand der Technik entsprechen.[371]

Wettbewerbsverzerrungen zu Lasten der Schiene sind demzufolge bei der Internalisierung externer Kosten und bei der Mineralölsteuerpflicht zu konstatieren. Diese Wettbewerbsverzerrungen sind jedoch eine Folge der international vereinbarten Abgabenfreiheit für den Rhein. Hinsichtlich der Höhe der ungedeckten Infrastrukturkosten dürfte dagegen keine relevante Wettbewerbsverzerrung vorliegen.

---

368 Vgl. *UIC* (2004), S. 72ff.

369 So hat das Umweltbundesamt in einer Untersuchung festgestellt, dass Binnenschiffe im Vergleich zur Bahn 260 % mehr Kohlendioxid und fast 160 % mehr Stickoxide erzeugen. Vgl. *VCD* (2005), S. 2. Im Umweltbericht der Deutschen Bahn finden sich andere Zahlen: Die CO_2-Emissionen eines Binnenschiffes liegen demnach um knapp 21 % über denen der Bahn, bei den Stickoxid-Emissionen sind es mehr als 500 %; vgl. *Deutsche Bahn AG* (2006d), S. 111f.

370 Vgl. *UIC* (2004), S. 74.

371 Vgl. *Naumann* (2006), S. 2. Ursächlich dafür ist insbesondere das hohe Durchschnittsalter der deutschen Binnenschiffsflotte, das in der Trockengutschifffahrt bei 54,5 und in der Tankschifffahrt bei 32 Jahren liegt. Um eine Modernisierung der Flotte zu fördern, hat der Bundestag den § 6b EStG für fünf Jahre rückwirkend geändert, so dass die bei der Veräußerung von Binnenschiffen erzielten Buchgewinne steuerfrei reinvestiert werden können. Damit wurde zugleich eine Verzerrung des intramodalen Wettbewerbs zwischen dem deutschen und dem niederländischen sowie dem belgischen Binnenschiffsgewerbe beseitigt; vgl. *o.V.* (2006e), S. 3. Darüber hinaus hat der Bundestag im November 2006 ein Förderprogramm von 2 Mio. € beschlossen, mit dem die Einführung abgasarmer Motoren in der Binnenschifffahrt unterstützt werden soll; vgl. *o.V.* (2006d), S. 4.

3. Wettbewerb zwischen Schienenverkehr und Güterkraftverkehr

a) Substitutionsbeziehungen und Marktabgrenzung

Auch die Wettbewerbssituation zwischen Schienengüter- und Straßengüterverkehr ist durch den abgeleiteten Charakter der Nachfrage nach Güterverkehrsleistungen bestimmt. Die Verlader wählen zur Durchführung ihrer Transportaufgaben denjenigen Verkehrsträger, der aufgrund seiner Systemeigenschaften zur Lösung der Transportaufgabe am besten geeignet erscheint. Daher sind zur Analyse der Substitutionsbeziehungen zwischen Straßen- und Schienentransport wiederum verschiedene Teilmärkte abzugrenzen, die sich in ihren Anforderungen an die Verkehrsträger unterscheiden.

Ein wesentlicher Teil des Straßengüterverkehrs findet als *Nahverkehr* bis 50 km Transportentfernung statt. Dies gilt insbesondere bei einer aufkommensbezogenen Betrachtung. So entfielen auf den Nahverkehr gewerblicher Anbieter im Jahre 2004 rd. 21 % des Transportaufkommens im binnenländischen Güterverkehr. Zusätzlich trug der Werksnahverkehr mit 23 % zum Verkehrsaufkommen bei, so dass fast die Hälfte des Güteraufkommens in der Bundesrepublik Deutschland lediglich im Nahbereich transportiert wird. Aufgrund der geringen Transportentfernungen stellt sich aber die Bedeutung des Nahverkehrs für die Güterverkehrsleistung deutlich schwächer dar. Gewerblicher und Werksnahverkehr hatten einen Anteil von etwa einem Viertel an der Güterverkehrsleistung.[372] Trotz der insgesamt hohen quantitativen Bedeutung wird der Nahverkehr im Folgenden aus der Analyse ausgeklammert. Wie bereits in Kapitel II., Pkt. 1. festgestellt wurde, werden die entsprechenden Verkehrsleistungen fast ausschließlich durch den Straßengüterverkehr erbracht; intermodale Wettbewerbsbeziehungen spielen daher praktisch keine Rolle. Straßengüternahverkehr ist vor allem im Hinblick auf die für die relevanten Verkehrszwecke nicht ausreichende Netzbildungsfähigkeit der Eisenbahn faktisch nicht durch den Schienenverkehr zu substituieren.[373] Ebenso bleibt der gesamte *Werkverkehr* aus der Betrachtung ausgeklammert. Die intramodale Abgrenzung des Straßengüterverkehrsmarktes in Kapitel II., Pkt. 2. hat zu dem Ergebnis geführt, dass eine Zuordnung des Werkverkehrs zum relevanten Markt nicht sinnvoll ist, weil die Substitutionslücken zu groß erscheinen. Werkverkehr wird gerade deshalb durchgeführt, weil bestimmte für den Verlader wichtige

---

[372] Vgl. *BMVBW* (2005), S. 250ff.

[373] Dies wird offensichtlich am Beispiel der für den Nahverkehr bedeutsamen Baustellenverkehre und regionalen, haushaltsbezogenen Auslieferungsverkehre. Schienengüternahverkehre treten dagegen in Form von Zwischenwerksverkehren mit Massengütern auf, z. B. in der Stahlindustrie oder Chemischen Industrie, wo der Einsatz von Straßenfahrzeugen aufgrund der erforderlichen Massenleistungsfähigkeit nicht in Frage kommt.

Systemeigenschaften vom gewerblichen Güterkraftverkehr nicht in der gewünschten Form erfüllt werden.

In dem nach dieser Abgrenzung verbleibenden Güterfernverkehrsmarkt lassen sich zumindest drei Marktsegmente unterscheiden:

- Im Massengutverkehr sind große Tonnagen in der Regel relativ wenig anspruchsvoller Güter zu befördern. Die Beförderungsmenge je Transportvorgang übersteigt regelmäßig die Ladekapazität eines Transportgefäßes (Lkw, Güterwagen). Beispiele sind der Transport von landwirtschaftlichen Produkten, Kohle, Erzen, Baustoffen oder Grundstoffen der Chemieindustrie;
- der Ladungs- oder Teilladungsverkehr zeichnet sich dadurch aus, dass die jeweilige Sendung einen wesentlichen Teil der Kapazität eines Transportgefäßes umfasst (Lkw oder Güterwagen);
- bei Sammelgutverkehren werden gewöhnlich Sendungen verschiedener Absender in einem Vorlauf gebündelt, um im Hauptlauf in Form einer Teil- oder Komplettladung befördert zu werden.[374] Am Empfangsort wird die Sendung dekonsolidiert und die einzelnen Partien werden den jeweiligen Kunden zugestellt. Die Sendungsgrößen der Verlader reichen beim Sammelgutverkehr von einzelnen Paketen bis zu Paletten oder sogar Teilladungen. Im Folgenden soll auch der Markt für Kurier, Express- und Paketdienste (KEP-Dienste) dem Sammelgutverkehr zugeordnet werden.

Die Wettbewerbsbeziehungen zwischen Schiene und Straße im Bereich des *Massengutverkehrs* sind relativ einfach einzugrenzen. Bei Massenguttransporten im obigen Sinne hat der Schienenverkehr in der Regel erhebliche systembedingte Vorteile gegenüber der Straße.[375] Aufgrund der Massenleistungsfähigkeit der Eisenbahn lassen sich bei Transporten in Ganzzügen gegenüber dem Straßentransport deutliche Kostenvorteile realisieren. Dies gilt insbesondere bei der Beförderung über längere Entfernungen, da hier die auftretenden Fixkostendegressionseffekte umfassend ausgeschöpft werden können. Massenguttransporte sind auch deshalb eisenbahnaffin, weil Massengüter nur geringe Ansprüche im Hinblick auf Schnelligkeit und Pünktlichkeit der Transporte stellen. Wegen der regelmäßig geringen Materialwerte liegt der Schwerpunkt der

---

[374] Sammelgutverkehre werden auch als *Systemverkehre* bezeichnet, wobei die Begriff Sammelgut und Stückgut synonym verwendet werden. Vgl. *Kummer* (2006), S. 288.

[375] Dies gilt streng genommen nur, wenn die Versand- und Empfangsorte über Gleisanschlüsse verfügen. Das Vorhandensein solcher Anlagen dürfte jedoch aufgrund der systembedingten Vorteile des Schienenverkehrs von den betroffenen Verladern aktiv herbeigeführt werden.

Verladeranforderungen auf der kostengünstigen Transportdurchführung. Längere Transportzeiten spielen keine Rolle, da eine produktionssynchrone Versorgung der Verbrauchsorte bei Massengütern nicht thematisiert wird. Oftmals ist der Transport per Lkw auch rein transporttechnisch keine Alternative zur Bahn. So dürfte die Versorgung von Stahlwerken mit Erzen oder Kohle/Koks allein wegen der erforderlichen Transportmengen und der Transportentfernungen für den Straßengüterverkehr unmöglich sein.[376] Der Massengutverkehr spielt demnach für das Wettbewerbsverhältnis von Straße und Schiene keine Rolle; die Substitutionslücken verhindern eine Verlagerung von Transporten von der Schiene zur Straße. Die Wettbewerbsposition des Schienengüterverkehrs wird dagegen durch die Binnenschifffahrt tangiert.[377]

In dem von Großspeditionen bzw. Speditionsnetzwerken dominierten *Sammelgutverkehr* sind zumindest theoretisch Substitutionsmöglichkeiten zwischen Straßen- und Schienenverkehr gegeben. So hat die Deutsche Bundesbahn in früheren Jahrzehnten Stückgutverkehr auf der Schiene betrieben,[378] doch war dieses Geschäftsfeld chronisch defizitär und wurde aufgrund mangelnder Wettbewerbsfähigkeit bereits im Jahre 1995 ausgelagert und unter die unternehmerische Führung eines Straßentransportunternehmens gestellt.[379] Faktisch spielt in Deutschland Speditionssammelgutverkehr unter Einbeziehung der Eisenbahn keine Rolle – trotz des grundsätzlich sinnvollen Einsatzes der Bahn als Verkehrsträger im Hauptlauf, wo entsprechende Bündelungseffekte wirksam werden. Dies liegt zum einen an den gestiegenen Qualitätsanforderungen der Verlader, die deutschland- oder teilweise sogar europaweit einen 24-Stunden-Service für ihre Transporte erwarten. Aufgrund der zweifachen Umschlagsnotwendigkeit und der zeitlichen Nachteile des Schienentransports lassen sich aber diese Anforderungen in der Regel nicht erfüllen. Hinzu kommen die zusätzlichen Kosten des Umschlages zwischen den Verkehrsträgern mit den entsprechenden Reibungsverlusten (Transaktionskosten). Dies gilt prinzipiell auch für das Geschäftsfeld der Kurier-, Express- und Paketdienste, welche die lang laufenden Transporte zwischen ihren Umschlaghubs in der Regel auf der Stra-

---

[376] Vgl. dazu auch *Bundeskartellamt* (2005), S. 21f. und S. 25f.

[377] Vgl. hierzu die umfassenden Ausführungen in Kapitel IV., Pkt. 2.

[378] Sammlung und Verteilung der Güter in der Region erfolgte durch beauftragte Bahnspediteure mit dem Lkw, während der Hauptlauf in der Regel auf der Schiene stattfand.

[379] Das gesamte Stückgutgeschäft der Deutschen Bahn AG wurde zum 01.01.1995 in ein Joint Venture mit der Großspedition Thyssen Haniel Logistic eingebracht und später an die belgischen Eisenbahnen bzw. deren Speditionstochter ABX verkauft. Im Jahre 1999 hat sich die DB AG auch von dieser Beteiligung getrennt; vgl. *Aberle* (2003), S. 437.

ße abwickeln.[380] Alles in allem ist der Sammelgutverkehr auf der Straße aufgrund der qualitativen Anforderungen der Verlader (auch im Hauptlauf) heute nicht durch die Schiene substituierbar, d. h. in diesem Teilmarkt bestehen keine relevanten Wettbewerbsbeziehungen zwischen Schienen- und Straßenverkehr und daher auch kaum Verlagerungspotentiale von der Straße auf die Schiene.[381]

Substitutions- und Wettbewerbsbeziehungen zwischen Schienen- und Straßenverkehr bestehen dagegen im Bereich der *Ladungs-* und auch *Teilladungsverkehre*. Während der Lkw zwischen Versender und Empfänger eine durchgehende Transportkette bildet, ist die Bahn auf eine Bündelung der Einzelwagen angewiesen: Einzelne Waggons oder Wagengruppen werden bei den Verladern abgeholt, in Rangierbahnhöfen zu Zügen zusammengestellt und nach dem Hauptlauf wieder den Empfängern zugestellt. Gegenüber dem durchgehenden Lkw-Transport bedeutet dies eine zusätzliche Komplexität, welche sich in längeren Transportzeiten, reduzierter Flexibilität und zusätzlichen Umschlagkosten widerspiegelt.[382]

Außerdem ist eine direkte Wettbewerbsbeziehung zwischen Schienen- und Straßenverkehr nur gegeben, wenn sowohl Versender als auch Empfänger über Gleisanschlüsse verfügen. Ist dies nicht der Fall, eröffnen sich Substitutionsmöglichkeiten zwischen Schiene und Straße nur über den sog. Kombinierten Verkehr (KV). Beim (unbegleiteten) *Kombinierten Verkehr* werden Wechselbrücken oder Container von Lkw's vom Versandort zu KV-Terminals gebracht, dort auf die Schiene umgeschlagen und im Hauptlauf auf der Schiene befördert.[383] Da der Umschlag in KV-Terminals zusätzliche Kosten verursacht, ist der Kombinierte Verkehr unter aktuellen Rahmenbedingungen einzelwirtschaftlich erst ab Transportweiten von rd. 350km wettbewerbsfähig.[384] Außerdem ist beim KV auf die verringerte zeitliche Flexibilität durch z. B. frühe Ladeschlusszeiten an den KV-Terminals sowie auf die zusätzlichen Hemmnisse

---

[380] Interessanterweise gab es in den 90er Jahren einen Versuch der Deutschen Post und der Firma UPS, Pakete mit *eigenen* Zügen auf der Schiene zu befördern; vgl. *Holch* (1998): Diese Pläne wurden jedoch nie umgesetzt.

[381] Um Verlagerungspotentiale im Hauptlauf des Sammelgutverkehrs zu realisieren, müsste die qualitative Leistungsfähigkeit der Schienenanbieter dramatisch gesteigert werden. Eine Verbesserung der preislichen Wettbewerbsfähigkeit allein (z. B. durch eine höhere Lkw-Maut) dürfte dagegen kaum Auswirkungen auf das Substitutionspotential haben; vgl. *Zauner* (2006), S. 50.

[382] Auf nationalen Relationen dauern Transporte mit dem Einzelwagenverkehr in der Regel 36 Stunden, was einer Transportgeschwindigkeit von 20-30 km/h entspricht. Dies ist gegenüber dem Straßentransport nicht wettbewerbsfähig; vgl. *Siegmann / Heidmeier* (2006), S. 9.

[383] Entsprechend erfolgt die Dekonsolidierung am Ziel-KV-Terminal; vgl. *Kummer* (2006), S 48ff. zu den verschiedenen Arten des Kombinierten Verkehrs.

[384] Vgl. *Siegmann / Heidmeier* (2006), S. 10.

bei internationalen Transporten (zusammen mit ausländischen Bahnen) hinzuweisen. Insgesamt erfordert der KV in der Wahrnehmung der Verlader einen höheren Aufwand zur Steuerung und Überwachung der Logistikkette als unimodale Verkehre, was seine Einsatzbedingungen verschlechtert.[385]

Logistische Konzepte mit schnelleren, kleineren Zugeinheiten wurden von der Deutschen Bahn in der Vergangenheit zwar erprobt, aber nicht erfolgreich weitergeführt. So wurde mit dem *CargoSprinter* im Jahre 1996 ein „Lkw auf Schienen" in Dienst gestellt, der wegen des Wegfalls umfangreicher Rangierbewegungen schneller und flexibler einsetzbar sein sollte. Ein CargoSprinter mit 2 Triebwagen und 3 Ladewagen war in der Lage, 160t Nutzlast in 10 Containern zu befördern und dabei eine Geschwindigkeit von 120 km/h zu erreichen.[386] Der Einsatz der Cargosprinter ist aber wegen technischer Probleme und einer strategischen Neuorientierung der Güterverkehrssparte der DB AG über den Testbetrieb nie hinausgekommen.

Insgesamt ist daher das Substitutionspotential zwischen Straßengüterverkehr und Schienengüterverkehr bei den heute vorherrschenden Produktionsmethoden der Eisenbahnen beschränkt. Substitutionspotentiale und damit Wettbewerbsbeziehungen finden sich vor allem bei nicht zeitkritischen Transporten und wegen der preislicher Attraktivität des Schienenverkehrs gegenüber der Straße. Allerdings fehlen immer häufiger Gleisanschlüsse an den Produktionsstätten, welche die Integration des Schienenverkehrs in logistische Transportketten erleichtern.[387] Auch der Kombinierte Verkehr ist auf nationalen Relationen nur in wenigen Einsatzbereichen (z. B. Seehafenhinterlandverkehr) gegenüber dem Lkw-Transport wettbewerbsfähig. Moderne Supply Chain Management-Konzepte (SCM) erfordern zudem schnellere und zeitlich flexiblere Transportlösungen. Mit der Realisierung von produktionssynchronen Beschaffungskonzepten (Just in time, Just in sequence) verkürzen sich die Wiederbeschaffungszeiten und es ist im Extremfall sogar eine Anlieferung der Ware direkt ans Band gefordert. Diesen Anforderungen kann der Schienengüterverkehr nur eingeschränkt oder überhaupt nicht entsprechen.[388]

---

[385] Vgl. *Siegmann / Heidmeier* (2006), S. 11.

[386] Vgl. *Holch* (1998).

[387] Die Zahl der Gleisanschlüsse in Deutschland ist zwischen 1990 und 2002 von 16.000 auf rd. 5.500 zurückgegangen; vgl. *Statistisches Bundesamt* (2004b). Parallel hierzu hat sich die DB AG aus dem Einzelwagenverkehr massiv zurückgezogen, zuletzt im Rationalisierungsprogramm MORA C, bei dem die Bedienung zahlreicher Gleisanschlüsse ganz eingestellt oder an NE-Bahnen abgegeben wurde.

[388] Vgl. *Clausen / Kochsiek / Kuchenbecker* (2006).

b) Analyse möglicher Wettbewerbsverzerrungen

Auch wenn der gemeinsame Markt zwischen Schienen- und Straßengüterverkehr auf das Marktsegment des Ladungsverkehrs beschränkt ist, sollten potentielle Wettbewerbsverzerrungen nicht außer Acht gelassen werden. Diese betreffen vor allem die abweichende bzw. unzureichende Anlastung von Infrastrukturkosten und die externen Kosten sowie sonstige institutionelle Rahmenbedingungen, wie z. B. die Ungleichbehandlung der Verkehrsträger bei staatlichen Infrastrukturinvestitionen. Darüber hinaus spielt aber auch das Argument der faktischen Insolvenzunfähigkeit der DB AG eine Rolle.

Gängige These in der verkehrspolitischen Diskussion in Deutschland ist, dass das verkehrspolitische Ziel „Mehr Verkehr auf die Schiene" vor allem deshalb nicht realisiert wurde, weil eine geeignete Ausgestaltung der fiskalischen sowie investitions- und ordnungspolitischen Rahmenbedingungen für die Verkehrsmärkte nicht erreicht worden sei. Anders formuliert ist nach dieser These die mangelnde Nutzung von Substitutionspotenzialen des Straßenverkehrs durch die Schiene vor allem auf die fehlende Harmonisierung der Wettbewerbsbedingungen und weniger auf im Hinblick auf die Nachfrage ungünstige Eigenschaften des Systems Schiene oder mangelnde Effizienz des Bahnmanagements zurückzuführen. Es bietet sich an, die in diesem Zusammenhang vorgetragenen Argumente anhand eines einschlägigen Thesenpapiers der Deutschen Bahn zu diskutieren.[389]

Benachteiligung der Schiene bei der Infrastrukturfinanzierung

Die DB AG stellt in dem genannten Papier fest, dass der Bund seiner Infrastrukturverantwortung seit der Bahnreform nicht im erforderlichen Umfang nachgekommen sei. Von 1994 bis 2003 seien nur 3,8 Mrd. € p. a. statt der veranschlagten 4,3 Mrd. € bereitgestellt worden. Außerdem führten die starken Schwankungen des Mittelaufkommens zu erheblichen Schwierigkeiten.

Festzuhalten ist, dass der Bund in der Vergangenheit weniger als die im Bundesverkehrswegeplan vorgesehenen 4,3 Mrd. € p.a. für die Schieneninfrastruktur investiert hat. Dies ist aber auch vor dem Hintergrund zu bewerten, dass im Bundesverkehrswegeplan 2003 die Investitionsmittel im Grunde gleichmäßig auf Schiene und Straße verteilt werden. Entgegen gängiger Praxis und politischer Absicht bedeutet aber Gleichbehandlung ungleicher Sachverhalte ökonomisch eine Diskriminierung. Wenn der Straßenverkehr ein Vielfaches der Verkehrsleistungen der Schiene erbringt, aber die gleichen Investitionsmittel erhält, werden grundlegende ökonomische Überlegungen zum Um-

---

389 Vgl. *Deutsche Bahn* (2005b).

gang mit Knappheiten verletzt: So beliefen sich die vom Bund finanzierten Infrastrukturinvestitionen in die Bundesfernstraßen im Verhältnis zu den erbrachten Verkehrsleistungen auf 0,7 Ct je Einheitskilometer (Ekm), bei der Schiene aber auf 3,0 Ct je Ekm.[390] Im Bundesverkehrswegeplan 2003 ist aufgrund der teilweise kaum nachvollziehbaren Bewertungsmethodik nicht sichergestellt, dass die Investitionen in die Projekte mit den höchsten ökonomischen Nutzen-Kosten-Quotienten fließen; Straßenbauvorhaben werden teilweise systematisch benachteiligt.[391]

Zudem ist die Unterschreitung der Planungsgrößen bei den Schieneninfrastrukturinvestitionen auch vor dem Hintergrund zu sehen, dass die DB AG häufig Probleme hatte, die zugesagten Investitionsmittel überhaupt zu verbauen. Noch in den Jahren 2004 bis 2006 hat die DB AG umfangreiche Investitionsmittel an den Bund zurückgegeben, die dann für Straßenbauvorhaben verwendet wurden. Eine Begründung hierfür ist insbesondere in der mangelnden Bereitschaft zum Einsatz von Eigenmitteln zu sehen.[392]

Zudem erfolgte seit 1998 im Gegensatz zum Konzept der Bahnreform und zum Bundes-Schienenwegeausbaugesetz die Finanzierung der Investitionsvorhaben primär durch nicht rückzahlbare Baukostenzuschüsse.[393] Auch in Zukunft sollen Investitionen in das Bestandsnetz mit Baukostenzuschüssen finanziert werden. Diese müssen in der Bilanz der DB AG nicht aktiviert werden und schmälern somit die Basis für die Berechnung von Abschreibungen bzw. auch die Kapitalbasis bei der Ermittlung der für einen eventuellen Börsengang wichtigen Kennzahl ROCE (Return On Capital Employed) und die von DB Netz zu erwirtschaftenden Infrastrukturkosten.[394] Der Bundesrechnungshof schätzt die Vorteile für die DB AG aus der Finanzierung der Schienenwegeinvestitionen durch Baukostenzuschüsse auf insgesamt 7 Mrd. €.[395]

Ungleichmäßige Anlastung von Wegekosten

Von Lobbyisten des Schienenverkehrs wird häufig die These vertreten, dass im Schienenverkehr für jeden gefahrenen Kilometer Trassenpreise erhoben

---

390 Vgl. *Deutscher Bundestag* (2004). Einheitskilometer (Ekm) werden als Summe von Tonnen- und Personenkilometern berechnet.

391 Vgl. *Willeke* (2003), S. 527.

392 Im Jahr 2004 geht es um 300 Mio. € und im Jahr 2005 um 450 Mio. € nicht verausgabter öffentlicher Mittel; vgl. KCW et. al. (2006). Der Umfang der zurückgegebenen Bundesmittel dürfte 2006 in einer ähnlichen Größenordnung liegen.

393 Vgl. *KCW et. al.* (2006), S. 223f.

394 Vgl. *Deutscher Bundestag* (2004), S. 8, S. 26, S. 29.

395 Vgl. *Bundesrechnungshof* (2006), S. 9.

werden, während die Infrastrukturkosten der Straße bisher nicht angelastet würden bzw. erst über die seit dem 01.01.2005 erhobene Lkw-Maut auf Autobahnen ein Einstieg in die Anlastung erfolge. Es werden eine weitere Erhöhung der Lkw-Maut und die Verwendung der Einnahmen zur „Steigerung der Leistungsfähigkeit des gesamten Verkehrssystems", d. h. nichts anderes als Quersubventionierung zwischen den Verkehrsträgern gefordert.[396]

Hinsichtlich der Anlastung der Wegekosten haben sich mit der Einführung der Straßenbenutzungsgebühr für schwere Lkw auf Autobahnen zum 01.01.05 gravierende Änderungen ergeben. Während die letzten verfügbaren Wegerechnungen für das Jahr 1997 für inländische Lkw über 12 t nur Wegekostendeckungsgrade von ca. 70 % ausweisen,[397] werden mit der „Lkw-Maut" für den maßgeblichen Autobahnverkehr die Wegekosten vollständig abgegolten.[398] Dies gilt speziell auch für ausländische Nutzfahrzeuge, die bislang nur Wegekostendeckungsgrade von unter 40 % realisieren konnten. Auch auf dem gesamten Straßennetz dürfte für den Güterverkehr jetzt Kostendeckung gegeben sein.[399]

Die Schienenverkehrsunternehmen haben im Jahre 2005 für die Nutzung des Netzes der DB Netz AG Trassenentgelte in Höhe von ca. 3,6 Mrd. Euro gezahlt.[400] Ob hiermit jedoch die gesamten ökonomisch relevanten Infrastrukturkosten gedeckt werden, ist sehr fraglich, da keine Abschreibungen (und kalkulatorischen Zinsen) auf die über Baukostenzuschüsse finanzierten Investitionen verrechnet werden. Hinzuweisen ist auch auf die erheblichen Abwertungen in der Eröffnungsbilanz der DB AG zum 01.01.94. Expertenschätzungen gehen von insgesamt mindestens doppelt so hohen ökonomisch relevanten Netzkosten aus. Wie hoch die Infrastrukturkosten tatsächlich sind, kann von außen nicht

---

[396] Vgl. zum Beispiel die Position der DB AG in *Deutsche Bahn* (2005), S. 3.

[397] Vgl. *Link / Rieke / Schmied* (2000), S. 68.

[398] Allerdings besteht derzeit noch eine temporäre Absenkung der Lkw-Maut auf Autobahnen von im Durchschnitt 15 ct. auf 12,4 ct., womit der Anlastungsbetrag von 3,4 auf 2,8 Mrd. € sinkt.

[399] Der Straßenverkehr zahlte nach Wegfall der Eurovignette bis zur Einführung der Autobahnmaut formal keine allgemeinen Mauten oder Infrastrukturabgaben. Ihm werden jedoch hinsichtlich der Frage der Wegekostendeckung die gezahlten verkehrsspezifischen Steuern zugerechnet, was angesichts der tatsächlichen wirtschaftlichen Belastungen und der finanzwissenschaftlichen Historie der betreffenden Steuern sachgerecht erscheint. Das Aufkommen an verkehrsspezifischen Steuern des gesamten Straßenverkehrs belief sich im Jahre 2004 auf 44,9 Mrd. Euro (37,2 Mrd. Euro Mineralölsteuer und 7,7 Mrd. Euro. Kraftfahrzeugsteuer); vgl. *BMVBW* (2005), S. 292. Die für das Jahr 1997 vom DIW berechneten Wegekostendeckungsgrade von inländischen Nutzfahrzeugen des Güterverkehrs dürften sich durch die seither zusätzlich erhobene Ökosteuer zumindest nicht verschlechtert haben, auch wenn Tendenzen zu einem „Tanktourismus" zu beobachten sind.

[400] Vgl. *DB Netz AG* (2006).

valide beurteilt werden. Eine Indikation gibt eine Untersuchung des DIW aus dem Jahr 2000, die für das Jahr 1997 einen (volkswirtschaftlichen) Wegekostendeckungsgrad der DB AG von 55 % ausweist, wobei allerdings sehr hohe, aus heutiger Sicht unrealistische Trasseneinnahmen zugrunde gelegt werden (5 Mrd. Euro). Besonders niedrig ist der Wegekostendeckungsgrad im Güterverkehr (16 %).[401] Damit lässt sich die These von den Wettbewerbsverzerrungen zu Lasten der Schiene infolge ungedeckter Wegekosten nicht mehr aufrechterhalten. Vielmehr bestehen umgekehrt im Güterverkehr Wettbewerbsverzerrungen zu Lasten der schweren Lkw.

Mangelnde Internalisierung externer Kosten des Straßenverkehrs

Wettbewerbsverzerrungen zwischen Schiene und Straße werden auch auf die mangelnde Internalisierung externer Kosten des Straßenverkehrs zurückgeführt. So argumentiert die DB AG in dem zitierten Positionspapier, dass große Teile der Umwelt- und Unfallfolgekosten des Straßenverkehrs, insbesondere des Güterkraftverkehrs, nicht kostenwirksam werden und hierdurch die Verkehrsmittelwahlentscheidung und der Modal Split verzerrt sind. Die externen Kosten des Lkw in Höhe von 1,54 €/Fzkm seien verursachungsgerecht dem Güterkraftverkehr anzulasten.[402]

Hinsichtlich der Berechnung der externen Kosten ist auf die bereits zitierte Studie für die UIC zu verweisen. Demnach liegen die durchschnittlichen externen Kosten des Schienengüterverkehrs in Europa bei 18 € / 1000 Tkm (für Deutschland 19,8 € / 1000 Tkm). Dagegen verursacht der Straßengüterverkehr nach den Berechnungen der UIC externe Kosten von 88 € / 1000 Tkm (für Deutschland: 87 € / 1000 Tkm).[403] Die externen Kosten des Straßengüterverkehrs werden durch Schadstoffemissionen (49 %) und Kosten des durch CO_2-Emissionen ausgelösten Klimawandels (19 %) dominiert.

Allerdings existieren bereits heute für den Güterverkehr umfangreiche Maßnahmen zur Anlastung der externen Kosten des Verkehrs, z. B. in Form von Verboten, Geboten oder Auflagen, die auf eine Reduzierung volkswirtschaftlich relevanter Externalitäten hinwirken. So ergibt sich durch die sukzessive Verschärfung der spezifischen Abgasgrenzwerte je kw Motorleistung eine deutliche Abschwächung der Problems. Mit der Einführung von Euro-5 werden die spezifischen Emissionen des Lkw gegenüber Euro-0 im Mittel um 90 % reduziert. Aufgrund der schnelleren Verbreitung von schadstoffarmen Fahrzeugen in der gewerblich genutzten Fahrzeugpopulation dürften sich die mit schär-

---

401 Vgl. *Link / Rieke / Schmied* (2000), S. 54.

402 Vgl. *Deutsche Bahn AG* (2005), S. 3.

403 Vgl. *UIC* (2004), S. 79.

feren Standards ergebenden Emissionsminderungen trotz der kontinuierlich wachsenden Verkehrs- und Fahrleistungen eher einstellen als im Personenverkehr. Derzeit ist der Nettoeffekt der Grenzwertverschärfung (noch) eindeutig positiv für die Umwelt: Gegenüber dem Jahr 2000 konnten die tatsächlichen Schadstoffemissionen des Straßengüterverkehrs trotz steigender Fahrleistungen im Mittel um 40 % gesenkt werden.[404] Angesichts der derzeit gültigen Grenzwerte und der weiter absehbaren Verschärfungen der Emissionsstandards ist daher z. B. die Notwendigkeit der Einführung zusätzlicher fahrleistungsbezogener Emissionsabgaben mit Fragezeichen zu versehen.

Problematisiert wird in der verkehrs- und umweltpolitischen Diskussion insbesondere die Entwicklung der zukünftigen CO_2-Emissionen des Güterverkehrs.[405] Hinsichtlich der Berechnung der Höhe der externen Kosten der CO_2-Emissionen sei auf das zum Personenverkehr in Kapitel III., Pkt. 3. b) angeführte verwiesen.[406] Hier wäre allerdings für den Güterverkehr grundsätzlich eine Teilnahme am allgemeinen CO_2-Emissionshandel denkbar. Die geringere Zahl der gewerblichen Transportunternehmen macht eine Einbeziehung bei realistischen Transaktionskosten durchaus denkbar. Diesbezüglich ist aber zu bedenken, dass es sich bei den CO_2-Emissionen um ein globales Problem handelt, das nicht mit branchenbezogenen Lösungsansätzen angegangen werden sollte.[407]

Hinzuweisen ist auch darauf, dass Umweltbeeinträchtigungen durch den Güterverkehr im Wesentlichen an die erbrachten Fahrleistungen gekoppelt sind. Mit einer „Entkopplung" von Verkehrs- und Fahrleistungen lassen sich daher höhere Verkehrsleistungen ohne zusätzliche Umweltbeeinträchtigungen realisieren. In der Vergangenheit war dieser Entkopplungsmechanismus durchaus fruchtbar. So stiegen die Verkehrsleistungen des Straßengüterverkehrs in Deutschland von 1991 bis 2004 um 55 %, während die Fahrleistungen in diesem Zeitraum um 42 % zugenommen haben. Wenn sich auch in Zukunft eine Entkopplung von Verkehrs- und Fahrleistungen realisieren lässt, was durchaus im ökonomischen Eigeninteresse der Straßengüterverkehrsbranche liegt, dürfte sich die Umweltbilanz des Straßengüterverkehrs auch ohne weitere staatliche Eingriffe verbessern.[408]

---

404 Vgl. *BGL* (2006), S. 45.

405 Vgl. *Hopf / Voigt* (2004), SRU (2005).

406 Auch hinsichtlich der generellen Anlastung externer Kosten im Güterverkehr gelten die im Hinblick auf die Kostenberechnungen formulierten kritischen Anmerkungen. Problematisch ist insbesondere die zugrunde liegende Bewertung der CO_2-Emissionen mit 140 €/t.

407 Vgl. *Puwein* (2005).

408 So setzt z. B. die Lkw-Maut Anreize zu einer „Entkopplung" von Fahr- und Verkehrsleistungen durch eine Verringerung der Leerfahrten, die ebenfalls bepreist,

Insgesamt gestaltet sich eine Bewertung der Umweltverträglichkeit des Straßengüterverkehrs aber trotz aller Fortschritte im Detail weniger eindeutig als z. B. im Personenverkehr. Angesichts der erheblichen Wachstumsdynamik der Branche spricht einiges dafür, die Emissionsstandards für Nutzfahrzeuge weiter zu verschärfen. Auch die Sicherheits- und Sozialvorschriften bzw. deren Einhaltung sind ein Thema im Hinblick auf ungedeckte Unfallfolgekosten. Hierauf ist im Folgenden noch einmal einzugehen.

Zusätzliche Abgaben zur Anlastung externer Effekte scheinen dagegen aus ökonomischer Sicht entbehrlich, zumal es bei der Internalisierung externer Effekte nicht um eine Art Schadensersatz für die Betroffenen geht, der durch vollständige Anlastung der berechneten Schadenssumme herzustellen ist (wie bei den Infrastrukturkosten), sondern um die Steuerung der verkehrsbezogenen Aktivitäten hin zu einem „gesamtwirtschaftlich effizienten Schädigungsniveau". Dabei wären auch die jeweiligen volkswirtschaftlichen Kosten der entsprechenden Internalisierungsmaßnahmen einzubeziehen. Hinsichtlich des Problems der CO_2-Emissionen bleibt die Einbeziehung des Güterverkehrs insgesamt (also auch des Schienenverkehrs und der Binnenschifffahrt) in den europäischen Emissionshandelsmechanismus eine aus ökonomischen Effizienzerwägungen durchaus plausible Alternative.

Einhaltung der Sozial- und Sicherheitsvorschriften – Illegale Praktiken im Straßengüterverkehr

Die DB AG hat vor geraumer Zeit durch die Prognos AG ein Gutachten erstellen lassen, in dem die Produktivitätsvorteile des Lkw gegenüber dem Schienenverkehr durch Nichteinhaltung der Sozial- und Sicherheitsvorschriften untersucht wurden. Der im Februar 2003 veröffentlichte Bericht kommt zu dem Ergebnis, dass sich durch die Nichteinhaltung der Vorschriften bezüglich Lenk- und Ruhezeiten, Fahrgeschwindigkeit, Ladungsgewicht, Brems- und Reifenzustand und Fahrverbot am Sonntag im Durchschnitt relevante Kosteneinsparungen von 5-8 % (ca. 6 Cent/Fzkm) ergeben. Im Einzelfall kann es auch zu höheren Werten kommen.[409]

Verstöße gegen die Sozial- und Sicherheitsvorschriften stellen ein ernstzunehmendes Problem der Sicherheit und Akzeptanz des Straßengüterverkehrs

aber von den Verladern in der Regel nicht kompensiert werden. Wie das Bundesamt für Güterverkehr in seiner Marktbeobachtung feststellt, ist der Leerfahrtenanteil deutscher Lkw infolge der Einführung der Lkw-Maut gegenüber dem Trend stärker zurückgegangen, allerdings primär im Nahverkehr und im Werkverkehr. Im gewerblichen Güterfernverkehr sei der Lastfahrtenanteil bereits so hoch, dass eine wirtschaftlich sinnvolle Steigerung nicht mehr möglich sei. Vgl. *Bundesamt für Güterverkehr* (2006e), S. 16f.

[409] Vgl. *Prognos AG* (2003), S. 8.

dar. Deutschland zeichnet sich aber bereits heute durch eine hohe Kontrollintensität aus. Die von der DB AG beklagte zu geringe Abschreckungswirkung betrifft insofern vor allem ausländische Fahrzeuge, wo Sanktionen schwieriger durchzusetzen sind. Ohne die Problematik dieses Sachverhalts zu verharmlosen, müssen die behaupteten Wettbewerbseffekte realistisch eingeschätzt werden. Wie bereits umfassend dargestellt, geht es ja bei der Entscheidung zwischen Straße und Schiene nicht allein um die Transportpreise, sondern vor allem um die logistischen Anforderungen und die Systemeigenschaften der Verkehrsträger. Außerdem spielen, wie die Prognos AG in ihrer Untersuchung selbst konzediert, Lohnkostenvorteile durch legale Beschäftigte aus Osteuropa eine weitaus größere Rolle im Hinblick auf die Transportkosten als illegale Praktiken.[410]

Zusammenfassende Würdigung

Die zu konstatierenden *Wettbewerbsverzerrungen* hinsichtlich der *externen Kosten* fallen zwar weniger umfangreich aus als es bei oberflächlicher Betrachtung scheint, sind aber aus ökonomischer Sicht durchaus bedeutsam. Eine Saldierung mit den gegenläufigen Effekten bei den Infrastrukturkosten ist nicht möglich, da die beiden Kostenkategorien methodisch zu trennen sind. Festzuhalten bleibt aber, dass die aufgezeigten Wettbewerbsverzerrungen nur einen begrenzten gemeinsamen Markt der Verkehrsträger betreffen. Darüber hinaus spielt aber auch das Argument der Insolvenzunfähigkeit der DB AG eine Rolle. Während Straßengüterverkehrsunternehmer aufgrund fehlerhafter unternehmenspolitischer Entscheidungen dem Insolvenzrisiko ausgesetzt sind, muss der Schienengüterverkehr der Deutschen Bahn AG als staatliches Großunternehmen in seiner Preispolitik darauf kaum Rücksicht nehmen. Zudem sollte man bei der Einschätzung der Problematik auch im Auge behalten, dass die Deutsche Bahn AG über ihre Tochtergesellschaften selbst in erheblichem Umfang Straßengüterverkehr betreibt.

Sofern sich Unterschiede in der Anlastung externer Kosten im Preisverhältnis der Verkehrsträger niederschlagen, haben sie jedoch nur eine untergeordnete Relevanz, wie die Ergebnisse aktueller empirischer Studien zeigen, die *Verlagerungspotentiale* zwischen Straße und Schiene infolge der 2005 eingeführten Lkw-Maut oder höherer potentieller Mautbeträge untersucht haben. So haben die deutsche und die französische Staatsbahn eine Untersuchung bei der Unternehmensberatung McKinsey in Auftrag gegeben, die sich mit den Verlagerungswirkungen einer auf das Schweizer Niveau erhöhten Lkw-Maut in Europa beschäftigt. McKinsey kommt zu dem Ergebnis, dass selbst eine Lkw-

---

[410] Vgl. *Prognos AG* (2003), S. 9.

Maut in der Größenordnung von 49 Cent je Fahrzeugkilometer den Marktanteil der Bahnen in Europa von derzeit 14 % nur um 2 bis 3 Prozentpunkte erhöhen könnte. Die Gutachter gehen allerdings davon aus, dass bei einer Beibehaltung des Staus quo in Europa die Modal Split-Anteile der Bahnen auf unter 10 % abnehmen werden.[411]

Eine im Gegenzug durch die International Road Transport Union (IRU) und den Bundesverband Güterkraftverkehr, Logistik und Entsorgung e.V. (BGL) in Auftrag gegebene Studie kommt zu dem Ergebnis, dass selbst bei einer Maut von 1 Euro je Fahrzeugkilometer nur ca. 1 % des Straßengüterverkehrsvolumens auf die Schiene verlagert würden – und dies bei einer volkswirtschaftlichen Zusatzbelastung von 170 Mrd. Euro in Europa.[412] Gebühren in dieser Größenordnung wären jedoch weitgehend willkürlich und durch wissenschaftliche Berechnungen nicht mehr zu begründen. Damit dürften Strategien für eine Verkehrsverlagerung zur Schiene, die allein auf einer Verteuerung des Lkw basieren, zum Scheitern verurteilt sein.

Selbst wenn man das von den Bahnvertretern propagierte Szenario von Mc Kinsey für realistisch hält, zeigt sich eine erhebliche Diskrepanz zwischen den notwendigen willkürlichen Eingriffen in die Preisbildung und dem erzielbaren Verlagerungseffekt. Dieser Befund wird gestützt durch die Erfahrungen in Deutschland, wo durch die Einführung der Lkw-Maut auf Autobahnen kein signifikanter Einfuss auf das Wachstum des Straßengüterverkehrs und die Verlagerung zur Schiene zu beobachten war. So ist das Bundesamt für Güterverkehr in seiner Marktbeobachtung zu dem Ergebnis gekommen, dass die zum 01.01.05 eingeführte Autobahnbenutzungsgebühr für schwere Lkw im Hinblick auf die Verlagerung von Verkehren zu anderen Verkehrsträgern nur eine sehr geringe Bedeutung hat.[413]

---

411 Vgl. *McKinsey* (2005).

412 Vgl. *Transcare* (2006). Die in der Studie von Transcare angestellten Überlegungen stützen die hier vertretene These erheblicher Substitutionslücken zwischen Schienen- und Straßengüterverkehr.

413 Vgl. *Bundesamt für Güterverkehr* (2006e), S. 20f. Zu einem ähnlichen Ergebnis kommt *Bühler* (2006), S. 211f. in einer empirischen Untersuchung zum Verkehrsmittelwahlverhalten im Güterverkehr.

V. Zusammenfassende Bewertung

1. Marktabgrenzung und Relevanz von Wettbewerbsverzerrungen im intermodalen Wettbewerb

Gegenstand der vorliegenden Arbeit ist der *Wettbewerb auf den Verkehrsmärkten*, wobei insbesondere die Wettbewerbsbeziehungen zum Schienenverkehr diskutiert wurden. Im Rahmen der Analyse wurden die intramodale und die intermodale Perspektive des Verkehrsträgerwettbewerbs untersucht. Während bei *intramodaler Betrachtung* die Märkte für Transportdienstleistungen der einzelnen Verkehrsträger betrachtet werden, thematisiert die intermodale Analyse die Wettbewerbsbeziehungen zwischen den Verkehrsleistungen unterschiedlicher Verkehrsträger aus der Sicht der Nutzer. Entscheidend für die Relevanz von Wettbewerbsbeziehungen ist dann die Austauschbarkeit aus der Sicht der Nachfrager (Bedarfsmarktkonzept). Substituierbarkeit setzt voraus, dass die Anforderungen der Verkehrsnachfrager von den verschiedenen Verkehrsträgern vergleichbar gut erfüllt werden bzw. dass sich Vor- und Nachteile von Verkehrsträgeralternativen insgesamt kompensieren, wenn es bei einzelnen Eigenschaften wesentliche Unterschiede gibt.

Die *intermodale Abgrenzung* der Verkehrsmärkte führt generell zu einer breiteren Abgrenzung der Märkte als die intramodale Analyse, da sie den intramodalen Wettbewerb innerhalb eines Verkehrszweiges bereits umfasst. Dies muss allerdings im Einzelfall nicht so sein. Intramodale und intermodale Abgrenzung eines Marktes können durchaus zusammenfallen, wenn eine zu leistende Verkehrsaufgabe aufgrund der relevanten Systemeigenschaften nur von einem bestimmten Verkehrsträger erfüllt werden kann oder institutionelle Rahmenbedingungen eine Substitution verhindern.

Im Rahmen der Analyse des Wettbewerbs im Personen- und Güterverkehr wurde gezeigt, dass bei konsequenter Marktabgrenzung aus der Perspektive des Nachfragers die Märkte durchweg enger abzugrenzen sind, als dies gewöhnlich unterstellt wird. So sollte bei der Abgrenzung des Marktes für den *Öffentlichen Personennahverkehr* (ÖPNV) der Motorisierte Individualverkehr (MIV) nicht mit einbezogen werden, da eine gegenseitige Substituierbarkeit nicht bzw. nur eingeschränkt zu bejahen ist. Zudem verwässert die Berücksichtigung der Eigenproduktion die Idee der Abgrenzung des relevanten Marktes. Auch ein gemeinsamer Markt von ÖSPV und SPNV ist nicht gegeben, da aufgrund unterschiedlicher Verkehrswertigkeiten keine aus Nutzerperspektive hinreichend homogenen Angebote vorliegen. Außerdem unterliegen ÖSPV und SPNV aus Sicht der öffentlichen Nachfrage unterschiedlichen institutionellen Rahmenbedingungen.

Auch im *Personenfernverkehr* sprechen gute Argumente dafür, die Eigenproduktion von Verkehrsleistungen mit dem Pkw bei einer Marktabgrenzung aus der Perspektive des Schienenpersonenfernverkehrs auszuschließen, weil die von den Reisenden zu überwindenden Substitutionslücken sowohl im Urlaubs- / Freizeitverkehr als auch im Geschäftsreiseverkehr zu groß sind. Dies gilt beim Freizeitverkehr insbesondere für die Substitution von Pkw-Fahrten durch die Bahn, während im Geschäftsreiseverkehr über längere Entfernungen die Substitution von Bahnfahrten durch den Pkw problematisch ist. Ein Argument für erhebliche Substitutionslücken zwischen den Verkehrsträgern findet sich auch in der Empirie der gemessenen Kreuzpreiselastizitäten zwischen dem Schienenverkehr und dem Pkw bzw. dem Luftverkehr.

Bei der Analyse der Wettbewerbsbeziehungen zwischen dem Schienenpersonenfernverkehr und dem *Luftverkehr* ist eine differenzierte entfernungs- und sogar relationsspezifische Betrachtung erforderlich. Im Entfernungsbereich bis ca. 350 km spielt der Luftverkehr als Wettbewerber für den Schienenverkehr lediglich eine sehr eingeschränkte Rolle. Dagegen stellen bei Strecken über ca. 600 bis 700 km Bahn und Flugzeug aus Sicht des Geschäftsreiseverkehrs keine geeigneten Substitute dar. Eine Wettbewerbs- und Substitutionsbeziehung zwischen Schienenverkehr und Luftverkehr dürfte jedoch grundsätzlich im Entfernungsbereich zwischen etwa 400 und 600 km gegeben sein, weil hier Bahn und Flugzeug vergleichbare Bruttoreisezeiten anbieten und der Kunde eine Abwägung von Reisezeit, Reisekomfort und gegebenenfalls Preis vornehmen wird. Insbesondere in diesem Entfernungsbereich ist es in Deutschland in den letzten Jahren zum Markteintritt von Low Cost Airlines (LCA) gekommen. Damit bestehen zumindest auf bestimmten Relationen (z. B. national Berlin-Köln, Berlin-München, Hamburg-Köln oder Düsseldorf-Berlin) Substitutionspotenziale zwischen Bahn und Luftverkehr und damit Wettbewerbsbeziehungen.

Auch im *Güterverkehr* ergibt sich bereits aus einem verkehrsträgerbezogenen Vergleich der Systemeigenschaften, dass die Verkehrsträger im Güterverkehr insgesamt keinen gemeinsamen Markt bilden, sondern dass Teilmärkte abzugrenzen sind. Während der *Rohrfernleitungsverkehr* für den intermodalen Wettbewerb keine Rolle spielt, weil die Substitutionslücken zu den anderen Landverkehrsträgern zu groß sind, um eine Konkurrenzbeziehung zu begründen, sind die Wettbewerbsbeziehungen zwischen Schienenverkehr und Binnenschifffahrt bzw. Straßengüterverkehr durchaus komplex. Der Wettbewerb zwischen Schienengüterverkehr und *Binnenschifffahrt* vollzieht sich jedoch fast ausschließlich im Massengutbereich. Beim Transport von z. B. Erzen, Kohle, Baumaterialien oder chemischen Grundstoffen sind die Transporteigenschaften von Eisenbahn und Binnenschiff hinsichtlich der Massenleistungsfähigkeit durchaus vergleichbar. Differenzen im Hinblick auf die Schnelligkeit der

Transporte und die zeitliche Zuverlässigkeit sind für die Verlader kaum relevant. Dagegen dürfte die Binnenschifffahrt aufgrund ihrer günstigen Kostenstrukturen und der hohen intramodalen Wettbewerbsintensität preisliche Wettbewerbsvorteile gegenüber dem Schienentransport aufweisen.

WettbewerbsbeziehungenzwischenSchienengüterverkehrundBinnenschiffstransporten ergeben sich jedoch nur parallel zu schiffbaren Binnenwasserstraßen. Aufgrund der sehr beschränkten Netzbildungsfähigkeit der Binnenschifffahrt existiert daher ein gemeinsamer Markt vor allem für das Rheinstromgebiet und Teile des Kanalnetzes. Die Substitutionsmöglichkeiten von Schienenverkehren durch die Binnenschifffahrt werden durch die Niedrigwasserproblematik beschränkt. Dies gilt insbesondere für regelmäßig anfallende Verkehre. Abwanderungen von Transporten zur Schiene infolge extremen Niedrigwassers (zuletzt 2003) lassen sich von der Binnenschifffahrt erfahrungsgemäß nur sehr schwer zurückgewinnen.

Hinsichtlich der Substitutionsbeziehungen zwischen *Straßengüterverkehr* und Schienenverkehr sind wiederum verschiedene Teilmärkte zu unterscheiden. Während der Sammelgut- bzw. Stückgutverkehr sich aus Sicht der Verlader bzw. Spediteure nicht durch die Eisenbahn substituieren lässt, stehen Straße und Schiene beim Teilladungs- bzw. Ladungsverkehr grundsätzlich in einer Wettbewerbsbeziehung. Dies gilt vor allem für den Fall, dass bei den Verladern Gleisanschlüsse vorhanden sind. Zwar dauert der Einzelwagenverkehr mit der Bahn länger und ist weniger flexibel als der Lkw-Transport, doch dürften zumindest in einzelnen Güterbereichen Substitutionsmöglichkeiten bestehen, insbesondere wenn die Transporte nicht zeitkritisch sind und preisliche Attraktivität des Schienentransports gegenüber dem Straßenverkehr gegeben ist. Falls Gleisanschlüsse nicht vorhanden sind, eröffnen sich Substitutionsmöglichkeiten zwischen Schiene und Straße über den sog. Kombinierten Verkehr, der allerdings in der Wahrnehmung der Verlader einen höheren Aufwand zur Steuerung und Überwachung der Logistikkette erfordert. Im Massengutverkehr dagegen stellt der Lkw-Transport aufgrund nicht geeigneter Leistungsmerkmale kein Substitut zum Bahntransport dar.

Ingesamt sind daher nur in wenigen Bereichen des Personen- und Güterverkehrs (Luftverkehr in bestimmten Entfernungsbereichen, Güterverkehr mit Binnenschiffen, Ladungs- bzw. Teilladungsverkehr auf der Straße) echte Substitutions- und Wettbewerbsbeziehungen zum Schienenverkehr vorhanden. Dies relativiert die Bedeutung *potenzieller Wettbewerbsverzerrungen* zwischen den Verkehrsträgern und aus Sicht des Schienenverkehrs die Möglichkeit, den Verlust von Marktanteilen vor allem auf die fehlende Harmonisierung der Wettbewerbsbedingungen und weniger auf nachfragerelevante ungünstige Systemeigenschaften des Schienenverkehrs oder mangelnde Effizienz des Bahnmanagements zurückzuführen.

Wettbewerbsverzerrungen zwischen den Verkehrsträgern werden insbesondere auf die ungleichmäßige Anlastung von Wegekosten, auf ungedeckte externe Kosten und auf sonstige institutionelle Rahmenbedingungen zurückgeführt, die einen unverfälschten Wettbewerb verhindern. Hinsichtlich der *Anlastung von Infrastrukturkosten* sind weder im Personen- noch im Güterverkehr Wettbewerbsverzerrungen zu Lasten der Schiene zu erkennen. Hinzuweisen ist jedoch auf den im Vergleich zum Schienengüterverkehr schätzungsweise niedrigeren Wegekostendeckungsgrad der Binnenschifffahrt. Mit der ungenügenden Wegekostendeckung der Binnenschifffahrt korrespondiert die unterschiedliche steuerliche Belastung der von den Verkehrsträgern genutzten Mineralölprodukte. Während das von der Binnenschifffahrt bezogene Dieselöl von der Mineralölsteuer befreit ist, muss der Schienengüterverkehr auf die von ihm bezogenen Kraftstoffe Mineralölsteuer zahlen. Die Steuerbefreiung der Binnenschifffahrt führt zu einer Subventionierung des Binnenschifffahrtsgewerbes, die aus Sicht der Eisenbahn als Wettbewerbsverzerrung zu bezeichnen ist. Dies gilt auch für die zusätzlich erhobene Ökosteuer. Diese Ungleichbehandlung beider Verkehrsträger resultiert letztlich aber aus der 1886 in der Mannheimer Akte festgeschriebenen Abgabenfreiheit auf dem Rhein und sollte in ihrer Marktrelevanz nicht überbewertet werden.

Umgekehrt dürften die hohe Wegekostenüberdeckung des MIV und die ausgeglichene Bilanz des Straßengüterverkehrs eine Wettbewerbsverzerrung zu Lasten des Straßenverkehrs begründen, weil der Schienengüterverkehr seine Wegekosten nur zu ca. 16 % deckt. Hinzu kommt die Investitionspolitik des Bundes, die Straße und Schiene als Verkehrsträger im Prinzip bei der Zuteilung der Investitionsmittel gleich behandelt, was aufgrund der unterschiedlichen erbrachten Verkehrsleistungen jedoch nicht adäquat erscheint.

Wettbewerbsverzerrungen können auch aus der mangelnden *Internalisierung von negativen Externalitäten* resultieren. Einschlägige Quelle für eine verkehrsträgerübergreifende Berechnung externer Kosten ist eine im Jahre 2004 für den internationalen Eisenbahnverband UIC erstellt Studie, welche die externen Kosten des Verkehrs in Europa im Jahre 2000 quantifiziert.[414] Annahmen und methodisches Vorgehen sind allerdings äußerst kritisch zu hinterfragen. Die durchgängige Kalkulation mit Zahlungsbereitschaftsansätzen (Willingness To Pay - WTP) und die z. B. bei der Kalkulation von Kosten der CO_2-bedingten Klimaveränderungen angesetzten sehr hohen Vermeidungskosten (140 € / t CO_2) führen zu sehr hohen Wertausweisen. Betrachtet man die Unterschiede der spezifischen Externalitäten der Verkehrsträger vor diesem Hintergrund, ist die These der Wettbewerbsverzerrungen aufgrund unterschiedlicher externer Kosten durchaus differenziert zu bewerten. So zeigen die Schät-

---

[414] Vgl. *UIC* (2004).

zungen für die UIC hinsichtlich der negativen Externalitäten von Straßen- und Schienenpersonenverkehr erhebliche Umweltvorteile der Eisenbahn. Es existieren aber im Straßenpersonenverkehr bereits heute wirksame Ansätze zur Internalisierung externer Effekte im Sinne ordnungsrechtlicher Maßnahmen, die in Zukunft weiter verschärft werden. Bei vorsichtiger Abschätzung kann man zu dem Ergebnis kommen, dass eine zusätzliche Abgabe zur Anlastung externer Kosten des Pkw-Verkehrs nicht erforderlich ist, um evtl. Wettbewerbsverzerrungen gegenüber dem Schienenpersonenverkehr zu vermeiden.

Auch im Wettbewerbsverhältnis zwischen Schienenpersonenfernverkehr und Luftverkehr wird von Wettbewerbsverzerrungen gesprochen. Keine Wettbewerbsverzerrung besteht in dem von der DB AG vorgetragenen Argument der „Kannibalisierung" bei preispolitischen Abwehrmaßnahmen gegen den Markteintritt von Low Cost Airlines (LCA). Die DB AG wäre mit einem auf ihre Rahmenbedingungen angepassten Revenue Management-System durchaus in der Lage, in den Preiswettbewerb mit den LCA einzutreten. Auch hinsichtlich ungedeckter Infrastrukturkosten gehen vom Luftverkehr keine wettbewerbsverzerrenden Einflüsse aus. Es verbleiben mögliche Wettbewerbsverzerrungen infolge nicht internalisierter externer Kosten. 88 % der geschätzten externen Kosten des Luftverkehrs resultieren aus Kosten des CO_2-bedingten Klimawandels. Bei der Internalisierung CO_2-bedingter Externalitäten des Luftverkehrs sollte jedoch auf bestehende Internalisierungsmechanismen für CO_2 rekurriert werden (Zertifikatslösungen). Die Einführung einer Kerosinabgabe, wie sie von der DB AG bzw. der Bahn nahe stehenden Umweltverbänden gefordert wird, ist aus ökonomischen Gründen abzulehnen.

Im Güterverkehr liegen die spezifischen externen Kosten der Binnenschifffahrt erstaunlicherweise etwas höher als die des Schienenverkehrs. Dies liegt insbesondere an den im Vergleich zum Schienenverkehr höheren Kohlendioxid- und Schadstoffemissionen. Ursache hierfür sind insbesondere die Motoren der Binnenschiffe, die oftmals nicht mehr dem neuesten Stand der Technik entsprechen. Unterschiedlich hohe externe Kosten finden sich auch zwischen Schienen- und Straßengüterverkehr. Die durchschnittlichen externen Kosten des Schienengüterverkehrs in Europa liegen bei 18 € / 1000 Tkm (Deutschland 19,8 € / 1000 Tkm). Dagegen verursacht der Straßenverkehr nach den Berechnungen der UIC externe Kosten von 88 € / 1000 Tkm. Die externen Kosten des Straßengüterverkehrs werden durch Schadstoffemissionen (49 %) und Kosten des CO_2-bedingten Klimawandels (19 %) dominiert. Auch wenn die Berechnungsgrundlagen für diese Zahlen kritisch zu hinterfragen sind, bleibt die Bewertung der Umweltverträglichkeit des Straßengüterverkehrs trotz aller Fortschritte im Detail problematisch.

Die zu konstatierenden Wettbewerbsverzerrungen hinsichtlich der externen Kosten lassen sich nicht mit den evtl. gegenläufigen Effekten bei den Infrastrukturkosten saldieren, da die beiden Kostenkategorien methodisch sauber zu trennen sind. Festzuhalten bleibt aber, dass die aufgezeigten Wettbewerbsverzerrungen nur einen begrenzten gemeinsamen Markt der Verkehrsträger betreffen. Sofern sie sich im Preisverhältnis der Verkehrsträger niederschlagen, haben sie jedoch nur eine untergeordnete Relevanz, wie die Ergebnisse aktueller empirischer Studien zeigen, die Verlagerungspotenziale zwischen Straße und Schiene infolge der 2005 eingeführten Lkw-Maut oder höherer potentieller Mautbeträge untersucht haben. Letztlich sollte man bei der Einschätzung der Problematik im Güterverkehr auch im Auge behalten, dass die Deutsche Bahn AG über ihre Tochtergesellschaften selbst in erheblichem Umfang Straßengüterverkehr betreibt.

2. Wettbewerbsverzerrungen im intermodalen Wettbewerb und intramodaler Wettbewerb

In der zusammenfassenden Bewertung des Themas „Wettbewerbsverzerrungen im intermodalen Wettbewerb" wurde aufgezeigt, dass Wettbewerbsverzerrungen für den Wettbewerb der Verkehrsträger eine wesentlich geringere Rolle spielen als vielfach behauptet, da es sich häufig um zu trennende Teilmärkte handelt. Damit rückt die Thematik des intramodalen Wettbewerbs in den Fokus der Betrachtung. Wenn erst der intramodale Wettbewerb die Möglichkeiten von Schienenverkehrsanbietern beschneidet, Innovations- und Effizienzdefizite mit dem Verweis auf künstliche Nachteile gegenüber den Wettbewerbern Straße, Binnenschifffahrt und Luftverkehr zu exkulpieren, weil Wettbewerber auf der Schiene zeigen, wie man mit kreativen und nachfrageorientierten Angeboten Kunden gewinnt und bindet bzw. die Leistungsanforderungen der Verlader und Reisenden besser erfüllt, zieht der Verweis auf vermeintlich ungleiche oder ungerechte Wettbewerbsbedingungen nicht mehr.[415]

Es bilden sich dann neue Benchmarks für die Leistungsfähigkeit von Eisenbahnunternehmen heraus. Die etablierten Eisenbahngesellschaften (incumbents) kommen hierdurch unter Rationalisierungs- und Innovationsdruck, denn es ist nicht sichergestellt, dass diese integrierten Eisenbahnunternehmen, die zudem noch in staatlichem Eigentum stehen, die höchstmögliche produktive Effizienz erreichen. Es ist vielmehr anzunehmen, dass sie unter dem langjährigen Schutz der Regulierung und angesichts der anhaltenden Subventionen nicht alle Möglichkeiten der Leistungssteigerung genutzt haben – auch wenn die öffentlich vorgetragene Bilanz der DB AG nach über 10 Jahren Bahnreform etwas anderes suggeriert.

---

[415] Vgl. *Eisenkopf* (2004).

Um den intramodalen Wettbewerb steht es nämlich bei allen anderen Verkehrsträgern wesentlich besser als beim Schienenverkehr. Durch eine sehr hohe intramodale Wettbewerbsintensität geprägt sind die Binnenschifffahrt und der Straßengüterverkehr. Auch im Luftverkehr hat die Konkurrenz seit der Marktliberalisierung stark zugenommen, wenn sich auch ein streckenbezogener Wettbewerb nur bedingt entwickelt hat. Lediglich der Öffentliche Straßenpersonenverkehr ist durch gesetzliche und institutionelle Schutzvorkehrungen vom Wettbewerb abgeschottet. Vergleicht man die preislichen und qualitativen Leistungssteigerungen auf den genannten hart umkämpften Märkten mit den Entwicklungen auf den Schienenverkehrsmärkten und behält dabei die Anteile am Modal Split im Auge, besteht Grund zu der Annahme, dass die Verschlechterung der Marktposition des Schienenverkehrs weniger auf intermodale Wettbewerbsverzerrungen als auf unzureichenden intramodalen Wettbewerb zurückzuführen ist.

So entwickelt sich beispielsweise der am vergleichsweise wettbewerbsintensivste Schienengüterverkehrsmarkt auch hinsichtlich der Verkehrsleistungen und des Modal Split am besten. Träger dieser seit einigen Jahren zu beobachtenden Zuwächse bei den Verkehrsleistungen und Marktanteilen sind aber vor allem private Wettbewerber der DB AG bzw. neu in den Markt eintretende Güterverkehrsbahnen, die vermeintlichen Wettbewerbsverzerrungen ja im selben Maße ausgesetzt sein müssten wie die marktbeherrschende DB AG. Der erfolgreiche Markteintritt dieser neuen Anbieter gibt daher ein weiteres Indiz für die nur eingeschränkte Relevanz intermodaler Wettbewerbsverzerrungen.

Letztere spielen ohnehin keine Rolle im Schienenpersonennahverkehr, in dem nur ein Wettbewerb um die Märkte stattfindet. Diese sind für die Anbieter aber durchaus attraktiv, womit der incumbent DB AG ein starkes Interesse an der Aufrechterhaltung seiner Marktdominanz hat. In der Tat bieten die Rahmenbedingungen der Märkte diverse Ansatzpunkte für eine Diskriminierung der Wettbewerber der DB AG. Im Schienenpersonenfernverkehr sind die Wettbewerbsbeziehungen zum Luftverkehr dagegen so beschränkt, dass evtl. Unterschiede in der Anlastung von Externalitäten für den intramodalen Monopolisten und potentielle Wettbewerber auf der Schiene keine Rolle spielen. Hier dürfte es erst dann zu Markteintritten und damit zu intramodalem Wettbewerb im Schienenpersonenfernverkehr kommen, wenn die kartellähnliche Kooperation der nationalen integrierten Bahngesellschaften bei der Produktion internationaler Verkehre durch eine Marktöffnung seitens der EU aufgebrochen und damit der Markteintritt leistungsfähiger ausländischer Wettbewerber grenzüberschreitend und auch auf nationalen Relationen denkbar wird.

Literaturverzeichnis

Aberle, G. (2001): Wirkungen der Liberalisierung und der neuen Wettbewerbsbedingungen des öffentlichen Personennahverkehrs auf lokaler Ebene für Aufgabenträger und Betreiber; in: DVWG (Hrsg.): Zukunftsperspektiven und Innovationen im öffentlichen Verkehr – Zukunft der Stadtregionen, Band 241, Reihe B, der Schriftenreihe der DVWG, Bergisch-Gladbach 2001, S. 76-85.

– (2003): Transportwirtschaft: Einzelwirtschaftliche und gesamtwirtschaftliche Grundlagen, 4. Auflage, München / Wien.

– (2004): Anhörung zur Bahnreform. Ausschuss für Verkehr, Bau und Wohnungswesen des Deutschen Bundestages am 29. März 2004, in: Deutscher Bundestag, Ausschuss für Verkehr, Bau und Wohnungswesen: Stellungnahmen der Sachverständigen zur „Zwischenbilanz und Fortführung der Bahnreform" zu der Anhörung vom 24.03.2004 in Berlin, Ausschussdrucksache, 15 WP., Nr. 15 (14) 643, S. 169-213.

Aberle, G. / *Eisenkopf*, A. (2002): Schienenverkehr und Netzzugang – Regulierungsprobleme bei der Öffnung des Schienennetzes und wettbewerbspolitische Empfehlungen zur Gestaltung des Netzzugangs, Band 18 der Giessener Studien zur Transportwirtschaft und Kommunikation, Hamburg.

Aberle, G. / *Hennecke*, R. / *Eisenkopf*, A. (1999): Ordnungs- und finanzpolitische Rahmenbedingungen für den Wettbewerb zwischen Eisenbahn und Binnenschifffahrt im Güterverkehr, Studie im Auftrag des Bundesverbandes der Deutschen Binnenschifffahrt e.V., Gießen.

Bänsch, A. (2004): Käuferverhalten, 9. Auflage, München / Wien.

Bates, J. (2000): History of Demand Modelling, in: Hensher, D. A. / Button, K. J. (Hrsg.): Handbook of Transport Modelling, Amsterdam et al.

Baum, H. (1990): Aufbereitung von Preiselastizitäten der Nachfrage im Güterverkehr für Modal Split-Prognosen, Untersuchung im Auftrag des Verkehrsforum Bahn e.V., Essen.

Baum, H. / *Kurte*, J. (2002): Report, in: European Conference of Ministers of Transport (ECMT) (Hrsg): Transport And Economic Development, Report of the 119th Round Table on Transport Economics, Paris.

Beesley, M. E. / *Glaister*, S. (1985): Deregulation the bus industry in Britain: A response, in: Transport Reviews, Vol. 5, No. 2, S. 133-142.

Bennemann, S. / *Wölfel*, B. (2004): Qualität mit Methode, in: Der Nahverkehr, 22. Jg., Heft 1+2, S. 30-35.

Berndt, A. / *Kunz*, M. (2003): Immer öfter ab und an? Aktuelle Entwicklungen im Bahnsektor, in: Knieps, G. / Brunekreeft, G. (Hrsg.): Zwischen Regulierung und Wettbewerb: Netzsektoren in Deutschland, 2. Auflage, Heidelberg.

Berschin, F. / *Dippel*, W. / *Werner*, J. (2002): Juristische Bewertung der Task Force-Ergebnisse. Vereinigung für Wettbewerb im Schienenverkehr, Berlin.

Berster, P. / *Wilken*, D. (2005): Netzentwicklung, Marktdurchdringung und Verkehrsgenerierung der Low Cost Carrier Deutschlands im Verkehr Europas, Manuskript, Köln.

BGL – Bundesverband Güterkraftverkehr, Logistik und Entsorgung e.V. (2006): Jahresbericht 2005/06, Frankfurt am Main.

Bjelicic, B. (2004): Osteuropa – Wachstumsmarkt für Low Cost Airlines, in: Internationales Verkehrswesen, 56. Jg., Heft 7+8, S. 309-313.

Booz Allen Hamilton et al. (2006): Privatisierungsvarianten der Deutsche Bahn AG „mit und ohne Netz" (PRIMON), Gutachten im Auftrag des Bundesministeriums für Verkehr, Bau und Wohnungswesen und des Bundesministeriums der Finanzen, teilweise entschwärzte Fassung vom 1. März 2006, Berlin.

Brenck, A. (2006): Experience with Competitive Tendering in Germany – Vortrag im Rahmen des ECMT-Workshops on Competitive Tendering of Rail Passenger Services: Experience to Date, Paris, 12. January 2006.

Bühler, G. (2006): Verkehrsmittelwahl im Güterverkehr: Eine Analyse ordnungs- und preispolitischer Maßnahmen, Heidelberg.

Bundesamt für Güterverkehr (2004): Marktbeobachtung Güterverkehr, Sonderbericht über die Auswirkungen der EU-Osterweiterung auf das deutsche Güterverkehrsgewerbe, Stand: Dezember 2004, Köln.

– (2005a): Marktbeobachtung Güterverkehr, Jahresbericht 2004, Stand: Mai 2005, Köln.

– (2005b): Marktbeobachtung Güterverkehr, Bericht Herbst 2005, Stand: November 2005, Köln.

– (2006a): Struktur der Unternehmen des gewerblichen Güterkraftverkehrs und des Werkverkehrs, USTAT 11, Stand: November 2004, Köln.

– (2006b): Marktbeobachtung Güterverkehr, Jahresbericht 2005, Stand: Mai 2006, Köln.

– (2006c): Marktbeobachtung Güterverkehr, Zwei Jahre EU-Osterweiterung – Auswirkungen auf das deutsche Güterverkehrsgewerbe, Stand: April 2006, Köln.

– (2006d): Marktbeobachtung Güterverkehr, Kabotage auf deutschen Binnenwasserstraßen, Stand: März 2006, Köln.

– (2006e): Marktbeobachtung Güterverkehr, Sonderbericht: Eineinhalb Jahre streckenbezogene Lkw-Maut – Auswirkungen auf das deutsche Güterverkehrsgewerbe, Stand: November 2006, Köln.

Bundesarbeitsgemeinschaft SPNV (BAG-SPNV) (2003): Konzept zur Entwicklung eines interregionalen Expressnetzes, Berlin.

Bundeskartellamt (2001): Beschluss in dem Verwaltungsverfahren B9 – 60211 – U – 164/01, Bonn.

– (2002a): Beschluss in dem Verwaltungsverfahren B9 – 227/02, Bonn.

– (2002b): Beschluss in dem Verwaltungsverfahren B9 – 60211 – U – 228/02, Bonn.

– (2002c): Beschluss in dem Verwaltungsverfahren B 9 – 144/01, Bonn.

– (2003): Beschluss in dem Verwaltungsverfahren B9 – 60211 – Fa – 91/03, Bonn.

– (2005): Beschluss in dem Verwaltungsverfahren B9 – 50/05, Bonn.

Bundesministerium für Verkehr, Bau- und Wohnungswesen (BMVBW) (Hrsg.) (2005): Verkehr in Zahlen 2005/2006, Hamburg.

Bundesrechnungshof (2006): Bericht nach § 99 BHO zur Finanzierung der Bundesschienenwege, Bonn.

BVU – Beratergruppe Verkehr + Umwelt / DLR – Deutsches Zentrum für Luft und Raumfahrt / ISL – Institut für Seeverkehrswirtschaft und Logistik (2006): Kurzfristprognose Sommer 2006: Gleitende Mittelfristprognose für den Güter- und Personenverkehr, im Auftrag des Bundesministeriums für Verkehr, Bau und Stadtentwicklung, Freiburg, Köln, Bremen.

Clausen, U. / *Kochsiek*, J. / *Kuchenbecker*, M. (2006): Bedeutung von Gleisanschlüssen und Einzelwagenverkehr, Logistikfähigkeit und SCM-Integration des Schienengüterverkehr, in: Logistik Management, 8. Jg., Heft 4, S. 19-27.

Cole, S. (2005): Applied Transport Economics: Policy, Management & Decision Making, 3. Auflage, London/Sterling.

DB Netz AG (2002): Geschäftsbericht 2001, Frankfurt.

– (2006): Geschäftsbericht 2005, Berlin.

Demmler, H. (1997): Einführung in die Volkswirtschaftslehre, 6. Auflage, München / Wien.

Deutsche Bahn AG (2002): Wettbewerbsbericht 2002, Berlin.

– (2004): Wettbewerbsbericht 2004, Berlin.

– (2005a): Wettbewerbsbericht 2005, Berlin.

– (2005b): Harmonisieren der Wettbewerbsbedingungen im Verkehrsmarkt, Februar, Manuskript, Berlin.

– (2006a): Geschäftsbericht 2005, Berlin.

– (2006b): Geschäftsbericht 2005 – Daten und Fakten 2005, Berlin.

– (2006c): Wettbewerbsbericht 2006, Berlin.

– (2006d): Umweltbericht 2005, Berlin.

Deutscher Bundestag (2004): Antwort der Bundesregierung auf die Große Anfrage der Abgeordneten Horst Friedrich (Bayreuth), Daniel Bahr (Münster), Rainer Brüderle, weiterer Abgeordneter und der Fraktion der FDP – Drucksache 15/1594 – übermittelt am 24. Juni 2004, Bundestagsdrucksache Nr. 15/3430 vom 28.06.

Deutsches Institut für Wirtschaftsforschung (*DIW*) (1998): Wettbewerb im öffentlichen Personennahverkehr unausweichlich, in: DIW Wochenbericht vom 7.05.1998, 65. Jg., Berlin, S. 311-317.

DLR – Deutsches Zentrum für Luft- und Raumfahrt (DLR) / ADV – Arbeitsgemeinschaft Deutscher Verkehrsflughäfen (ADV) (2006a): Low Cost Monitor 1/2006 – Der aktuelle Low Cost Carrier Markt in Deutschland, Köln / Berlin.

DLR – Deutsches Zentrum für Luft- und Raumfahrt (DLR) / ADV – Arbeitsgemeinschaft Deutscher Verkehrsflughäfen (ADV) (2006b): Low Cost Monitor 2/2006 – Der aktuelle Low Cost Carrier Markt in Deutschland, Köln / Berlin.

Domencich, T. / *McFadden*, D. (1975): Urban Travel Demand – A Behavioural Analysis, Amsterdam, Oxford / New York.

Ehrhardt, M. R. (2004): Revenue Management. Ein integrativer Ansatz und seine Übertragung auf den Schienenpersonenfernverkehr, Hamburg.

Eisenkopf, A. (2004): Ziele, Formen und Wirkungen des intermodalen und intramodalen Wettbewerbs im Schienenverkehr, in: Deutsche Verkehrswissenschaftliche Gesellschaft (Hrsg.): Wettbewerb im Schienenverkehr – Formen, Stärken, Schwachstellen und Grenzen, Berlin 2004, S. 9-16.

– (2005a): Der gemeinsame Markt von Bahn und Low Cost-Anbietern: Analyse und Bestandsaufnahme, in: Deutsche Verkehrswissenschaftliche Gesellschaft (Hrsg.): 3. Bahnforum: Bahn und LowCost-Carrier im Wettbewerb um die Kunden im Fernverkehr, Band 291 der Schriftenreihe, Berlin.

– (2005b): Der intermodale Wettbewerbsrahmen der Verkehrspolitik: Systematische Nachteile für den Schienenverkehr?, in: Internationales Verkehrswesen, 57. Jg., S. 1-76.

– (2006a): Verkehrssysteme als Rückgrat der Logistik, Kapitel 10.1, in: Krampe, H. / Lucke, H.-J. (Hrsg.): Grundlagen der Logistik: Theorie und Praxis logistischer Systeme, 3. Auflage, München, S. 275-278.

– (2006b): Opening the Rail Freight Market in Europe – an Economic Assessment, in Intereconomics, November

Europäische Kommission (1996): Auswirkungen des dritten Paketes von Maßnahmen zur Liberalisierung des Luftverkehrs, KOM(96) 514 endg. vom 22. 10. 1996, Brüssel.

– (2001): Bekanntmachung der Kommission über die Definition des relevanten Marktes im Sinne des Wettbewerbsrechts der Gemeinschaft (97/C 372/03), in: Amtsblatt der Europäischen Gemeinschaften C 372/05 vom 09.12.1997, Brüssel.

– (2004): Vorschlag für eine Richtlinie des Europäischen Parlaments und des Rates zur Änderung der Richtlinie 91/440/EWG des Rates zur Entwicklung der Eisenbahnunternehmen der Gemeinschaft, KOM (2004) 139 endgültig (Vorlage der Kommission).

Ewald, C. (2004): Paradigmenwechsel bei der Abgrenzung relevanter Märkte?, in: Zeitschrift für Wettbewerbsrecht, 2. Jg., Nr. 4, S. 512-544.

Ewers, H.-J. / *Holzhey*, M. (1998): Strategien der Akteure im Kombinierten Ladungsverkehr, in: Hartwig, K.-H. (Hrsg.): Kombinierter Verkehr, Göttingen.

Ewers, H.-J. / *Ilgmann*, G. (2000a): Wettbewerb im ÖPNV: Gefordert, gefürchtet und verteufelt, in: Zeitschrift für Verkehrswissenschaft, Heft 2/2000, S. 133-162.

– (2000b): Trassenpreissystem der Deutschen Bahn AG (TPS 98), Gutachten im Auftrag der DEG-Verkehrs-GmbH und der Hessischen Landesbahn GmbH (HLB).

– (2001): Trassenpreissystem TPS 01, Kurzgutachten im Auftrag der Connex und der Hessischen Landesbahn GmbH – HLB.

Fichert, F. (2004): Wettbewerb im innerdeutschen Luftverkehr – Empirische Analyse eines deregulierten Marktes mit wirtschaftspolitischen Schlussfolgerungen –, in: Institut für Wirtschaftsforschung Halle (IWH) (Hrsg.): Deregulierung in Deutschland – theoretische und empirische Analysen –, Tagungsband, Halle / Saale, S. 83-116.

Franke, M. (2004): Competition between Network Carriers and Low-Cost Carriers – Retreat Battle or Breakthrough to a New Level of Efficiency?, in: Journal of Air Transport Management, Vol. 10, p. 15-21.

Frerich, J. / *Müller*, G. (2004): Europäische Verkehrspolitik: Von den Anfängen bis zur Osterweiterung der Europäischen Verkehrspolitik, Band 2: Landverkehrspolitik, München / Wien.

Freyer, W. (2006): Tourismus. Einführung in die Fremdenverkehrsökonomie, 8. Auflage, München / Wien

Fridstrøm, L. *et al.* (2004): Towards a more vigorous competition policy in relation to the aviation market, in: Journal of Air Transport Management, Vol. 10, p. 71-79.

Friebel, G. / *Niffka*, M. (2005): The Functioning of Inter-modal Competition in the Transportation Market: Evidence from the Entry of Low-cost Airlines in Germany, Manuskript, April.

Gaube, V. / *Herry*, M. *et al.* (2003): Decoupling Economic Growth and Transport Demand – Case Study Austria, Intermediate Report, OECD Projekt im Auftrag des Österreichischen Bundesministeriums für Land- und Forstwirtschaft, Umwelt- und Wasserwirtschaft, November 2003.

Greifenstein, F. / *Weiß*, M. (2004): Geschäftsmodelle am europäischen Luftverkehrsmarkt – eine Untersuchung der Kundenstrukturen von Low Cost Airlines und Full Service Carriern, in: Tourismus Journal, Heft 1, S. 5-25.

Hedderich, A. (1996): Vertikale Desintegration im Schienenverkehr. Theoretische Basisüberlegungen und Diskussion der Bahnstrukturreform in Deutschland, Band 11 der Giessener Studien zur Transportwirtschaft und Kommunikation, Hamburg.

Heigl, P. (2003): Verhältnis der Spediteure zum Verkehrsträger Schiene, Vortrag anlässlich des DVWG/IVE-Seminars zur Entwicklung des Schienengüterverkehrs am 20. Februar 2003 in Hannover, im Internet unter: http://www.ive.uni-hannover.de/veranstaltungen/rueckblick/vst_02/dvwg-vortrag_Heigl_03-02-20.pdf (Letzter Abruf: 12.12.2006).

Heinze, G. W. (2006): Vorlesungsbegleitendes Material zur Lehrveranstaltung „Die Durchsetzung neuer Verkehrssysteme" an der TU Berlin, Berlin, im Internet unter: http://www.vsp.tu-berlin.de/teach/LV/WS0607/L041/datpdf/vl4-kap1.pdf (Letzter Abruf: 07.12.2006).

Heymann, E. (2001): Öffentlicher Personennahverkehr auf dem Weg in den Wettbewerb, Sonderbericht der Deutsche Bank Research, Frankfurt am Main.

– (2006a): Ausbau von Regionalflughäfen: Millionengrab für Steuermittel, in: Internationales Verkehrswesen, 58. Jg., S. 273-274.

– (2006b): Schienenverkehr in Europa. Marktöffnung als Chance, EU-Monitor, Beiträge zur europäischen Integration Nr. 39 vom 17.10.2006, hrsg. von Deutsche Bank Research, Frankfurt am Main.

Höhnscheid, H. (2000a): Die Regionalisierung des Öffentlichen Personennahverkehrs, Düsseldorf.

– (2000b): ÖPNV-Finanzierung: Die gesamtwirtschaftliche Sicht, in: Hermann, M. (Hrsg.): ÖPNV: Luxus oder Sparmodell? ÖV an der Grenze der Finanzierbarkeit? Arbeitsbericht der Akademie für Technologiefolgenabschätzung in Baden-Württemberg, Nr. 159, S. 15-33.

– (2002): Strukturwandel im Schienenverkehr – Belebung und Expansion eines lange stagnierenden Marktes, in: Der Nahverkehr, 20. Jg., Heft 3, S. 8-12.

Holch, C. (1998): Konkurrenz auf dem Gleis: Die Post und der Paketversender UPS wollen der Bahn mit eigenen Zügen davonfahren, in: Die Zeit, Nr. 24.

Holocher, K. H. (1988): Wegerechnungen für Straßen, Band 3 der Giessener Studien zur Transportwirtschaft und Kommunikation, Darmstadt.

Holzhey, M. / *Tegner*, H. (2004): Wettbewerb im Schienenverkehr – Kaum gewonnen, schon zerronnen? – erster unternehmensneutraler Wettbewerbsbericht im Auftrag von MehrBahnen.

Holzmüller, F.-J. (1997): Straße oder Schiene? Die Transportmittelwahl im Güterverkehr aus Verladersicht, in: Straßenverkehrstechnik, 41. Jg., Nr. 11, S. 552-556.

Hopf, R. / *Voigt*, U. (2004): Verkehr, Energieverbrauch, Nachhaltigkeit, Heidelberg.

Hummel, K. / *Theobald*, C. (2003): Fusionskontrolle im ÖPNV-Markt, in: Der Nahverkehr, Heft 7+8/2003, S. 35-37.

IBM Consulting / *Kirchner*, C. (2004): Liberalisierungsindex Bahn 2004 – Vergleich der Marktöffnung der Eisenbahnmärkte der Mitgliedsstaaten der Europäischen Union, der Schweiz und Norwegens, 2. Auflage, Berlin.

Ifo-Institut (1999): Ausbau-Evaluierung der bayerischen Donau, Studie im Auftrag des bayerischen Staatsministeriums für Wirtschaft, Verkehr und Technologie, München.

Ihde, G. B. (2001): Transport, Verkehr, Logistik: Gesamtwirtschaftliche Aspekte und einzelwirtschaftliche Handhabung, 3. Auflage, München.

Ivaldi, M. / *Vibes*, C. (2005): Intermodal and Intramodal Competition in Passenger Rail Transport, Toulouse, 23.03.

Karl, A. (2002): Öffentlicher Verkehr im künftigen Wettbewerb. Wie ein inkonsequenter Ordnungsrahmen und überholte Finanzierungsstrukturen attraktive öffentliche Angebote verhindern. Veröffentlichung FS II 02 – 111 des Wissenschaftszentrums Berlin für Sozialforschung (WZB), Berlin.

KCW GmbH / Uniconsult Universal Transport Consulting GmbH / HSH Nordbank AG / Steer Davies Gleave Ltd. (2006): Privatisierung der integrierten Deutschen Bahn AG – Auswirkungen und Alternativen, Gutachten im Auftrag von Bundesverband der Deutschen Industrie und Deutscher Industrie- und Handelskammertag, Berlin.

Klaus, P. / *Kille*, C. (2006): Die TOP 100 der Logistik: Marktgrößen, Marktsegmente und Marktführer in der Logistikdienstleistungswirtschaft, 4. Auflage, Hamburg.

Klophaus, R. (2006): Volkswirtschaftlicher Nutzen flächendeckender Luft-Infrastruktur, in: Internationales Verkehrswesen, 58. Jg., S. 480-482.

Knapp, F. D. (1998): Determinanten der Verkehrsmittelwahl, Berlin.

Knieps, G. (2005): Wettbewerbsökonomie: Regulierungstheorie, Industrieökonomie, Wettbewerbspolitik, 2. Auflage, Berlin et al.

Köberlein, C. (1997): Kompendium der Verkehrspolitik, München / Wien.

Kolke, R. / *Friedrich*, A. (1998): Gegenüberstellung von Pkw mit Verbrennungskraftmaschinen, Hybridantrieben und Brennstoffzellen aus Umweltsicht, VDI-Berichte Nr. 1418, Berlin.

Kommission der Europäischen Gemeinschaften (1995): Faire und effiziente Preise im Verkehr: Politische Konzepte zur Internalisierung der externen Kosten des Verkehrs in der Europäischen Union, Brüssel.

Kompetenz-Center Wettbewerb (*KCW*) (2006): Zur Entscheidung des BVerwG vom 19.10.2006, im Internet unter (http://www.kcw-online.de/dateien/datei20061024172718-7680.pdf (Letzter Abruf: 08.12.2006).

Kraftfahrt-Bundesamt (2006): Jahresbericht 2005, Flensburg.

Kummer, S. (2006): Einführung in die Verkehrswirtschaft, Wien.

Laakmann, K. (1995): Value Added Services als Profilierungsinstrument im Wettbewerb: Analyse, Generierung und Bewertung, Frankfurt am Main et. al.

Laaser, C.-F. / *Rosenschon,* A. (2001): Verkehrsspezifische Ausgaben und Einnahmen der Gebietskörperschaften in Deutschland – eine empirische Analyse, Nr. 1039 der Kieler Arbeitspapiere, Institut für Weltwirtschaft, Kiel.

Lasch, R. *et al.* (2005): ÖPNV 2015. Delphi-Studie „ÖPNV-Markt der Zukunft" – Entwicklungen bis zum Jahr 2015, Dresden.

Last, J. / *Manz*, W. / *Zumkeller*, D. (2003): Heterogenität im Fernverkehr: Wie wenige reisen wie viel?, in: Internationales Verkehrswesen, 55. Jg., S. 267-273.

Lawton, T. C. (2002): Cleared for Take-Off: Structure and strategy in the low fare airline business, Burlington.

Leister, H. (2004): Öffentliche Anhörung des Ausschusses für Verkehr, Bau und Wohnungswesen des Deutschen Bundestages am 29. März 2004 – „Bahnreform – Bilanz und Perspektiven" – Stellungnahme des Verbandes Deutscher Verkehrsunternehmen (VDV), in: Deutscher Bundestag, Ausschuss für Verkehr, Bau und Wohnungswesen: Stellungnahmen der Sachverständigen zur „Zwischenbilanz und Fortführung der Bahnreform" zu der Anhörung vom 24.03.2004 in Berlin, Ausschussdrucksache, 15 WP., Nr. 15 (14) 643, S. 169-213.

Link, H. / *Rieke*, H. / *Schmied*, M. (2000): Wegekosten und Wegekostendeckung des Straßen- und Schienenverkehrs in Deutschland im Jahre 1997, Gutachten des Deutschen Instituts für Wirtschaftsforschung im Auftrag des Bundesverbandes Güterkraftverkehr, Logistik und Entsorgung (BGL) e.V. und des Allgemeinen Deutschen Automobil-Clubs (ADAC) e.V., Berlin.

Ludwig, D. (2002): Fahrzeugpools für den SPNV – Segen oder Fluch?; in: Der Nahverkehr, 20. Jg., 10/2002, S. 6-7.

Lufthansa AG (2005): Geschäftsbericht 2005, Köln.

– (2006): 2. Zwischenbericht, Januar – Juni 2006, Köln.

Maertens, S. (2006): Chancen einer Deregulierung des Intercity-Busverkehrs aus volks- und betriebswirtschaftlicher Sicht, in: Deutsche Verkehrswissenschaftliche Gesellschaft (Hrsg): BuslinienFERNverkehr in Deutschland: Tabu oder Wettbewerbsbelebung?, Band 289 der Schriftenreihe, Berlin.

Maßmann, C. (1993): Preiselastizitäten für den Güterverkehr und ihre Anwendung in Verkehrsprognosen, Band 56 der Buchreihe des Instituts für Verkehrswissenschaft an der Universität zu Köln, Düsseldorf.

Maurer, P. (2006): Luftverkehrsmanagement – Basiswissen, 4. Auflage, München / Wien.

McKinsey & Comp. (2005): The Future of Rail Freight in Europe. A Perspective on the Sustainability of Rail Freight in Europe, Report, Brussels.

McNally, M. (2000): The Four-Step Model, in: Hensher, D. A. / Button, K. J. (Hrsg.): Handbook of Transport Modelling, Amsterdam et al.

Meersman, H. / *Van de Voorde*, E. (2003): Decoupling of Freight Transport and Economic Activity: Realism or Utopia?, in: European Conference of Ministers of Transport (ECMT) (Hrsg.): 50 Years of Transport Research: Experience Gained and Major Challenges Ahead, Introductory Reports and Summary of Discussions of the 16th International Symposium on Theory and Practice in Transport Economics, Budapest 2003.

Meffert, H. / *Nießing*, J. / *Ballensiefen*, B. (2005): Der Markteintritt der Low-Cost-Airlines in Deutschland – Bedrohungspotential und Handlungsempfehlungen für die Deutsche Bahn AG, in: Glasers Annalen, 129, S. 68-74.

Mercer Consulting (2004): Entwicklung der europäischen Airline-Industrie, München.

Mineralölwirtschaftsverband e.V. (2000): Mineralölversorgung mit Pipelines, Hamburg, im Internet unter: http://www.mwv.de/download/pipelines.pdf (Letzter Abruf: 07.12.2006).

Momberg, R. (2000): Theorie und Politik der Infrastruktur unter Berücksichtigung institutionen- und polit-ökonomischer Einflussfaktoren. Eine Analyse am Beispiel der Bereiche Eisenbahn und Hochschule, Bd. 2684, Reihe V – Volks- und Betriebswirtschaft der Europäischen Hochschulschriften, Frankfurt et al.

Monopolkommission (2004): Wettbewerbspolitik im Schatten „nationaler Champions", Fünfzehntes Hauptgutachten der Monopolkommission gemäß § 44 Abs. 1 Satz 1 GWB, 2002/03, Bonn.

– (2006): Mehr Wettbewerb im Dienstleistungssektor! Sechzehntes Hauptgutachten der Monopolkommission gemäß § 44 Abs. 1 Satz 1 GWB, 2004/05, Bonn.

Müller, H. (1999): Habitualisiertes versus überlegtes Entscheiden bei der Verkehrsmittelwahl, in: Schlag, B. (Hrsg.): Empirische Verkehrspsychologie, Lengerich et. al., S. 145-158.

Müller, C. (2003): Nicht jede kann alles – Rolle der Privatbahnen in Deutschland, in: Internationales Verkehrswesen, 55. Jg., Heft 11/2003, S. 569-570.

Naumann, J. P. (2006): Die Gunst der Stunde nutzen. BDB-Präsident Dr. Gunther Peters sieht die Binnenschifffahrt auf gutem Kurs, in: Deutsche Verkehrs-Zeitung, Nr. 138 vom 18.11.2006, Sonderbeilage Binnenschifffahrt/Binnenhäfen, S. 2.

o.V. (2006a): Urteil zur Flugbenzinsteuer, in: Frankfurter Allgemeine Zeitung Nr. 82 vom 06.04.2006, Nr. 82, S. 10.

– (2006b): Deutsch-französische Zugfahrt mit nationalen Eigenheiten, in. Frankfurter Allgemeine Zeitung Nr. 146 vom 27.06.2006, S. 17.

– (2006c): DIW zum Klimaschutz: Fliegen muss teurer werden, in Handelsblatt vom 05.12.2006.

– (2006d): Bundestag beschließt 2 Mio. Euro zur Förderung abgasarmer Motoren – BDB drängt auf praxistaugliches Förderprogramm, in: Binnenschifffahrtsreport, 15: Jg., Nr. 4, S. 4.

– (2006e): § 6b EStG reformiert, in: Binnenschifffahrtsreport, 15. Jg., Nr. 2, S. 3.

Öko-Institut (2004): Emissionshandel im internationalen zivilen Luftverkehr, Studie im Auftrag des Umweltbundesamtes im Rahmen des Umweltforschungsplanes, Bericht, Januar, Berlin.

Ortúzar, J. de D. / *Willumsen*, L. G. (1995): Modelling Transport, 2. Auflage, Chichester et al.

Oum, T. (1979): A Cross Sectional Study of Freight Transport Demand and Rail-Truck Competition in Canada, in: The Bell Journal of Economics, Vol. 10, No. 2, p. 463-482.

Pällmann, W. (2004): Zehn Jahre Bahnstrukturreform: Bilanz und Ausblick, in: Internationales Verkehrswesen, 56. Jg., Heft 4, S. 127-133.

Perrey, J. (1998): Nutzenorientierte Marktsegmentierung – Ein integrativer Ansatz zum Zielgruppenmarketing im Verkehrsdienstleistungsbereich, Wiesbaden.

Planco (2003): Potenziale und Zukunft der deutschen Binnenschifffahrt, Projekt 30.0324/2002, Erläuterungsbericht für das Bundesministerium für Verkehr, Bau- und Wohnungswesen, Essen.

Pompl, W. (2002): Luftverkehr – Eine ökonomische und politische Einführung, 4. Auflage, Berlin et al.: Springer-Verlag.

Prognos AG (2003): Quantifizierung der Nicht-Einhaltung von Sozial- und Sicherheitsvorschriften auf der Straße und ihre Auswirkungen auf den Wettbewerb zwischen Straße und Schiene im Güterverkehr, Kurzfassung, Basel.

ProgTrans (2005): Verkehrsprognose Winter 2004/2005 – Gleitende Mittelfristprognose für den Güter- und Personenverkehr, Basel.

Püttner, G. (1997): Die künftigen Träger des Nahverkehrs, deren Organisation und Kooperation, in Püttner, G. (Hrsg.): Der regionalisierte Nahverkehr, Bd. 42 der Schriftenreihe der Gesellschaft für öffentliche Wirtschaft, Baden-Baden, S. 89-102.

Puwein, W. (2005): Verkehrspolitische Instrumente für einen nachhaltigen Kraftfahrzeugverkehr, in: WIFO Monatsberichte Nr. 12, S. 851-867.

Quandt, R. E. (1968): Estimation of Modal Splits, in: Transportation Research, Vol. 2, S. 41-50.

Reinhold, T. (1998): Die Internalisierung externer Kosten des Verkehrslärms, in: Zeitschrift für Verkehrswissenschaft, 69. Jg., S. 245-270.

– (2002): Der Wettbewerb kommt – aber ist das auch gut so?, in: Der Nahverkehr, Heft 1+2/2002, S. 18-22.

Runge, M. (2001): Zu Ordnungsrahmen und Finanzierung des ÖPNV auf der Straße – Plädoyer für mehr Wettbewerb und Transparenz, in: Zeitschrift für öffentliche und gemeinwirtschaftliche Unternehmen (ZögU), Band 24, Heft 2/2001, S. 223-231.

Säcker, F. J. (2004): Abschied vom Bedarfsmarktkonzept, in: Zeitschrift für Wettbewerbsrecht, 2. Jg., Nr. 2, S. 1-27.

Sauter-Servaes, T. (2006): Low Cost-Strategien auf Flughöhe Null, in: Internationales Verkehrswesen, 58. Jg. (2006), S. 472-475.

Schäfer, M. (2002): Fahrzeugförderung und Ausschreibungen – wie verträgt sich das? in: Bus & Bahn, 36 Jg., Heft 9/2002, S. 2.

Scheele, U. / *Sterzel*, D. (2000): Öffentlicher Personennahverkehr zwischen Gemeinwohlinteressen und Markt. Die ökonomischen und rechtlichen Rahmenbedingungen einer kommunalen Daseinsvorsorge im Wandel, Baden-Baden.

Scherff, D. (2003): Es fährt ein Bus nach nirgendwo, in: Frankfurter Allgemeine Sonntagszeitung Nr. 6 vom 09.02, S. 40.

Scherm, J. (1995): Verkehrliche Kooperationen; in: Der Nahverkehr, Heft 7+8/1995, S. 14-17.

Scheunemann, S. (1982): Entscheidungscheckliste für oder gegen den eigenen Fuhrpark, in: Rationalisierungs-Kuratorium der Deutschen Wirtschaft (RKW) e.V. (Hrsg.): RKW-Handbuch Transport, Sonderdruck des usl-Beitrages, Berlin.

Schinke, B. / *Hempe*, T. / *Kolodzinski*, B. (2002): Regionalbahnen im Wettbewerb – Infrastruktur, Fahrzeugpark und Eigentumsverhältnisse Nichtbundeseigener Bahnen in Deutschland – eine Übersicht, in: Der Nahverkehr, 20. Jg., Heft 5, S. 21-26.

Schmidt, I. (2001): Wettbewerbspolitik und Kartellrecht: Eine interdisziplinäre Einführung, 7. Auflage, Stuttgart.

Schneider, H. (1999): Preisbeurteilung als Determinante der Verkehrsmittelwahl: ein Beitrag zum Preismanagement im Verkehrsdienstleistungsbereich, Wiesbaden.

Schnell, M. C. A. (2002): Fahrzeugpools im SPNV: Marktversagen durch Staatsversagen?, in: Internationales Verkehrswesen, 54. Jg., Heft 7+8/2002, S. 334-339.

Schulz, N. (2003): Wettbewerbspolitik: Eine Einführung aus industrieökonomischer Perspektive, Tübingen.

Schulz, W. H. (2004): Industrieökonomik und Transportsektor: Marktdynamik und Marktanpassungen im Güterverkehr, Köln.

Seabright, P. (2003): The economics of passenger rail transport. A survey, IDEI Report 1 on passenger rail transport, January, Toulouse.

Siegmann, J. / *Heidmeier*, S. (2006): Verbesserte Marktchancen für den Schienengüterverkehr durch neue Zugkonzepte, in: Logistik Management, 8. Jg., Heft 4, S. 7-18.

Siekmann, H. (2000): Die Aufteilung der Finanzierungslasten des ÖPNV auf Benutzer, Nutznießer und Allgemeinheit, in: Püttner, G. (Hrsg.): ÖPNV in Bewegung. Konzepte, Probleme, Chancen. Schriftenreihe der Gesellschaft für öffentliche Wirtschaft, Heft 46, Baden-Baden, S. 105-128.

SRU – Sachverständigenrat für Umweltfragen (2005): Umwelt und Straßenverkehr. Hohe Mobilität – Umweltverträglicher Verkehr, Sondergutachten, Berlin.

Stanovsky, R. K. (2003): Deregulierung im europäischen Luftverkehr: Notwendigkeiten, Möglichkeiten und Grenzen; eine empirische und wettbewerbstheoretische Analyse im Hinblick auf die Liberalisierung, Bayreuth.

Statistisches Bundesamt (2004a): Verkehr – Straßenpersonenverkehr 2003, Fachserie 8, Reihe 3, Stuttgart.

– (2004b): Verkehr – Eisenbahnverkehr, Fachserie 8, Reihe 3, Wiesbaden.

– (2006a): Verkehr – Binnenschifffahrtsstatistik, Fachserie 8, Reihe 4, erschienen am 26. Mai 2006, Wiesbaden.

– (2006b): Verkehr – Luftverkehr auf allen Flugplätzen, Fachserie 8, Reihe 6.2, erschienen am 14. August 2006, Wiesbaden.

– (2006c): Preise – Verbraucherpreisindizes für Deutschland, Revisionsbericht 2005, erschienen am 03.02.2006, Wiesbaden.

– (2006d): Statistisches Jahrbuch 2006 für die Bundesrepublik Deutschland, Stuttgart.

Stein, E. (1999): Die Finanzierung des öffentlichen Personennahverkehrs, in: Frank, G. / Meyerholt, U. / Stein, E. (Hrsg.): Verkehrsinitiativen zum Umweltschutz. Unsere Wirkungsmöglichkeiten in der Gemeinde, Oldenburg, S. 31-40.

Stertkamp, W. (1998): Wettbewerb im öffentlichen Personennahverkehr: Qualitätsverschlechterungen für die Kunden, in: Internationales Verkehrswesen, 50. Jg., Heft 5/1998, S. 211-215.

Stölzle, W. (2006): Transportpreise klettern, in: Verkehrsrundschau, 60. Jg., Nr. 26, S. 24-30.

Tegner, H. (2004): Marktzugang im Schienenpersonennahverkehr – Eine politökonomische Analyse, in: Wirtschaftsdienst, Heft 12/2002, S. 773-778.

Transcare AG (2006): Einfluss der Lkw-Maut auf den Modal Split im Güterverkehr, Wiesbaden.

UIC (2004): External Costs of Transport, Update Study, Zurich / Karlsruhe, Oktober.

Umweltbundesamt (2005): Möglichkeiten der Einführung einer Kerosinsteuer auf innerdeutschen Flügen, Forschungsbericht 36301091, Berlin.

Verband deutscher Verkehrsunternehmen (*VDV*) (2002): VDV Statistik 2002, Köln.

– (2003): VDV Jahresbericht 2002/ 2003, Köln.

Verkehrsclub Deutschland (*VCD*): VCD Position: Binnenschifffahrt, Berlin.

Voigt, F. (1973): Verkehr – Erster Band – Erste Hälfte: Die Theorie der Verkehrswirtschaft, Berlin.

Weiß, H.-J. (1998): ÖPNV-Kooperationen im Wettbewerb. Ein disaggregierter Ansatz zur Lösung des Koordinationsproblems im öffentlichen Personennahverkehr, Band 4 der Freiburger Studien zur Netzökonomie, Baden-Baden.

– (2003): Öffentlicher Personennahverkehr (ÖPNV), in: Knieps, G. / Brunekreeft, G. (Hrsg.): Zwischen Regulierung und Wettbewerb. Netzsektoren in Deutschland. 2. Auflage, Heidelberg, S. 231-249.

Wermuth, M. (1981): Verhaltensorientierte Verkehrsnachfragemodelle – Prinzipien und praktische Anwendbarkeit, in: Verkehrsnachfragemodelle, Band 57 der Schriftenreihe der Deutschen Verkehrswissenschaftlichen Gesellschaft, Köln, S. 96-135.

WIK-Consult (2006): Zur Frage einer Marktbeherrschung durch die Deutsche Bahn AG. Studie für die Deutsche Bahn AG, Bad Honnef.

Willeke, R. (2003): Bundesverkehrswegeplan 2003. Eine kritische Bestandsaufnahme, in: Internationales Verkehrswesen, 55. Jg., S. 525-528.

Williams, G. (2001): Will Europe's charter carriers be replaced by „no-frills" scheduled airlines?, in: Journal of Air Transport Management, Vol. 7, p. 277-286.

Winston, C. (1981): A Disaggregate Model of the Demand for Intercity Freight Transportation, in: Econometrica, Vol. 49, No. 4, p. 981-1006.

– (1985): Conceptional Developments in the Economics of Transportation: An Interpretive Survey, in: Journal of Economic Literature, Vol. 23, No. 1, p. 54-97.

Wissenschaftlicher Beirat beim Bundesverkehrsministerium (*BMV*) (1998): Probleme der Regionalisierung des ÖPNV und Ansatzpunkte für ihre Lösung, in: Zeitschrift für Verkehrswissenschaft, Heft 4/1998, S. 213-223.

Zauner, M. (2006): Die Regulierung des deutschen Schienenverkehrsmarktes: Eine wettbewerbsökonomische Analyse, Lohmar / Köln.

Die Bahnreform in Großbritannien

Von Andreas Knorr

I. Einführung

Unter den konservativen Regierungen Thatcher (1979-1990) und Major (1990-1997) wurden zahlreiche öffentliche Unternehmen Großbritanniens privatisiert.[1] Diese Privatisierungswelle machte auch vor den staatlichen Verkehrsunternehmen wie British Airways, dem Intercity-Busunternehmen National Express, den lokalen Busgesellschaften sowie den Flughäfen und Häfen nicht halt. Wenig überraschend legte sich das Hauptaugenmerk der Regierung schließlich auf British Rail (BR), dem damals vollständig vertikal integrierten Angebotsmonopolisten im britischen Eisenbahnwesen. Da zudem die EG-Richtlinie 91/440 der Umsetzung in nationales Recht bedurfte, bot sich Anfang der 1990er die Gelegenheit zu einer Fundamentalreform dieses seit mehr als drei Dekaden im Niedergang befindlichen und vom britischen Staat während dieser Zeit chronisch unterfinanzierten Verkehrsträgers.[2] Die wichtigsten Ziele der Reform waren, wie in allen anderen Mitgliedsstaaten der EU auch,[3] die Revitalisierung der Schiene als Verkehrsträger im intermodalen Wettbewerb sowie eine spürbare Verringerung der staatlichen Subventionen zugunsten der Eisenbahn.

Während sich das Verkehrsaufkommen auf der Schiene – nicht zuletzt im Vergleich mit Deutschland – bis dahin in der Tat sehr positiv entwickelte,[4] stellte die britische Regierung am Sonntag, den 7. Oktober 2001, also nur sieben Jahre nach Reformbeginn und lediglich fünf Jahre nach deren Privatisierung, die Eisenbahninfrastrukturbetreibergesellschaft Railtrack unter Zwangsverwaltung; sie wurde wenig später durch das zwar formal private, jedoch nicht börsennotierte und gemeinnützige (‚not-for-profit‘) Nachfolgeunternehmen Network Rail ersetzt. Der Railtrack-Konkurs sowie eine Serie von Unfällen mit

---

[1] Vgl. für viele die Übersicht bei *Freeman / Shaw* (2000), S. 5.

[2] Vgl. *Redwood* (1988), S. 5.

[3] Generell dazu *di Pietrantonio / Pelkmans* (2004).

[4] Beispielsweise wurden im Passagierverkehr 2003 erstmals seit 1961 wieder mehr als eine Milliarde Passagiere befördert. Vgl. *Department for Transport* (2004), S. 17.

Todesfolge und die unmittelbar danach aus Sicherheitsgründen verhängten langwierigen Einschränkungen des Schienenverkehrs gelten den meisten Kritikern der britischen Bahnreform seitdem weithin als Beleg für deren Scheitern, welches sie im Wesentlichen auf die Trennung von Netz und Betrieb und die auf den privatisierten Akteuren lastenden Zwänge des Kapitalmarktes zurückführen.[5] Diese Auffassung wird offensichtlich auch von vielen deutschen Medien[6] und Politikern geteilt, und auch die Deutsche Bahn AG (DBAG) bewertet in ihrem jüngsten Wettbewerbsbericht die britische Eisenbahnreform als „kontrovers".[7]

Ziel dieser Abhandlung ist es deshalb, im Rahmen einer Zwischenbilanz zu untersuchen, ob und wenn ja wieweit die verbreiteten Negativurteile über die Reform des britischen Eisenbahnwesens ökonomisch in der Tat gerechtfertigt sind.[8] Wie sehr die öffentliche und veröffentlichte Meinung nicht nur in Großbritannien, sondern gerade auch hierzulande, diesbezüglich manchen Fehlschlüssen unterliegt, zeigt exemplarisch nicht zuletzt die anhand aller verfügbaren offiziellen Daten leicht zu belegende Tatsache, dass die statistische Unfallhäufigkeit – ihrem langjährigen Trend entsprechend – seit der Bahnreform, wie schon in den Jahrzehnten zuvor, kontinuierlich weiter zurückging.[9] Wenn überhaupt, war das Unfallrisiko seither noch stärker rückläufig als vor der Reform (und dabei auch nicht substantiell höher als in Deutschland – Stichworte: Eschede, Brühl). Nicht übersehen werden sollte in diesem Zusammenhang auch die Kritik einiger Ökonomen, die die in einigen Bereichen unstreitig aufgetretenen Fehlentwicklungen auf Staatsversagen zurückführen.[10] Sie kritisieren vor allem die ihrer Auffassung nach viel zu komplexen und zugleich ineffektiven Regulierungsstrukturen, die faktische Rückverstaatlichung der Infrastruktur sowie die seit der Vorlage des Weissbuchs The Future of Rail im Jahr 2004 ge-

---

[5] Vgl. für viele *Wolmar* (2001).

[6] So z. B. *Schwennicke* (2004), S. 12, aber auch die *FAZ*. Vgl. *o.V.* (2002).

[7] Angesichts der Tatsache, dass die DBAG die Trennung von Netz und Betrieb grundsätzlich ablehnt, findet sich darin wenig überraschend die These, „dass andere Faktoren als die Organisationsform für den Marktanteil der Schiene bedeutsamer sind" (*DBAG* 2006, S. 45ff.).

[8] Dieses Kapitel stützt sich inhaltlich teilweise auf zwei ältere, jedoch grundlegend überarbeitete und aktualisierte Publikationen des Verfassers. Vgl. *Knorr / Eichinger* (2002) und *Eichinger / Knorr* (2005). Einen guten Überblick über die britische Bahnstrukturreform bieten auch *Merkert* (2005) und *Schnöbel* (2005).

[9] Vgl. dazu ausführlich Abschnitt IV., Pkt 2.

[10] Vgl. *Murray* (2005), der sich allerdings wegen der seiner Ansicht nach zu hohen Informations- und Kontrollkosten infolge vertikaler Separation für eine horizontale Entflechtung bei gleichzeitiger vertikaler Integration ausspricht, sowie die überwiegende Mehrzahl der Beiträge in dem von *Booth* (2006) herausgegebenen Sammelband.

nerell wieder deutlich angestiegene Interventionsbereitschaft der britischen Regierung.[11]

II. Die Geschichte des britischen Eisenbahnwesens

1. Von den Anfängen bis zur Privatisierung von British Rail (BR)

Die erste Eisenbahnlinie Großbritanniens – sie war zugleich die erste Trasse weltweit – wurde im Jahr 1825 zwischen den Städten Stockton und Darlington eröffnet. Mit dem schnellen Ausbau des Eisenbahnnetzes erhielt binnen weniger Jahrzehnte nahezu jede britische Stadt Anschluss an das neue Verkehrsmittel. Das Netz erreichte im frühen 20. Jahrhundert, betrieben von etwa 120 lizenzierten Privatbahnen, eine Länge von mehr als 35.000 km.[12] Der Neubau und die geplante Elektrifizierung einiger Eisenbahnlinien wurden jedoch durch den Ausbruch des Zweiten Weltkriegs verhindert. Nach Kriegsende befand sich das Eisenbahnwesen aufgrund hoher Kriegsschäden und eines ebenfalls kriegsbedingten Investitionsrückstands von etwa £ 200 Millionen in einem desolaten Zustand, der letztlich am 1. Januar 1948 zur Verstaatlichung der vier verbliebenen privaten Anbieter führte.[13] Die vollständig vertikal integrierte neue staatliche Eisenbahngesellschaft BR war damit geboren.

Anfang der 1960er stiegen die Verluste von BR stark an. Richard Beeching, der Vorsitzende der 1962 neu eingerichteten Aufsichtsbehörde British Railways Board, wurde deshalb beauftragt, deren wirtschaftliche Lage zu untersuchen. Sein Abschlussbericht The Reshaping of British Railways[14] oder kurz Beeching Report, der am 27. März 1963 vorgelegt wurde, enthielt erstmals eine ebenso umfassende wie exakte Darstellung des britischen Eisenbahnnetzes und vor allem eine Klassifizierung der Strecken nach ihrer jeweiligen Rentabilität. Der Beeching Report hatte für BR gravierende Folgen.[15] So bestätigte er die Vermutung der Regierung, dass ein Großteil des Eisenbahnnetzes nur marginal genutzt wurde. Beechings Erkenntnissen zufolge wurde lediglich die Hälfte aller Strecken kostendeckend betrieben, wohingegen BR etwa 95 Prozent ihrer Erlöse an kaum mehr als der Hälfte aller Bahnhöfe erwirtschaftete.

---

[11] Vgl. *Department for Transport* (2004).

[12] Vgl. *Hass-Klau* (1998), S. 3.

[13] Bereits 1921 fusionierten die damals 123 privaten Eisenbahngesellschaften zu den vier Anbietern London, Midland and Scottish Railway (LMS), London and North Eastern Railway (LNER), Great Western Railway (GWR) sowie Southern Railway (SR).

[14] Vgl. *Departments of State and Official Bodies. British Railways Board* (1963).

[15] Vgl. dazu *Bagwell* (1996), S. 101ff.

Beeching empfahl deshalb die Stilllegung von etwa einem Drittel des britischen Netzes, damals 28.500 Kilometer, da diese Strecken zusammen nur ein Prozent der Erlöse erwirtschafteten. Die Stilllegungspläne hätten sämtliche Nebenstrecken betroffen, von denen lediglich einige wenige als reine Güterverkehrsstrecken erhalten bleiben sollten. Beechings ausschließlich betriebswirtschaftlichen Kriterien folgender Bericht wurde in der anschließenden öffentlichen Diskussion jedoch stark kritisiert, da er die volkswirtschaftlichen Kosten der Stilllegung einer Strecke darin ebenso wenig berücksichtigt habe wie deren gesamtwirtschaftlichen Nutzen. Außerdem waren die zugrunde gelegten Passagierzahlen in der Nebensaison erhoben worden, was deren Aussagekraft minderte. Schließlich wurde bemängelt, dass er den Netzbeitrag der Nebenstrecken, also deren Zubringerfunktion für die Hauptstrecken, ignoriert habe.

Viele Vorschläge des Berichtes wurden dennoch sehr schnell umgesetzt; u.a. wurden 2000 Bahnhöfe geschlossen. 1965 erschien schließlich der zweite Bericht Beechings mit dem Titel The Development of the Major Trunk Routes.[16] Seine Kernaussagen prägten den Transport Act 1968 inhaltlich stark. Dort wurden alle Eisenbahnstrecken in zwei Kategorien unterteilt. Dabei kamen die auf den so genannten Social Routes tätigen Eisenbahnunternehmen anders als die auf den Commercial Routes aktiven Anbieter in den Genuss staatlicher Fördermittel. Zudem wurden die bis dato streckenbezogenen Subventionen durch einen pauschalen Public Service Obligation-Zuschuss ersetzt. Schließlich wurden in allen großen Ballungsräumen, um den verlustbringenden Schienenpersonennahverkehr zu sanieren, so genannte Public Transport Authorities (PTA) eingerichtet; sie werden heute als Passenger Transport Executives (PTE) bezeichnet.

Zu Beginn der 1980er war BR immer noch, wie schon seit 1948, nach Regionen organisiert. Erst 1982 wurde diese Struktur aufgegeben und BR in die fünf Sparten Parcels, Freight, InterCity, London & South East und Provincial Railways unterteilt (Letztere wurden später in Network SouthEast respektive Regional Railways umbenannt). 1983 erschien der Serpell Report, der die finanzielle Lage von BR trotz der Reformen nach wie vor sehr schlecht darstellte. Ihm zufolge waren nur noch etwa 2600 km des Streckennetzes von BR profitabel.[17] Schon zu Beginn der 1980er Jahre begann BR daher mit dem Verkauf von Tochtergesellschaften, die nicht unmittelbar dem Kerngeschäft Eisenbahn zuzurechnen waren, wie z. B. die Hovercraftdienste über den Ärmelkanal.[18] In den späten 1980ern, nachdem sich die wirtschaftliche Lage von BR gleichwohl kaum gebessert hatte, weil die Betriebskosten nahezu ungebremst weiter ange-

[16] Vgl. *Departments of State and Official Bodies. British Railways Board* (1965).
[17] Vgl. *Department of Transport* (1983).
[18] Vgl. zu den Einzelheiten *Shaw* (2000), S. 44ff.

stiegen waren, wurde das Unternehmen erneut – und, wie sich wenig später erweisen sollte, wiederum erfolglos – reorganisiert. Dabei wurden alle Mitarbeiter Direktoren unterstellt, denen man erstmals die volle Kontrolle und Verantwortung für Kosten und Erlöse in ihrem jeweiligen Tätigkeitsbereich übertrug.

2. Die Privatisierung von BR im Überblick

Bei der Privatisierung von BR handelte es sich um das letzte große Privatisierungsvorhaben der seit 1979 amtierenden konservativen Regierung.[19] Am 14. Juli 1992 legte die Regierung unter John Major (Amtszeit: 1990-1997) zunächst das programmatische Weissbuch New Opportunities for the Railways: The Privatisation of British Rail vor.[20] Konkrete Vorschläge zu Art und Umfang der geplanten Privatisierung suchte man darin aber vergebens. Es drückt lediglich den generellen Wunsch nach einer Qualitätsverbesserung der angebotenen Eisenbahnverkehre sowie nach Kosteneinsparungen, insbesondere im Bereich der Instandhaltung, aus.[21] Weiterhin sollte der mit der Privatisierung verbundene Wegfall der Budgetrestriktion aufgrund des so genannten External Financing Limit (EFL)[22] BR fortan freien Zugang zum Kapitalmarkt ermöglichen und so die Voraussetzungen für ein substanzielles Engagement privater Investitionen schaffen.

Erst der Railways Act 1993 bildete dann die eigentliche rechtliche Grundlage für die Reorganisation und Privatisierung der britischen Eisenbahnen, obwohl er die vorgesehene neue Struktur des britischen Eisenbahnwesens keineswegs vollständig, geschweige denn abschließend umriss. So wurde z. B. die künftige Infrastrukturgesellschaft Railtrack im Gesetz gar nicht erwähnt. Das Unternehmen hätte folglich auf bloße Anweisung des britischen Verkehrsministers hin jederzeit umstrukturiert oder sogar aufgelöst werden können.[23]

Die meisten im neuen Eisenbahngesetz festgelegten Reformen traten am 1. April 1994 in Kraft. Wie im folgenden Abschnitt gezeigt werden soll, markiert dieses Datum somit das Ende von BR als Unternehmen, wurde es doch – sowohl horizontal als auch vertikal – komplett in fast einhundert eigenständige Unternehmen entflochten. Diese wurden danach allesamt privatisiert. Erlöst wurden insgesamt £ 5,2 Mrd., von denen der Löwenanteil auf den Verkauf des

---

19 Ausführlich zum Folgenden für viele *Gourvish* (1986 und 2002), *Gibb* (1996) sowie *Shaw* (2000).

20 Vgl. *Department of Transport* (1992).

21 Vgl. *Glover* (1999), S. 5.

22 Das EFL beschränkt die Möglichkeiten aller Einrichtungen der öffentlichen Hand Großbritanniens zur externen Kreditaufnahme.

23 Vgl. *Hope* (1994), S. 219.

Netzbetreibers Railtrack (£ 1,9 Mrd.) und des rollenden Materials (£ 2,6 Mrd.) entfiel.[24]

III. Die Hauptakteure im britischen Eisenbahnwesen heute

1. Die Organisationsstrukturen 1994 und 2004 im Vergleich

In diesem Kapitel soll die Organisationsstruktur des britischen Eisenbahnwesens, wie sie sich nach den Reformen des Jahres 1994 sowie der ergänzenden 2004 beschlossenen partiellen Reorganisation[25] derzeit darstellt, überblicksartig skizziert werden. Dabei sind, neben dem Staat als Träger (und Hauptfinancier) der Verkehrspolitik und neben diversen Infrastruktur- und Waggoninstandhaltungsunternehmen, die für die weitere Analyse jedoch irrelevant sind und die deshalb ausgeklammert bleiben sollen, fünf verschiedene Gruppen von Akteuren zu unterscheiden:

- der Betreiber der Netzinfrastruktur (zunächst das Privatunternehmen Railtrack, nach dessen Konkurs das ‚Not-for-Profit'-Unternehmen Network Rail),
- die auf Franchisebasis agierenden Eisenbahnunternehmen des Schienenpersonenverkehrs (Train Operating Companies, kurz TOC) und des Schienengüterverkehrs (Freight Operating Companies, kurz FOC),
- die Anbieter des rollenden Materials (Rolling Stock Companies bzw. ROSCO) sowie
- die zuständigen Regulierungsbehörden. Dabei handelte es sich zunächst – d. h. vom Reformbeginn 1994 bis zur Neugliederung der Zuständigkeiten 2004 – um das überwiegend mit der Kontrolle des Infrastrukturbetreibers betraute Office of the Rail Regulator (ORR), das für die Regulierung der TOC zuständige Office of Passenger Rail Franchising (OPRAF) bzw. dessen Nachfolgebehörde Strategic Rail Authority (SRA) sowie das für die Zulassung des Rollmaterial verantwortliche Her Majesty's Railway Inspectorate (HMRI).

Die genannten Akteure, deren Aufgaben weiter unten noch ausführlich erläutert werden, standen untereinander, wie der Abbildung 1 zu entnehmen ist, in vielfältigen, ökonomisch jedoch, wie noch zu zeigen sein wird, nicht immer effizient ausgestalteten Beziehungen.

---

[24] Vgl. *The Economist* (1999), S. 85ff.

[25] Vgl. dazu *Merkert* (2005) sowie *Nash / Smith / Matthews* (2005).

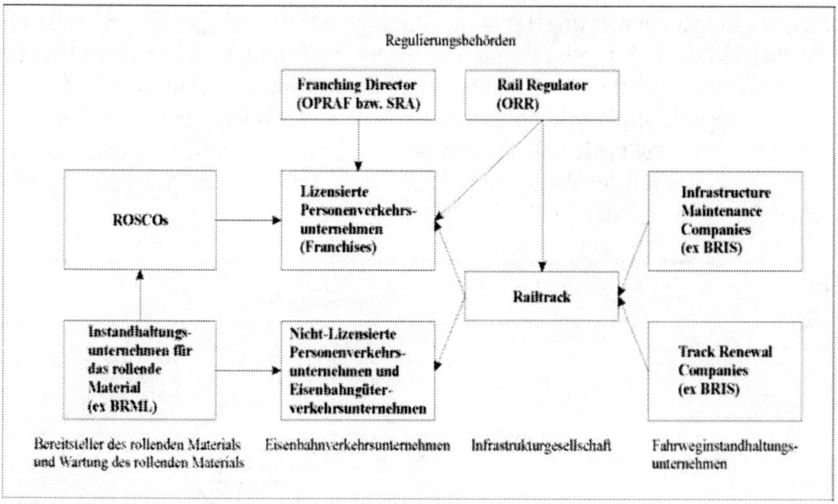

Quelle: In enger Anlehnung an Gourvish (2002), S. 401.

Abbildung 1: Die Organisationsstruktur des britischen Eisenbahnwesens ab 1994

Im Jahr 2004 beschloss die britische Regierung nach der so genannten Railway Review 2004 eine umfassende Neuordnung des Regulierungsrahmens. Zunächst wurde das ehemalige Office of the Rail Regulator in Office of Rail Regulation (ORR) umbenannt. Ihm wurden dabei zugleich nicht nur Teilfunktionen der SRA – sie wurde 2005 aufgelöst – übertragen. Das ORR erhielt zusätzliche Aufgaben im Bereich der Regulierung der Eisenbahnsicherheit. Damit beabsichtigt die Regierung einer stärker an ökonomischen Prinzipien, konkret an Nutzen-Kosten-Erwägungen, orientierte Ausgestaltung und Umsetzung von Sicherheitsnormen. Die strategische Planung im Bereich des Eisenbahnwesens, die bis zu ihrer Auflösung ebenfalls Aufgabe der SRA war, übernimmt seither das Department for Transport (DfT) wieder selbst.[26] Insgesamt bedeutet die Reform des Jahres 2004 in Verbindung mit der faktischen Renationalisierung der Schieneninfrastruktur eine substantielle Stärkung der Kontrolle der Regierung über das britische Eisenbahnwesen. Wesentliche Teile der ursprünglichen Reform des Jahres 1994 wurden damit ‚zurückgedreht'. Das daraus aktuell resultierende Interaktionsschema ist der Abbildung 2 zu entnehmen.

Folgende wesentliche Neuerungen wurden implemetiert: Anders als unter den Rahmenbedingungen der 1994er Reform besteht fortan zwischen der Regierung, vertreten durch das DfT und dem Betreiber der Infrastruktur, Network Rail, unmittelbar eine rechtsverbindliche und sehr detaillierte Leistungs- und

[26] Vgl. *Department for Transport* (2004), *Merkert* (2005) sowie detailliert zur früheren Struktur des britischen Eisenbahnwesens *Knorr / Eichinger* (2002).

Finanzierungsvereinbarung (Binding Arrangement). Sie spezifiziert exakt, in welcher Höhe die britische Regierung für ein bestimmtes Jahr Finanzmittel für den Bau und Unterhalt der Schienenwegeinfrastruktur bereitstellen wird und welche Gegenleistung (die so genannten Key Outputs) sie dafür von Network Rail erwartet. Das ORR soll die Einhaltung dieser Vereinbarung überwachen. Entsprechendes gilt für die Lizenzvereinbarungen (Franchise Agreements) zwischen dem DfT und den TOC.

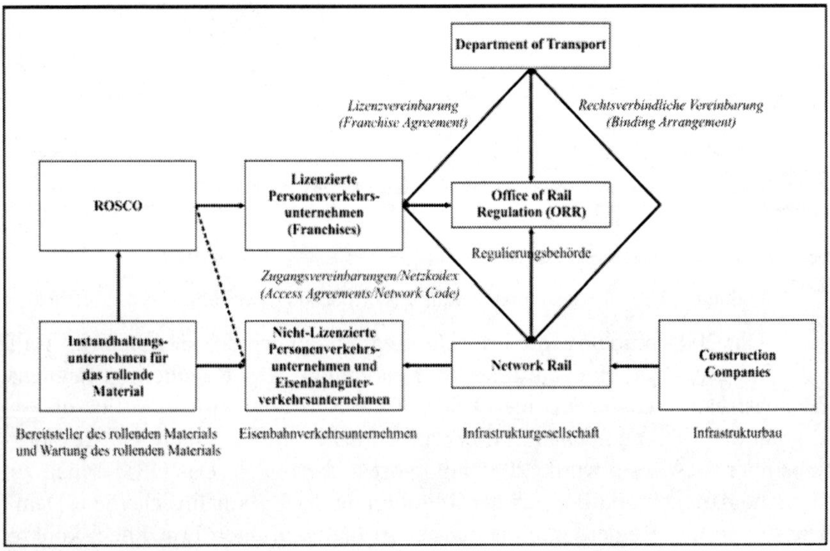

Quelle: Eigene Darstellung.

Abbildung 2: Die Organisationsstruktur des britischen Eisenbahnwesens ab 2004

Über die genaue Ausgestaltung der Franchise Agreements wird nach dem Auslaufen der bestehenden Verträge bei allen zukünftigen Lizenzvereinbarungen die britische Regierung entscheiden, wobei angesichts negativer Erfahrungen mit den bisherigen starren Vereinbarungen – dazu später mehr – verstärkt flexible Elemente bzw. Raum für Nachverhandlungen enthalten sein sollen. Um opportunistisches Verhalten einer finanziell angeschlagenen TOC auszuschließen, kündigte die britische Regierung für diesen Fall jedoch an, künftig auf einer Rückgabe der Lizenz bestehen zu wollen.[27] In der Vergangenheit wurde von diesem Instrument nur ausnahmsweise Gebrauch gemacht; i.d.R. half die Regierung stattdessen mit Subventionen aus.

[27] Vgl. *Department for Transport* (2004), S. 69.

Die dritte zentrale Neuerung bei einer der übrigen Schlüsselbeziehungen des Systems bilden schließlich die bereits existierenden Infrastrukturzugangsvereinbarungen sowie der Netzkodex (Access Agreements/Network Code) zwischen dem Infrastrukturbetreiber und den einzelnen TOC. Sie regeln zentrale Aspekte der effizienten Leistungsbereitstellung, der Fahrplanerstellung, der Netzausstattung und -entwicklung usw. Im Folgenden sollen nun die einzelnen Hauptakteure ausführlicher dargestellt werden.

2. Die Infrastrukturebene

a) Von Railtrack zu Network Rail

Der Infrastrukturbetreiber Railtrack wurde am 28. Februar 1994 gegründet und zunächst in öffentlicher Trägerschaft geführt und im Mai 1996 an der Börse platziert. Am Sonntag, den 7. Oktober 2001, also nur sieben Jahre nach Reformbeginn und lediglich fünf Jahre nach dem Börsengang, stellte die britische Regierung Railtrack jedoch unter Zwangsverwaltung.

Am 27. Juni 2002 übertrug die Regierung Railtracks gesamtes Betriebsvermögen sowie die aufgelaufene Verschuldung in Höhe von £ 7,1 Mrd. an das Nachfolgeunternehmen Network Rail Ltd.[28] Es führte nach der Freigabe der Transaktion durch die EU[29] die Aufgaben seines Rechtsvorgängers fort. Anders als Railtrack ist Network Rail jedoch nicht börsennotiert und damit auch nicht dividendenberechtigten Anteilseignern rechenschaftspflichtig. In der Rechtsform einer Company of Limited Guarantee (CLG) geführt, ist sein Vorstand aussschließlich seinen Trägern, den von einem unabhängigen Gremium im Namen der Regierung ernannten Mitgliedern („drawn from the public sector, industry and the public") verantwortlich.[30] Konkret handelt es sich um insgesamt 116 Mitglieder, von denen nicht mehr als 25 Prozent aus dem Eisenbahnwesen stammen dürfen. Sie repräsentieren neben den Eisenbahnverkehrsunternehmen, Eisenbahnnutzern und Gewerkschaften eine Reihe sonstiger ‚Stakeholder', wie z. B. des Crime Concern Trust, der Royal Association for Disability & Rehabilitation oder auch den Cyclists' Touring Club.[31] Des Weiteren wurde dem Unternehmen, obwohl es nach betriebswirtschaftlichen Grundsätzen geführt werden muss, untersagt, Dividenden auszuschütten, d. h. es muss sämtliche Gewinne in die Netzinfrastruktur reinvestieren.[32]

---

[28] Vgl. *o.V.* (2002), S. 20.

[29] Vgl. zu den Einzelheiten *Clark* (2002) und *Office of the Rail Regulator* (2002).

[30] *Department for Transport* (2002).

[31] Vgl. *Murray* (2005), S. 17.

[32] Vgl. *Department for Transport* (2002).

b) Aufgaben und Finanzierung von Network Rail

Als alleiniger Netzbetreiber hat Network Rail – wie zuvor bereits Railtrack – den TOC und FOC gegen ein Nutzungsentgelt Zugang zum Netz zu gewähren, alle Zugbewegungen zu koordinieren und zu planen sowie den nationalen Fahrplan zu erstellen. Weiterhin ist das Unternehmen für den Betrieb des Signalsystems sowie für die Instandhaltung, Erneuerung und Verbesserung der Schieneninfrastruktur zuständig.[33] Die zuletzt genannte Aufgabe führten bislang aber im Wesentlichen die Nachfolgeunternehmen des British Rail Infrastructure Service (BRIS) aus, der Anfang der 1990er organisatorisch von BR abgetrennt worden war. 1994 wurde der BRIS nach geographischen Kriterien in dreizehn Unternehmen aufgespaltet, die 1996 an mehrere britische Bauunternehmen veräußert wurden. Dabei erfolgte zusätzlich eine Aufspaltung in Infrastructure Maintenance Companies einerseits und Track-Renewal Companies andererseits. Erstere sind ausschließlich für Instandhaltungs-, Letztere exklusiv für Reparaturaufgaben und Neutrassierungen zuständig, durften dabei jedoch grundsätzlich nur im Auftrag Railtracks bzw. Network Rails aktiv werden. Jedoch ist anzumerken, dass Network Rail den Bereich der Netzinstandhaltung im Zuge der 2004er Reorganisation wieder vollständig selbst übernommen hat.[34] Auf diese Weise soll Network Rail zum einen eine bessere Kontrolle über die Art und Weise sowie über die Qualität der ausgeführten Arbeiten erlangen; dies war in der Vergangenheit nachweislich nicht immer der Fall.[35] Zum anderen sollten so doppelte Managementstrukturen und damit auch doppelte Overheads abgebaut werden.[36]

Das Vorgängerunternehmen von Network Rail, Railtrack, sollte ursprünglich keine direkten Subventionen durch den britischen Staat erhalten, sondern sich vollständig selbst finanzieren – und zwar aus Trassennutzungsentgelten und durch Einnahmen aus dem Verkauf, der Vermietung und der Verpachtung von Bahnhöfen, Depots und Grundstücken. Alles in allem machten die für die Nutzung der Schieneninfrastruktur erhobenen Abgaben unmittelbar vor dem Konkurs in der Tat etwa 90 Prozent der Einkünfte von Railtrack aus.[37] Diese reichten aber immer weniger aus, um die Kosten der Instandhaltung abzudecken – vor allem nachdem einige Unfälle hier zu erheblichen, unvorhergesehenen Mehraufwendungen geführt hatten. Hinzu kamen erhebliche Kostensteigerungen bei wichtigen Neubauvorhaben; dazu später mehr.

---

[33] *Schmitz* (1997), S. 52.

[34] Die Zahl der Beschäftigten Network Rails wird sich damit um ca. 16.000 auf etwa 30.000 Arbeitnehmer mehr als verdoppeln.

[35] Vgl. *Wolmar* (2001).

[36] Vgl. *Department of Transport* (2004), S. 29.

[37] Vgl. *Freeman / Shaw* (2000), S. 35.

Da mit Railtrack bzw. nunmehr Network Rail ein privatisiertes Netzmonopol die Grundlage für den Betrieb der Eisenbahnen bildet, wird es vom ORR, in den beiden Schlüsselbereichen Trassenzugang und Trassennutzungspreise reguliert, um Diskriminierungen auszuschließen. Zudem unterlag Railtrack – wie heute Network Rail – bei der Festlegung der Trassenpreise einer Price-Cap-Regulierung. Darüber hinaus ist der Infrastrukturbetreiber[38] zusammen mit seinen Hauptkunden, den TOC und den FOC, eng in das mit der ursprünglichen Reform etablierte Anreizsystem im britischen Eisenbahnwesen eingebunden. Konkret muss der Infrastrukturbetreiber den TOC/FOC Schadensersatz leisten, wenn diese durch sein Verschulden Opfer von Verspätungen wurden. Falls hingegen die vorgegebenen Zuverlässigkeitsziele vom Infrastrukturbetreiber übertroffen werden, erhält er Bonuszahlungen von den TOC/FOC. Sofern schließlich Verspätungen, z. B. durch einen Zugschaden einer TOC/FOC zustande kommen, sind diese wiederum verpflichtet, davon betroffene andere TOC/FOC zu kompensieren. Dabei ist der Infrastrukturbetreiber für die ordnungsgemäße Durchführung dieses Entschädigungsmechanismus verantwortlich.

3. Die Betreiberebene: Schienenpersonenverkehr und Güterverkehr

a) Schienenpersonenverkehr: die Train Operating Companies

Grundsätzlich soll nach dem Railways Act 1993 der gesamte Schienenpersonenverkehr auf der Basis zeitlich befristeter Franchiseverträge, den Passenger Rail Franchises, ausschließlich durch private Eisenbahnverkehrsunternehmen, die so genannten Train Operating Companies (TOC) erbracht werden.[39] Die Zahl sowie die geographische Ausrichtung dieser Franchises orientierte sich damals noch stark an den früheren Profitcentern von BR.[40] Zunächst vergab die Regierung 25 Franchises, von denen vierzehn die politisch festgelegte Mindestlaufzeit von sieben Jahren hatten;[41] alle übrigen Franchises wurden für einen längeren Zeitraum – darunter fünf für fünfzehn Jahre – vergeben. Nachdem einige Franchises im Rahmen bereits erfolgter Neuausschreibungen zusammengelegt worden waren, soll ihre Zahl in den nächsten Jahren weiter auf nur noch

---

[38] Dies betraf Railtrack und betrifft nun auch Network Rail.

[39] Eine Ausnahme bildet die ausschließlich auf der Isle of Wight tätige Island Line. Sie war das einzige vollständig vertikal integrierte Franchise, das ausgeschrieben wurde. Vom Ausschreibungsprozess zunächst ausgenommen wurden die Eurostar-Hochgeschwindigkeitszüge zwischen London und Paris respektive Brüssel, der Heathrow Express, die Londoner U-Bahn London Underground und diverse Light Rail-Systeme.

[40] Vgl. *Shaw* (2000), S. 154. – Eine Übersicht über die Profitcenter von BR findet sich eben dort auf S. 86.

[41] Vgl. *Cowie* (2002), S. 26.

19 reduziert werden, auch um sie enger auf die Regionalstruktur von Network Rail abzustimmen.[42, 43]

Die Auswahl der TOC erfolgt anhand mehrerer Kriterien. Deren wichtigstes ist der vom jeweiligen Bieter veranschlagte Subventionsbedarf für den laufenden Betrieb, der prinzipiell degressiv gestaffelt ist; gleichwohl kam es in Einzelfällen zu Nachverhandlungen zwischen defizitären TOC und den Aufsichtsbehörden, die i.d.R. eine Erhöhung der staatlichen Alimentierung nach sich zogen. Berücksichtigt werden zusätzlich Selbstverpflichtungen der potentiellen Betreiber in den Bereichen Verbesserung des Verkehrsangebotes, insbesondere der Zuverlässigkeit und Pünktlichkeit, sowie Infrastrukturinvestitionen.

Das Geschäftsgebaren der TOC wurde und wird umfassend reguliert.[44] Um ihnen zunächst den Anreiz zu nehmen, nach Vertragsschluss ihre Gewinne durch systematische Qualitätsverschlechterungen zu erhöhen, definierte anfangs das OPRAF bzw. definieren heute dessen Nachfolgebehörden im Benehmen mit diesen so genannte Passenger Service Requirements (PSR).[45] Sie enthalten neben Fahrplanauflagen (Frequenz, maximale Reisedauer, Abfahrtszeiten der ersten und letzten verkehrenden Züge) teilweise die Auflage, eine bestimmte Sitzplatzkapazität vorhalten zu müssen. Im Allgemeinen sind die Anforderungen in den PSR etwas unterhalb der Leistungsangebote angesiedelt, zu welchen sich die TOC im Ausschreibungsverfahren selbst verpflichtet hatten. Ursprünglich sollen die PSR für die gesamte Laufzeit der Franchises gelten; das OPRAF ließ in der Vergangenheit jedoch in einigen Fällen aufgrund finanzieller Probleme der fraglichen TOC Nachverhandlungen zu.

Schließlich unterliegen die TOC bei der Festlegung bestimmter Tarife, die zusammen 45 Prozent ihres Umsatzes ausmachen, einer Price-Cap-Regulierung.[46] Ihr unterworfen sind derzeit alle Spartarife („Saver Fares“) sowie bestimmte Zeitkarten („Standard Weekly Class Season Tickets“ sowie sämtliche Zeitkarten für Pendler im Großraum London). Zunächst – von 1996 bis 1999 – erlaubte die Price-Cap-Regulierung Fahrpreiserhöhungen nur in Höhe des Anstiegs des Einzelhandelspreisindexes. Zwischen 1999 und 2004 waren demgegenüber nur noch Preiserhöhungen von maximal einem Prozentpunkt unterhalb

---

42 Vgl. *Department for Transport* (2004), S. 68; *House of Commons Transport Committee* (2006), S. 34.

43 Aktuell bestehen noch 24 Franchises, nachdem eine davon, Merseyrail, die einen S-Bahn-ähnlichen Verkehr auf einem von keiner anderen TOC genutzten Netz zwischen Liverpool und einigen Vororten anbot, in den für dieses Gebiet zuständigen Verkehrsverbund, dem Merseyside Passenger Transport Executive, integriert wurde.

44 Vgl. *Nash* (2002), S. 263.

45 Ausführlich dazu siehe *Freeman / Shaw* (2000) S. 47.

46 Vgl. *Department for Transport* (2003) sowie *Merkert* (2005), S. 22.

der Inflationsrate (d. h. $\Delta p \leq$ Inflationsrate ⁒ 1 %) gestattet. Seither und noch bis 2007 dürfen die regulierten Ticketpreise um die Inflationsrate plus eines Zuschlags von einem Prozent erhöht werden (d. h. $\Delta p \leq$ Inflationsrate + 1 %).[47]

Zuständig für die Franchisevergabe ist seit der Reform des Jahres 2004 das DfT; in der ersten Vergaberunde 1994 war dazu noch eine eigenständige Regulierungsbehörde geschaffen worden: das OPRAF, das später in die SRA überführt wurde. Über die Einhaltung der Franchisevereinbarungen wacht seit der Schließung der SRA im Jahr 2005 das ORR. Möglicherweise wird diese Aufsichtsbehörde auch eine Art Schlichterfunktion übernehmen, beispielsweise für den Fall, wenn Lizenzvereinbarungen zwischen TOC und DfT nachträglich modifiziert werden müssen. Dieser Fall kann etwa eintreten, wenn veränderte Vorgaben der britischen Regierung an Network Rail hinsichtlich der Infrastrukturplanung und -bereitstellung auch Auswirkungen auf die betreffende Lizenzvereinbarung haben.[48]

Sofern sich eine Franchise auch auf S-Bahn-ähnliche Verkehre in den Ballungsregionen erstreckt, sind in die Ausschreibungsverfahren zusätzlich noch die dafür zuständigen Verkehrsverbünde – die so genannten Passenger Transport Executives (PTE) – maßgeblich involviert.[49] Diese legen dabei nicht nur Fahrpläne und Frequenzen fest, sondern vergeben auch Subventionen für unrentable, aber politisch erwünschte Verbindungen. Anders als im deutschen System der Regionalisierung des Schienenpersonennahverkehrs werden die PTE übrigens ausschließlich aus lokalen Abgaben der sie tragenden Kommunen finanziert.

Jedes Franchise besteht aus einem Mix aus profitablen und weniger profitablen bis defizitären Routen.[50] Es wurde im Rahmen der ersten Ausschreibung ferner mit einer vorab festgelegten Mindestausstattung an rollendem Material, Bahnhöfen und Wartungseinrichtungen ausgestattet. Eigentümer der besagten Aktiva sind jedoch nicht die TOC selbst, sondern Network Rail respektive die ROSCO, was wiederum die Aushandlung hochkomplexer, transaktionskostenintensiver Nutzungsverträge erforderlich macht. Zunächst war eine maximale Laufzeit der Franchises von sieben Jahren vorgesehen – längere Laufzeiten

---

[47] Vgl. ebenda.

[48] Vgl. *Office of Rail Regulation* (2004), S. 8 und 13 sowie *Department for Transport* (2004), S. 53.

[49] Insgesamt existieren sieben PTE (Greater Manchester PTE, Merseyside PTE, South Yorkshire PTE, Strathclyde PTE, Tyne and Wear PTE, West Midlands PTE, und West Yorkshire PTE). Hinzu kommt für den Großraum London der ähnlich organisierte Verbund Transport for London (TfL). Einzelheiten zur Organisation und den Funktionen der PTE siehe *PTEG* (2005).

[50] Vgl. *Shaw* (2000), S. 136.

wurden anfangs nur in (wenigen) außergewöhnlichen Fällen gewährt, z. B. wenn sich der Betreiber zu eigenen Investitionen in Rollmaterial verpflichtete (das sie jedoch nicht selbst erwerben durften, sondern über ein ROSCO anzumieten hatten).[51] In zwei Fällen sanktionierte die damals noch zuständige Aufsichtsbehörde SRA (als Nachfolgerin des OPRAF) jedoch anhaltende Qualitätsprobleme durch einen vorzeitigen Lizenzentzug; in beiden Fällen war das Unternehmen Connex betroffen.[52]

Um schließlich die Zusammenarbeit zwischen den TOC in bestimmten kundennahen Bereichen zu fördern – z. B. bei der Bereitstellung von Durchgangsfahrscheinen und Durchgangstarifen und der gegenseitigen Anerkennung von Tickets – wurde 1994 die Association of Train Operating Companies (ATOC) gegründet. Ihr obliegt zudem das Management des National Rail Enquiry Service, der gemeinsamen Fahrplanauskunftsstelle aller TOC. Der systemweite Fahrplan ist inzwischen aber auch auf der Homepage von Network Rail abfragbar.

Festzuhalten ist somit Folgendes: Kennzeichnend für die Markstruktur im britischen Schienenpersonenverkehr (siehe Tabelle 1) ist zum einen die Tatsache, dass seit der 1994er Reform – im Gegensatz zur Situation in Deutschland vor sowie nahezu unverändert selbst nach der Bahnstrukturreform – kein staatlicher und überdies auch noch vertikal integrierter Anbieter sämtliche Teilsegmente des Marktes dominiert und teilweise sogar monopolisiert. Bemerkenswert ist zum anderen auch, dass zahlreiche britische Anbieter von Straßenpersonenverkehrsleistungen, namentlich Arriva, First Group, Go-Ahead, National Express und Stagecoach, letztlich also ehemals intermodale Wettbewerber der Schiene, erfolgreich in den Eisenbahnmarkt diversifizierten und ihre Schienendienste hinsichtlich Fahrplan und Tarifierung zum Teil eng mit ihren Busdiensten verzahnten. Auffällig ist dagegen der vergleichsweise geringe Erfolg klassischer Eisenbahnverkehrsunternehmen auf dem britischen Schienenpersonenverkehrsmarkt. Vergleicht man schließlich die Inhaber der ursprünglichen 25 Franchises mit der aktuellen Anbieterstruktur, sind sowohl eine erhebliche Dynamik im Wettbewerb um den Markt als auch eine fortschreitende Anbieterkonzentration unverkennbar.[53]

---

[51] Vgl. *Hughes* (1994a), S. 231ff. – Die Franchises von Midland Mainline und First Great Western haben aus diesem Grund eine Laufzeit von zehn, die beiden Virgin Trains-Franchises sowie diejenige von Connex South Eastern sogar von fünfzehn Jahren.

[52] Zu den Einzelheiten vgl. *Crompton / Jupe* (2004), S. 9.

[53] Vgl. die Übersicht bei *Freeman / Shaw* (2000), S. 42f.

Tabelle 1

Überblick über die aktuellen *TOC* und deren Franchises

Eisenbahngesellschaft	Verkehrsleistung (in Mio. pkm)	Marktanteil (% pkm)	Subvention 2005-2006 (in Mio. €)	Subventionen/pkm (in Cent)
Arriva	***846,1***	***2,0***	***147,9***	***17,5***
Arriva Trains Wales	846,1	2,0	147,9	17,5
FirstGroup	***9.024,8***	***21,0***	***233,7***	***2,6***
First Great Western	2.806,9	6,5	-39,3	-1,4
First Great Western Link	1.095,8	2,6	-7,0	-0,6
First ScotRail	2.347,4	5,5	176,3	7,5
First Capital Connect (Thameslink)	1.432,4	3,3	-79,2	-5,5
TransPennine Express	827,5	1,9	98,2	11,9
Wessex Trains (inzwischen fusioniert mit First Great Western)	514,8	1,2	84,7	16,4
GNER Holding	***4.131,7***	***9,6***	***-102,0***	***-2,5***
GNER	4.131,7	9,6	-102,0	-2,5
Go-Ahead Group	***6.178,0***	***14,4***	***246,9***	***4,0***
Southern	2.826,3	6,6	157,2	5,6
South Eastern Trains	3.351,7	7,8	89,7	2,7
Laing Rail	***717,9***	***1,7***	***17,9***	***2,5***
Chiltern Railways	717,9	1,7	17,9	2,5
Serco-NedRailways	***1.732,4***	***4,0***	***412,6***	***23,8***
Northern Rail	1.732,4	4,0	412,6	23,8

Fortsetzung Tabelle 1

Eisenbahngesellschaft	Verkehrsleistung (in Mio. pkm)	Marktanteil (% pkm)	Subvention 2005-2006 (in Mio. €)	Subventionen/pkm (in Cent)
Stagecoach and Virgin Group	***10.584,0***	***24,7***	***440,3***	***4,2***
Island Line	6,7	0,0	4,6	45,9
South West Trains	4.576,6	10,7	75,2	1,6
Virgin Cross Country	2.639,5	6,2	223,3	8,5
Virgin West Coast	3.361,2	7,8	137,2	4,1
National Express Group	***9.699,3***	***22,6***	***210,4***	***2,2***
c2c	822,5	1,9	-3,1	-0,4
Central Trains	1.495,6	3,5	237,0	15,8
Gatwick Express	207,7	0,5	-30,3	-14,6
Midland Mainline	1.272,2	3,0	-9,3	-0,7
ONE	3.474,9	8,1	-82,5	-2,4
Silverlink	1.037,0	2,4	89,0	8,6
WAGN (One West Anglia)	1.389,4	3,2	9,6	0,7
Sonstige			*-2,7*	
Total	**42.914,2**	**100,0**	**1.605,1**	**3,7**

Quelle: Office of Rail Regulation (2006), S. 50.[54]

[54] Die Zahlen sind vorläufig. Aufgrund von Rundungsdifferenzen können einige der in der Tabelle angeführten Zahlen außerdem geringfügig von den in der Quelle genannten Originalwerten abweichen.

Die Franchisegebiete waren ursprünglich nicht als dauerhafte Gebietsmonopole geplant. Im Gegenteil besteht seit April 1999 – vorbehaltlich der Verfügbarkeit von Trassen – zumindest prinzipiell auch die Möglichkeit des freien Netzzugangs (Open Access) im Schienenpersonenverkehr.[55] Bis zu diesem Zeitpunkt herrschte nur auf den sehr wenigen Strecken überhaupt intramodaler Wettbewerb; parallel bedienten mehrere TOC beispielsweise die Verbindung zwischen Bristol und Penzance (Cornwall).[56]

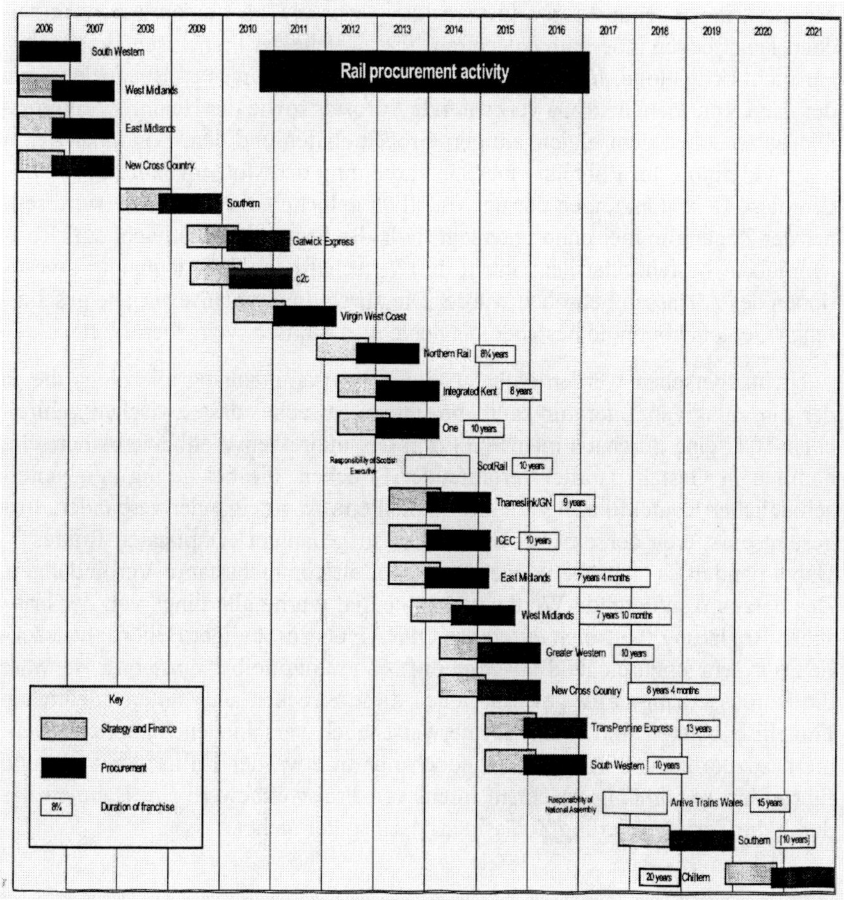

Abbildung 3: Zeitplan für die künftigen Neuausschreibungen von Franchises

55 Vgl. *Else* (1996), S. 14.

56 Vgl. *Shaw / Carlton / Gibb* (1998).

Allerdings unterlagen – und unterliegen – etwaige Newcomer im Rahmen des Open Access substantiellen Auflagen, die in den ersten Jahren nach der Freigabe de facto jeden Marktzutritt verhinderten. Im Rahmen dieser so genannten Moderation of Competition-Auflagen (MoC) war es Newcomern zunächst untersagt, unmittelbar konkurrierende Dienste auf dem Territorium eines Franchisenehmers anzubieten.[57] Die dort aktiven TOC hatten dadurch das Recht, die von ihnen angebotenen Verbindungen in Form von Point-to-Point flows, d. h. Teilstrecken, zu definieren und so vor einem konkurrierenden Marktzutritt zu schützen. De facto zulässig waren Eintritte somit nur auf solchen Teilstrecken innerhalb einer Franchise, welche der Franchisenehmer selbst gar nicht bediente, d. h. auf allen ‚Non-competing Services'.[58] Beispiele wären der nach Kontinentaleuropa verkehrende Eurostar sowie der Heathrow Express-Dienst zwischen dem gleichnamigen Großflughafen und dem Londoner Bahnhof Paddington. Im Rahmen einer Überarbeitung der MoC im Jahre 2004 wurden diese Beschränkungen nur unwesentlich gelockert.[59] Newcomern wird seither der Zugang immer dann untersagt, falls der begründete Verdacht auf ‚Rosinenpicken' besteht oder der Eintritt die Wirtschaftlichkeit bedeutender Investitionen des Altsassen bedrohen würde. Die durch die Franchisevergabe geschaffenen Gebietsmonopole bestehen bis heute also faktisch weitgehend fort.

Nicht übersehen werden sollte in diesem Zusammenhang allerdings die in der einschlägigen Literatur kaum beachtete Tatsache, dass zwischen zahlreichen TOC eine durchaus intensive Form des indirekten Wettbewerbs herrscht, nämlich in Gestalt parallel verlaufender Strecken, die bei geringfügig unterschiedlicher Routenführung identische Städtepaare miteinander verbanden. Insgesamt existieren derzeit über 80 solcher so genannter ‚Duplicated Routes'.[60] Dabei handelt es sich überwiegend um sehr aufkommensstarke Verbindungen. Das daraus resultierende Wettbewerbspotential wurde allerdings von der britischen Regierung (vertreten durch das OPRAF als zuständiger Behörde) tatsächlich nur sehr unzureichend ausgeschöpft. Wie unmittelbar einsichtig ist, wäre die Voraussetzung dafür gewesen, eben diese Strecken auch unterschiedlichen Franchisegebieten und damit idealerweise auch verschiedenen Franchisenehmern zuzuordnen. Dies geschah jedoch nur in etwa der Hälfte der Fälle und führte dort regelmäßig zu einem intensiven Preiswettbewerb (im Rahmen des durch die Tarifregulierung Zulässigen; dazu später mehr).[61]

---

[57] Zu den Details siehe *Shaw* (2000), S. 140ff.

[58] Vgl. *Office of the Rail Regulator* (1994).

[59] Vgl. ausführlich dazu *Office of the Rail Regulator* (2003 und 2004).

[60] Die komplette Übersicht findet sich bei *Shaw* (2000), S. 207ff.

[61] Vgl. ebenda.

b) Schienengüterverkehr: die Freight Operating Companies

Schon vor der Privatisierung von BR waren in Großbritannien anders als im Personenverkehr im Schienengüterverkehr private Anbieter tätig. Dabei handelte es sich vor allem um Eigenverkehre von Industrieunternehmen, da BR immer weniger Bereitschaft gezeigt hatte, das Investitionsrisiko für die Beschaffung des oftmals speziellen Rollmaterials zur Beförderung dieser Frachten zu übernehmen. Die Folge war ein stetig schrumpfender Anteil von BR sowie des Verkehrsträgers Eisenbahn am gesamten Güterverkehrsmarkt. Im Zuge der Reform wurde die Frachtsparte von BR in sechs Nachfolgeunternehmen zerschlagen, die sukzessive an private Investoren veräußert wurden.[62] Insgesamt halten derzeit 26 Anbieter eine Betriebslizenz des ORR, die in den meisten Fällen jedoch erst in den Jahren 2005 und 2006 erteilt wurden.[63]

Das wirtschaftlich bedeutendste dieser so genannten FOC ist derzeit das Unternehmen English, Welsh & Scottish Railway (EWS) mit einem Marktanteil von 66 Prozent am Gesamtumsatz.[64] Der zweitgrößte Anbieter ist derzeit die Freightliner-Gruppe. Sie ging 1996 im Rahmen eines Management-Buy-Out aus der Containersparte von BR hervor. Ihre zwei Sparten Freightliner Intermodal (FLI) und Freightliner Heavy Haul Limited (FHH) vereinen derzeit 18 Prozent respektive 10 Prozent des Marktes auf sich. Dabei spezialisiert sich FLI mit seiner eigenen Zug- und Lkw-Flotte auf den kombinierten Verkehr, insbesondere auf die Hinterlandverkehre von und zu den britischen Containerhäfen, während FHH die klassischen Güterverkehre, vor allem im Auftrag der Montanindustrie, abwickelt. Drittgrößter Anbieter ist mit einem Anteil von drei Prozent GB Railfreight; das 1999 gegründete Unternehmen ist Teil der FirstGroup, die auch sechs Passagierfranchises betreibt. Gleichauf liegt schließlich der Anbieter Direct Rail Services (DRS). Er ist eine Tochtergesellschaft der British Nuclear Fuels Ltd. und führte zunächst hauptsächlich Verkehre für die Muttergesellschaft mit Nuklearprodukten bzw. radioaktivem Abfall durch. Jedoch expandiert DRS seit einigen Jahren verstärkt in die traditionellen Segmente des Schienengüterverkehrs.

Im Gegensatz zum Schienenpersonenverkehr besteht im Schienengüterverkehr seit 1994 generell die Möglichkeit des freien Marktzutritts.[65] Anfänglich wurde die Möglichkeit jedoch kaum genutzt, was auf die Existenz zweier be-

---

[62] Vgl. *Harvey* (1994), S. 239.

[63] Die komplette Liste findet sich auf der Website der EU-Kommission unter http://ec.europa.eu/transport/ rail/countries/uk/licence_en.htm.

[64] Die Marktanteilsdaten entstammen einer Präsentation von *Lindsay Durham*, Head of Rail Strategy bei *Freightliner*, am 15. Mai 2006 in Berlin (http://www.netzwerk-privatbahnen.de/themen.htm).

[65] Vgl. *Brewer* (1996) sowie *Pollitt / Smith* (2001), S. 6f.

deutender Markteintrittsbarrieren zurückzuführen ist. Zum einen blieb es potentiellen Newcomern verwehrt, von BR dort nicht mehr benötigte Aktiva, insbesondere rollendes Material, zu erwerben. Die britische Regierung fürchtete nämlich, dass ein Secondhand-Markt für rollendes Material ihre Privatisierungserlöse mindern würde. Zum anderen hatten die Nachfolgeunternehmen der BR in einigen Bereichen De facto-Monopole für spezielle Waggontypen inne, so z. B. für Kohletransporte, und sie schlossen mit ihren Kunden z. T. noch unmittelbar vor der Privatisierung attraktive Langzeitverträge ab.

Schließlich müssen, im Gegensatz zu den TOC des Schienenpersonenverkehrs, die mit ihrem Franchise ein vorher festgelegtes Paket an Trassenrechten erwarben, sowohl die bereits aktiven FOC als auch etwaige Newcomer für jede einzelne von ihnen geplante Fahrt beim Infrastrukturunternehmen die erforderlichen Trassen bestellen. Dies erfolgt inzwischen online über ein von Network Rail unterhaltenes und für alle Beteiligten sehr transparentes Reservierungssystem namens Trainplan, an welches sämtliche FOC angeschlossen sind. Wie in Deutschland auch genießen Passagierverkehre faktisch Priorität bei der Trassenvergabe, da den TOC, wie bereits erwähnt, im Rahmen der Franchisevergabe zugleich die von ihnen für die Abwicklung der darin festgelegten Verkehre benötigten Trassen zugewiesen worden waren.

4. Das rollende Material: die Rolling Stock Companies

Sämtliche als Franchisenehmer designierten TOC waren verpflichtet, das von ihnen zur Betriebsaufnahme benötigte rollende Material von einer der drei unabhängigen Rolling Stock Companies (kurz: ROSCO) – Angel Trains, Eversholt oder Porterbrook – zu leasen. Es handelt sich allesamt um Tochterunternehmen großer britischer Banken. Auf diese drei Anbieter waren im Zuge der Privatisierung alle Lokomotiven, Triebwagen und Waggons der ehemaligen BR, die für den Personenverkehr benötigt wurden, aufgeteilt worden. Dadurch sollte eine wichtige Eintrittsbarriere eliminiert werden. Jede ROSCO erhielt dabei als Erstausstattung ein gemischtes Portfolio aus älterem und neuerem rollendem Material, um Wettbewerb zwischen ihnen zu ermöglichen und dabei keiner ROSCO besondere Vorteile zu verschaffen. Die ROSCO sind zudem für die Durchführung aller größeren Wartungsarbeiten verantwortlich, während leichtere Instandhaltungsarbeiten Aufgabe der TOC sind.[66] Als Hauptgrund für die Vorteilhaftigkeit einer solchen vertikalen Entflechtung wurde die im Ver-

[66] Die schwereren Instandhaltungsarbeiten am rollenden Material ließ BR intern von ihrer Sparte British Rail Maintenance Ltd (BRML) durchführen. Im Vorfeld der Privatisierung wurde BRML in sieben große Einheiten aufgeteilt und im Laufe des Jahres 1995 hauptsächlich an Schienenfahrzeughersteller verkauft.

gleich zu den Franchiselaufzeiten längere Lebensdauer des rollenden Materials angeführt. Dies mag in der Tat auf die technische Nutzungsdauer zutreffen. Allerdings schreiben die ROSCO das Rollmaterial wesentlich schneller ab als zuvor BR, konkret innerhalb von vier bis zwölf Jahren anstatt wie zuvor über 25 bis 30 Jahre.[67] In der Praxis entspricht die Laufzeit des Leasingvertrags derjenigen der Konzession der TOC.

Die Privatisierung der drei ROSCO wurde zwischen Januar und Februar 1996 vollzogen. Allerdings war das Interesse potentieller Investoren unerwartet gering, obgleich die ROSCO unmittelbar zuvor noch sehr lukrative Verträge mit den TOC abgeschlossen hatten. Darüber hinaus hatte die britische Regierung ein kompliziertes Preissystem eingeführt, welches das Leasen älteren Rollmaterials kaum günstiger als das Anmieten fabrikneuer Exemplare machte. Sie erhoffte sich dadurch eine Förderung von Ersatzinvestitionen. In der Tat stellten die ROSCO zwischen 1996 und 2004 etwa 4.500 neue Einheiten in Dienst, für die sie £ 4,2 Mrd. (≈ 6,3 Mrd. €) aufwendeten.[68]

Des Weiteren setzte die Regierung bei der Übergabe des Rollmaterials von BR an die ROSCO den von diesen zu zahlenden Preis deutlich unter Buchwert fest. Wegen der politisch vorgegebenen Synchronisation von Franchisedauer und Laufzeit der Leasingverträge war es den TOC außerdem unmöglich, zwischenzeitlich die ROSCO auszutauchen, wodurch Letzteren eine faktische Monopolstellung eingeräumt wurde.[69] Schließlich garantierte die Regierung potentiellen Investoren achtzig Prozent der Erlöse aus den ursprünglichen Leasingvereinbarungen der ROSCO mit den TOC; diese hatten zum Verkaufszeitpunkt noch eine Restlaufzeit von vier bis acht Jahren. Entsprechend hoch, mit Vorsteuerrenditen bis zu 45 Prozent, waren die Gewinne dieser Unternehmen in den ersten Jahren unmittelbar nach der Reform.[70] In der Spitze erreichte die Nachsteuerrendite 27 Prozent. Auch wenn dieser Wert inzwischen auf ca. neun Prozent gesunken ist, handelt es sich bei den ROSCO um die profitabelsten Akteure auf dem britischen Eisenbahnmarkt.[71] Die jährlichen Zahlungen der britischen Eisenbahnverkehrsunternehmen an die ROSCO für geleastes Rollmaterial belaufen sich zur Zeit auf mehr als £ 1 Mrd. (umgerechnet etwa 1,5 Mrd. €[72]).

---

67 Vgl. *Prideaux* (2004).

68 Vgl. *Department for Transport* (2004), S. 12.

69 Vgl. *Shaw* (2000), S. 74.

70 Vgl. *Wolmar* (2001), S. 77f.

71 Vgl. *Shaoul* (2006), S. 155.

72 Vgl. *Department for Transport* (2004), S. 12.

5. Die Regulierungsebene

a) Office of Rail Regulation (ORR)

Die Rechte und Pflichten des Office of Rail Regulation sind im Wesentlichen schon im Railways Act 1993 und im Transport Act 2000 detailliert festgeschrieben.[73] Demnach hat es als unabhängige Regulierungsbehörde im öffentlichen Interesse die Nutzung und die Entwicklung des Eisenbahnnetzes sowie den Wettbewerb zu fördern. Zu diesem Zweck obliegen ihm zunächst die Regulierung der Infrastrukturgesellschaft als auch die Vertretung der Interessen der Nutzer der Eisenbahn (einschließlich der TOC und FOC) sowie der Steuerzahler gegenüber dem Netzbetreiber. Des Weiteren hat es die Vereinbarkeit von Vereinbarungen zwischen einzelnen TOC mit dem öffentlichen Interesse – Stichwort: integriertes Eisenbahnsystem – zu gewährleisten. In diesem Zusammenhang muss das ORR insbesondere auch deren Zusammenarbeit in den Bereichen Durchgangstickets, gemeinsame Anerkennung von Tickets sowie bei den Informationssystemen (Fahrpläne) sicherstellen.[74] Als Sanktionen stehen dem ORR die unmittelbare Anwendung des britischen Wettbewerbsgesetzes, des Competition Act 1998, sowie die Franchisebedingungen zur Verfügung.

Eine weitere Aufgabe des ORR ist die Erteilung der verschiedenen Betriebslizenzen, ohne die kein Unternehmen im britischen Eisenbahnwesen aktiv werden darf. Konkret handelt es sich um die (exklusive) Netzlizenz für den Infrastrukturbetreiber (Network Licence), die für die TOC vorgesehenen Passenger Train Operating Licences, die Non-Passenger Train Operator's Licence für die FOC, die Station Licences der Bahnhofsbetreiber sowie die Light Maintenance Depot Licences der Instandhaltungsunternehmen.[75] Das ORR darf eine Lizenz nur dann erteilen, wenn der Antragsteller ausreichende Liquidität nachweisen kann und ihm zuvor die Einhaltung aller relevanten Sicherheitsbestimmungen bescheinigt wurde. Schließlich entscheidet das ORR über die von den TOC vorgeschlagenen Streckenschließungen, kann dabei aber vom britischen Verkehrsminister überstimmt werden.[76]

---

[73] Ursprünglich galten die in diesen Rechtsquellen definierten Rechte und Pflichten für die Vorgängerorganisation des Office of Rail Regulation, nämlich das Office of the Rail Regulator.

[74] Die TOC haben darüber hinaus allerdings das Recht, spezielle ermäßigte Tickets herauszugeben, die eine andere TOC nur dann zu honorieren verpflichtet ist, sofern die betroffenen TOC eine diesbezügliche und vom ORR genehmigte gegenseitige Vereinbarung getroffen haben.

[75] Vgl. *Hughes* (1994b), S. 225.

[76] Vgl. dazu *Squires* (1997), S. 648.

Mit der 2004 eingeleiteten jüngsten Neustrukturierung des britischen Eisenbahnwesens soll zukünftig das Aufgabenfeld des ORR erheblich erweitert werden.[77] So kündigte die britische Regierung zunächst in ihrem Weissbuch The Future of Rail an, dass künftig die Verantwortung für die Regulierung im Bereich der Eisenbahnsicherheit von dem branchenübergreifend für arbeitsplatzbezogene Sicherheitsangelegenheiten verantwortlichen Health & Safety Executive (HSE) auf das ORR übergehen soll, d. h. dass zukünftig alle wesentlichen Regulierungsbereiche unter einem Dach, dem des ORR, vereint sind. Allerdings ist anzumerken, dass für die Neuregelung der Zuständigkeiten in diesem Bereich ein neuer Gesetzesakt erforderlich ist. Derzeit befindet sich ein neues Eisenbahngesetz in Vorbereitung.

b) Her Majesty's Railway Inspectorate (HMRI) / Rail Accidents Investigation Branch (RAIB)

Das Railway Inspectorate ist Teil des soeben erwähnten britischen Health & Safety Executive. Seine Funktion besteht darin, durch die Vorgabe und Kontrolle von Sicherheitsstandards sowie die technische Abnahme neuer Eisenbahninfrastruktureinrichtungen und neuen rollenden Materials eine möglichst niedrige Unfallrate zu gewährleisten. Zukünftig wird diese Aufgabe das ORR wahrnehmen. Außerdem agierte das Railway Inspectorate bis Anfang 2005 als Unfalluntersuchungsstelle. Mit der Verabschiedung des Railways and Transport Safety Act 2003 wurde dafür jedoch eine unabhängige Einrichtung geschaffen: der Rail Accidents Investigation Branch (RAIB).[78] Die Einrichtung einer solchen unabhängigen Unfalluntersuchungsstelle wurde mit Inkrafttreten der Richtlinie 2004/49/EU erforderlich.

6. Die Rolle der britischen Regierung (Department for Transport)

Eines der Hauptmerkmale der 2004 im Rahmen der so genannten Railway Review beschlossenen und inzwischen weitestgehend implementierten Strukturreform im britischen Eisenbahnwesen ist die fortan wesentlich umfassendere Rolle der britischen Regierung bzw. des zuständigen Ministeriums, des DfT. Die Beziehungen des DfT zu den einzelnen Akteuren, insbesondere die zu Network Rail, wurden darin grundsätzlich neu definiert. So wird die britische Regierung zukünftig nicht nur wie in der Vergangenheit festlegen, welche finanziellen Mittel sie dem Eisenbahnsystem zukommen lässt. Sie wird darüber hinaus erstmals seit 1994 wieder erheblichen Einfluss auf die konkrete Mittelver-

---

[77] Vgl. *Department for Transport* (2004) und *Office of Rail Regulation* (2004).

[78] Website: http://www.raib.gov.uk/about_us/index.cfm.

wendung nehmen können. Zudem wird das DfT nunmehr die strategische Ausrichtung des britischen Eisenbahnwesens zentral bestimmen.[79]

Des Weiteren sollen fortan die regionalen Verwaltungen und Parlamente verstärkt in Entscheidungsprozesse, die das britische Eisenbahnwesen betreffen, einbezogen werden. Dies betrifft insbesondere den Scottish Executive im Falle Schottlands, das Welsh Assembly Government für Wales sowie Transport for London und den Bürgermeister Londons für die britische Hauptstadt.[80] Den schon bestehenden Passenger Transport Associations (PTA), die das Angebot im öffentlichen Personennahverkehr in den größeren Städten und Regionen festlegen, welches dann wiederum von den Verbundunternehmen – den bereits in anderem Kontext erwähnten PTE – erbracht wird, sollen in Zukunft schließlich größere Handlungsfreiheiten erhalten. Konkret wird es ihnen nicht nur ermöglicht, in eigener Regie zusätzliche Verkehrsleistungen zu bestellen. Sie werden auch in die Lage versetzt, ihre Finanzmittel flexibler einzusetzen, sprich nach eigenem Ermessen auf den nach ihrer Einschätzung für ein bestimmtes Verkehrsangebot optimalen Verkehrsträger neu zu alloziieren.[81]

IV. Kritische Würdigung der Reformen

1. Verkehrsentwicklung

Trotz der gerade im Ausland häufig pauschal negativ eingefärbten Berichterstattung über das britische Eisenbahnwesen erfreuen sich sowohl der Passagierverkehr als auch der Frachttransport seit der Reform hoher Zuwachsraten. Eine dauerhaft noch günstigere Entwicklung verhinderten lediglich die besonderen Umstände nach dem Unfall von Hatfield; dazu später mehr. Konkret stieg die Verkehrsleistung, gemessen in Tonnenkilometern, im Schienengüterverkehr zwischen 1995 und 2005 von dreizehn auf 22 Mrd. tkm an,[82] d. h. um siebzig Prozent; zugleich nahm der Anteil der Bahnen am Modal Split im Güterverkehr bis 2003 – jüngere Zahlen liegen noch nicht vor – um zwei Prozentpunkte, von sechs auf acht Prozent, zu (siehe Abbildung 4).[83] Damit gelang es erstmals für einen längeren Zeitraum, den seit dem Zweiten Weltkrieg kontinuierlichen Marktanteilsverlust der Schiene bei der Güterbeförderung gegenüber der inter-

---

[79] Eine detaillierte Übersicht über das erweiterte Aufgabenspektrum des DfT findet sich in *Department for Transport* (2004), S. 63f.

[80] Zwei Drittel aller Bahnreisen in Großbritannien beginnen und/oder enden in London. Vgl. ebenda, S. 86.

[81] Vgl. ebenda, S. 7f.

[82] Vgl. *Department for Transport* (2006), S. 62.

[83] Vgl. *Department for Transport* (2005), S. 64.

modalen Konkurrenz, neben der Straße in Großbritannien vornehmlich die Binnen- und Küstenschifffahrt – auf diese beiden Verkehrsträger entfallen derzeit 64 Prozent respektive 24 Prozent –, zu stoppen und eine nachhaltige Trendwende herbeizuführen.[84]

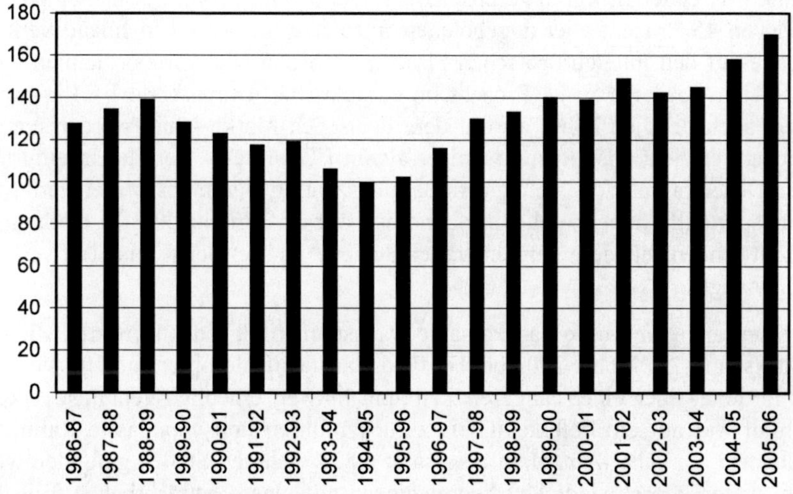

Quelle: SRA (2004), S. 3; ORR (2006a), S. 40.

Abbildung 4: Verkehrsleistungsindex für den Schienengüterverkehr (saisonbereinigt, in Mrd. Nettotonnenkilometern, 1994/1995=100)

Eine vergleichbar positive Entwicklung kennzeichnet auch den Schienenpersonenverkehr. So nahm die Beförderungsleistung im Passagierverkehr, gerechnet in Passagierkilometern, nach der Reform bis 2005 um 51 Prozent zu (siehe Abbildung 5),[85] und auch der Anteil der Bahn am Modal Split erhöhte sich bis 2004 um einen Prozentpunkt von fünf auf sechs Prozent.[86] Gemessen an der Zahl der unternommenen Bahnreisen ist die Trendwende noch offensichtlicher. Wie bereits erwähnt, konnte hier erstmals seit Anfang der 1960er am Ende der 1990er hin wieder die Schwelle von einer Mrd. unternommener Reisen erreicht werden. Inzwischen werden pro Jahr, mit weiter steigender Tendenz, knapp 1,1 Mrd. Reisen gezählt. Damit wurde auch der Nachkriegsrekord von 1955 einge-

---

84 Vgl. ebenda.

85 Das transportstatistische Jahrbuch Großbritanniens meldet einen etwas geringeren Zuwachs, unterscheidet aber nicht zwischen der Verkehrsleistung der TOC einerseits und den von den PTE erbrachten, also nicht von den Franchise erfassten U-Bahn- und S-Bahn-ähnlichen Verkehren. Entsprechend unterzeichnet es die tatsächliche Dynamik der TOC-Verkehre.

86 Vgl. *Department for Transport* (2005), S. 13 und S. 64.

stellt. Der mit nur noch 630 Mio. Reisen niedrigste Wert war demgegenüber erst Anfang der 1980er registriert worden.[87]

Gerade der Zuwachs im Passagierverkehr ist aus zwei Gründen besonders bemerkenswert. Zum einen vollzog er sich parallel zum rapiden Wachstum konkurrierender Billigfluggesellschaften. Diese vereinen inzwischen einen Anteil von 45 Prozent aller angebotenen Sitzplätze im britischen Inlandsverkehr sowie auf den innereuropäischen Strecken von und nach Großbritannien[88] auf sich (im Vergleich zu 24 Prozent im europäischen Durchschnitt[89]). Ihr Anteil liegt auch deutlich höher als auf dem deutschen Markt – hier werden nur 22 Prozent erreicht, also knapp weniger als im EU-Mittel –, der zudem aufgrund der Dezentralität der wichtigsten Ballungszentren durch im Mittel geringere Transportentfernungen gekennzeichnet ist, was im Hinblick auf die Gesamtreisezeit tendenziell den Verkehrsträger Schiene im Vergleich zum Luftverkehr begünstigt.

Zum anderen wurde das Passagierwachstum infolge des schweren Zugunglücks am 17. Oktober 2002 bei Hatfield, das vier Todesopfer und 102 Verletzte forderte, über einen längeren Zeitraum hinweg erheblich gebremst. Dieser Unfall war auf ein defektes Gleis zurückzuführen und veranlasste Railtrack, nachdem ähnliche Mängel an insgesamt 6.821 weiteren Stellen gefunden worden waren, Geschwindigkeitsbegrenzungen auf einem beträchtlichen Teil des Netzes zu verhängen. Das Ergebnis waren extreme Zugverspätungen, so dass sich die TOC sogar gezwungen sahen, ihren Kunden nicht die Benutzung der Eisenbahn zu empfehlen.[90] Besonders betroffen waren die Intercity-Verkehre. Noch im Dezember 2002 waren 553 Geschwindigkeitsbeschränkungen in Kraft, davon 401 mit einer vorgeschriebenen Höchstgeschwindigkeit von lediglich 20 mph (≈ 30 km/h), und etwa 10.000 der täglich zirka 18.000 verkehrenden Züge waren in der Folge um mehr als fünfzehn Minuten verspätet.[91] Und erst im vergangenen Zahl wurde netzweit wieder ein der Vorreformzeit vergleichbares Pünktlichkeitsniveau erzielt.[92]

Von Kritikern der britischen Bahnreform wird häufig darauf verwiesen, dass ein wesentlicher Teil dieser Zuwächse weniger auf die Strukturreformen selbst zurückzuführen sei, sondern vielmehr auf der im europäischen Vergleich be-

---

87 Vgl. *ORR* (2006a), S. 15.

88 Vgl. *Doganis* (2006), S. 162ff.

89 Vgl. ebenda.

90 Vgl. *Wolmar* (2001), S. 7.

91 Vgl. ebenda, S. 8.

92 Vgl. *Nash / Smith / Matthews* (2005), S. 67; *Network Rail* (2006), S. 7.

sonders günstigen wirtschaftlichen Entwicklung Großbritanniens – insbesondere gegenüber Deutschland.[93]

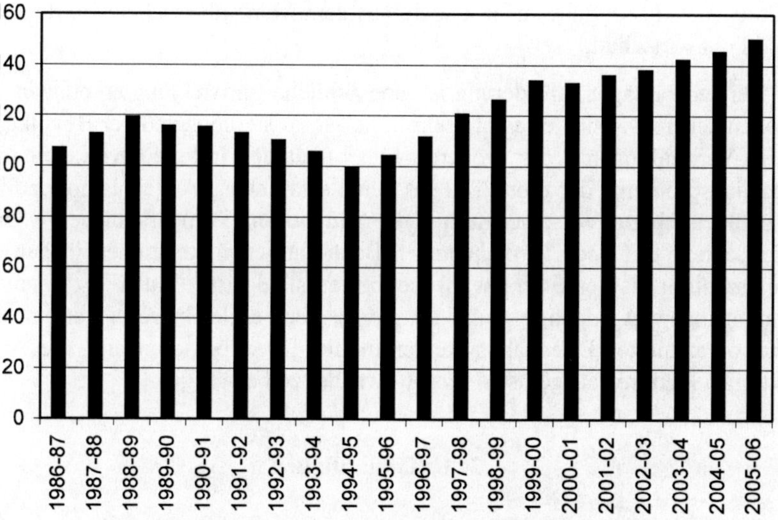

Quelle: SRA (2004), S. 3, ORR (2006a), S. 10.

Abbildung 5: Verkehrsleistungsindex für den Schienenpersonenverkehr (saisonbereinigt, in Mrd. Passagierkilometern, 1994/1995=100)

An diesem Argument ist lediglich zutreffend, dass die Nachfrage nach Verkehrsdienstleistungen – und damit auch nach Eisenbahndienstleistungen, insbesondere im Güterverkehr als abgeleitete Nachfrage – in der Tat in einem gewissen Zusammenhang mit der allgemeinen ökonomischen Lage steht.

Wäre dieser Zusammenhang allerdings so eng und vor allem quantitativ so bedeutend, wie von diesen Kritikern behauptet, hätten die Bahnen deutlich vom anhaltenden Wirtschaftswachstum der vergangenen Jahrzehnte profitieren müssen, anstatt wie beobachtet in erheblichem Umfang Modal Split-Anteile an andere Verkehrsträger zu verlieren. Tatsächlich gelang es nur denjenigen Eisenbahnunternehmen, die schon auf intramodaler Ebene in einem vergleichsweise wettbewerblichen Umfeld agieren müssen, sich auch im intermodalen Wettbewerb zumindest zu behaupten oder sogar Modal Split-Anteile zurückzugewinnen.[94] Diese Erkenntnis ist umso relevanter, als eisenbahnsektorexterne Faktoren, wie der wirtschaftliche Strukturwandel, weg von der industriellen Massenproduktion im Frachtverkehr den Anteil derjenigen Transportgüter am Gesamt-

[93] So beispielsweise wiederholt durch die DBAG. Vgl. etwa *DBAG* (2006).

[94] Vgl. *OECD* (2005).

volumen des Frachtmarktes relativ schrumpfen ließ, bei deren Beförderung die Schiene (sowie die Binnenschifffahrt) generell, sowie vor allem über lange Distanzen, klare Wettbewerbsvorteile gegenüber anderen Verkehrsträgern genießt: homogene Massengüter insbesondere aus dem Montanbereich sowie der Land- und Forstwirtschaft.

Bei der Passagierbeförderung ist eine ähnliche Entwicklung erkennbar. Hier trugen der inzwischen erreichte sehr hohe Motorisierungsgrad der Bevölkerung – in Verbindung mit der größeren Flexibilität des Individualverkehrs sowie Qualitätsprobleme der (zum Teil bis heute staatlichen) Angebotsmonopolisten – maßgeblich zur Verschlechterung der Situation im Fernverkehr bei, während die Schiene auf hoch verdichteten, S-Bahn-ähnlichen Relationen in den Ballungszentren bis heute sehr wohl wettbewerbsfähig ist.[95] Auch in diesem Zusammenhang ist jedoch festzuhalten, dass es den vergleichsweise wettbewerblicher organisierten Eisenbahnsystemen in aller Regel besser gelang, diesen von externen Faktoren ausgelösten Strukturwandel zu bewältigen.[96]

2. Unfallhäufigkeit

Der erste schwere Unfall nach der Privatisierung ereignete sich am 19. September 1997 bei Southall, einem Vorort im Westen Londons, an der Hauptstrecke von Bristol nach London Paddington. Ein Dieselschnellzug hatte ein rotes Signal überfahren und war mit einem Güterzug kollidiert. Zum zweiten folgenschweren Unfall, bei Ladbroke Grove in der Londoner Innenstadt, kam es am 5. Oktober 1999. Der Triebfahrzeugführer eines aus dem Bahnhof Paddington ausfahrenden Regionalzuges übersah ebenfalls ein rotes Signal und kollidierte mit einem einfahrenden Schnellzug.

Letztendlich waren beide Unfälle auf menschliches Versagen zurückzuführen. Wie jedoch nachträglich durch den unabhängigen Untersuchungsbericht bekannt wurde, war im Falle des letztgenannten Unfalls das betreffende Signal in den Jahren seit der Reform schon mindestens acht Mal überfahren worden,[97] ohne dass Railtrack – trotz mehrerer entsprechender Empfehlungen der Unfalluntersuchungskommission[98] – geeignete Gegenmaßnahmen ergriffen hätte. Der bereits erwähnte schwere Unfall bei Hatfield erschütterte schließlich das Ver-

---

95 Grundsätzlich dazu *Aberle* (1997), S. 5ff., *Köberlein* (1997), S. 32ff., sowie *Eckey / Stock* (2000), S. 3ff.

96 Vgl. *OECD* (2005).

97 Vgl. *Kemnitz* (2002), S. 10.

98 Die Empfehlungen enthielt der Untersuchungsbericht eines Unfalls ohne Personen- und nennenswerte Sachschäden bei Royal Oak, nahe Paddington Station, im März 1996.

trauen in das privatisierte Eisenbahnwesen, vor allem in den Netzbetreiber Railtrack, nachhaltig. Weiten Teilen der britischen Öffentlichkeit, der Medien und der Politik, aber auch Liberalisierungsgegnern etwa in Deutschland, galten die 1994 eingeleiteten Reformen als eigentliche Ursache der Unfälle, deren Häufigkeit ihrer Auffassung nach zudem seit der Privatisierung zugenommen hatte. Beide Hypothesen lassen sich jedoch mit Hilfe der Fakten leicht widerlegen, wie den folgenden Abbildungen unzweifelhaft zu entnehmen ist. Im Gegenteil nahm die Unfallwahrscheinlichkeit im britischen Eisenbahnwesen bereits seit Mitte der siebziger Jahre kontinuierlich ab.

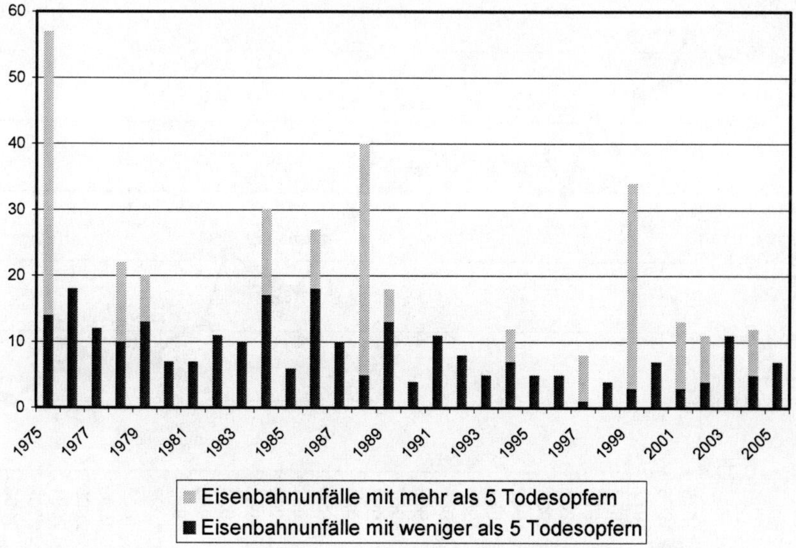

Quelle: ORR (2006), S. 27.

Abbildung 6: Unfälle mit Todesfolge (1975-2003/2004)

Dabei sank nicht nur die absolute Zahl der jährlich zu beklagenden Todesopfer bei Eisenbahnunfällen in den vergangenen Jahren. Auch die Zahl der Unfälle bezogen auf die geleisteten Zugkilometer ging spürbar zurück (siehe Abbildung 7).[99]

Unstrittig ist, dass die Privatisierung der britischen Eisenbahn auch Sicherheitsaspekte der Eisenbahn beeinflusst hat. Gleichwohl lässt sich ein negativer Einfluss der Privatisierung auf die Sicherheit der britischen Eisenbahn auf der

99 Zugkilometer dienen in diesem Zusammenhang als Maß für die Verkehrsleistung der Eisenbahn.

Basis aller verfügbaren Daten nicht nachweisen.[100] Evans kommt in einer kürzlich erschienenen Analyse der Unfälle auf dem britischen Eisenbahnnetz sogar zu dem Schluss, dass die Verkehrssicherheit im privatisierten britischen Eisenbahnwesen generell über den Standards liegt, die in den Jahren vor der Reform von BR erreicht wurden.[101] Die beiden Tabellen 2 und 3 fassen die zentralen Ergebnisse seiner empirischen Analyse zusammen. Evans stellte dabei die seit der Bahnreform gemessen Werte dem bis in die Gegenwart hinein extrapolierten Trend von BR gegenüber.

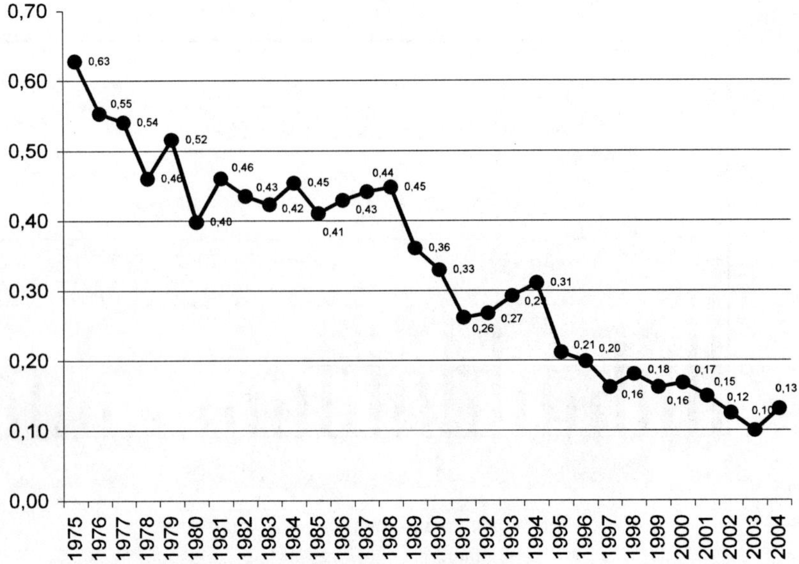

Quelle: Health & Safety Executive (2004), S. 35, sowie Smith (2006), S. 34.

Abbildung 7: Unfälle pro Million Zugkilometer (1975-2002/2003)

Anzumerken ist, dass der Unfall von Ladbroke Grove im Jahre 1999, der 31 Todesopfer forderte, die entsprechende Zahl der Todesfälle in Tabelle 3 signifikant erhöht. Wie Evans jedoch zu Recht anmerkt, wäre es unzulässig, hieraus auf einen systematischen Effekt zu schließen, da die Zahl der Todesopfer (sowie der Verletzten) von Zugunglücken sehr stark voneinander abweichen.[102] Dies ist unter anderem der Tatsache geschuldet, dass viele der zugrunde liegenden Determinanten – wie die Auslastung des betroffenen Zuges oder Fremdver-

---

[100] Vgl. auch *Tripathi* (2004).

[101] Vgl. zur Methodik der Analyse *Evans* (2004), S. 11.

[102] Vgl. ebenda, S. 17 und 20.

schulden – dem Einfluss des Eisenbahnverkehrsunternehmens vollständig entzogen sind.[103]

Erstaunlich ist schließlich, dass nicht zuletzt von deutschen Beobachtern in der Diskussion um die Entwicklung der Verkehrssicherheit im britischen Eisenbahnwesen seit der 1994er Reform eine wichtige Tatsache übersehen wird. Der bislang schwerste Zugunfall in der deutschen Nachkriegsgeschichte, das ICE-Unglück im Juni 1998 bei Eschede, forderte mit insgesamt 101 getöteten Passagieren mehr Todesopfer als sämtliche Unfälle im britischen Eisenbahnwesen seit dessen Privatisierung zusammengenommen.

Tabelle 2

Erwartete und tatsächliche Unfälle mit Todesfolge

Unfallart[104]	Trend Unfälle/ Zugkilometer vor der Privatisierung (*BR*)	Erwartete Unfallzahl	Tatsächliche Unfallzahl	Differenz
Unfälle mit Todesfolge, 1994/1995 – 2002/2003	-3,6 % p.a.	319	208	-111
Kollisionen, Entgleisungen und Überfahrungen mit Todesfolge, 1994 – 2003	-5,0 % p.a.	10,8	9	-1,8
Kollisionen mit Straßenfahrzeugen mit Todesfolge, 1994 – 2003	-1,5 % p.a.	43,4	28	-15,4
Schwerwiegende Zugunglücke, 1994/1995 – 2002/2003	-4,3 % p.a.	1.146	915	-231

Quelle: Evans (2004), S. 20.

[103] Für eine grundsätzliche Diskussion dieser Thematik am Beispiel des Luftverkehrs siehe *Knorr* (1997 und 2006).

[104] Zur genauen Klassifizierung der Unfallarten vgl. ebenda.

Tabelle 3

Erwartete und tatsächliche Todesfälle

Unfallart[105]	Erwartete Todesfälle	Tatsächliche Todesfälle	Differenz
Unfälle mit Todesfolge, 1994/1995 – 2002/2003	330	211	-119
Kollisionen, Entgleisungen und Überfahrungen mit Todesfolge , 1994 – 2003	39,5	59	+19,5
Kollisionen mit Straßenfahrzeugen mit Todesfolge, 1994 – 2003	59,8	41	-18,8

Quelle: Evans (2004), S. 21.

3. Infrastrukturqualität und Infrastrukturinvestitionen (Netz und rollendes Material)

Als nicht zuletzt in finanzpolitischer Hinsicht schwerwiegendes Versäumnis der britischen Bahnreform von 1994 sollte sich das Versäumnis der Regierung erweisen, vorab einen umfassenden Netzzustandsbericht in Auftrag zu geben. Wie bereits BR zuvor war auch Railtrack zumindest zum Zeitpunkt des Inkrafttretens der Reform folglich nur rudimentär über den technischen Zustand des ihm übertragenen Netzes informiert. Gleiches galt damit für den für dessen Instandhaltung tatsächlich erforderlichen Finanzbedarf. Der bereits erwähnte Beeching Report von 1963 stellte nämlich den ersten und bis zum Hatfield-Unfall einzigen Versuch einer umfassenden Bestandsaufnahme der britischen Eisenbahninfrastruktur während der gesamten Nachkriegszeit überhaupt dar. Erschwerend kam hinzu, dass bei Railtrack von Anfang an nur wenige Mitarbeiter mit einem technischen Hintergrund in leitenden Funktionen vertreten waren.[106]

Als Konstruktionsfehler der Reform müssen in diesem Zusammenhang auch die Aufspaltung der ehemaligen BRIS in voneinander unabhängige Infrastructure Maintenance Companies und Track-Renewal Companies sowie die komplizierten vertraglichen Verflechtungen zwischen ihnen und ihrem laut Gesetz

---

105 Zur genauen Klassifizierung der Unfallarten vgl. ebenda.

106 Genauer gesagt waren zunächst nur zwei Ingenieure im Vorstand von Railtrack vertreten, wovon einer als Commercial Director aber mit anderen Aufgaben betraut worden war.

alleinigen Auftraggeber Railtrack angesehen werden. Stellte z. B. eine Infrastructure Maintenance Company fest, dass ein bestimmter Gleisabschnitt reparaturbedürftig war, musste Railtrack dem zustimmen und daraufhin einer Track-Renewal Company offiziell einen Auftrag erteilen, die erforderlichen Arbeiten auszuführen.[107] Aus den oben erwähnten Gründen war Railtrack, wie schon BR, jedoch kaum in der Lage zu beurteilen, ob der fragliche Schaden auf unzureichende Wartung des Schienennetzes oder auf normale Alterung zurückzuführen war. In Anbetracht dieses Principal Agent-Problems zugunsten der Infrastructure Maintenance Companies, das ihnen einen kontinuierlichen Einnahmestrom sicherte, hatten diese, wie leicht einsichtig ist, nur geringe Anreize, alle Netzschäden unverzüglich zu melden, dafür aber hohe Anreize, den Reparaturaufwand künstlich in die Höhe zu treiben. Railtrack war es dagegen nicht einmal erlaubt, Zahlungen zurückzuhalten, falls die erforderlichen Arbeiten offensichtlich nicht oder nicht zufriedenstellend erledigt worden waren.[108]

Angesichts des massiven Verkehrswachstums nach der Reform war eine stetige Verschlechterung der Netzqualität unter diesen Rahmenbedingungen die beinahe zwangsläufige Konsequenz. Aus den genannten Gründen entschied sich Network Rail folglich auch zu einer vollständigen Reintegration der Infrastructure Maintenance Companies,[109] die sich in jährlichen Minderaufwendungen im unteren dreistelligen Millionenbereich niederschlugen.[110]

Schließlich hatten auch die TOC vor dem Hintergrund der relativ kurzen mittleren Laufzeiten ihrer Franchises von sieben Jahren und der faktischen Nichtexistenz eines Secondhand-Marktes nur geringe Anreize, selbst nennenswerte Investitionen in rollendes Material vorzunehmen; mittlerweile werden bei Neuausschreibungen jedoch Laufzeiten von bis zu 20 Jahren durchgesetzt. Die künftigen Franchisenehmer sollen darüber hinaus außerdem durch entsprechende Franchiseauflagen zu höheren Investitionen in Neufahrzeuge veranlasst werden.

Nichtsdestotrotz wäre es aus zwei Gründen verfehlt, die unbestreitbaren Infrastrukturprobleme während der vergangenen Jahre ausschließlich als Ergebnis der Privatisierung zu interpretieren. Letztlich wurde die Bahnreform – was die Inanspruchnahme der Infrastruktur angeht – angesichts des im Vorfeld unerwartet starken, dadurch induzierten Verkehrswachstums sozusagen Opfer ihres eigenen Erfolgs. Sie legte den oft desolaten Zustand der Infrastruktur also ra-

---

107 Vgl. *Wolmar* (2001), S. 92.

108 Vgl. ebenda, S. 90.

109 Vgl. weiter oben Abschnitt III., Pkt 2.

110 Da die daraus resultierenden Einsparungen nicht offiziell dokumentiert wurden, schwanken die Schätzungen zwischen £ 170-300 Mio. pro Jahr. Vgl. *Shaoul* (2006), S. 156.

scher offen, als dies ohne die Reform der Fall gewesen wäre. Vor allem aber hatte der britische Staat, wie die nachstehende Abbildung 8 zeigt, während nahezu der gesamten Nachkriegszeit mit Ausnahme der Phase des Baus einiger Neubaustrecken Ende der 1950er,[111] das öffentliche Unternehmen BR als Träger von Netz und rollendem Material im Verhältnis zu den Betriebserfordernissen, sprich dem Abschreibungsbedarf, chronisch unterfinanziert. Dabei hatte das für alle britischen Staatsunternehmen inklusive BR geltende External Finance Limit diese Finanzierungslücke im Zeitablauf weiter vergrößert. So bezifferte die Labour-Regierung unter Premierminister Blair in ihrem am 20. Juli 2000 veröffentlichten Manifest Transport 2010. The 10 Year Plan[112] den Finanzmittelbedarf zur dringend erforderlichen Modernisierung des Schienennetzes und des rollenden Materials bis zum Jahr 2010 auf £ 60 Milliarden, von denen private Kapitalgeber die Hälfte aufbringen sollen.

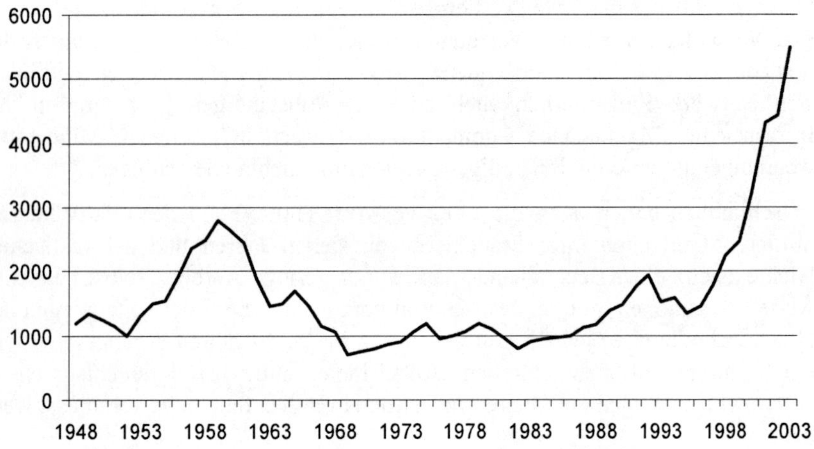

Quelle: ORR (2006), S. 75.

Abbildung 8: Investitionen im britischen Eisenbahnwesen (1948-2003) (in Millionen £, in Preisen von 2003/2004)[113]

---

[111] Vgl. dazu die auch das Protokoll der Parlamentsdebatte vom 21. Dezember 1989 (http://www.publications.parliament.uk/pa/cm198990/cmhansrd/1989-12-21/Writtens-1.html).

[112] Vgl. *Department of the Environment, Transport and the Regions* (2000), insbesondere Kapitel 6.

[113] Die Abbildung enthält die letzten verfügbaren Zahlen. Nachrichtlich betrug das Investitionsvolumen in den Jahren 2004 und 2005 etwa je £ 3,7 Mrd. Davon entfielen laut *Shaoul* (2006) £ 1,35 Mrd. bzw. £ 1,84 Mrd. auf das Netz (ohne Channel Tunnel Rail Link).

Ein weiterer Indikator für die These von der systematischen Unterfinanzierung des Netzes ist die jährliche Gleiserneuerungsrate, also der Anteil am Gesamtnetz, welcher pro Jahr durchschnittlich erneuert wurde (Hintergrund ist eine technische Lebensdauer normal belasteter Gleise von dreißig Jahren). Sie erreichte zwischen 1961 und 1990 einen mittleren Wert von zwei Prozent, fiel bis zum Zeitpunkt der Netzprivatisierung jedoch auf 1,5 Prozent. Unter der Ägide von Railtrack wurde schließlich nur noch eine Rate von 0,5 Prozent erreicht, während sie unter Network Rail auf drei Prozent erhöht werden musste.[114]

Zugleich hat sich seit der Privatisierung auch das Durchschnittsalter des rollenden Materials signifikant – von 21 auf nur mehr fünfzehn Jahre – gesenkt. Damit verbesserte sich auch dessen Qualität in den Dimensionen Reisegeschwindigkeit, Sitzkomfort und Crashsicherheit.[115] Die rasche Senkung des Durchschnittsalters war freilich nicht zuletzt der Tatsache geschuldet, dass BR, letztlich also die Regierung, nach dem Privatisierungsbeschluss faktisch sämtliche Investitionen in Rollmaterial gestoppt hatte.[116]

4. Subventionsbedarf

In jedem Mitgliedsstaat der EU werden bestimmte Eisenbahnverkehre, vor allem im Schienenpersonennahverkehr, staatlich subventioniert. Ein wichtiges Ziel jeder Bahnreform in der EU war es deshalb, durch Ausschöpfung zuvor ungenutzter Produktivitätsreserven im Eisenbahnwesen die Belastung der öffentlichen Haushalte nachhaltig zu vermindern. Obwohl sich die Gesamtfaktorproduktivität im britischen Eisenbahnwesen seit der Reform deutlich erhöhte,[117] gelang es der britischen Regierung nicht, nach der Privatisierung die staatlichen Subventionen zugunsten des Eisenbahnwesens dauerhaft und substantiell verringern zu können. Im Gegenteil stieg das Subventionsvolumen nach einem

---

114 Vgl. *Tyrrell* (2006), S. 114.

115 Vgl. ebenda.

116 Vgl. *Gourvish* (2002), S. 444.

117 Einer Analyse von Oulten und Srinivasan zufolge stieg in den 31 von ihnen untersuchten Branchen die Gesamtfaktorproduktivität nur in den Branchen Elektronik und Finanzwesen stärker als im Schienenverkehr. Dagegen kommt die ältere Studie von Cowie zu dem Schluss, dass der Produktivitätsfortschritt nach der Privatisierung kontinuierlich weiter angestiegen sei, allerdings geringfügig langsamer als im Zeitraum zwischen der letzten internen Umstrukturierung bei BR von Mitte bis Ende der 1980er und der Privatisierung. Er erklärt diesen leichten Rückgang damit, dass BR damals möglicherweise die besonders einfach zu hebenden Effizienzpotentiale ausgeschöpft habe sowie mit den seiner Ansicht zu geringeren Anreizen für Effizienzsteigerungen bei Railtrack. Vgl. *Oulton / Srinivasan* (2005), S. 33, sowie *Cowie* (2002), insbesondere S. 34f.

Rückgang in den ersten fünf Reformjahren ab 2000 massiv an, wie die nachstehende Abbildung 9 belegt.[118]

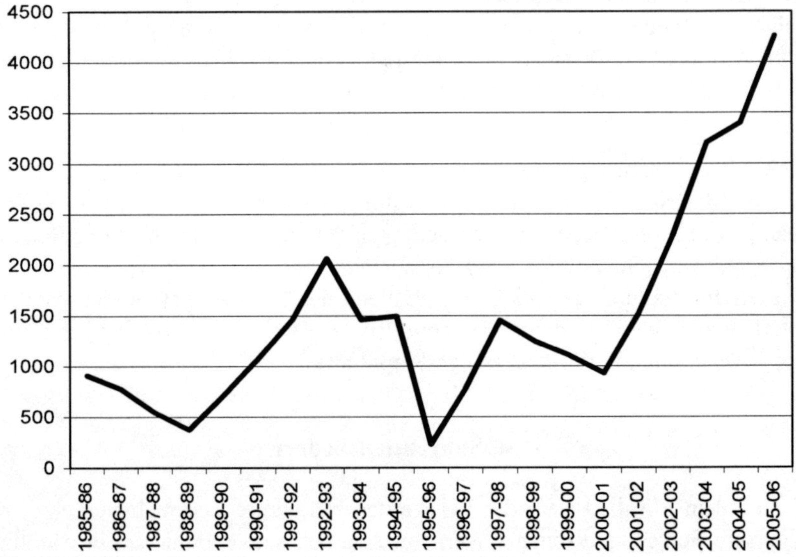

Quelle: ORR(2006), S. 70.

Abbildung 9: Entwicklung des Subventionsvolumens (in Millionen £)

Die bedeutendsten Empfänger staatlicher Beihilfen im britischen Eisenbahnwesen sind die TOC sowie insbesondere der Netzbetreiber Network Rail. Darüber hinaus scheinen auch die ROSCO seitens der Regierung nach wie vor implizite Garantien zu erhalten, die ihnen de facto das mit dem Wechsel des Franchisenehmers zumindest theoretisch verbundene wirtschaftliche Risiko abnehmen. Offizielle Informationen hierzu sind allerdings nicht verfügbar.

Die Unterstützungsleistungen zugunsten der TOC umfassen dabei sowohl Zuschüsse zu den Betriebskosten – in Analogie zum in Deutschland im Schienenpersonennahverkehr praktizierten Bestellerprinzip – als auch zu den Kapi-

[118] Zuverlässige, d. h. genaue und konsistente Daten zum Subventionsvolumen sind in Großbritannien faktisch nicht öffentlich zugänglich. Dies hängt, wie unmittelbar einsichtig ist, auch mit der uneinheitlichen Terminologie zusammen. Hinzu kommt, dass die offiziellen Daten meist auch die Zuschüsse für die PTE enthalten, obschon diese weder rechtlich noch faktisch dem Eisenbahnwesen zurechenbar sind. Die unter diesen Umständen besten Übersichten bieten *Cowie* (2002) und *Shaoul* (2006), deren Daten allerdings teilweise – wenn auch nur dem Betrag, nicht aber der grundsätzlichen Tendenz nach – deutlich voneinander abweichen.

talkosten in Form von Zuschüssen für die Bestellung modernerer Rollmaterials. Bei Letzteren handelt es sich folglich um eine indirekte Subventionierung der ROSCO. Im Vorfeld hatte die britische Regierung für die Übergangszeit zugunsten der TOC ein jährliches Subventionsvolumen von £ 1,8 Mrd. einkalkuliert. Es sollte in den Folgejahren sukzessive um jeweils etwa £ 200 Mio. auf Null zurückgeführt werden.[119] Dies gelang jedoch nicht. Der geringste Zuschussbedarf an die TOC in Höhe von mit je £ 1 Mrd. wurde in den Jahren 2002 und 2005 erreicht – eine Summe, welche real in etwa den jährlichen Betriebszuschüssen für BR entsprach.[120] Für die nächsten drei Haushaltsjahre (2006/2007 bis 2008/2009) sind Zuschüsse für die TOC von durchschnittlich £ 1,4 Mrd. vorgesehen.[121]

Bezogen auf die Umsätze, erreichten die Subventionszahlungen an die TOC im Haushaltsjahr 1996/1997 – vergleichbare Daten jüngeren Datums liegen nicht vor – Werte zwischen 2,0 und 21,5 Prozent und bezogen auf die Erstellungskosten 1,3 und 10,4 Prozent.[122] Der ungewichtete Durchschnittswert für sämtliche TOC betrug 6,4 Prozent. Spitzenreiter war jeweils das TOC Island Line. Da dieses Unternehmen, wie bereits erwähnt wurde, ausschließlich auf der Isle of Wight tätig ist, sollten dessen Daten angesichts der dort besonders geringen Siedlungsdichte jedoch als statistischer Ausreißer interpretiert werden. Die, bezogen auf den Unternehmensumsatz, mit 14,9 Prozent zweithöchste Subventionsquote erreichte mit Mersey Rail derjenige Anbieter, der – wie ebenfalls bereits erwähnt – inzwischen in einen Verkehrsverbund integriert wurde. Generell lag zum damaligen Zeitpunkt die durchschnittliche umsatzbezogene Subventionsquote der stärker im Regionalverkehr aktiven TOC um etwa vier bis fünf Prozentpunkte höher als die der überwiegend im Fernverkehr aktiven Franchisenehmer.[123] Demgegenüber war die Streuung zwischen den TOC bezogen auf die durchschnittliche kostenbezogene Subventionsquote wesentlich geringer. Sie belief sich im Mittel auf 4,9 Prozent.[124]

Im Hinblick auf das Netz war das erklärte politische Ziel der Major-Regierung der vollständige Rückzug des britischen Staates aus dem Betrieb wie aus der Finanzierung. Die künftige Rolle des Staates sollte auf die Regulierung

---

[119] Vgl. *Shaoul* (2006), S. 152; *Tyrrall* (2006), S. 115.

[120] Vgl. ebenda.

[121] Vgl. ebenda, S. 153.

[122] Vgl. die Übersicht bei *Cowie* (2002), S. 28.

[123] Die exakten Werte lauteten: 10,9 Prozent für die ehemaligen Intercity-Bahnlinien, 6,6 Prozent für die vor der Reform dem Network SouthEast zugerechneten Gesellschaften und 5,5 Prozent für die zuvor als Regional Railways klassifizierten Anbieter. Vgl. ebenda.

[124] Ehemalige Intercity-Bahnlinien: 4,7 Prozent; ehemalige Network SouthEast-Gesellschaften: 5,6 Prozent; ehemalige Regional Railways: 4,7 Prozent.

des Netzmonopolisten beschränkt bleiben, während der Finanzbedarf Railtracks ausschließlich aus den von den TOC/FOC erhobenen Trassenentgelten sowie von den privaten Anteilseignern des Unternehmen abgedeckt werden sollte. Dieses Ziel wurde deutlich verfehlt. Hatte Railtrack in den ersten Jahren nach dem Börsengang in der Tat noch keine öffentlichen Finanzmittel erhalten, fließt dem Nachfolgeunternehmen Network Rail heute der Löwenanteil staatlicher Beihilfen für das britische Eisenbahnwesen zu – mit klar steigender Tendenz. Betrugen die Subventionen für das Netz im Haushaltsjahr 2003/2004 noch £ 1,48 Mrd., werden dem aktuellen Stand der Planung entsprechend im Haushaltsjahr 2006/2007 bereits £ 2,88 Mrd. auszuzahlen sein. Für die beiden unmittelbar darauf folgenden Haushaltsjahre ist jeweils nahezu der gleiche Mittelzufluss projektiert, ohne das die Kosten für das Großprojekt Channel Tunnel Rail Link in diesen Zahlen bereits inkludiert wären.[125]

5. Kernprobleme: mangelhafte Vorbereitung, institutionalisierte Fehlanreize

Obschon es in Großbritannien durch die radikale Strukturreform zweifelsfrei gelang, die Wettbewerbsfähigkeit der Schiene sowohl im Güter- als auch im Personenverkehr nachhaltig und ohne Einbußen bei der Verkehrssicherheit zu verbessern, wurden ebenso offenkundig nicht alle Reformziele erreicht. Insbesondere gelang der Regierung bislang nicht, eines der Kernziele der Bahnreform zu erreichen: die nachhaltige Entlastung der öffentlichen Haushalte. In der Tat haben sich, wie zuvor ausführlich erörtert wurde, trotz der absolut deutlich gestiegenen Erlöse auch die staatlichen Aufwendungen für das Eisenbahnwesen bislang spürbar und dauerhaft erhöht. Die meisten Kritiker der Reform führen dies (wie auch die phasenweise gravierenden Qualitätsprobleme in Form einer hohen Verspätungswahrscheinlichkeit und sonstigen Betriebsstörungen) zumindest teilweise auf den Renditedruck zurück, dem die privaten Anbieter anders als das frühere Staatsunternehmen BR unterliegen.[126] Shaoul quantifiziert alleine diesen Effekt auf eine Mehrbelastung der öffentlichen Haushalte von £ 800 Mio. per annum.[127]

Wie in diesem abschließenden Kapitel gezeigt werden soll, greift diese Sicht der Dinge aus mehreren Gründen allerdings viel zu kurz. Zu konstatieren ist

---

[125] Dafür sind für die fünf Haushaltsjahre von 2003/04 bis 2008/09 zusammen weitere £ 3,8 Mrd. eingeplant. – Sämtliche Zahlen entstammen *Shaoul* (2006), S. 153.

[126] Auch für jeden schweren Unfall wurde direkt oder indirekt das Gewinnstreben der TOC und ganz besonders des früheren Netzbetreibers Railtrack verantwortlich gemacht, obwohl die Unfallwahrscheinlichkeit nach der Privatisierung ihrem jahrzehntelangen Trend folgend weiterhin kontinuierlich zurückging.

[127] Vgl. *Shaoul* (2006), S. 151.

zunächst, dass die britische Bahnstrukturreform ob ihrer Radikalität weltweit ohne Beispiel war und ist. Die Regierung entschied sich vielmehr, in jeder Hinsicht verkehrspolitisches Neuland zu betreten. Neuland betreten mussten aber auch viele der privaten Akteure, die auf allen betrieblich relevanten Ebenen den früheren staatlichen Angebotsmonopolisten BR ablösten – und die eben dieses nahezu allumfassende Monopol in der Vergangenheit darin gehindert hatte, Eisenbahnerfahrung zu sammeln. Dieser Sachverhalt könnte beispielweise auch das ex post betrachtet teilweise zu optimistische Bieterverhalten – Stichwort: ‚Winner's Curse' – der TOC während der ersten Ausschreibungsrunde erklären. Es resultierte später in Nachverhandlungen, die wiederum zu unvorhergesehenen Mehrausgaben für die Käufer nicht regulierter Tickets und natürlich für die Staatskasse führten. Ein reibungsloser Übergang war folglich schon in Anbetracht dieser durch ein hohes Maß an Unsicherheit für alle Beteiligten gekennzeichneten Ausgangsituation nicht ernsthaft zu erwarten – eine zwar banale Tatsache, die jedoch von den meisten Reformkritikern geflissentlich übersehen wurde.

Nicht übersehen werden darf in diesem Zusammenhang auch der enorme Erfolgsdruck, der auf der Regierung Major lastete; ohnehin schon auf dem Tiefpunkt ihrer Popularität, trieb sie mit der Bahnstrukturreform ein Projekt voran, dem breite Schichten der Bevölkerung, die Opposition, einflussreiche Medien und sogar Teile der eigenen Partei grundsätzlich ablehnend gegenüberstanden.

Selbst unter Berücksichtigung dieser ‚mildernden Umstände' sind einige grundlegende Webfehler der britischen Bahnreform trotz des mehrfachen und nicht selten recht erfolgreichen Finetunings seitens der Regierung in der jüngeren Vergangenheit nach wie vor unverkennbar. Nicht alle der tatsächlichen oder behaupteten Fehlentwicklungen haben jedoch ihre Ursache in der Reform selbst bzw. im gewählten Reformansatz – partielle horizontale Entflechtung in Kombination mit vollständiger vertikaler Separation, Privatisierung sämtlicher Teilleistungen und Regulierung der verbliebenen monopolistischen Bottlenecks. Sie sind im Gegenteil zum einen auf gravierende politische Versäumnisse im Vorfeld der Reform zurückzuführen. Hinzu kommen zum anderen einige mit den Reformzielen konfligierende Anreizstrukturen in dem durch die Reform fundamental umgestalteten Beziehungsgeflecht zwischen den Akteuren. Diese Aspekte sollen im Folgenden nun näher erläutert werden.

a) Fehlanreiz Nr. 1: Explizite und/oder implizite Staatsgarantien

Ein zentraler Bestandteil des Privatisierungskonzepts der Major-Regierung war es, den Wert der zum Verkauf stehenden Unternehmen für potentielle Investoren mit einer Mischung aus offenen und verdeckten Finanzhilfen (unter anderem in Gestalt hoher stiller Reserven) sowie expliziten und/oder impliziten

Bestands- oder Renditegarantien (inklusive staatlich garantiertem Schutz vor ‚exzessivem' ntramodalem Wettbewerb) systematisch zu erhöhen.[128] Ziel dieser Maßnahmen war es nicht nur, die Privatisierungserlöse zu maximieren. Zugleich sollten auf diese Weise ein möglicher Konkurs zentraler Akteure verhindert werden, der in der Öffentlichkeit und in den Medien sicherlich als Scheitern der Reform und damit als Versagen der Regierung interpretiert worden wäre, was sich wiederum äußerst ungünstig auf deren laut Meinungsumfragen ohnehin schon geringe Wiederwahlchancen ausgewirkt hätte.

Im Falle der *ROSCO*, deren nach wie vor außergewöhnlich hohe Renditen bereits erwähnt wurden, ging die Regierung dabei folgendermaßen vor. Zum einen unterband sie zu deren Schutz nicht nur bewusst das Entstehen eines Secondhand-Marktes für rollendes Material, da die anfangs üblichen Franchisebedingungen die *TOC* verpflichteten, das von ihnen benötigte rollende Material ausschließlich bei einer von insgesamt nur drei lizenzierten *ROSCO* zu leasen. Zum anderen unterliegen die *ROSCO* bis heute trotz ihrer unbestreitbaren Marktmacht gegenüber den *TOC* und *FOC* keiner staatlichen Regulierung.

In dem hier interessierenden Zusammenhang ist weiterhin von Bedeutung, dass, wie bereits zahlreiche durch die Reform geschaffenen Akteure, insbesondere aber die *ROSCO* sowie *Railtrack*, jedoch auch die dreizehn Unternehmen, die für die Erneuerung und Instandhaltung des Schienennetzes zuständig waren, offenbar deutlich unterbewertet an der Börse platziert worden waren. Beispielsweise stieg der Kurs einer *Railtrack*-Aktie von einem Ausgabekurs von £ 3,90 zwischen dem Zeitpunkt des Börsengangs im Mai 1996 bis Ende 1998 um mehr als das Vierfache, nämlich auf £ 17,68 an.[129] Darin eingepreist war ganz offensichtlich auch die Annahme der Investoren, dass jede britische Regierung, gleich welcher Couleur, aus politischen Gründen selbst im Fall anhaltend hoher Verluste als ‚Lender of Last Resort' das Unternehmen vor einem Bankrott bewahren würde.

Dies sollte sich zwar letztlich nicht bewahrheiten, denn am Sonntag, den 7. Oktober 2001, meldete die britische Regierung für Railtrack Konkurs an und stellte das Unternehmen kurz darauf unter staatliche Zwangsverwaltung.[130] Sie

---

[128] Vgl. *Wolmar* (2001), S. 78.

[129] Vgl. *Murray* (2006), S. 13; zur Situation bei den ROSCO siehe auch *Merkert* (2005), S. 10.

[130] Rechtsgrundlage war Section 60 des damals geltenden Railways Act 1993. Diese Vorschrift erlaubte dem britischen Verkehrsminister, mit gerichtlicher Zustimmung ein Insolvenzverfahren gegen ein Eisenbahnunternehmen einzuleiten, sofern dieses zahlungsunfähig ist oder ihm die Zahlungsunfähigkeit droht. Dies war wegen der erwähnten Kassenbestände jedoch nicht der Fall. Die Regierung begründete ihre Aktion daher damit, dass sie nicht mehr bereit sei, weitere Zahlungen an Railtrack zu leisten, weswegen dessen Insolvenz unmittelbar bevorgestanden habe.

erklärte, nicht länger willens zu sein, den aus noch zu erläuternden Gründen massiv gestiegenen Bedarf *Railtracks* an staatlichen Beihilfen weiter zu befriedigen.

Zwar war das Unternehmen zu diesem Zeitpunkt technisch weder illiquide noch insolvent; im Gegenteil verfügte es noch über ein Bankguthaben von £ 370 Millionen.[131] Allerdings musste Railtrack im Geschäftsjahr 2000/2001 erstmals in seiner Geschichte einen hohen Verlust ausweisen, den die Regierung jedoch durch eine Beihilfe ausglich. Die zunehmenden finanziellen Probleme Railtracks hatten drei Gründe:

- Zum einen kam es zu erheblichen Einnahmeausfällen, nachdem das Unternehmen nach dem Unfall von Hatfield am 17. Oktober 2000 umfangreiche Streckensperrungen angeordnet hatte. Die daraus resultierenden Betriebsstörungen zogen außerdem allein im Geschäftsjahr 2000/2001 Vertragsstrafen an die betroffenen TOC und FOC in Höhe von £ 500 Mio. nach sich.[132]
- Zum anderen offenbarte der Unfall den desolaten Zustand weiter Teile des Schienennetzes. Die deshalb sofort eingeleiten ebenso aufwendigen wie umfangreichen Sanierungsarbeiten erhöhten binnen der darauf folgenden zwei Jahre die Netzkosten um 53 Prozent.[133]
- Schließlich führte auch Missmanagement seitens Railtrack zu erheblichen Kostensteigerungen bei der Planung und bei der Ausführung von Streckensanierungsprogrammen bzw. beim Neubau von Eisenbahnstrecken. Ein besonders prägnantes Beispiel ist die zweite Modernisierungsstufe der West Coast Main Line (WCML), der wichtigsten Eisenbahnfernverbindung in Großbritannien. Ursprünglich mit £ 2,2 Mrd. budgetiert, erhöhten sich die Projektkosten erst auf £ 5,8 Mrd. Als Railtrack später feststellte, dass das geplante neue Signalsystem nicht einsatzbereit war und man auf konventionelle Signalisierung würde zurückgreifen müssen,[134] revidierte das Unternehmen die voraussichtlichen Projektkosten auf £ 13 Mrd. und richtete weitere Beihilfegesuche an die Regierung.[135]

Um trotz der unter den genannten Umständen äußerst schwierigen Geschäftsentwicklung, die sich in einem deutlichen Rückgang des Aktienkurses

131 Vgl. *Böttger* (2002), S. 276.

132 Vgl. *Nash / Smith / Matthews* (2005), S. 66.

133 Vgl. ebenda.

134 *Kemnitz* (2002), S. 8.

135 Nach dem Konkurs wurden die Ausbau- und Modernisierungspläne umfassend revidiert, und die Regierung veranschlagte die Gesamtkosten der Sanierung der WCML zum gegenwärtigen Zeitpunkt nunmehr auf etwa £ 7,6 Mrd. Vgl. *Department for Transport* (2004), S. 28.

niederschlug, zur Beruhigung der Aktionäre gleichwohl eine nennenswerte Dividende ausschütten zu können, widmete das Railtrack- Management zehn Prozent eines ihm von der Regierung zuvor gewährten Zuschusses – insgesamt £ 1,5 Mrd. für ein von 2006 bis 2011 geplantes Investitionsprogramm – zu diesem Zweck um.[136] In der Öffentlichkeit entstand daher zwangsläufig der Eindruck, dass das Unternehmen Steuermittel zugunsten seiner Kapitaleigner systematisch zweckentfremdet.[137]

Die Anreize dafür hatte die Regierung jedoch selbst gesetzt. So musste ihre wiederholte finanzielle Unterstützung Railtracks bei gleichzeitiger Akzeptanz regelmäßiger Dividenausschüttungen an dessen Aktionäre diesen wie auch dem Management geradezu zwangsläufig den Eindruck vermitteln, dass sie Railtrack aus politischen Gründen als ‚too big to fail' erachtete, also absoluten Bestandsschutz gewähren würde.

Nicht übersehen werden darf in diesem Zusammenhang außerdem, dass die Regierung Major, aber auch ihre diversen Amtsvorgänger, durch zwei schwerwiegende Versäumnisse die Finanzkrise Railtrack letztlich mit zu verantworten hatten. So hatte sich infolge der jahrzehntelangen Unterfinanzierung von BR und den deshalb unterbliebenen Erhaltungsinvestitionen der Netzzustand bis zur Privatisierung massiv verschlechtert. Dieses Politikversagen hat letztlich maßgeblich dazu beigetragen, dass die meisten der nach der Reform und das dadurch ausgelöste Verkehrswachstum eingetretenen Qualitätsprobleme überhaupt dieses Ausmaß erreichen konnten. Das große Versagen der Regierung Major bestand somit darin, das Netz privatisiert zu haben, ohne vor dem Börsengang einen umfassenden Netzzustandsbericht – der im Übrigen einen integ-

---

[136] Vgl. *o.V.* (2001), S. 295.

[137] Deshalb dürfte der überraschende Schritt der Regierung als politische Reaktion auf die zunehmende öffentliche Kritik an dem Unternehmen, dessen Anteile von der konservativen Vorgängerregierung als ‚Volksaktie' beworben worden waren, zu bewerten sein. Hinzu kam, dass die Insolvenzlösung, trotz erheblicher Kritik seitens der Railtrack-Aktionäre und der Londoner City und erheblicher juristischer Bedenken ob ihrer Rechtmäßigkeit, aus Sicht der Regierung zweifelsfrei große Attraktivität besaß. Zum einen hätten ein Aktienrückkauf über den Markt oder ein Verfahren zum Entzug der Netzlizenz erheblich mehr Zeit beansprucht. Zum anderen musste die Regierung die Altaktionäre nicht entschädigen. Hätte sich die Regierung dagegen für eine Renationalisierung Railtracks entschieden, hätte sie den Altaktionären nach geltendem europäischem Recht wahrscheinlich den Durchschnittspreis der Aktien für die letzten drei Jahre von etwa £ 8 pro Aktie ersetzen müssen; unmittelbar bevor die Regierung Railtrack unter ihre Kuratel gestellt hatte, notierten deren Aktien mit knapp £ 2,80. Zwar offerierte die Regierung den betroffenen Altaktionären auf erheblichem öffentlichem Druck hin eine Abfindung von insgesamt etwa £ 500 Mio. Etwa 55.000 ehemalige Aktionäre gründeten daraufhin die Railtrack Private Shareholders Action Group und verklagten die britische Regierung auf eine höhere Abfindung. Sie scheiterten mit ihrer Klage im Jahr 2005 jedoch in letzter Instanz. Vgl. zu den Hintergründen *Wolmar* (2001), S. 17 sowie *o.V.* (2002), S. 20.

ralen Bestandteil des Börsenprospekts hätte darstellen müssen – in Auftrag zu geben. Dieser hätte nicht nur den über Jahrzehnte aufgestauten Reinvestitionsbedarf quantifiziert. Ein akkurater Netzzustandsbericht hätte freilich der Regierung wie der Öffentlichkeit gleichsam als ‚true and fair view' vor allem die Augen dafür geöffnet, dass die öffentlichen Haushalte auch bei Beibehaltung des Status quo – d. h. auch wenn die Regierung auf die Bahnstrukturreform 1994 verzichtet hätte – die öffentlichen Finanzen in Großbritannien über Jahrzehnte hinweg in erheblichem Umfang zusätzlich belastet hätten.

b) Fehlanreiz Nr. 2: Interessenkollision zwischen TOC und Netzbetreiber

Als ein weiterer gravierender Konstruktionsfehler vor allem in der Frühphase der Reform erwiesen sich ex post die fehlenden Anreize für den Netzbetreiber, damals noch Railtrack, trotz steigender Verkehrsleistungen zusätzliche Kapazitäten zu schaffen. Dies war vor allem auf das unintelligente Design der Trassennutzungsgebühren zurückzuführen. Konkret belief sich der variable, also unmittelbar nutzungsabhängige Anteil im Durchschnitt auf lediglich acht Prozent des Gesamtpreises; diese Teilkomponente sollte die Kosten des erforderlichen Traktionstroms sowie für Verschleiß erfassen. 37 Prozent waren zur Deckung der langfristigen inkrementellen Kosten künftiger Kapazitätserweitungen vorgesehen, der Gemeinkostenanteil belief sich auf 43 Prozent, und die verbliebenen zwölf Prozent entfielen auf die Kosten für die Nutzung von Bahnhöfen und Depots.[138] Relevant ist in diesem Zusammenhang des Weiteren, dass zwischen dem Netzbetreiber einerseits und den TOC/FOC andererseits für den Fall von Betriebsstörungen eine wechselseitige Schadenersatzpflicht besteht. Ist also der Netzbetreiber für die Verzögerung verantwortlich, werden Strafzahlungen an die betroffene TOC/FOC fällig, und umgekehrt.

Erschwerend kommt hin zu, dass sich damals noch zahlreiche TOC in ihren Franchiseverträgen verpflichtet hatten, mit jährlich sinkenden staatlichen Subventionen auszukommen; Hintergrund war, dass in der ersten Vergaberunde meist der Bieter mit dem geringsten angemeldeten Subventionsbedarf den Zuschlag erhielt (später wurden, wie schon erwähnt, ergänzende Kriterien in die Auswahlentscheidung mit einbezogen). Die TOC waren deshalb entweder auf deutliche Einsparungen im Betrieb oder auf eine erhebliche Steigerung der Einnahmen angewiesen. Angesichts der ohnehin schon geringen Personalstärke in den Zügen waren die Einsparpotentiale jedoch von Anfang an recht gering. Die verbliebene Alternative Steigerung der Einnahmen ließe sich prinzipiell entweder durch Preiserhöhungen oder durch stetige Fahrgastzuwächse erreichen. Da den TOC, wie ebenfalls bereits erwähnt wurde, Preiserhöhungen auf Grund der

138 Vgl. *Nash* (2002), S. 262.

Price-Cap-Regulierung der wichtigsten Tarife untersagt blieb, mussten sie hauptsächlich auf den Fahrgastzuwachs setzen, um einen Überschuss erwirtschaften zu können.[139] Dieser ließ sich zunächst bis zur Kapazitätsgrenze der Züge relativ leicht erreichen.

Der Einsatz zusätzlicher Züge wurde jedoch durch die von der zuständigen Regulierungsbehörde festgelegte Struktur der Trassenpreise immer mehr erschwert. So nimmt das Verspätungsrisiko, wie unmittelbar einsichtig ist, mit zunehmender Zugzahl zu. Da der Infrastrukturbetreiber bei eigenem Verschulden jedoch die von Verspätungen betroffenen TOC zu kompensieren hat, fehlt ihm immer dann der Anreiz, zusätzliche Züge in den Fahrplan aufzunehmen oder kapazitätserweiternde Investitionen zu tätigen,[140] wenn das Risiko besteht, dass die dadurch zusätzlich generierten Erlöse niedriger sind als die durch den zusätzlichen Verkehr verursachten Verspätungspönale. Um diesen offenkundigen Interessengegensatz aufzulösen, modifizierte das zuständige ORR im Jahr 2000 die Zusammensetzung der Trassenpreise. Seither enthalten sie nicht nur eine Staukomponente. Generell wurden seitdem die variablen Kostenanteile auf zwanzig Prozent angehoben.[141] Im Zuge der jüngsten Reformen des britischen Eisenbahnwesens soll nun das Anreizsystem erneut überarbeitet werden. Über dessen konkrete Ausgestaltung liegen bislang jedoch keine aussagekräftigen Informationen vor.[142]

Ein zumindest in der Anfangsphase der Reform häufig beobachteter unerwünschter Nebeneffekt des Pönalsystems ist ebenfalls bemerkenswert.[143] Um nämlich Verspätungspönale zu vermeiden, waren die TOC nicht mehr bereit, ihre Züge auf verspätete Anschlüsse, vor allem anderer TOC, warten zu lassen – mit allen negativen Konsequenzen für die davon betroffenen Passagiere, die von diesem Sanktionsmechanismus eigentlich in Gestalt höherer Zuverlässigkeit profitieren sollten.[144]

c) Sonstige Problemfelder

Privatisierung bedeutet nicht per se eine Zunahme der Wettbwerbsintensität auf einem Markt. Volkswirtschaftlich ist somit nur im Sinne von Effizienzsteigerungen ceteris paribus i.d.R. nur wenig gewonnen, werden öffentliche Mono-

---

139 Vgl. *Cartledge* (2002), S. 21f.

140 Vgl. *Böttger* (2002), S. 274f.

141 Vgl. *ORR* (2000).

142 Vgl. *Department for Transport* (2004), S. 63 und 68 und *ORR* (2004), S. 9.

143 Vgl. *Hughes* (1994b), S. 236.

144 Vgl. *Knorr / Eichinger* (2002); *Merkert* (2005), S. 9.

pole lediglich in private Monopole oder Kollektivmonopole überführt. Wie den vorstehenden Ausführungen zu entnehmen ist, verzichtete die britische Regierung mit Ausnahme des Güterverkehrs bewusst darauf, die Rahmenbedingungen für wettbewerbliche Marktprozesse zu setzen und damit dessen Effizienzpotentiale voll auszuschöpfen. Abgesehen vom Sonderfall des Netzes, welches ein regulierungsbedürftiges natürliches Monopol darstellt, trifft dies vor allem auf die Regelung des Marktzugangs im Personenverkehr zu. Wie weiter oben ausführlich diskutiert wurde, degenerierte im Laufe der Zeit das nach Ablauf einer Übergangsfrist eigentlich regelhaft vorgesehene Open Access-Regime zur absoluten Ausnahmeregelung. Im Personenverkehr beschränkt sich der Wettbewerb zwischen den einzelnen Franchisenehmern im Markt somit noch immer auf die vergleichsweise geringe Zahl von ‚duplicated Routes', die nicht derselben Franchise zugeordnet wurden. Recht intensiv ist demgegenüber inzwischen der Wettbewerb um den Markt. Indizien für eine vergleichsweise geringe Wettbewerbsintensität finden sich auch auf den Märkten für Rollmaterial. Zwar ist der Versuch der britischen Regierung im Prinzip durchaus positiv zu bewerten, diese – wie sich nicht zuletzt in Deutschland bestätigt hat – in der Praxis sehr bedeutende Marktzutrittsbarriere durch die vertikale Separation der Wertschöpfungsstufen und die Schaffung von drei spezialisierten Leasingunternehmen zu entschärfen. Sachlich ist die Begrenzung der Anbieterzahl auf lediglich drei Mitspieler jedoch nicht gerechtfertigt, da hier weder ausgeprägte Größenvorteile noch extrem spezifische Investitionen eine Rolle spielen. Hinzu kommt, dass angesichts der sehr auskömmlichen Renditen der Altsassen eine Freigabe des Marktzutritts mittelfristig den durchaus erwünschten Nebeneffekt einer nicht unerheblichen Entlastung der öffentlichen Kassen mit sich brächte. Allerdings scheint die inzwischen fortschreitende Konsolidierung der TOC auf fünf größere Anbieter deren Verhandlungsposition gegenüber den ROSCO kontinuierlich verbessert zu haben. Zumindest schrumpften die Renditen Letzterer parallel dazu recht deutlich.

Als weiterer bedeutender Kostentreiber – wiederum vorrangig zu Lasten des Staatsbudgets – erwiesen sich die insbesondere nach dem Hatfield-Unfall nicht mehr unter angemessener Berücksichtigung ökonomischen Optimalitätskriterien bzw. Nutzen-Kosten-Abwägungen entwickelten Sicherheitsstandards und -prozeduren. Es bleibt abzuwarten, inwieweit die in Kürze anstehende Eingliederung dieses Aufgabenbereichs in das ORR hier eine Trendwende zu einer rationaleren Politik einleiten wird.

V. Fazit

Die gerade in Deutschland weit verbreitete Kritik an der britischen Bahnreform erweist sich bei unvoreingenommener Betrachtung in vielen Bereichen als sachlich unbegründet, selbst wenn einige, und durchaus gravierende, Konstruktionsfehler unübersehbar sind. Als unumstritten kann zunächst gelten, dass der britische Eisenbahnmarkt – vergleicht man die größten europäischen Volkswirtschaften miteinander – mit einer Zunahme der Tonnenkilometer um siebzig Prozent und der Passagierkilometer um 51 Prozent zwischen Reformbeginn und 2005 die mit Abstand dynamischste Verkehrsentwicklung auf der Schiene aufweist. Auch der Modal Split-Anteil der Schiene stabilisierte sich kurz nach Reformbeginn und seither um zwei Prozentpunkte im Güterverkehr und einen Prozentpunkt bei der Personenbeförderung.

Gerade der hohe Zuwachs im Passagierverkehr ist aus zwei Gründen besonders bemerkenswert. Zum einen sind die Eisenbahnen in Großbritannien einer im Vergleich zu Deutschland ungleich härteren intermodalen Konkurrenz durch Expressbusse und Low-cost Carrier ausgesetzt. Zum anderen führte eine Reihe medienwirksamer Unfälle, die – wie hierzulande wenig bekannt ist – insgesamt weniger Todesopfer forderten als die ICE-Katastrophe in Eschede, zeitweilig zu einem deutlichen Nachfragerückgang, obwohl das Unfallrisiko auch nach der Bahnreform kontinuierlich weiter zurückging. Erschwerend hinzu kamen zum anderen phasenweise schwere Pünktlichkeitsprobleme.

Die Verkehrsentwicklung hätte also zweifelsohne noch positiver verlaufen können, wäre es den Reformverantwortlichen gelungen, einige zentrale ‚Konstruktionsfehler' zu vermeiden. Dies gilt umso mehr, als genau diese Schwachpunkte die Regierung später zwingen sollten, erheblich mehr Finanzmittel bereitzustellen als ursprünglich geplant.

Besondere Bedeutung kommt in diesem Zusammenhang zunächst dem Versäumnis der Regierung Major zu, vor Reformbeginn – und zwar insbesondere vor der Privatisierung des Netzes – einen detaillierten Netzzustandsbericht in Auftrag zu geben. Er hätte die jahrzehntelange Vernachlässigung der Schieneninfrastruktur durch das Staatsunternehmen British Rail offengelegt. Der daraus resultierende desolate Zustand weiter Teile des Bestandsnetzes und dessen Konsequenzen für das Staatsbudget wären dann frühzeitig erkannt worden. Die nach der Reform aufgetretenen, teilweise massiven Qualitätsprobleme, sind somit nicht primär als Reformergebnis zu interpretieren. Ihre entscheidende Ursache war vielmehr das Unvermögen der Politik, das Netz nach der Beseitigung der Kriegsschäden in den Jahrzehnten bis zur Reform in einem hinreichend funktionsfähigen Zustand zu halten.

Dringend erforderlich sind, wie im Text ausführlich dargelegt wurde, außerdem substantielle Änderungen des Beziehungsgeflechts zwischen den handelnden Akteuren, um effizienzmindernde Fehlanreize zu beseitigen. Als besonders nachteilig erweist sich in der Rückschau, dass die Reform zwar zu einer durchgreifenden Privatisierung des Eisenbahnwesens führte, die Regierung aber bis heute nicht bereit ist, in bedeutenden Segmenten des Eisenbahnmarktes wie dem Personenverkehr, zum Teil aber auch bei der Bereitstellung wichtiger Inputs wie dem Rollmaterial, unbeschränkten Wettbewerb im Markt zuzulassen. Dies entspricht einer impliziten Bestandsgarantie durch den Staat, deren negative Anreizwirkungen offensichtlich sind.

In der Gesamtschau belegt die Realität der Bahnreform in Großbritannien, dass die Trennung von Netz und Betrieb in der Praxis keineswegs zu schlechteren ökonomischen Ergebnissen führen muss als die Alternative vertikale Integration. Bedingung ist aber, dass die politisch Verantwortlichen die Funktionsvoraussetzungen dieses Strukturmodells erkennen und auf Dauer garantieren.

Literaturverzeichnis

Aberle, G. (1997): Transportwirtschaft, 2. Auflage, München und Wien.

Bagwell, P. (1996): The Transport Crisis in Britain, Nottingham.

Böttger, C. (2002): Das Insolvenzverfahren der Railtrack, in: Internationales Verkehrswesen, 54. Jg., S. 273-277.

Booth, P. (2006) (Hrsg.): The Railways, the Market and the Government, London

(http://www.iea.org.uk/files/upld-publication319pdf?.pdf).

Brewer, P. (1996): Contestability in UK Rail Freight Markets, in: Transport Policy, 3. Jg., Heft 3, S. 91-98.

Cartledge, J. (2002): Privatisierung des ÖPNV – Die Erfahrungen aus Großbritannien, in: Der öffentliche Nahverkehr in der Welt, 51. Jg., Heft 1, S. 18-23.

Clark, A. (2002): Railtrack's Two-Month Delay Angers Network Rail, in: The Guardian, 13. August 2002 (http://www.guardian.co.uk/print/0,3858,4480592-103676,00. html).

Cowie, J. (2002): Subsidy and Productivity in the Privatised British Passenger Railway, in: Economic Issues, Vol. 7, Part 1, S. 25-37 (http://www.economicissues. org/archive/pdfs/4v7p1.PDF).

Crompton, G. / *Jupe*, R. (2004): ‚A Deficient Performance?': The Regulation of the Train Operating Companies in Britain's Privatised Rail System, Canterbury Business School Working Paper No. 66, Cambridge (http://www.kent.ac.uk/kbs/pdf/Crompton-and-Jupe-No-66.pdf).

Department of Transport (1983): Railway Finances – Report of a Committee Chaired by Sir David Serpell, London.

– (1992): New Opportunities for the Railways. The Privatisation of British Rail, London (http://www.railwaysarchive.co.uk/documents/DoT_WP001.pdf?PHPSESSID=41ae3b038594ef471c9c761ec9a05139).

– (2002): Secretary of State for Transport. Minutes to Parliament. Statutory Contingent Liabilities in Support of Network Rail Limited, London.

– (2003): First Review of Rail Fares Since Privatisation: Fares Must Keep Pace with Investment, London, 19. Juli 2003 (http://www.dft.gov.uk/stellent/groups/dft_railways/ documents/page/dft_railways_612833.pdf).

– (2004): The Future of Rail – White Paper. London (http://www.dft.gov.uk/stelnt/groups/dft_railways/documents/pdf/dft_railways_pdf_031105.pdf).

– (2005): Transport Statistics Great Britain 2005, 31st Edition, London (http://www.dft.gov.uk/stellent/groups/dft_control/documents/contentservertemplate/dft_index.hcst?n=14605&l=3).

– (2006): Transport Statistics Great Britain 2006, 32nd Edition, London (http://www.dft.gov.uk/stellent/groups/dft_control/documents/contentservertemplate/dft_index.hcst?n=17304&l=3).

Department of the Environment, Transport and the Regions (2000): Transport 2010. The 10 Year Plan, London.

Departments of State and Official Bodies. British Railways Board (1963): The Reshaping of British Railways. Report Prepared Under the Chairmanship of Dr. Richard Beeching, London.

– (1965): The Development of the Major Railway Trunk Routes, London.

Deutsche Bahn AG (2006): Wettbewerbsbericht 2006, Berlin (http://www.db.de/site/shared/de/dateianhaenge/berichte/wettbewerbsbericht_2006.pdf).

di Pietrantonio, L. / *Pelkmans,* J. (2004) : The Economics of EU Railway Reform, Bruges European Economics Policy Briefings No. 8, Brügge (http://www.coleurop.be/content/studyprogrammes/eco/publications/BEEPs/BEEP8. pdf).

Doganis, R. (2006): The Airline Business, 2. Auflage, Milton Park und New York.

Eckey, H.-F ./ *Stock,* W. (2000): Verkehrsökonomie, Wiesbaden.

Eichinger, A ./ *Knorr,* A. (2005): Die Bahnreform in Großbritannien – jüngste Entwicklungen und kritische Würdigung, in: Lange, J. (Hrsg.): Weichenstellungen für die Bahn, Loccumer Protokolle 62/04, Rehberg-Loccum, S. 49-84.

Else, P. (1996): Subsidy Requirements in a Restructured Rail Network. With Particular Reference to British Rail, in: Transport Policy, Vol. 3, S. 13-15.

Evans, A. (2004): Rail Safety and Rail Privatisation in Britain, Working Paper des Centre für Transport Studies des Imperial College, London (http://www.cts.cv.ic.ac.uk/documents/publications/iccts00410.pdf).

Freeman, R. / *Shaw,* J. (2000): All Change – British Railway Privatisation, London.

Gibb, R. (1996): The Privatization of British Rail, in: Applied Geography, 16. Jg., Heft 1, S. 35-51.

Glover, J. (1999): Railway Operations, Shepperton.

Gourvish, T. (1986): British Railways 1948-73: A Business History, Cambridge.

– (2002): British Rail 1974-97: From Integration to Privatisation, Oxford, New York, Auckland und andere.

Harvey, M. (1994): Freight Customers Seek Efficiency Through Investment and Competition, in: Railway Gazette International, 150. Jg., Heft 4 (April), S. 239-240.

Hass-Klau, C. (1998): Rail Privatisation: Britain and Germany Compared, London.

Health & Safety Executive (2004): HSE's Annual Report on Railway Safety 2003/04, ohne Ort (London).

Hope, R. (1994): Network Guardian Spells Out Growth Strategy, in: Railway Gazette International, 150. Jg., Heft 4 (April), S. 219-222.

House of Commons Transport Committee (2006): Passenger Rail Franchising. Fourteenth Report of Session 2005-06, ohne Ort (London) (http://www.publications.parliament.uk/pa/cm200506/cmselect/cmtran/1354/ 1354.pdf).

Hughes, M. (1994a): Regulator Wants Britain's Railway to be ‚The Envy of Europe', in: Railway Gazette International, 150. Jg., Heft 4 (April), S. 225-228.

– (1994b): Incentive Regime is the Key to Efficient Franchises, in: Railway Gazette International, 150. Jg., Heft 4 (April), S. 231-236.

Kemnitz, J. (2002): Der Staat muss zahlen, in: Der Fahrgast, 22. Jg., Heft 92, S. 5-12.

Knorr, A. (1997): Wettbewerb und Flugsicherheit – ein Widerspruch?, in: Zeitschrift für Verkehrswissenschaft, 68. Jg., S. 94-122.

– (2006): „Schwarze Listen" – mehr Sicherheit im Luftverkehr?, in: Internationales Verkehrswesen, 58. Jg. (2006), S. 79-85.

Knorr, A. / *Eichinger,* A. (2002): Die Bahnreform in Großbritannien – eine kritische Würdigung, in: List-Forum, 28. Jg., Heft 4, S. 370-390.

Köberlein, C. (1997): Kompendium der Verkehrspolitik, München und Wien.

Merkert, R. (2005): Die Reorganisation und Zukunft des Eisenbahnwesens in Großbritannien, Volkswirtschaftlicher Diskussionsbeitrag Nr. 78 der Wirtschafts- und Sozialwissenschaftlichen Fakultät der Universität Potsdam, Potsdam (http://www.uni-potsdam.de/u/wipo/db78.pdf).

Murray, I. (2005): No Way to Run a Railway, London (http://www.adamsmith.org/images/uploads/publications/railway.pdf).

Nash, C. (2002): Regulatory reform in rail transport – the UK experience, in: Swedish Economic Policy Review, Vol. 9, S. 257-286.

Nash, C. / *Smith,* A. / *Matthews,* B. (2005): Britain, in: Calthrop, E. / Ludewig, J. (Hrsg.): Reforming Europe's Railways – An assessment of progress, Brussels, S. 56-79.

Network Rail (2006): Business Plan 2006, London (http://www.networkrail.co.uk/documents/3127_Business%20Plan.pdf).

OECD (2005): Structural Reform in the Rail Industry, Paris (http://www.oecd.org/dataoecd/7/14/35911008.pdf).

Office of Rail Regulation (2004): Implementing the Future of Rail: ORR's Role and Proposed Work Programme, ohne Ort (London) (http://www.rail-reg.gov.uk/upload/pdf/211.pdf).

Office of the Rail Regulator (1994): Competition for Railway Passenger Services: A Policy Statement, ohne Ort (London) (http://www.rail-reg.gov.uk/upload/pdf/17doc.pdf).

– (2000): The Periodic Review of Railtrack's Access Charges: Final Conclusions Volume I, ohne Ort (London) (http://www.rail-reg.gov.uk/upload/pdf/115-prfinal1.pdf).

– (2002): The Proposed Acquisition of Railtrack Plc by Network Rail Limited. A Statement by the Rail Regulator and Proposed Licence Modifications, ohne Ort (London) (http://www.rail-reg.gov.uk/upload/pdf/146.pdf).

– (2003): Changes to Access Rights and Moderation of Competition: Draft Conclusions, ohne Ort (London) (http://www.rail-reg.gov.uk/upload/pdf/177.pdf).

– (2004): Moderation of Competition. Final Conclusions, ohne Ort (London) (http://www.rail- reg.gov.uk/upload/pdf/195.pdf).

Office of Rail Regulation (2006a): National Rail Trends 2006-2007 Quarter One, ohne Ort (London) (http://www.rail-reg.gov.uk/upload/pdf/303.pdf).

– (2006b): Annual Report on railway Safety 2005, ohne Ort (London) (http://www.rail-reg.gov.uk/upload/pdf/296.pdf).

Oulton, N. / *Srinivasan,* S. (2005): Productivity Growth and the Role of ICT in the United Kingdom: An Industry View, 1970-2000, Centre for Economic Performance (CEP) Discussion Paper No. 681, London (http://cep.lse.ac.uk/pubs/download/dp0681.pdf).

O.V. (2001): Railtrack Rescued by Government Bail-Out, in: Railway Gazette International, Vol. 155, No. 5, S. 295.

– (2002): Verkauf des Railtrack-Netzes besiegelt das Scheitern der Privatisierung, in: Frankfurter Allgemeine Zeitung, 28. Juni 2002, S. 20.

Pollitt, M. / *Smith,* A. (2001): The Restructuring and Privatisation of British Rail: Was it Really That Bad?, DAE Working Paper 0118, Cambridge (http://www.econ.cam.ac.uk/dae/repec/cam/pdf/WP0118.pdf).

Prideaux, J. (2004): The ROSCOs – the success story of rail privatisation?, in: Modern Railways, Vol. 61, No. 2, S. 44-49.

PTEG (2006): A guide to the powers, funding and duties of PTE/As, Leeds (http://www.pteg.net/NR/rdonlyres/D4358A1B-DBBA-4FC0-810C-D3F628114324/0/PTE_A_powers_and_duties_200611.pdf).

Redwood, J. (1988): Signals From A Railway Conference, London.

Schmitz, M. (1997): Die Privatisierung der Eisenbahn in Großbritannien, Göttingen.

Schnöbel, C. (2005): Vertikale Desintegration des britischen Eisenbahnsektors – Erfolg oder Mißerfolg, in: Internationales Verkehrswesen, 57. Jg., Heft 4, S. 136-142.

Schwennicke, C. (2004): Wirrnis im Schienennetz, in: Süddeutsche Zeitung, 13. April 2004, S. 12.

Shaoul, J. (2006): The Cost of Operating Britain's Privatized Railways, in: Public Money & Management, Vol. 26., S. 151-158.

Shaw, J. (2000): Competition, Regulation and the Privatisation of British Rail, Aldershot, Burlington, Singapore und andere.

Shaw, J. / *Carlton,* C. / *Gibb,* R. (1998): The Competitive Spirit Re-Awakens the Ghost of Railway Monopoly, in: Transport Policy, Vol. 5, S. 37-49.

Smith, A. (2006): Are Britain's Railways Costing Too Much? Perspectives Based on TFP Comparisons with British Rail 1963-2002, in: Journal of Transport Economics and Policy, Vol. 40, Part 1, S. 1-44.

Squires, M. (1997): Constraints in Pursuing a Policy of Rail Closures, in: Political Studies Association (Hrsg.): Contemporary Political Studies 1997: Volume 1 – 2. Proceedings of the Annual Conference Held at the University of Ulster, Jordanstown, S. 644-649 (http://www.psa.ac.uk/journals/pdf/5/1997/squi.pdf).

Strategic Rail Authority (2001): South Central Franchise Transferred – £1.5 Billion Investment Boost Moves into Gear, Pressemeldung vom 24.08.2001, ohne Ort (London).

– (2002a): National Rail Trends 2001-02 (Third Quarter), ohne Ort (London) (http://www.rail-reg.gov.uk/upload/pdf/nrt0102-q3.pdf).

– (2002b): The Strategic Plan, ohne Ort (London).

– (2004): National Rail Trends Yearbook 2003-04, ohne Ort (London) (http://www.sra.gov.uk/pubs2/performance_statistics/nrt_june04/nrt0604).

The Economist (1999): The Rail Billionaires, 3. Juli 1999, S. 85-90.

Tripathi, S. (2004): All Aboard Private Rail, in: The Wall Street Journal Europe, 10. November 2004, S. A8.

Tyrral, D. (2006): The UK Railway: Privatisation, Efficiency and Integration, in: Booth, P. (2006) (Hrsg.): The Railways, the Market and the Government, London, S. 107-131 (http://www.iea.org.uk/files/upld-publication319pdf?.pdf).

Wolmar, C. (2001): Broken Rails – How Privatisation Wrecked Britain's Railways, London.

Die Internetquellen wurden zuletzt am 1. September 2007 aufgerufen.

Die Bahnreform in Schweden

Von Andreas Knorr

I. Einführung

Anders als die – sehr kontrovers beurteilten – Entwicklungen im britischen Eisenbahnwesen finden die Ergebnisse der schwedischen Eisenbahnstrukturreform in der aktuellen verkehrspolitischen Diskussion hierzulande bislang kaum Beachtung. Nach Kenntnis des Verfassers beschränkt sich die Zahl der einschlägigen ökonomischen Studien in deutscher Sprache auf lediglich drei Publikationen, die zudem zum Teil lediglich Spezialfragen behandeln.[1] Dieses anhaltende Desinteresse ist angesichts der Tatsache umso erstaunlicher, dass Schweden bereits 1988 – also sechs Jahre vor Großbritannien und damit als erstes europäisches Land überhaupt – Schienennetz und Betrieb institutionell vollständig voneinander trennte und zwei eigenständigen öffentlichen Unternehmen zuordnete. Der zentrale Unterschied zu Großbritannien besteht allerdings darin, dass die Privatisierung des Netzbetreibers in Schweden politisch niemals zur Debatte stand. Darüber hinaus ist der schwedische Staat bis heute ebenfalls alleiniger Anteilseigener der drei am 1. Januar 2001 lediglich formell privatisierten Nachfolgeunternehmen der ehemaligen Staatsbahn Statens Järnvägar (SJ).

Die Reformziele der schwedischen Regierung entsprachen demgegenüber grundsätzlich denen der EU und derjenigen Mitgliedsstaaten, welche sich ebenfalls für eine Reorganisation ihres nationalen Eisenbahnwesens entschieden. Sie leiten sich unmittelbar aus dem Oberziel der schwedischen Verkehrspolitik ab, nämlich den Bürgern und der Wirtschaft in sämtlichen Landesteilen zu den geringsten gesamtwirtschaftlichen Kosten sichere, umweltfreundliche und den spezifischen Interessen beider Geschlechter entsprechende Verkehrsdienstleis-

---

[1] Es handelt sich um die Untersuchungen von *Palm* (2001), *Merkert* (2003) sowie um ein Kapital einer gemeinsam von BDI und DIHT in Auftrag gegebenen Studie zu möglichen Auswirkungen eines integrierten Börsengangs der DB AG. Vgl. *KCW GmbH / Uniconsult Universal Transport Consulting GmbH / HSH Nordbank AG / Steer Davies Gleave Ltd.* (2006). Eine zweiseitige Kurzdarstellung des Aufbaus und der Funktionen der schwedischen Eisenbahnregulierungsbehörde Järnvägsstyrelsen findet sich schließlich in *IBM Business Consulting Services* (2006), einer im Auftrag der Deutschen Bahn AG erstellten Studie.

tungen zur Verfügung zu stellen.[2] Konkret angestrebt wurde zum einen, angesichts der hohen und rasch steigenden Defizite von SJ, die öffentlichen Haushalte bei der Finanzierung gemeinwirtschaftlicher Verkehrsangebote, vorrangig also im Nah- und Regionalverkehr, zu entlasten. Zum anderen sollte die Schiene als der nach Ansicht der Regierung umweltfreundlichster und sicherster Verkehrsträger im intermodalen Wettbewerb durch Schaffung gleicher Konkurrenzbedingungen gestärkt werden. Beabsichtigt war insbesondere eine Gleichstellung von Schiene und Straße bei den Infrastrukturinvestitionen und bei den Wegekostendeckungsgraden.[3]

II. Die Geschichte des schwedischen Eisenbahnwesens

1. Von den Anfängen bis zur Verstaatlichung

Auch in Schweden wurden die Eisenbahnen zunächst privat errichtet und betrieben. Im Jahr 1845 erhielt der schwedische Graf Adolf Eugene von Rosen als Erster die Genehmigung zum Bau einer Bahnlinie. Die Finanzierung besorgten britische Investoren. Allerdings musste das Unternehmen bereits 1850 Konkurs anmelden. Der erste öffentliche Schienenverkehr – zunächst jedoch nur mit von Pferden gezogenen Waggons – wurde 1849 zwischen Frykstad und Klara Älvs eröffnet und 1855 auf Dampfbetrieb umgestellt.[4]

Um den Eisenbahnbau nicht ausschließlich privaten Anbietern zu überlassen, beschloss das schwedische Parlament, der Riksdag, 1853 ein flächendeckendes Fernstreckennetz zu errichten, das sämtliche Regionen des Landes miteinander verbinden sollte.[5] Zu diesem Zweck wurde 1863 die staatliche Behörde für den Eisenbahnbetrieb gegründet, aus der schließlich 1883 die vertikal integrierte schwedische Staatsbahn SJ hervorging. Der Aufbau dieses staatlichen Netzes – in der Literatur i.d.R. als Trunk Lines bezeichnet – wurde 1937 vollendet.

Gleichwohl setzte sich die Bautätigkeit der privaten Eisenbahnunternehmen trotz einer Reihe weiterer Konkurse unvermindert fort und festigte deren dominante Stellung auf dem schwedischen Eisenbahnmarkt; noch 1914 hielten sie zusammen einen Marktanteil von 70 Prozent.[6] Den Schwerpunkt der Ausbau-

---

[2] Vgl. *Näringsdepartementet* (2006). Das Näringsdepartementet ist das auch für die gesamte Transportwirtschaft zuständige schwedische Ministerium für Unternehmen, Energie und Nachrichtenwesen.

[3] Vgl. *Nilsson* (1995), S. 183.

[4] Vgl. http://en.wikipedia.org/wiki/History_of_rail_transport_in_Sweden.

[5] Vgl. zum Folgenden *Latten* (1995) und *Nilsson* (1995), S. 171f.

[6] Vgl. http://de.wikipedia.org/wiki/Schienenverkehr_in_Schweden.

maßnahmen bildeten neben den Verbindungen zwischen den Zentren der Montanindustrie und den Seehäfen lokale und regionale Strecken im wesentlich dichter besiedelten Süden des Landes, die auch als Zubringer zum staatlichen Schienenfernverkehrsnetz dienten. Diese so genannten Branch Lines bildeten, zumindest gemessen in Trassenkilometern, bis Ende der 1930er Jahre mit einer Gesamtlänge von etwa 10.000 km den Hauptteil des damals ca. 17.000 km messenden schwedischen Schienennetzes.[7]

Die Weltwirtschaftskrise wie auch die zunehmende Verbreitung des Automobils brachten viele Privatbahnen in große wirtschaftliche Schwierigkeiten, die zahlreiche Konkurse und Übernahmen – auch durch die Staatsbahn SJ – nach sich zog. Angesichts dieser Entwicklung, und wohl auch aufgrund der Tatsache, dass der Marktanteil von SJ 1931 bei 40 Prozent stagnierte,[8] beschloss das schwedische Parlament 1935, alle noch verbliebenen Privatbahnen gegen eine Entschädigung in Höhe des Marktpreises der Unternehmen zu verstaatlichen und in SJ einzugliedern. Dies wurde bis Ende der 1950er vollzogen.[9] Da es nur sehr wenigen privaten Bahnbetreibern gelang, sich diesem Prozess erfolgreich zu widersetzen, erreichte die aus diesem Prozess vollständig horizontal und vertikal integriert hervorgegangene SJ 1960 mit einen Marktanteil von 95 Prozent de facto eine Monopolstellung auf allen Teilmärkten des schwedischen Eisenbahnmarktes. Darüber hinaus war das Unternehmen breit diversifiziert. Es hielt zahlreiche Beteiligungen, unter anderem an anderen Transportunternehmen (Logistikdienstleistern, vor allem im kombinierten Verkehr, Fähren und Fernbuslinien), Catering- und Restaurationsdienstleistern und im Immobiliensektor.[10]

2. Die Verkehrsreformen zwischen 1963 und 1985

Der nach dem Ende des Zweiten Weltkriegs rasche Aufschwung des motorisierten Individualverkehrs machte es SJ ab Mitte der 1950er zunehmend unmöglich, die Verluste auf den unwirtschaftlichen Linien durch interne Subventionierung auszugleichen.[11] Da massive politische Widerstände seitens der betroffenen Provinzen und Kommunen die Stilllegung defizitärer Strecken vielerorts jedoch verhinderten – i.d.R. versagte der formal zuständige Riksdag daraufhin seine Zustimmung –, und das Unternehmen seine Tarife weder im Pas-

---

[7] Vgl. *Nilsson* (1995), S. 172 sowie S. 174.

[8] Vgl. http://de.wikipedia.org/wiki/Schienenverkehr_in_Schweden.

[9] Vgl. *Lundberg* (1996), S. 22.

[10] Vgl. dazu den Überblick bei *Dahlborg* (1997).

[11] Vgl. zu den Details *OECD* (1998), *Andersson-Skog* (2000) und *Alexandersson / Hultén* (2005a), S. 41.

sagier- noch im Frachtverkehr autonom festlegen durfte,[12] verschlechterte sich die wirtschaftliche Lage von SJ zusehends.

Als Reaktion darauf gewährte das schwedische Parlament 1958 SJ erstmals eine Beihilfe für den Weiterbetrieb unwirtschaftlicher Linien. 1963, neun Jahre nachdem der mit der Vorbereitung beauftragte Parlamentsausschuss erstmals einberufen worden war,[13] erließ der Riksdag schließlich ein neues Allgemeines Verkehrsgesetz (Omnibus Transport Policy Act). Es unterwarf zum einen jeden Verkehrsträger dem Grundsatz der Vollkostendeckung (hinsichtlich der Betriebs- und der Wegekosten); zum anderen wurde das von SJ unterhaltene Netz auf der Basis von Unternehmensangaben unterteilt: in einen profitablen eigenwirtschaftlichen Teil und in einen gemeinwirtschaftlichen Teil, dessen Defizite fortan pauschal vom schwedischen Staat abgegolten wurden. Unabhängig davon einigte sich SJ Ende 1964 mit den Gebietskörperschaften im Großraum Stockholm darauf, seine Beförderungsleistungen künftig auf vertraglicher Grundlage nach dem Prinzip der speziellen Entgeltlichkeit (Bestellerprinzip) zu erbringen. Hintergrund waren anhaltend hohe Verluste im Schienenpersonennahverkehr trotz guter Auslastung. Es handelte sich um den ersten Vertrag dieser Art zwischen einem Eisenbahnunternehmen und einer Kommune in der schwedischen Geschichte.[14]

Die Reform vermochte es allerdings nicht, die wirtschaftlichen Probleme SJs dauerhaft zu lösen, zumal das Gesetz auch die vollständige Aufhebung sämtlicher Preis- und Marktzutrittsregulierungen im Straßengüterverkehr vorsah. Ende der 1970er musste die Hälfte des Netzes staatlich subventioniert werden, wobei auf den fraglichen Strecken lediglich zehn Prozent der Verkehrsleistung erbracht wurden. Die anhaltende Malaise von SJ, die 13 Prozent ihres Umsatzes aus diesen Beihilfen erzielte und gleichwohl nur dreimal zwischen 1962 und 1980 ihre Gewinnziele erreichen konnte, hatte eine Reihe von Gründen.[15] So verweigerte die Regierung ab Anfang der 1970er ihre Zustimmung zu weiteren Streckenstilllegungen. Darüber hinaus wurden vakante Führungspositionen bei SJ zunehmend nicht nach fachlicher Qualifikation vergeben, sondern ‚politisch besetzt'. Schließlich war das Unternehmen vor allem nach der ersten Ölkrise 1973 mit einem erheblichen Anstieg der Lohnkosten konfrontiert (worauf die Unternehmensleitung SJ angesichts der zentral, also branchenübergreifend geführten Tarifverhandlungen und aufgrund der Allgemeinverbindlichkeit des Tarifabschlusses keinen direkten Einfluss nehmen konnte).[16]

---

[12] Vgl. Vgl. *Nilsson* (2002), S. 234.

[13] Vgl. *Nilsson* (1995), S. 180.

[14] Vgl. *Alexandersson / Hultén* (2005a), S. 41.

[15] Vgl. *Nilsson* (1995), S. 172f.

[16] Vgl. zu den Einzelheiten *Nilsson* (1993).

1979 reagierte das schwedische Parlament deshalb mit einem neuen Allgemeinen Verkehrsgesetz, das eine grundlegende Neuausrichtung der Verkehrspolitik mit sich brachte.[17] So wurde das zuvor geltende verkehrspolitische Ziel der Vollkostendeckung für jeden Verkehrsträger aufgegeben. Es wurde ersetzt durch die Vorgabe, nur noch die kurzfristigen gesellschaftlichen Grenzkosten decken zu müssen, während der Staat sämtliche Investitionen aus dem allgemeinen Steueraufkommen finanziert. Zwar blieb durch diesen Schritt formal das Prinzip der Gleichbehandlung aller Verkehrsträger gewahrt. Effektiv begünstigte die Neuregelung angesichts der im Vergleich zur Straße deutlich höheren Fixkostenbelastung (bei spiegelbildlich erheblich niedrigeren Marginalkosten) jedoch eindeutig die Schiene – was politisch durchaus beabsichtigt war, sollte doch die dadurch erhoffte Verkehrsverlagerung auf die Schiene einen wesentlichen und aus Regierungssicht noch dazu budgetneutralen Beitrag zur Sanierung von SJ leisten.

Des Weiteren führte die Verkehrsreform 1979 zu einer grundlegenden Reorganisation der Verantwortlichkeiten im schwedischen Schienenpersonennah- und -regionalverkehr. Dabei wurde zunächst das Netz in ein Hauptnetz und ein Nebennetz aufgeteilt. Während die finanzielle Verantwortung für das Hauptnetz beim schwedischen Staat verblieb, wurden alle Zuständigkeiten für das Nebennetz – Ausbau, Unterhalt, Nutzung und Finanzierung – den Provinzen (Läns) und den Kommunen übertragen; konkret handelte es sich um damals 27 Prozent des Gesamtnetzes.[18] Diese Dezentralisierung stellte, wie sich später erwies, den ersten Schritt in Richtung Bestellerprinzip bei gemeinwirtschaftlichen lokalen und regionalen Verkehren dar. Institutionell wurde sie von den Provinzen und ihren jeweiligen Kommunen durch die Einrichtung regionaler Behörden für den öffentlichen Verkehr (RBÖV) umgesetzt, den so genannten Länshuvudman.[19] Sie sind den zwanzig provinzübergreifenden Verwaltungsbezirken (bei insgesamt 24 schwedischen Provinzen) zugeordnet.

Die Zuständigkeit der RBÖV erstreckte sich fortan auf den gesamten öffentlichen Personennahverkehr, also den exklusiv von SJ betriebenen SPNV ebenso wie lokale und regionale Busverkehre. Erst 1985 übernahm aber erstmals eine Provinz eine Linie von SJ, um sie in eigener Regie weiter zu betreiben.[20] Da die schwedischen Provinzen und Kommunen das Recht haben, Steuern, insbesondere Einkommensteuern, zu erheben, waren sie danach gezwungen, den Löwenteil der Kosten gemeinwirtschaftlicher Verkehre – ca. fünfzig Prozent – aus dem lokalen Steueraufkommen zu finanzieren. Dafür fließen ihnen auch sämt-

[17] Vgl. ebenda, S. 174ff.; *Merkert* (2003), S. 10.

[18] Vgl. *Ekström* (2001).

[19] Vgl. *Nilsson* (1995), S. 175.

[20] Es handelte sich um die Provinz Jönköping und die Strecke zwischen Jönköping, Nässjö und Värnamo. Vgl. http://de.wikipedia.org/wiki/Schienenverkehr_in_Schweden.

liche Erlöse aus dem Fahrscheinverkauf zu.[21] Für eine Übergangszeit von fünf Jahren erhielten sie auch ergänzende Subventionen der Staatsregierung, um von der Stilllegung unmittelbar bedrohte Strecken durch Busunternehmen weiter betreiben lassen zu können.

Schließlich beschloss die schwedische Regierung im Zuge der Verkehrsreform 1979, die Beihilfen zugunsten von SJ erheblich aufzustocken. Zum einen erhielt das Unternehmen für das Haushaltsjahr 1980-81 außerplanmäßige Subventionen in Höhe von 200 Mio. SEK[22] und weitere 400 Mio. SEK aus dem darauf folgenden Budget.[23] Zum anderen verpflichtete sich die Regierung weiterhin zum Ausgleich der Defizite, welche SJ durch den Betrieb politisch erwünschter, jedoch nicht kostendeckend zu betreibender interregionaler, d.h. provinzübergreifender Strecken entstanden waren. Allerdings forderte die Regierung von SJ keinen exakten, streckenbezogenen Nachweis der tatsächlich aufgelaufenen Verluste und begab sich damit der Möglichkeit, die von dem Unternehmen vorgelegten Zahlen objektiv überprüfen zu können.[24] Die aus diesem Versäumnis resultierenden Fehlanreize sind offensichtlich. Sie erklären auch, warum sich der Zuschussbedarf in den Folgejahren entgegen der politischen Zielsetzung nicht verringern sollte.

Bereits 1985 sah sich der schwedische Staat deshalb wieder zum Handeln gezwungen. In einem speziellen Eisenbahngesetz verpflichtete sich die Regierung zu einer stärkeren Beteiligung an den Investitionsaufwendungen von SJ. Im Gegenzug musste das Unternehmen seine Infrastruktursparte von den übrigen Unternehmensteilen buchhalterisch separieren, um die Transparenz der internen Finanzströme zu erhöhen. Überdies wurde das Unternehmen angewiesen, für seine Transportsparten fortan intern Nutzungsentgelte an die Netzsparte zu entrichten. Darüber hinaus entschied sich die Regierung, das Anlagevermögen von SJ weitgehend abzuschreiben, was sich in deutlich niedrigen Gewinnvorgaben des Staates an das Unternehmen niederschlug. Des Weiteren verpflichtete die Regierung das Unternehmen, alle nicht unmittelbar eisenbahnbezogenen Aktivitäten in einer Holding – der Swedcarrier AB – zu bündeln und diejenigen Konzerntöchtern zu veräußern, die keine Synergien zum Kerngeschäft Schienenverkehr erkennen ließen.[25] Schließlich sollte das Unternehmen sein rollendes Material künftig auf Kreditbasis zu marktüblichen Konditionen finanzieren.[26]

---

[21] Vgl. zu den Einzelheiten *Alexandersson / Hultén* (1999), S. 5.

[22] Derzeit entspricht 1 € etwa 11 SEK.

[23] Vgl. ausführlich dazu *Nilsson* (1995), S. 175.

[24] Vgl. ebenda.

[25] Vgl. ebenda sowie *Alexandersson / Hultén* (2005a), S. 42.

[26] Vgl. *Merkert* (2005), S. 10.

3. Entflechtung und Privatisierung von Statens Järnvägar (SJ) zwischen 1988 und 2001

Bereits im Juni 1986 meldete SJ bei der Regierung weiteren Finanzbedarf in Höhe von 1 Mrd. SEK an, um den Betrieb fortführen zu können und (angebliche) Wettbewerbsverzerrungen gegenüber den anderen Verkehrsträgern zu beseitigen.[27] Grundlage war eine von dem Unternehmen selbst erstellte Prognose des Investitionsbedarfs für die Netzinfrastruktur bis einschließlich 2000 sowie eine vergleichende Berechnung der sozialen Grenzkosten des Schienen- und des Straßenverkehrs. Letztere kam zu dem Ergebnis, dass die straßenverkehrsbezogenen Abgaben zu niedrig waren, um die von diesem Verkehrsträger verursachten sozialen Kosten vollständig abzudecken.[28]

Die Lobbyarbeit von SJ war erfolgreich, und 1988 verabschiedete der Riksdag ein neues Allgemeines Verkehrsgesetz. Es trat mit Wirkung vom 1. Januar 1989 in Kraft und gilt vielen Beobachtern als eigentlicher Beginn der Strukturreform im schwedischen Eisenbahnwesen sowie als Vorbild für die später erlassene Richtlinie 91/440/EWG der EG.[29] Konkret wurden darin folgende Maßnahmen beschlossen:[30]

- Infrastruktur und Betrieb wurden organisatorisch vollständig voneinander getrennt. Die Zuständigkeit für das Netz wurde der neu gegründeten Behörde Banverket (BV)[31] übertragen, während die Transportleistungen bei SJ verblieben. Dabei wurde die Infrastruktur weitgehend abgeschrieben, SJ aber nicht von seinen sonstigen Schulden entlastet.[32] Außerdem wurde SJ gesetzlich verpflichtet, künftig grundsätzlich wie ein vergleichbares Privatunternehmen am Markt, einschließlich des Kapitalmarkts, zu agieren. Damit war das Unternehmen erstmals in seiner Geschichte formal weitgehend entpolitisiert. Allerdings behielt SJ seinen gesellschaftsrechtlichen Status als Affärsverk, d.h. als ein Spezialtypus öffentlicher Unternehmen, welches neben seinen Umsatzerlösen wesentlich durch Mittelzuweisungen aus dem Staatsbudget kofinanziert wird.
- Auch die Finanzierung der Netzinfrastruktur wurde grundsätzlich neu geregelt. Abgesehen von den Eisenbahnunternehmen zu entrichtenden Trassenentgelten – die auf Basis der sozialen Grenzkosten kalkuliert werden

[27] Vgl. *Alexandersson / Hultén* (2005a), S. 42.

[28] Vgl. *Nilsson* (1995), S. 181.

[29] So etwa *Merkert* (2003), S. 11.

[30] Vgl. für viele *Nilsson* (1995), S. 183f. *OECD* (2005), S. 260ff.

[31] Das in diesem Namen enthaltene Wort *Verk* bezeichnet im Schwedischen eine staatliche Behörde.

[32] Vgl. *Nilsson* (1995), S. 183.

und deutlich weniger als zehn Prozent der Wegekosten abdecken; dazu später mehr – verpflichtete sich der schwedische Staat analog zu den Modalitäten bei der Straßeninfrastruktur zur Finanzierung der gesamten Wegekosten einschließlich aller von ihm beschlossener Erweiterungsinvestitionen.

– Das Allgemeine Verkehrsgesetz von 1988 sah die vollständige Deregulierung des Taxiwesens und des innerschwedischen Luftverkehrs vor. Die Monopolrechte von SJ blieben demgegenüber in vollem Umfang gewahrt. So behielt das Unternehmen weiterhin das Exklusivrecht für den gesamten Güterverkehr sowie alle eigenwirtschaftlichen Fernverkehre (bzw. Interregionalverkehre) auf den Main Lines. Dabei war es dem Unternehmen gestattet, selbst zu bestimmen, ob eine Strecke das Kriterium eigenwirtschaftlich erfüllte.
– Schließlich verpflichtete sich der schwedische Staat, auch in Zukunft die defizitären gemeinwirtschaftlichen Verkehre zu subventionieren – jedoch nach neuen und je nach Typ dieser Verkehre unterschiedlichen Regularien:
  - Bei den von den RBÖV verantworteten lokalen und regionalen Verkehren wurde den Provinzen (und den dortigen Kommunen) eine unbefristete Exklusivkonzession angeboten. Voraussetzung war allerdings, dass sie im Gegenzug die alleinige finanzielle Verantwortung übernehmen. Als Anreiz bot die schwedische Regierung ihnen für eine Übergangsfrist von zehn Jahren eine jährliche Beihilfe, die dem von SJ deklarierten Defizit auf dieser Strecke entsprach. Der Anspruch auf diese Subvention blieb selbst dann unvermindert bestehen, wenn die Provinz die fragliche Strecke auf Busbetrieb umstellen sollte – und sogar, wenn sie diese stilllegte. Sofern der Schienenverkehr aufrecht erhalten wurde, hatte die Provinz überdies gegenüber SJ Anspruch auf eine adäquate Erstausstattung mit rollendem Material (SJ dürfte als Kompensation sein bilanzielles Anlagevermögen um 200 Mio. SEK vermindern).[33] Damit waren die institutionellen Voraussetzungen für den Übergang zum Ausschreibungswettbewerb im gesamten ÖPNV geschaffen.
  - Die Defizite SJs bei der Erbringung der aus übergeordneten regionalpolitischen Erwägungen aufrecht erhaltenen interregionalen Verkehre wurden weiterhin vom schwedischen Staat übernommen.

Weitere Reformschritte zog in den Folgejahren vor allem die Umsetzung der EU-rechtlichen Regelungen – Stichwort: Erstes Maßnahmepaket – nach sich. Aber auch die Provinzen begannen allmählich, ihre im öffentlichen Straßenper-

[33] Vgl. *Nilsson* (1995), S. 187f.

sonennahverkehr mit Ausschreibungen gemachten Erfahrungen auf den Schienenpersonennahverkehr zu übertragen. Bereits 1989 erfolgte die erste Ausschreibung, in der der Newcomer BK Tåg, ein Busunternehmen, gegen SJ obsiegte. Anfang 1991 sprach sich das Näringsdepartementet erstmals für eine stärkere Marktöffnung aus. Hintergrund war neben der generellen Erwartung von Effizienzgewinnen infolge einer Intensivierung des Wettbewerbs die dominante Marktstellung von SJ, die zunehmend als Marktzutrittsbarriere für Newcomer in den ausschreibungsfähigen Marktsegmenten angesehen wurde.[34] Nach dem Regierungswechsel im Herbst desselben Jahres entschied sich die neu gewählte Mitte-Rechts-Regierung zu weitergehenden Liberalisierungsschritten.

Zunächst wurden bereits ab 1992 öffentliche Ausschreibungen auch für den Betrieb der vom schwedischen Staat finanzierten defizitären interregionalen Verbindungen zugelassen.[35] 1993 begann die schrittweise Liberalisierung des Schienengüterverkehrs. Gegen den massiven Widerstand von SJ erlaubte die schwedische Regierung der staatlichen Bergbaugesellschaft Luossavaara-Kirunavaara AB (LKAB) die Übernahme der Malmbanan.[36] Diese so genannte Eisenerzlinie, die organisatorisch seit jeher separat vom restlichen Netz betrieben worden war, verbindet Kiruna mit dem norwegischen Erzhafen Narvik und seinem schwedischen Pendant in Luleå. Trotz ihrer geringen Länge von lediglich 450 km entfallen auf sie etwa 17 Prozent der Verkehrsleistung (in Tonnenkilometern) sowie ca. vierzig Prozent der Tonnage auf dem schwedischen Eisenbahnmarkt.[37] Es handelt sich somit um die mit deutlichem Abstand wichtigste Güterverkehrsverbindung des Landes.

1994 erhielt ein schwedisch-britisches Bieterkonsortium den Zuschlag zum Bau einer Schnellbahnverbindung zwischen der Stockholmer Innenstadt und dem ca. vierzig km davon entfernten Flughafen Arlanda. Die Vertragsdauer dieser als Build-Operate-Transfer-Projekt realisierten A-Train-Linie, auf die etwa zwei Prozent aller in Schweden unternommenen Bahnreisen entfallen, beläuft sich auf vierzig Jahre.[38]

Ein von der Mitte-Rechts-Regierung eingebrachter Gesetzentwurf zur vollständigen Öffnung des schwedischen Eisenbahnmarktes mit Wirkung vom 1. Januar 1995 wurde im Mai 1994 vom Riksdag zwar mit knapper Mehrheit angenommen. Nach ihrer erneuten Regierungsübernahme setzte die Sozialdemokratische Partei Ende desselben Jahres dessen Vollzug aber aus. Sie be-

---

[34] Vgl. *Alexandersson / Hultén* (2005a), S. 42f.

[35] Vgl. *Alexandersson / Hultén* (1999), S. 1.

[36] Vgl. *OECD* (2005), S. 261.

[37] Vgl. zu den Zahlen *Nilsson* (1995), S. 177.

[38] Vgl. zu den Einzelheiten *OECD* (2005), S. 261.

schloss stattdessen auf Druck der Eisenbahnergewerkschaften und SJ eine weit weniger umfassende Marktöffnung. Infolgedessen wurde 1996 zum einen lediglich der Schienengüterverkehrsmarkt de jure vollständig, d.h. auch für Nicht-Eisenbahnunternehmen, geöffnet; noch bis 2004 genoss SJ allerdings aufgrund von Großvaterrechten beim Netzzugang einen gewissen, in der Praxis jedoch irrelevanten Schutz vor Newcomern.[39] Zum anderen durften die RBÖV in einem gewissen Umfang erstmals auch auf interregionalen Strecken Verkehre anbieten.[40]

1998 wurde ein weiteres Allgemeines Verkehrsgesetz erlassen. Es brachte drei wesentliche Neuerungen:

- Der Linienbusfernverkehr wurde ab 1999 vollständig liberalisiert;[41] zuvor konnte SJ mit einem gesetzlich verbrieften Vetorecht die Aufnahme paralleler Linienbusverbindungen verhindern. Dadurch gewann der intermodale Wettbewerb im Personenfernverkehr an Intensität. Als Kompensation wurden allerdings die Trassenentgelte gesenkt und alle darin noch enthaltenen fixen Kostenkomponenten abgeschafft.[42]
- Um Newcomer vor einer möglichen Diskriminierung durch SJ zu schützen, wurden dem Unternehmen bestimmte Essential Facilities bzw. Schlüsselfunktionen entzogen – konkret die Fahrplankoordination, wichtige Güterterminals, das Zugleitsystem sowie die gesamte Trassenallokation – und anschließend auf BV übertragen.[43]
- Mit der Einrichtung einer nationalen Beschaffungsbehörde für gemeinwirtschaftliche Verkehrsleistungen namens Rikstrafiken wurde 1999 das System der pauschalen Defizitabdeckung bei den gemeinwirtschaftlichen interregionalen Verkehren abgeschafft und durch ein Ausschreibungssystem ersetzt. Bei der Vergabe der Kontrakte ist Rikstrafiken völlig frei in der Wahl des Verkehrsträgers.[44]

Im März 2000 entschloss sich die schwedische Regierung schließlich, SJ weiter zu entflechten und die drei daraus hervorgehenden Nachfolgeunternehmen zusätzlich auch gesellschaftsrechtlich zu reorganisieren. Zum 1. Januar 2001 übernahmen dann die Nachfolgeunternehmen SJ AB die Personenverkehrssparte, Green Cargo AB die Frachtdivision sowie schließlich Swedcarrier AB als Holding alle übrigen Aktivitäten (Wartung, Immobilien etc.) von der

---

[39] Vgl. ebenda (2002), S. 236, sowie *Alexandersson / Hultén* (2005a), S. 43.

[40] Vgl. *Alexandersson / Hultén* (1999), S. 3.

[41] Vgl. *OECD* (2005), S. 261.

[42] Vgl. *Merkert* (2003), S. 13.

[43] Vgl. ebenda (2003), S. 13, sowie *Alexandersson / Hultén* (2005a), S. 43.

[44] Vgl. *Rikstrafiken* (2003).

‚alten' SJ. Sie firmieren seither in der speziellen Rechtsform einer Aktiengesellschaft mit beschränkter Haftung mit dem schwedischen Staat als bis heute alleinigem Anteilseigner. Bereits zwei Jahre später sah sich die Regierung allerdings zu einer massiven Kapitalspritze zugunsten von SJ AB gezwungen, um deren Konkurs zu vermeiden. Die Schieflage des Unternehmens war offenbar Folge hoher Verluste infolge vom Unternehmen nicht kostendeckend kalkulierter Kontrakte für die Erbringung gemeinwirtschaftlicher Verkehre;[45] dazu später mehr.

Des Weiteren beschloss die schwedische Regierung Ende 2001 ein umfangreiches Investitionsprogramm zum Erhalt und Ausbau aller Verkehrswegeinfrastrukturen. Auf die Schiene werden während der Laufzeit von 2004 bis 2015 nach aktuellem Planungsstand 107,7 Mrd. SEK (von insgesamt 373,3 Mrd. SEK) entfallen.[46] 2002 wurde außerdem die Trennung in ein Hauptnetz (Main Lines) und ein Nebennetz (Branch Lines bzw. County Lines) aufgegeben. Im Jahre 2004 wurde schließlich zwecks Umsetzung des 2001 verabschiedeten Zweiten Eisenbahnpakets der EU in schwedisches Recht ein neues Eisenbahngesetz erlassen. Es führte unter anderem zur Einrichtung einer neuen nationalen Eisenbahnaufsichts- und Eisenbahnregulierungsbehörde (Järnvägsstyrelen).

III. Die Hauptakteure im schwedischen Eisenbahnwesen heute

In diesem Kapitel sollen die Organisationsstruktur des schwedischen Eisenbahnwesens, wie sie sich zum gegenwärtigen Zeitpunkt darstellt, sowie die zentralen Akteure überblicksartig dargestellt werden. Dabei sind neben dem Staat als Träger (und Hauptfinancier) der Verkehrspolitik fünf verschiedene Gruppen von Akteuren zu unterscheiden, deren Aktivitäten im Folgenden näher erörtert werden sollen:

- die Netzbetreiber, zu denen neben der dominanten Banverket (BV) und neben den Provinzverwaltungen noch einige wenige Nischenanbieter wie das A-Train-Konsortium zu rechnen sind;
- die staatlichen, kommunalen und privaten Eisenbahnverkehrsunternehmen des Güter- und Personenverkehrs;
- die z. T. der Swedcarrier AB-Holding zugeordneten, z. T. bereits privatisierten Serviceunternehmen;

---

[45] Vgl. *Alexandersson / Hultén* (1999) sowie *dies.* (2005a), S. 44.

[46] Vgl. zu den Details *Banverket* (2004).

– die RBÖV sowie Rikstrafiken als Besteller gemeinwirtschaftlicher Verkehre im Auftrag des schwedischen Staates bzw. der Provinzen und Kommunen; sowie
– die Eisenbahnaufsichtsbehörde Järnvägstyreslen.

Sie sind in der nachstehenden Abbildung 1 ihren jeweiligen Hauptaktivitäten entsprechend klassifiziert.

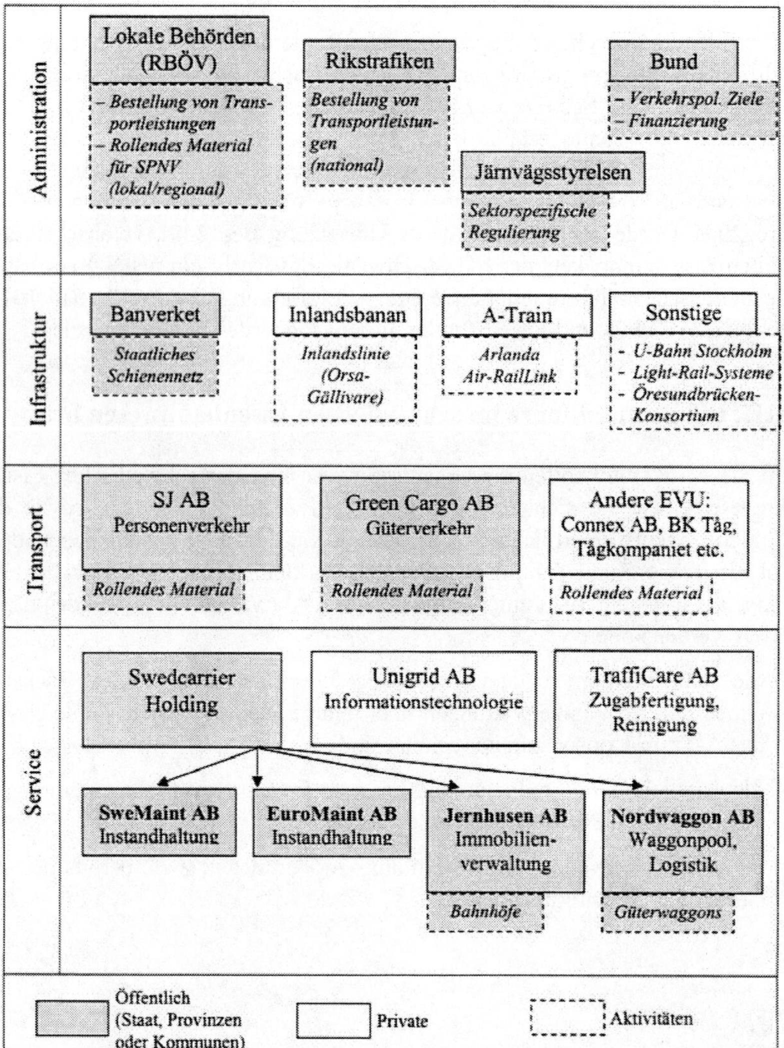

Quelle: Eigene aktualisierte Darstellung in Anlehnung an Merkert (2003), S. 16.

Abbildung 1: Die Hauptakteure im schwedischen Eisenbahnwesen

1. Infrastrukturebene

Die öffentliche Infrastrukturgesellschaft BV übernahm am 1. Januar 1989 die Zuständigkeit für den staatlichen Teil des schwedischen Eisenbahnnetzes. Zahlreiche Vorleistungen, wie die Durchführung von Wartungs- und Unterhaltsarbeiten, erbringt BV seit 2002 nicht mehr in Eigenregie. Sie werden stattdessen nach den Regularien des schwedischen Vergaberechts öffentlich ausgeschrieben.[47]

Derzeit verwaltet die Behörde – die gleichwohl jährlich einen Geschäftsbericht publiziert und ihre marktnahen Aktivitäten wie Bauleitungsaufgaben und Ingenieursdienstleistungen als Profitcenter mit expliziten Gewinnzielen führt[48] – Trassen mit einer Gesamtlänge von 9.867 km. Diese entspricht 89 Prozent des Gesamtnetzes von 11.034 km[49] (rechnet man noch das so genannte Kapillarnetz dazu, also die von Industrieunternehmen und Häfen in Eigenregie betriebenen Werkslinien, ergibt sich eine Gesamtlänge von knapp 17.000 km[50]). Das Netz umfasst 561 Stationen. Während BV die meisten der oft nur minimal ausgestatteten Haltepunkte zugeordnet sind, werden fast alle größeren Bahnhöfe von Jernhusen AB, einem aus SJ hervorgegangenen und heute Swedcarrier-Holding zugeordneten öffentlichen Unternehmen betrieben;[51] einige wenige sind noch im Besitz der Kommunen.

Schließlich ist BV noch zuständig für die Trassenallokation. Jeder Interessent ist dabei in der Lage, die Trassenverfügbarkeit auf der Website von BV in Echtzeit abzurufen.[52] Die im Fall von Trassenkonflikten von BV zugrunde gelegten Prioritätsregeln sind seit kurzem ebenfalls präzise definiert und allgemein zugänglich. Sie sind aus dem Kriterium sozioökonomischer Effizienz abgeleitet; alle zuvor gewährten Großvaterrechte wurden aufgehoben.[53]

Die Finanzierung von BV beruht auf zwei Säulen: eigenen Einnahmen aus Trassenpreisen sowie Mittelzuweisungen des schwedischen Staates, der mit deutlichem Abstand wichtigeren Quelle. Die von den Eisenbahnunternehmen zu entrichteten Trassenpreise wurden von der schwedischen Regierung in Höhe der (kurzfristigen) sozialen Grenzkosten der Schienennutzung fixiert, wie dies auch im Straßenverkehr der Fall ist. Demgegenüber werden, ebenfalls verkehrs-

---

[47] Ausführlich dazu *KCW GmbH / Uniconsult Universal Transport Consulting GmbH / HSH Nordbank AG / Steer Davies Gleave Ltd.* (2006), S. 153f.

[48] Vgl. Banverket (2006b), S. 57ff.

[49] Vgl. *Banverket* (2006a), S. 7.

[50] Vgl. *Banverket* (2006b), S. 10.

[51] Vgl. *Banverket* (2005), S. 10.

[52] http://www.banverket.se/templates/StandardTtH_4207.asp.

[53] Vgl. *OECD* (2005), S. 266.

trägerübergreifend, die nutzungsunabhängigen Kosten und die Kosten für Kapazitätserweiterungen aus dem allgemeinen Staatshaushalt finanziert. Dieses Grundprinzip soll Wettbewerbsneutralität zwischen den Verkehrsträgern gewährleisten, also Wettbewerbsverzerrungen bei der Verkehrsträgerwahl und die daraus resultierenden Fehlallokationen verhindern.

Die Höhe der Trassenpreise, die in ihre Berechnung einfließenden Komponenten sowie die Kriterien für die Inanspruchnahme von Nachlässen werden seitdem vom zuständigen Ministerium, dem Näringsdepartementet, per Rechtsverordnung festgesetzt.[54] Die Zusammensetzung der Trassenpreise unterscheidet sich geringfügig zwischen Personen- und Güterverkehren.[55] In beiden Fällen enthalten die Trassenpreise jeweils eine Komponente für die Abnutzung des Schienenwegs, externe Unfallfolgekosten, Externalitäten durch den Einsatz von Diesellokomotiven sowie einen Beitrag zu den Unterhaltungskosten von nachrangigen Trassen (Secondary Lines). Der wesentliche Unterschied besteht darin, dass auf die Trassenpreise im Passagierverkehr die Kosten für die Bereitstellung von (Fahrplan-)Information an die Reisenden umgelegt werden, während die Gebühren im Güterverkehr ein auf Waggonbasis erhobenes Rangierentgelt sowie einen fixen Beitrag in Höhe von umgerechnet 255 € pro Zug zur Finanzierung der Öresundbrücke enthalten; Letzterer wird unabhängig davon erhoben, ob der Zug diese Einrichtung tatsächlich nutzt. Interessant, weil angesichts der bereits erfolgten Anlastung anderer negativer Externalitäten unsystematisch, ist das Fehlen einer Staukomponente. Dies gilt umso mehr, da im Großraum Stockholm nach einer erfolgreich verlaufenen Testphase[56] Mitte 2007 ein Road Pricing-System eingeführt wird, der Verkehrsträger Straße zumindest dort also im intermodalen Wettbewerb benachteiligt wird.

Mit dem Aufkommen aus den Trassenentgelten gelingt es BV heute allerdings lediglich, zwischen fünf und zehn Prozent der anfallenden Schieneninfrastrukturkosten zu decken. Dies ist knapp vor Dänemark der mit Abstand niedrigste Wert in ganz Europa. Zum Vergleich: In Großbritannien wird ein Deckungsgrad aus Trassenentgelten von fünfzig Prozent und in Deutschland von sechzig Prozent erreicht.[57]

Sehr fraglich ist auch, ob durch diesen geringen Prozentsatz in der Tat bereits die gesamten sozialen Grenzkosten abgedeckt werden. So geht zum einen beispielsweise die Europäische Verkehrsministerkonferenz (EMCT) von einem

---

[54] Vgl. *KCW GmbH / Uniconsult Universal Transport Consulting GmbH / HSH Nordbank AG / Steer Davies Gleave Ltd.* (2006), S. 149.

[55] Vgl. zu den Einzelheiten *Ekström* (2004).

[56] Vgl. *Prud'homme / Kopp* (2006). – Die Einführung wurde in einem Referendum beschlossen. Zu den Einzelheiten siehe *Stockholmförsöket* (2007).

[57] Vgl. *European Conference of Ministers of Transport* (2005), S. 12 sowie *Scherp* (2005), S. 31.

Anteil der (kurzfristigen) Grenzkosten an den Gesamtkosten der Schieneninfrastruktur zwischen fünfzehn und zwanzig Prozent aus.[58] Überdies werden dem Schienenverkehr bislang, so eine gemeinsam von BV und dem Statens institut för kommunikationsanalys im Auftrag der Regierung erstellten Studie, die bei der Erzeugung von Bahnstrom in den Kraftwerken anfallenden CO_2-Emissionen nicht angelastet,[59] obwohl das Netz auf mehr als siebzig Prozent seiner Länge elektrifiziert ist.

Zweitgrößter Netzbetreiber nach BV ist Inlandsbanan AB.[60] Das 1993 gegründete Unternehmen verwaltet die zwischen 1907 und 1937 aus militärstrategischen Erwägungen und zur Erschließung der küstenfernen Landesteile gebaute und mit einer Länge von 1.049 km[61] wichtigste Nord-Süd-Eisenbahnlinie im Landesinneren Schwedens. Die bislang nur von Güterzügen und Touristikzügen benutzbare Strecke verbindet die Städte Orsa im Südteil des Landes mit Gälliväre in Nordschweden. Inlandsbanan AB wird gemeinsam von den fünfzehn RBÖV getragen, deren Territorien die Strecke durchquert. Das Unternehmen finanziert sich aus Mittelzuweisungen des schwedischen Staates, die es aus dem Haushalt von BV erhält, sowie aus Trassengebühren.

Zu den restlichen Netzbetreibern gehören neben einigen RBÖV hoch spezialisierte Nischenanbieter wie das als öffentlich-private Partnerschaft (PPP) betriebene Air-Rail-Link A-Train in Stockholm und das schwedisch-dänische Öresundbrückenkonsortium noch die lokalen Light-Rail-Systeme dreier schwedischer Großstädte (Stockholm, Göteborg, Nörrköping) sowie das Stockholmer U-Bahn-Netz.[62]

2. Die Betreiberebene: Schienenpersonenverkehr und Güterverkehr

Tabelle 1 stellt den jeweiligen Stand der Marktöffnung in den drei Teilsegmenten des Schienenpersonenverkehrsmarktes sowie im Güterverkehr in den Jahren 1988 und 2006 dar.

Wie die nachstehende Übersicht belegt, wurden wichtige Teilmärkte im schwedischen Schienenverkehr seit 1988 liberalisiert. Gleichwohl existieren je nach Segment noch sehr unterschiedliche Formen der Marktorganisation. So fällt unverändert der gesamte eigenwirtschaftlich zu betreibende Personenfernverkehr unter das Beförderungsmonopol der Staatsbahn SJ AB. Ausschließlich

---

[58] Vgl. *European Conference of Ministers of Transport* (2005), S. 19.

[59] Vgl. *Banverket / Statens institut för kommunikationsanalys* (2002), S. 8.

[60] Vgl. *Inlandsbanan AB* (2007) und *Banverket* (2006b), S. 34.

[61] Vgl. *Banverket* (2006a), S. 7.

[62] Vgl. ebenda.

der Unternehmensleitung von SJ AB obliegt dabei die Entscheidung, ob eine konkrete Fernstrecke als eigenwirtschaftlich eingestuft wird oder nicht. Das Staatsunternehmen ist folglich in der angenehmen Lage, nicht nur ohne jede politische Kontrolle ihren Monopolbereich autonom definieren zu dürfen. Zusätzlich unterliegt das Unternehmen keiner staatlichen Regulierung seines Aktionsparametereinsatzes mehr. Es ist somit auch auf den Monopolstrecken völlig frei in seiner Preisgestaltung und hinsichtlich der Festlegung sämtlicher Angebotsparameter (Frequenzen, Streckenführung, Zwischenhalte, Abfahrzeiten etc.).[63] In einem Fall erzwang das schwedische Parlament allerdings die Ausschreibung einer defizitären Interregionalverbindung, die von SJ AB gleichwohl nicht aufgegeben worden war, da das Unternehmen aufgrund von Rationalisierungsmaßnahmen eine baldige Herstellung der Eigenwirtschaftlichkeit erwartete. Das Parlament befürchtete allerdings, dass SJ AB die Gewinnschwelle nur durch eine erhebliche Verschlechterung der Dienstgüte – konkret der angebotenen Frequenzen – würde erreichen können.[64]

Tabelle 1

Vergleich der Marktregulierungen 1988 und 2006

Teilmarkt	**1988**	**2006**
Passagierverkehre		
Regionalverkehre (defizitäre)	*SJ* hat Monopol inne und erhält Subventionen; *RBÖV* haben aber das Recht, Strecken in eigener Regie zu betreiben	Vergabe grundsätzlich per Ausschreibungswettbewerb
Interregionale Verkehre (defizitäre)	*SJ* hat Monopol inne und erhält Subventionen	Vergabe grundsätzlich per Ausschreibungswettbewerb
Interregionale Verkehre (profitabel)	*SJ* hat Monopol inne	*SJ* hat Monopol inne
Güterverkehr	*SJ* hat Monopol inne	Freier Marktzugang

Quelle: Eigene aktualisierte Darstellung in Anlehnung an Alexandersson / Hultén (2005a), S. 40.

Bei den gemeinwirtschaftlichen Verkehren ist, wie schon mehrfach dargelegt wurde, zwischen lokalen und regionalen Diensten einerseits und interregionalen Verbindungen andererseits zu differenzieren. Zwar gilt in beiden Fällen eine generelle Ausschreibungspflicht. Sie wird aber, wie weiter unten noch ausführlicher zu diskutieren sein wird, angesichts unterschiedlicher Entscheidungs-

[63] Vgl. *Alexandersson / Hultén* (2005a), S. 54.

[64] Vgl. *Alexandersson / Hultén* (1999), S. 9.

träger in der Praxis nicht einheitlich umgesetzt. Durch einen formal völlig freien Marktzugang ist schließlich der Schienengüterverkehrsmarkt gekennzeichnet.

Trotz der geringen und räumlich sehr ungleichmäßig verteilten Population des Landes sind inzwischen zahlreiche in- und ausländische Schienenverkehrsunternehmen auf dem schwedischen Markt aktiv. Die nachstehende Abbildung 2 gibt für das Jahr 2005 – jüngere Daten liegen derzeit noch nicht vor – Aufschluss über ihre Identität sowie über die Teilmärkte, in die sie eingetreten sind. Trotz einiger Konkurse und sonstiger Marktaustritte hat die Anbieterzahl absolut betrachtet in jenem Jahr ihren historischen Höchststand erreicht. Gleichwohl ist der Konzentrationsgrad, wie weiter unten gezeigt werden soll, nicht nur auf dem durch SJ AB de jure monopolisierten Personenfernverkehr, sondern auch im vollständig liberalisierten Güterverkehr noch immer sehr hoch.

Eisenbahnunternehmen	Güterverkehr	Personenverkehr	Light Rail-Systeme	U-Bahnen
AB Stockholms spårvägar			■	
A-Train AB		■		
Bantåg Nordic AB	■			
BK Tåg AB	■	■		
BK Tåg Sverige AB	■	■		
Cargo Net AB	■			
Citypendeln		■		
Connex Sverige AB		■	■	■
Falköpings Terminal AB	■			
Grand Nordic AB		■		
Green Cargo AB	■			
Göteborgs spårvägar AB			■	
Hector Rail AB	■			
Inlandsgods AB	■			
Malmtrafik i Kiruna AB	■			
Malmö Limhamns Järnvägs AB	■			
Merresor AB		■		
Ofotbanen AS	■	■		
Railion Denmark A/S	■			
Roslagståg AB		■		
SJ AB		■		
Skövde–Karlsborg Järnväg AB	■			
TGOJ Trafik AB	■			
TX Logistik AB	■			
Tågkompaniet AB		■		
Tågåkeriet i Bergslagen AB	■			
Vägverket Produktion	■			

Quelle: Banverket (2006a), S. 8.

Abbildung 2: Aktive Eisenbahnunternehmen nach Marktsegmenten 2005

Allerdings vollzog sich der Marktzutritt auf den drei prinzipiell bestreitbaren Teilmärkten zeitlich wie zahlenmäßig nach sehr unterschiedlichen Mustern. Dies verdeutlicht die nachstehende Tabelle 2.

Tabelle 2

Entwicklung der Marktzutritte auf den bestreitbaren Teilmärkten

Jahr	Nahverkehr (Ausschreibung durch RBÖV)	Interregionalverkehre (Ausschreibung durch schwedischen Staat)	Güterverkehr
1990	BK Tåg[1)]		Österientåg[2)] Sydtåg[3)] Dalatåg[4)]
1993			LKAB/Malmtrafik Wasatrafik[5)]
1994			Shortline Väst Tågåkerlet Woxna Express[6)] BK Tåg BSX/Urnet[7)]
1995	Sydtåg[3)]		Skövde-Karlsborgs Järnväg[8)]
1997			BSM Järnväg Inlandsgods
1998	Linjebuss/Connex BSM Järnväg[8)]		Orsatåg[12)]
1999		A-Train[9)]	
2000	Citypendeln[10)] Tågkompaniet	Sydvåsten[11)] Tågkompaniet BSM Järnväg[8)]	
2001			IKEA Rail[13)]
2003	Roslagståg[12)]	Connex BK Tåg[1)]	
2005			Hector Rail

1) Konkurs im Jahr 2006 (nur Passagiersparte).
2) Konkurs im Jahr 1994. Betrieb wurde von Sydtåg übernommen.
3) Konkurs im Jahr 1997. Passagierverkehre wurden von BK Tåg übernommen.
4) Konkurs im Jahr 1996.
5) Dienste 1994 übernommen von Woxna Express.
6) Konkurs im Jahr 1999. Dienste teilweise von Orsålåg übernommen.
7) Dienste 1997 eingestellt. Anlagevermögen von BSM Järnväg übernommen.
8) BSM Järnväg wurde 2000 von BK Tåg übernommen.
9) Markteintritt durch BOT-Ausschreibung (1993-94) des Arlanda Airport Link.
10) Joint Venture zwischen BK Tåg (bis Januar 2003), Via GTI (heute Keolis) und Go-Ahead (bis Mai 2000).
11) Joint Venture zwischen BK Tåg, Via GTI und Go-Ahead. Sydvåsten meldete im April 2000 Konkurs an.
12) Joint Venture zwischen Tågkompaniet und DSB (Dänische Staatsbahn).
13) Dienste im Januar 2004 eingestellt.

Quelle: In enger Anlehnung an Alexandersson / Hultén (2005a), S. 49.

a) Personenverkehr

Momentan sind in Schweden elf Eisenbahnunternehmen im Personenverkehr tätig, darunter allerdings nur SJ AB im eigenwirtschaftlichen Fernverkehr.[65] Hinzu kommen im ÖPNV noch drei Betreiber von Light Rail-Systemen sowie die Stockholmer U-Bahn. Ein Großteil der Wettbewerber von SJ AB ist zumindest zum Teil in der Hand ausländischer Eigentümer. Dabei handelt es sich sowohl um private wie um öffentliche Anteilseigner, bei Letzteren vor allem um ausländische Staatsbahnen wie DSB aus Dänemark und NSB aus Norwegen. Die bedeutendsten Anbieter dieser Kategorie sind Connex Sverige AB (Frankreich), Svenska Tågkompaniet AB (Norwegen/norwegische Staatsbahn NSB), Citipendeln AB (Frankreich/Keolis), Roslagståg AB (Dänemark/dänische Staatsbahn DSB) sowie in Stockholm das Flughafenexpresskonsortium A-Train (Australien/Macquerie Group).

Sehr unterschiedlich sind auch die Marktanteile von SJ AB einerseits und dessen Konkurrenten andererseits auf den beiden als gemeinwirtschaftlich eingestuften und deshalb dem Ausschreibungswettbewerb unterworfenen Teilmärkten: 12 Prozent im interregionalen Fernverkehr gegenüber 46 Prozent auf den Lokal- und Regionalstrecken im Jahr 2005, dem letzten Jahr für das im Augenblick Daten verfügbar sind.[66] In beiden Fällen handelt es sich um einen einprozentigen Rückgang im Vergleich zum Vorjahr. Er ist im Fernverkehr auf die Einstellung einer Nachtzuglinie durch Connex zurückzuführen, die angesichts zunehmender intermodaler Konkurrenz durch Billigfluggesellschaften immer weniger Zuspruch gefunden hatte. Zu beachten ist außerdem, dass SJ AB im Lokal- und Regionalverkehr bei einigen Ausschreibungen früher in eigener Regie betriebene Verbindungen zwar verlor, im Rahmen von Konsortien und sonstigen Kooperationsformen mit dem neuen Betreiber dort aber nach wie vor in gewissem Umfang aktiv ist.

Die große Differenz hinsichtlich der von den Wettbewerbern in den beiden Segmenten erzielten Marktanteile ist im Wesentlichen auf unterschiedliche hohe Marktzugangsbarrieren sowie, bei der Vergabe der gemeinwirtschaftlichen Interregionalverkehre, auf Interessenkonflikte der Regierung zurückzuführen – denn auf diesem Teilmarkt agiert der schwedische Staat sowohl als Besteller und Eigentümer des Altsassen SJ. Die unterschiedlichen Eintrittsschranken manifestieren sich bis heute vornehmlich in den abweichenden Regularien für Ausschreibungen.[67]

---

65 Vgl. zum Folgenden *Banverket* (2006a), S. 8.

66 Vgl. ebenda (2006a), S. 22ff.

67 Vgl. zum Folgenden *Alexandersson / Hultén* (1999); *dies.* (2005a), S. 47f.

aa) Nahverkehr

So beträgt die Konzessionsdauer im defizitären Nahverkehr i.d.R. drei bis fünf Jahre. Es handelt sich dabei meist um simple Bruttoverträge, d.h., dass sämtliche Erlöse aus dem Fahrscheinverkauf ausschließlich der verantwortlichen RBÖV zufließen; die Angebotskalkulation der Bieter wird dadurch erheblich vereinfacht, da diese nur ihre künftigen Betriebskosten einzuschätzen haben, nicht aber zusätzlich die Nachfrage- und damit die Ertragsentwicklung prognostizieren müssen. Allerdings ist in einigen Konzessionsverträgen jüngeren Datums eine Beteiligung des Betreibers an den Fahrscheinerlösen festgeschrieben. Die RBÖV sind außerdem als Besteller exklusiv für sämtliche Aspekte der Fahrplangestaltung – Fahrpreise, Streckenführung, Frequenzen, Fahrpläne – zuständig. Teilweise sind in den Verträgen Sanktionen vorgesehen, sollte der Betreiber die vereinbarten Pünktlichkeitsziele systematisch verfehlen. Schließlich sind die RBÖV Eigentümer des rollenden Materials, welche sie dem von ihnen ausgewählten Eisenbahnunternehmen für die Vertragsdauer zur Verfügung stellen. Der Zugang zu rollendem Material stellt damit in diesem Marktsegment keine Markteintrittsbarriere dar. Insgesamt gelang es durch den Ausschreibungswettbewerb, die Beschaffungskosten um durchschnittlich 20 bis 25 Prozent zu reduzieren, wobei der Großteil der Einsparungen bereits im Zuge der erstmaligen Vergabe realisiert wurde. Der Subventionsanteil an den Gesamtkosten der Leistungserbringung beträgt dreißig bis fünfzig Prozent.[68]

Nicht unerwähnt bleiben sollten in diesem Zusammenhang allerdings gewisse Übergangsprobleme. So konnte der erste Newcomer, BK Tåg, ursprünglich ein reines Busunternehmen, zwar bereits 1990 die erste Ausschreibung überhaupt für sich entscheiden. Nach Ablauf der Konzession 1993 gewann allerdings der frühere Altsasse SJ die Neuausschreibung mit einem sehr niedrigen Gebot, welches später von der schwedischen Wettbewerbsbehörde als Marktmachtmissbrauch – konkret als gesetzwidriges ‚Predatory Pricing' – bewertet wurde. Die Entscheidung wurde erst im Jahre 2000 vom höchsten zuständigen Gericht Schwedens, dem Marknadsdomstolen, bestätigt, was BK Tåg eine Zivilklage auf Schadenersatz gegen SJ ermöglichte.[69] Das anfangs aggressive Bieterverhalten von SJ sowie die bis zu diesem Urteil herrschende Rechtsunsicherheit, aber auch die Tatsache, dass zunächst nicht alle RBÖV Ausschreibungen durchführten, sondern exklusiv mit SJ verhandelten, führten dazu, dass erst 1995 ein weiterer Newcomer den Markt betrat und erst 1998 einer größeren Zahl neuer Anbieter der Durchbruch in diesem Teilmarkt gelang (siehe oben Tabelle 2). Erwähnenswert ist in diesem Zusammenhang allerdings auch die Tatsache, dass das schwedische Vergaberecht bei Geboten, die sich im Nachhi-

---

[68] Vgl. *Steer Davies Gleave* (2003), S. 2.

[69] Vgl. *Nilsson* (2002), S. 236 sowie *Alexandersson / Hultén* (1999), S. 3ff.

nein als nicht kostendeckend erweisen, grundsätzlich nur in sehr begrenztem Umfang die Möglichkeit von Nachverhandlungen vorsieht.[70] Stattdessen wird eine Neuausschreibung des Verkehrskontrakts durchgeführt. Diese Vorgabe soll zum einen den Anreiz für ‚Predatory Bidding' reduzieren und zum anderen die Wahrscheinlichkeit und die Folgekosten eines ‚Winner's Curse' vermindern.

bb) Interregionalverkehr

Vollkommen anders stellte sich dagegen lange Zeit die Situation im defizitären Interregionalverkehr dar. Wie bereits erwähnt, übernahm der schwedische Staat zwar bereits 1988 die unmittelbare finanzielle Verantwortung für den Unterhalt derjenigen Interregionalverbindungen, die nach Einschätzung von SJ betriebswirtschaftlich nicht rentabel zu betreiben sind und von dem Unternehmen aus diesem Grund freigegeben wurden, deren Fortführung die Regierung jedoch aus sozioökonomischen bzw. politischen Gründen wünscht.[71] Bis einschließlich 1991 wurden besagte Linien allerdings nicht öffentlich ausgeschrieben. Stattdessen flossen die dafür erforderlichen Beihilfen nach wie vor SJ zu. Im Unterschied zu der bis 1988 erfolgten pauschalen und ungeprüften Verlustübernahme durch den schwedischen Staat wurde in dieser Phase allerdings eine Verhandlungslösung praktiziert. Konkret versuchte die damit betraute staatliche Stelle gegenüber dem Staatsunternehmen SJ für den vom Parlament bewilligten Subventionsbetrag das maximale Verkehrsvolumen ‚herauszuholen'. Angesichts des Verzichts auf Vergleichsangebote konkurrierender Anbieter war dies jedoch offenbar nur von geringem Erfolg gekrönt, so dass – auch vor dem Hintergrund der von den RBÖV durch konsequenten Ausschreibungswettbewerb erzielten Ergebnisse – 1992 auch für den defizitären Interregionalverkehr ‚Competitive Tendering' eingeführt wurde.

Gleichwohl unterschieden sich die Regularien in diesem Teilmarkt lange Zeit erheblich von den Usancen im gemeinwirtschaftlichen Nahverkehr. Zunächst ist eine Ausschreibung bis heute grundsätzlich nur möglich, nachdem SJ die fragliche Strecke gegenüber dem Staat als defizitär deklariert und auf deren Weiterbetrieb verzichtet. Des Weiteren betrug die mittlere Vertragslaufzeit der Konzession hier zunächst lediglich ein Jahr; inzwischen sind allerdings fünf Jahre üblich. Außerdem handelt es sich bislang ausnahmslos um die vergleichsweise komplexeren Nettoverträge. Die Bieter müssen also sowohl die zukünftigen Einnahmen aus dem Fahrscheinverkauf – die dem siegreichen Bewerber anders als bei den Nahverkehrskontrakten auch in voller Höhe zufließen

[70] Zu den Einzelheiten *Alexandersson / Hultén* (2006), S. 14f.

[71] Vgl. *Alexandersson / Hultén* (2003), S. 6; *dies.* (2005a), S. 47f.

– als auch ihre Betriebskosten ex ante schätzen, um daraus ihren voraussichtlichen Subventionsbedarf als Basis ihres Gebots abzuleiten.

Seit 1998 ist die Behörde Rikstrafiken für die Durchführung sämtlicher Vergabeverfahren für defizitäre, aber politisch erwünschte interregionale Verbindungen verantwortlich. Sie ist bei ihren Vergabeentscheidungen nicht an einen bestimmten Verkehrsträger gebunden. Außerdem werden in den Konzessionsverträgen im Gegensatz zu den im Nahverkehr üblichen sehr detaillierten Leistungsvorgaben i.d.R. nur Mindestqualitätsstandards (Höchstpreise, Mindestakt etc.) festgelegt, so dass der Konzessionär im Interregionalverkehr eine vergleichsweise größere betriebliche Flexibilität genießt. 2005 vergab Rikstrafiken für 831 Mio. SEK gemeinwirtschaftliche Interregionalverkehre; davon entfielen 385 Mio. SEK auf Eisenbahnverbindungen.[72]

Allerdings sind die Markteintrittsbarrieren in diesem Marktsegment nach wie vor relativ hoch. So gelang – abgesehen vom Sonderfall des Arlanda Air-Rail Link – erst im Jahr 2000 dem ersten Neuling der Markteintritt (siehe Tabelle 2). Von Bedeutung ist in diesem Zusammenhang zunächst die Rechtsunsicherheit, der Newcomer unterliegen. So ist derzeit unklar, ob eine von SJ aufgegebene und danach per Ausschreibung an ein anderes Eisenbahnunternehmen vergebene Strecke wieder automatisch an SJ zurückfällt, falls dieses Unternehmen die fragliche Linie wieder für sich reklamiert. In mindestens einem Fall führte dieses Verhalten SJs dazu, dass sich der betroffene Newcomer aus diesem Grund nach nur einem Betriebsjahr entschied, seine Konzession wieder zurückzugeben.[73] Da der Staat inkl. Rikstrafiken als Besteller bis heute über kein eigenes Rollmaterial verfügt, war des Weiteren bis 2004 jeder erfolgreiche Newcomer gezwungen, die von ihm benötigten Lokomotiven und Waggons entweder selbst zu beschaffen – und damit angesichts der sehr kurzen Vertragsdauer und der soeben diskutierten unklaren Rechtslage ein sehr hohes wirtschaftliches Risiko einzugehen –, oder mit SJ über einen Leasingvertrag zu verhandeln. Das aus dieser starken Verhandlungsposition von SJ resultierende Missbrauchspotential ist offensichtlich; es wurde erst 2004 durch die Einrichtung eines wettbewerbsneutralen staatlichen Pool an Rollmaterial, verwaltet vom Staatsunternehmen ASJ, durchgreifend beseitigt.[74] Schließlich bediente sich SJ in der Vergangenheit weiterer Behinderungspraktiken, mittels derer das Unternehmen Newcomern entweder den Zugang zu Essential Facilities wie Buchungssystemen massiv erschwerte, oder Anschlusszüge so verlegte, dass auf-

---

[72] Vgl. *Banverket* (2006a), S. 9.

[73] Vgl. *Statskontoret* (2005), S. 52.

[74] Vgl. *KCW GmbH / Uniconsult Universal Transport Consulting GmbH / HSH Nordbank AG / Steer Davies Gleave Ltd.* (2006), S. 151, sowie *Alexandersson / Hultén* (2005b) S. 11.

grund sehr langer Übergangs- und Gesamtreisezeiten deren Fahrgastzahlen deutlich unter deren Planansätzen blieben.[75]

b) Güterverkehr

Der Güterverkehrsmarkt wurde, wie bereits erwähnt wurde, ab 1990 bis 1996 schrittweise geöffnet, wobei 2004 zusätzlich sämtliche Großvaterrechte abgeschafft wurden. Die ersten Markteintritte erfolgten bereits im Jahr 1990 (siehe Tabelle 2). Allerdings handelte es sich zunächst lediglich um kleinere Anbieter, die nach dem Vorbild amerikanischer Short-Lines als Subkontraktoren für SJ agierten. Von besonderer Bedeutung war jedoch der Übergang der Betriebserlaubnis für die Eisenerzlinie von SJ an die staatliche Minengesellschaft LKAB im Jahr 1993.

Gegenwärtig sind siebzehn Güterbahnen auf dem schwedischen Markt aktiv. Trotz der für ein Land der Größe Schwedens relativ hohen Anbieterzahl, dominiert das Staatsunternehmen Green Cargo AB – allerdings mit Ausnahme mit einem Anteil von knapp zwanzig Prozent an der in Tonnenkilometern gemessenen Verkehrsleistung am gesamten Frachtaufkommen im Schienengüterverkehr sehr bedeutenden Eisenerzlinie – nach wie vor den schwedischen Güterverkehrsmarkt.[76] Jedoch nahm der Marktanteil des Unternehmens, der zwischen 2001 und 2004 nahezu stabil bei 80 Prozent lag und damit faktisch einhundert Prozent bei den Nicht-Eisenerzverkehren erreichte, im vergangenen Jahr um etwa fünf Prozentpunkte ab.[77] Inwieweit es sich hierbei in der Tat um einen Durchbruch für die privaten Wettbewerber von Green Cargo AB handelt – so die Interpretation von Banverket in deren jüngsten Jahresbericht[78] – oder lediglich um einen statistischen Ausreißer, lässt sich zum gegenwärtigen Zeitpunkt freilich noch nicht abschließend beurteilen.

3. Die Regulierungsebene

In Schweden unterliegt das Eisenbahnwesen uneingeschränkt der allgemeinen kartellrechtlichen Aufsicht durch die schwedische Wettbewerbsbehörde Konkurrensverket. Bis zum 30. Juni 2004 erfüllte die Behörde darüber hinaus auch die Aufgaben eines ‚Economic Regulator'. Sie sollte also in den Wettbewerbsbereichen insbesondere einen diskriminierungsfreien Infrastrukturzugang

75 Vgl. ebenda.

76 Vgl. *Statens institut för kommunikationsanalys* (2006), S. 32. Die Zahl bezieht sich auf das Jahr 2004, Daten jüngeren Datums liegen noch nicht vor.

77 Vgl. *Banverket* (2006a), S. 28; *Green Cargo AB* (2006a), S. 21.

78 Vgl. *Banverket* (2006a), S. 28.

gewährleisten. Für alle Fragen der Eisenbahnsicherheit, von der technischen Überwachung über die Zulassung neuer Lokomotiven bis hin zur Lizenzvergabe, war bis zu diesem Datum eine formal BV unterstellte, ihr gegenüber aber weisungsunabhängige Behörde zuständig, die Järnvägsinspektionen.[79]

Am 1. Juli 2004 gingen diese wie nahezu alle anderen Aufgaben der sektorspezifischen Regulierung nach Maßgabe der einschlägigen europarechtlichen Vorgaben – vornehmlich Artikel 30 der Richtlinie 2001/14/EG – auf die neu geschaffene Behörde Järnvägsstyrelsen über. Sie ist unmittelbar dem Näringsdepartementet unterstellt.[80] Die Gewährleistung eines diskriminierungsfreien Zugangs zum rollendem Material – konkret bei dessen Übergabe vom Altsassen zu einen Newcomer nach erfolgter Ausschreibung – unterliegt nach schwedischem Recht der normalen Missbrauchsaufsicht nach dem allgemeinen Kartellrecht und fällt damit in die alleinige Zuständigkeit von Konkurrensverket.[81]

4. Die Rolle des schwedischen Staates

Neben der Festsetzung der verkehrspolitischen Oberziele sowie durch die bei Järnvägsstyrelsen angesiedelten und weiter oben bereits en détail erläuterten Regulierungsfunktionen tritt der schwedische Staat im Eisenbahnwesen in drei weiteren Bereichen als zentraler Akteur in Erscheinung:

- als Eigentümer der beiden größten schwedischen Eisenbahnunternehmen, SJ AB im Passagierverkehr und Green Cargo AB im Güterverkehr, des Netzbetreibers Banverket sowie der u.a. für den Betrieb der (größten) Bahnhöfe zuständigen Swedcarrier Holding;
- bei der Finanzierung der Netzinfrastruktur; sowie
- als Besteller gemeinwirtschaftlicher Verkehre.

Letztere obliegt, wie bereits erwähnt, auf der Ebene der Lokal- und Regionalverkehr der ausschließlichen Verantwortung der betroffenen unteren Gebietskörperschaften. Demgegenüber ist die Vergabe gemeinwirtschaftlicher Interregionalverkehre für sämtliche Verkehrsträger seit 1999 bei der Staatsbehörde Rikstrafiken angesiedelt.

---

[79] Eine identische Konstruktion wurde bis zu diesem Zeitpunkt auch für den Bereich Fahrplankoordination gewählt. Die damit betraute Verkehrsleitstelle Tågtrafikledningen war ebenfalls formal BV untergeordnet, aber weisungsunabhängig. Zu den Einzelheiten siehe *Merkert* (2003), S. 16f.

[80] Vgl. zu den Einzelheiten *Järnvägsstyrelsen* (2007a und 2007b).

[81] Vgl. *Steer Davies Gleave* (2003), S. 12.

IV. Kritische Würdigung der Reformen

1. Verkehrsentwicklung

a) Personenverkehr

Wie die nachstehende Abbildung 3 belegt, nimmt die Verkehrsleistung der Schiene in Schweden im Personenverkehr seit Anfang der 1970er kontinuierlich zu, allerdings mit deutlichen Schwankungen um den langjährigen Trend. In den vergangenen sechs Jahren wuchs das Passagieraufkommen um dreißig Prozent.[82] Bei der Interpretation dieser Daten ist allerdings zum einen zu beachten, dass häufige Anpassungen der Mehrwertsteuersätze für Eisenbahnleistungen einen nachweislichen Effekt auf die Nachfrageentwicklung hatten. So waren bis 1991 noch sämtliche Beförderungsleistungen mit dem vollen Mehrwertsteuersatz in Höhe von 25 Prozent belegt. 1992 führte die schwedische Regierung dann zur Förderung der Schiene einen reduzierten Mehrwertsteuersatz von 18 Prozent ein, ohne dadurch jedoch den sich damals vollziehenden Passagierrückgang entscheidend bremsen zu können. Bereits 1993 wurde der Satz wieder auf 21 Prozent angehoben, nur um kurz darauf erneut auf dann zwölf Prozent abgesenkt zu werden.[83] Seit 1999 – zeitgleich zur damals vollzogenen Deregulierung des Linienbusfernverkehrs – gilt schließlich ein abermals verminderter Mehrwertsteuersatz von sechs Prozent.

Zum anderen gelang es SJ AB in den letzten beiden Jahren wegen des Marktzutritts von Low-cost Carriern und des sich infolgedessen erheblich intensivierenden Preiswettbewerbs auf dem innerschwedischen Luftverkehrsmarkt erstmals seit der völligen Freigabe der Preisbildung im Schienenpersonenfernverkehr im Jahr 1996 nicht mehr, Fahrpreiserhöhungen im Fernverkehr durchzusetzen. Zuvor gelang es dem Unternehmen noch, die Tarife für seine X2000-Hochgeschwindigkeitszüge seit deren Einführung im Jahr 1990 um 29 Prozent anzuheben. Bei den überwiegend ausgeschriebenen interregionalen Nachtzügen blieben die Preise sogar seit 1990 real nahezu stabil. Im Schienenpersonennahverkehr entschieden sich demgegenüber in den letzten Jahren zahlreiche RBÖV, insbesondere in der Region Stockholm, aufgrund ihrer angespannten Haushaltssituation für Fahrpreiserhöhungen, anstatt ihre Subventionen für bestellte Verkehre aufzustocken. 2005 stiegen die Nahverkehrstarife gegenüber dem Vorjahr daher um durchschnittlich etwas über neun Prozent, seit 1990 insgesamt um real fünfzig Prozent.[84]

---

[82] Vgl. *Banverket* (2004), S. 1.

[83] Vgl. *Banverket* (2005), S. 24.

[84] Vgl. *Banverket* (2006a), S. 24f., *Statskontoret* (2005), S. 55, und *OECD* (2005), S. 265.

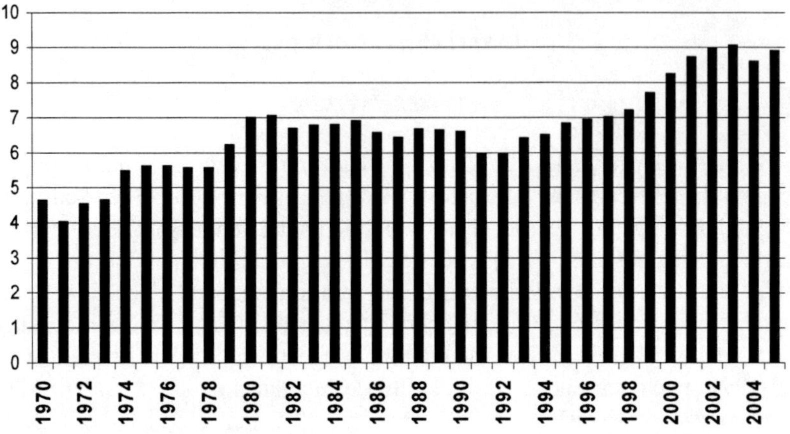

Quelle: Statens institut för kommunikationsanalys (2005) und Banverket (2006a), S. 22f.

Abbildung 3: Verkehrsleistungsindex für den Schienenpersonenverkehr (in Mrd. Passagierkilometern)

Betrachtet man des Weiteren die Entwicklung des Modal Split-Anteils der Schiene, ergibt sich folgendes Bild: Auf den Schienenpersonenfernverkehr entfielen 2005, dem letzten Jahr, für das momentan Daten vorliegen, mit 5,3 Mrd. Passagierkilometern ein Modal Split-Anteil von etwa 14 Prozent (Pkw: 71 Prozent; Flugzeug: 8,9 Prozent; Sonstige: 5,1 Prozent).[85] Im Nahverkehr wurden 3,6 Mrd. Passagierkilometer angeboten; dies entspricht einem Modal Split-Anteil von 3,8 Prozent (gegenüber 79 Prozent für Pkw und Motorräder; übriger ÖPNV: 12,2 Prozent Sonstige: fünf Prozent).[86] Im Zeitablauf betrachtet konnte die Schiene ihren Marktanteil insbesondere im Fernverkehr in etwa konstant halten. Allerdings gewinnt der innerschwedische Luftverkehr angesichts der zumindest auf den Nord-Süd-Verbindungen großen Transportentfernungen seit dem verstärkten Marktzutritt von Low-cost Carriern nicht nur hinsichtlich der Verkehrsleistung und seines Modal Split-Anteils an Bedeutung. Wie bereits erwähnt, mussten aufgrund dieser zunehmenden intermodalen Konkurrenz, des sich dadurch intensivierenden Preiswettbewerbs und der auf längeren Distanzen zum Tragen kommenden Systemvorteile des Flugzeugs bei der Reisezeit, bereits einige Nachtfernzuglinien eingestellt bzw. im regulären Fernverkehr Frequenzen und damit Kapazitäten reduziert werden.

---

[85] Vgl. *Banverket* (2006a), S. 22.

[86] Vgl. ebenda, S. 23.

b) Güterverkehr

Im Güterverkehr wächst die Verkehrsleistung, wie der nachstehenden Abbildung 4 entnommen werden kann, seit einem deutlichen Anstieg Anfang der 1980er Jahre insgesamt betrachtet nur noch mit relativ geringen Raten. Gleichwohl erreichte die Verkehrsleistung im Schienengüterverkehr im Jahr 2005 mit 21,6 Mrd. Tonnenkilometern ihren bisherigen historischen Höchststand. Dies entspricht einer Zunahme gegenüber 2004 um 0,7 Mrd. Tonnenkilometer. Etwa mehr als 0,9 Mrd. Tonnenkilometer waren allerdings einem Sondereffekt geschuldet, nämlich Verkehren, welche vor allem im ersten Quartal 2005 aufgrund von Aufräumarbeiten zur Beseitigung schwerer Sturmschäden durchgeführt werden mussten. Diese Transporte waren auch im Wesentlichen verantwortlich für den starken Zuwachs von elf Prozent im innerschwedischen Güterverkehr (ohne Eisenerztransporte) und damit zumindest indirekt für das hier erzielte Rekordergebnis bei der Verkehrsleitung von 12,3 Mrd. Tonnenkilometern. Demgegenüber kam der Transitverkehr im Jahr 2005 nahezu vollständig zum Erliegen, während bei grenzüberschreitenden Gütertransporten ein Rückgang um elf Prozent zu verzeichnen war.[87]

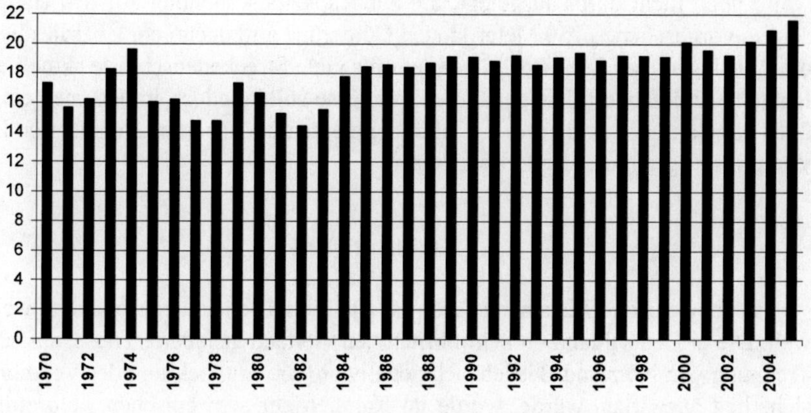

Quelle: Statens institut för kommunikationsanalys (2005 und 2006) und Banverket (2006a), S. 27.

Abbildung 4: Verkehrsleistungsindex für den Schienengüterverkehr (in Mrd. Tonnenkilometern)

Betrachtet man die Entwicklung des Modal-Split, ist festzustellen, dass der Marktanteil der Schiene im Güterverkehr sich seit Mitte der 1990er bei 24 Prozent – gegenüber acht Prozent im europäischen Mittel[88] – eingependelt hat.[89]

[87] Vgl. ebenda, S. 27.

[88] Vgl. *Banverket* (2004), S. 2

Auf den Lkw-Verkehr entfallen derzeit 37 Prozent, die Binnen- und Küstenschifffahrt neun Prozent und auf die für innerskandinavische Transporte wichtige Seeschifffahrt dreißig Prozent.[90] Dieser im intereuropäischen Vergleich wie gesagt exzellente Wert ist freilich auch mit darauf zurückzuführen, dass die Topographie und die Siedlungsmuster des Landes – und die damit einhergehenden überdurchschnittlich langen Distanzen – sowie vor allem die Güterstruktur mit einem besonders hohen Anteil von Massengütern am Transportaufkommen den Systemvorteilen der Schiene (wie der Binnen- und Küstenschifffahrt auch) stark entgegenkommen. So machten Montangüter 2004 ein Viertel des Transportaufkommens auf der Schiene aus, und auf Erze und Schrott entfielen weitere 22 Prozent, auf Papier- und Zellstoff achtzehn Prozent sowie auf Holz acht Prozent.[91]

Nicht übersehen werden sollte allerdings in diesem Zusammenhang, dass sich verschärfende Infrastrukturengpässe die Wachstumsmöglichkeiten der Schiene im Güterverkehr zunehmend beinträchtigen. Beispielsweise verfügt das überwiegend – auf etwa 84 Prozent seiner Gesamtlänge[92] – nur eingleisig ausgelegte Netz über eine zu geringe Zahl von Passier- und Ausweichstellen für überholende bzw. entgegenkommende Züge. Diese sind außerdem derzeit teilweise noch nicht dafür ausgelegt, die zur Kapazitätserhöhung auf den Hauptachsen vorgesehenen 750 Meter langen Güterzüge aufzunehmen. Überdies liegt die Achslast dieser Züge noch über dem für viele Streckenabschnitte aktuell erlaubten Maximalwert. Die genannten Engpässe sollen jedoch im Rahmen eines 2004 angelaufenen und auf zehn Jahre angelegten und staatlich finanzierten Investitionsprogramms beseitigt werden.[93]

2. Unfallhäufigkeit

Das schwedische Eisenbahnwesen ist traditionell eines der sichersten weltweit. Die in Deutschland und Großbritannien vielfach geäußerte These, dass die Trennung von Netz und Betrieb sich negativ auf die Entwicklung der Verkehrssicherheit auswirken würde, wurde im Rahmen der schwedischen Reformdiskussion überhaupt nicht aufgeworfen. Dies mag zwei Gründe haben: Zum einen verblieb das Netz in der Hand des Staates. Zum anderen liegt die Unfallrate im schwedischen Eisenbahnwesen im langjährigen Mittel deutlich niedriger als in Deutschland und Großbritannien. Allerdings schwankt das Unfallrisiko im

---

[89] Vgl. *Statens institut för kommunikationsanalys* (2006), S. 31.

[90] Vgl. ebenda.

[91] Vgl. ebenda.

[92] Vgl. *Statens institut för kommunikationsanalys* (2006), S. 17.

[93] Vgl. *Banverket* (2004), S. 11.

Schienenverkehr in Schweden im unmittelbaren Vergleich im Zeitablauf erheblich stärker, wie die beiden nachstehenden Abbildungen 5 und 6 zweifelsfrei belegen. Sie setzen die jährlich zu beklagenden Todesfälle und Verletzten in Relation zur Zahl der Reisenden insgesamt bzw. ins Verhältnis zur realisierten Transportleistung gemessen in Passagierkilometern.

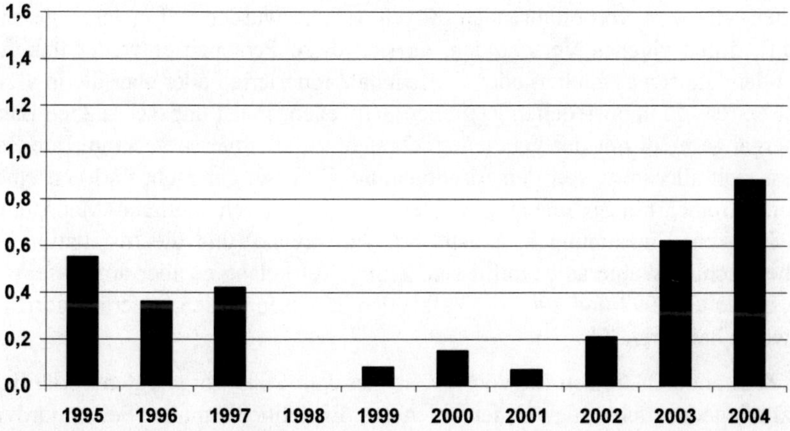

Quelle: Statens institut för kommunikationsanalys / Banverket (1999), S. 52, und Statens institut för kommunikationsanalys (2006), S. 42.

Abbildung 5: Todesfälle und Schwerverletzte je 10 Mio. Reisende

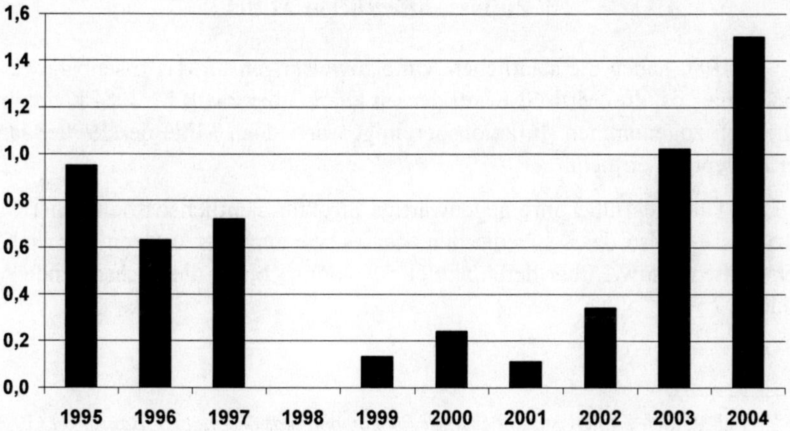

Quelle: Statens institut för kommunikationsanalys / Banverket (1999), S. 52, und Statens institut förkommunikationsanalys (2006), S. 42.

Abbildung 6: Todesfälle und Schwerverletzte je 1 Mrd. Passagierkilometer

Bei der Interpretation der beiden vorstehenden Statistiken ist zweierlei zu beachten. Zum einen kamen über den gesamten zehnjährigen Betrachtungszeitraum hinweg in absoluten Zahlen lediglich acht Reisende zu Tode, und weitere 36 wurden schwer verletzt. Unter den Bahnbeschäftigten waren 16 Tote und 48 Schwerverletzte zu beklagen. Demgegenüber stellten, mit 180 Toten und 123 Schwerverletzten, Drittpersonen die mit Abstand größte Opferkategorie dar. Dabei handelt es sich einerseits um Selbstmörder sowie andererseits um Menschen, die von vorbeifahrenden Zügen erfasst wurden.[94] Letzteres geschah i.d.R. durch eigenes Verschulden, da sich diese Personen entweder unbefugt auf den Gleisen aufhielten oder Warnsignale ignorierten oder aber die in vielen der extrem dünn besiedelten Regionen Schwedens meist unbeschrankten Bahnübergänge nicht mit der gebotenen Vorsicht zu überqueren suchten. Ihre Zahl lässt sich allerdings von den Eisenbahnunternehmen gar nicht und von einem Netzbetreiber nur in einem gewissem Umfang durch bauliche Maßnahmen (Schranken, Einzäunungen, akustische Warnsignale) und die Installation von Überwachungskameras beeinflussen. Zumindest gelang es aber auf diese Weise, zwischen 1992 und 2004 die Fallzahlen in diesen beiden Opferkategorien in etwa zu halbieren.[95]

Zum anderen weisen die von BV für das Jahr 2005 vorgelegten vorläufigen Daten wieder rückläufige Opferzahlen aus. Einschließlich aller Selbstmordversuche forderte das Jahr 2005 demnach mit 68 Toten und 20 Schwerverletzten absolut die wenigsten Opfer in diesem Jahrhundert.[96] Für 2006 liegen noch keine offiziellen Statistiken vor.

3. Zuflüsse öffentlicher Mittel

Seit 1980 haben die staatlichen Mittelzuweisungen für das Eisenbahnwesen von damals ca. drei Mrd. SEK auf derzeit knapp über zwölf Mrd. SEK nominal erheblich zugenommen. Inflationsbereinigt war jedoch Mitte der 1990er Jahre der Höhepunkt erreicht.[97]

Eine Übersicht über ihre gegenwärtige Struktur sämtlicher öffentlicher Mittelzuflüsse – also des schwedischen Staates wie auch der unteren Gebietskörperschaften – sowie über deren aktuelle Volumina bietet die nachstehende Abbildung 7.

---

[94] Vgl. zu den Zahlen *Statens institut för kommunikationsanalys / Banverket* (1999), S. 52; *Statens institut för kommunikationsanalys* (2006), S. 42.

[95] Vgl. *Banverket* (2005), S. 43.

[96] Vgl. *Banverket* (2006), S. 23.

[97] Vgl. *Nilssen* (2002), S. 239.

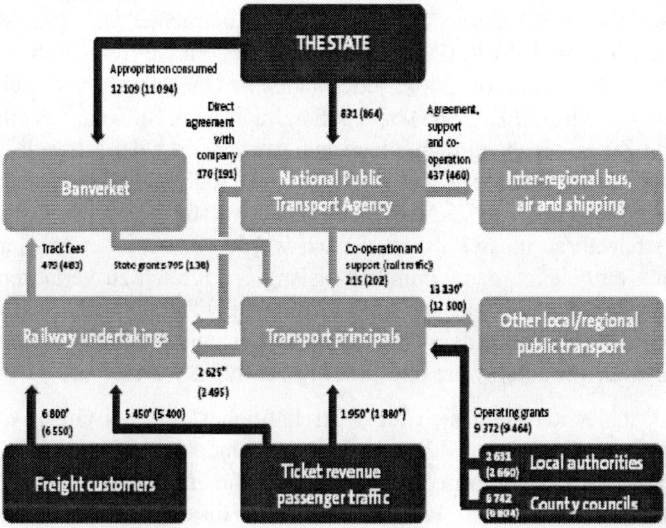

Quelle: Banverket (2006a), S. 9.

Abbildung 7: Öffentliche Finanzströme im schwedischen Eisenbahnsektor 2005 (in Klammern die Zahlen für 2004; in Mio. SEK)

Im Folgenden soll allerdings nur die Entwicklung der Finanzströme in den drei Hauptbereichen skizziert werden, d.h.

- die Zuschüsse für die staatlichen Eisenbahnunternehmen;
- die Zuschüsse für den Ausbau und Unterhalt der Schienenwegeinfrastruktur; sowie
- die Zuschüsse für Bestellung gemeinwirtschaftlicher Verkehre.

Wie bereits mehrfach erwähnt wurde, bestand das zentrale Anliegen der schwedischen Bahnstrukturreform darin, die anhaltend hohen Betriebsverluste und damit den Zuschussbedarf der öffentlichen Hand für das chronisch defizitäre Staatsunternehmen SJ sowie später für dessen beide Nachfolgeunternehmen SJ AB und Green Cargo AB nachhaltig zu reduzieren. Derzeit ist dies zwar der Fall. Jedoch ist noch offen, ob dies auch dauerhaft gelingen wird. Immerhin konnte SJ AB das von der schwedischen Regierung vorgegebene langfristige Ziel einer Eigenkapitalrendite nach Steuern in Höhe von zehn Prozent seit dem ersten Geschäftsjahr 2001 bislang lediglich ein einziges Mal – und zwar im Jahr 2005 – mit einem Wert von 49,8 Prozent erreichen bzw. sogar übertreffen. Allerdings ist der Trend bei dieser Kennziffer positiv. Zwischen 2001 und 2003 wurden nämlich nur negative Werte von -3,8 Prozent, -286 Prozent und -17,2 Prozent erzielt, bevor 2004 mit 12,1 Prozent bei dieser Kennziffer der Turnaround gelang. Außerdem operiert das Unternehmen seit 2004 profitabel, wobei sich der Gewinn in diesem Zeitraum absolut betrachtet von 192 Mio. SEK (2004) auf 1,2 Mrd. SEK (2005) erhöhte. Im operativen Geschäft wurde seit 2001, mit Ausnahme von 2002, jedes Jahr ein Überschuss erwirtschaftet. Er stieg von 174 Mio. SEK (2003) bis 2005 auf 666 Mio. SEK an.[98] Freilich sollte in diesem Zusammenhang nicht übersehen werden, dass der schwedische Staat, wie bereits weiter oben erwähnt wurde, SJ AB 2003 mit Hilfe einer massiven Kapitalerhöhung von ca. 1,5 Mrd. SEK, also etwa 164 Mio. €, de facto vor dem Konkurs bewahren musste.[99] Erst danach wurde ein umfassendes Sanierungsprogramm eingeleitet, das zumindest bislang erfolgreich zu verlaufen scheint. Für außenstehende Beobachter ist außerdem nicht ersichtlich, wie die wirtschaftliche Entwicklung des Unternehmens bei einem Wegfall seiner Monopolprivilegien verlaufen wäre bzw. künftig verlaufen würde.

Etwas schlechter stellt sich die wirtschaftliche Lage bei Green Cargo AB dar. Dem ebenfalls zum 1. Januar 2001 gegründeten und aus der Güterverkehrssparte von SJ hervorgegangenen Unternehmen gelang es erst 2004, mit einem Überschuss in Höhe von 121 Mio. SEK die Gewinnzone zu erreichen; 2005 verbesserte sich das Ergebnis auf 222 Mio. SEK.[100] Auch 2006 scheint sich dieser positive Trend fortzusetzen, konnte das Unternehmen doch für die ersten neun Monate des Jahres mit 83 Mio. SEK einen im Vergleich zum Vorjahreszeitraum um 67 Prozent gestiegenen Gewinn melden.[101]

Wie Abbildung 7 belegt, fließt mit 12,1 Mrd. SEK der Löwenanteil der staatlichen Mittelzuweisungen für das Eisenbahnwesen in Schweden in den Unterhalt, den Ausbau und die Verwaltung der Netzinfrastruktur. Im Rahmen des im Februar 2004 vom schwedischen Parlament verabschiedeten ‚Future Plan for the Swedish Railways 2004-2015' sind über diesen Zeitraum hinweg für Ausbau- und Instandhaltungsinvestitionen 107,7 Mrd. SEK – das entspricht 11,7 Mrd. € – vorgesehen. Selbst dieser in der schwedischen Geschichte beispiellos hohe Betrag wird nach Ansicht von BV allerdings nicht ausreichen, um sämtliche bestehenden bzw. angesichts des anhaltenden Verkehrswachstums drohenden Infrastrukturengpässe zu beseitigen.[102] BV befürchtet aus diesem Grund auch eine Verschlechterung der Pünktlichkeitsraten bzw. zumindest keine weitere Verbesserung dieses Qualitätsindikators. Allerdings erreichen derzeit im Jahresdurchschnitt und trotz der im Vergleich zu mitteleuropäischen

---

[98] Vgl. *SJ AB* (2002), S. 1; *dies.* (2006), S. 3.

[99] Vgl. zu den Einzelheiten *KCW GmbH / Uniconsult Universal Transport Consulting GmbH / HSH Nordbank AG / Steer Davies Gleave Ltd.* (2006), S. 156. Die OECD nennt sogar einen Betrag von zwei Mrd. SEK. Vgl. *OECD* (2005), S. 265.

[100] Vgl. *Green Cargo AB* (2006a), S. 2.

[101] Vgl. *Green Cargo AB* (2006b).

[102] Vgl. zu den Einzelheiten *Banverket* (2004).

Verhältnissen deutlich ungünstigeren Witterungsbedingungen 90,4 Prozent aller Züge ihren Zielort pünktlich – mehr als im europäischen Durchschnitt. Dabei schneidet der Passagierverkehr mit einem Wert von 92,3 Prozent besser ab als der Güterverkehr (78,6 Prozent). Eine Verschlechterung der Pünktlichkeit seit der Trennung von Netz und Betrieb ist übrigens statistisch nicht zu belegen.[103]

Bei den per Ausschreibung vergebenen Verkehren konnten schließlich, wie bereits erwähnt, ohne Qualitätsverluste erhebliche Einsparungen öffentlicher Mittel erzielt werden. So verminderte sich der Zuschussbedarf des schwedischen Staates für die gemeinwirtschaftlichen Interregionalverkehre um zwanzig bis dreißig Prozent.[104] Auf lokaler und kommunaler Eben gelang es, den Subventionsbedarf im Mittel um zwanzig Prozent und in Einzelfällen sogar um vierzig Prozent zu reduzieren.[105] Auch der staatlichen Bergbaugesellschaft LKAB gelang es im Übrigen, seit Übernahme der Konzession für die Eisenerzlinie, die Transportkosten um etwa zwanzig Prozent zu reduzieren.

4. Kernprobleme

Trotz der insgesamt sehr positiven Entwicklung des schwedischen Eisenbahnwesens ist eine Reihe von Problemfeldern evident. So ist zunächst selbst 19 Jahre nach Vollzug der Trennung von Netz und Betrieb sowohl nach der Zahl der Beschäftigten als auch bezogen auf die Umsätze und die Verkehrsleistung noch immer die dominante Rolle der beiden großen staatlichen Eisenbahnunternehmen SJ AB und Green Cargo AB unübersehbar.[106] Dies stellt insofern ein ordnungspolitisches Problem ersten Ranges dar, als die schwedische Regierung im Konflikt zwischen Eigentümerinteressen und verkehrspolitischen Zielsetzungen Ersteren bislang Vorrang einräumte. Nicht zuletzt manifestiert sich dies in ihrer Weigerung, das ökonomisch fragwürdige Monopol von SJ AB im eigenwirtschaftlichen Fernverkehr aufzuheben. Angesichts der sehr positiven Erfahrungen mit dem Ausschreibungswettbewerb im Schienenpersonennahverkehr wäre es aus Effizienzgründen jedoch zweifelsohne ein probater Ansatz, auch auf diesem Teilmarkt das bisherige Angebotsmonopol durch das Organisationsprinzip des Wettbewerbs um den Markt zu ersetzen. Dies gilt umso mehr, als es sich hier, wie bereits an anderer Stelle ausführlich diskutiert, noch dazu um ein vollkommen unreguliertes Monopol handelt. Abgesehen von den finanzpolitischen Effekten ließe sich auf diesem Weg auch die – wie die

103 Vgl. dazu *Banverket* (2006a) sowie *Merkert* (2003), S. 27.

104 Vgl. *OECD* (1998).

105 Vgl. *Shires / Preston* (1999) und *Institut d'Économie Industrielle* (2003), S. 79.

106 Vgl. ausführlich dazu *Alexandersson / Hultén* (2005b), S. 13.

schwedischen Erfahrungen gezeigt haben, sehr reale – Gefahr nicht kostendeckender, aber aus dem Monopolbereich quersubventionierter Gebote SJ ABs im Rahmen öffentlicher Ausschreibungen im defizitären Nah- und Interregionalverkehr durchgreifend verringern.

Im Bereich der Netzinfrastruktur ist angesichts der zunehmenden Kapazitätsengpässe auf den Hauptstrecken das Fehlen einer Staukomponente in den von den Eisenbahnunternehmen an BV zu entrichtenden Trassenentgelten zu bemängeln. Damit ließe sich nicht nur die aktuell verfügbare Infrastrukturkapazität optimal alloziieren. Auch Erweiterungsinvestitionen wären dann nach einem objektiveren und ‚härteren' Kriterium bewertbar als anhand der bisherigen meist nicht operationalen Kriterien, welche bei Investitionsentscheidungen über Verkehrsinfrastrukturprojekte in Schweden im Rahmen sozioökonomischer Nutzen-Kosten-Analysen Anwendung finden.[107]

Ökonomisch fragwürdig ist schließlich die bisherige Ungleichbehandlung der Verkehrsträger – konkret die massive Bevorzugung der Schiene – hinsichtlich der Anlastung negativer Externalitäten. Einer Studie der schwedischen Regierung zufolge werden der Bahn lediglich dreißig Prozent der von ihr verursachten externen Kosten angelastet, wogegen bei der Schifffahrt ein diesbezüglicher Deckungsgrad von siebzig Prozent und im Straßenverkehr sogar ein solcher von neunzig Prozent erreicht wird.[108] Entgegen der offiziellen verkehrspolitischen Zielsetzung einer Wettbewerbsneutralität zwischen den Verkehrsträgern bedeutet dies faktisch eine erhebliche Verfälschung des intermodalen Wettbewerbs zugunsten der Schiene.

V. Fazit

Die schwedischen Erfahrungen mit der Trennung von Netz und Betrieb sind überwiegend sehr positiv. Neben der Zunahme der Verkehrsleistungen, die, insbesondere im Güterverkehr, deutlich über dem europäischen Durchschnitt liegt, gelang es zunächst durch einen konsequenten und institutionell vor allem im Bereich des Nahverkehrs exzellent ausgestalteten Ausschreibungswettbewerb, defizitäre, aus politischen Gründen jedoch erwünschte Verkehrsleistungen ohne Qualitätseinbußen zu deutlich geringeren gesamtwirtschaftlichen Kosten bereitzustellen. Des Weiteren haben sich wie in Großbritannien auch in Schweden die Befürchtungen von Gegnern der Trennung nicht bewahrheitet, wonach diese Form der Reorganisation des Eisenbahnwesens zwangsläufig eine substantielle Verschlechterung der Sicherheitsstandards auslösen würde. Beispielhaft ist schließlich die für aktuelle und vor allem für potenzielle Anbieter sehr hohe

[107] Zu den Einzelheiten des Verfahrens siehe *Hansson / Nilsson* (1991).

[108] Vgl. *Statskontoret* (2005), S. 57.

Transparenz hinsichtlich der relevanten rechtlich-institutionellen Rahmenbedingungen sowie sämtlicher sonstiger wettbewerbsrelevanter Bereiche wie insbesondere bei der Trassenallokation. Dies ist wiederum eine unmittelbare Folge der Trennung von Netz und Betrieb; sie ist – so die zentrale Lehre aus den schwedischen Erfahrungen – die in Verbindung mit einer konsequenten Wettbewerbspolitik entscheidende Voraussetzung dafür, das Diskriminierungspotential der Altsassen gegenüber Newcomern möglichst durchgreifend unterbinden zu können.

Literaturverzeichnis

Alexandersson, G. / *Hultén,* S. (1999): Competitive Tendering of Railway Services in Sweden. Extent and Effects 1989-1999, schriftliche Fassung eines Vortrags auf der 6th International Conference on Competition and Ownership in Land Passenger Transport, Kapstadt, 19.-23. September 1999 (http://www.its.usyd.edu.au/conferences/thredbo/thredbo6/alexandersson_hultén.pdf).

– (2003): The Problem of Predatory Bidding in Competitive Tenders – a Swedish Case Study, schriftliche Fassung eines Vortrags auf der 1st Conference on Railroad Industry Structure, Competition and Investment, Toulouse, 7.-8. November 2003 (http://idei.fr/doc/conf/rai/papers_2003/alexandersson.pdf).

– (2005a): Sweden, in: Calthrop, E. / Ludewig, J. (Hrsg.): Reforming Europe's Railways – An assessment of progress, Brussels, S. 38-55.

– (2005b): Swedish Railways: From Deregulation to Privatisation and Internationalisation in a European Context, schriftliche Fassung eines Vortrags auf der 3rd Conference on Railroad Industry Structure, Competition and Investment, Stockholm, 20.-22. Oktober 2005 (http://www.hhs.se/NR/rdonlyres/0AC1EE63-9E31-42AE-819D-0187C2461CAC/0/Alexandersson_and_Hulten_Swedish_Railways_From_Deregulation_to_Privatisation.pdf).

– (2006): Theory and practice of competitive tenders in passenger railway services, schriftliche Fassung eines Vortrags auf der 4th Conference on Railroad Industry Structure, Competition and Investment, Madrid, 19.-21. Oktober 2006 (http://www.eco.uc3m.es/temp/agenda/mad2006/papers/04.%20Hulten,%20Staffan.pdf).

Andersson-Skog, L. (2000): National Patterns in the Regulation of Railways and Telephony in the Nordic Countries to 1950, in: Scandinavian Economic history Review, 48. Jg., Nr. 2, S. 30-46.

Banverket (2004): Future Plan for the Swedish Railways 2004-2015, Borlänge (http://www.banverket.se/upload/pdf_English/future_plan/framtidsplan-eng-2.pdf).

– (2005): Swedish Sector Rail Development. Banverket's Sector Report 2004, Borlänge (http://www.banverket.se/upload/pdf_English/About_Banverket/Sektorrapport_04_ENG_Low_x.pdf).

– (2006a): Swedish Sector Rail Development. Banverket's Sector Report 2005, Borlänge (http://www.banverket.se/upload/pdf_English/About_Banverket/BV_SR_05_ENG_Lx.pdf).

– (2006b): Annual Report 2005, Borlänge (http://www.banverket.se/upload/pdf_English/About_Banverket/BV_AR_05_ENG_L_x.pdf).

Banverket / Statens institut för kommunikationsanalys (2002): New Rail Infrastructure Charges? Analysis and Proposal. Summary in English, Borlänge und Stockholm (http://www.sika-institute.se/Doclib/Import/105/sr_2002_2s.pdf).

Dahlborg, L. (1997): Non-rail Business of Swedish State Railways, in: Japan Railway & Transport Review, Nr. 11, April 1997, S. 53-57 (http://www.jrtr.net/jrtr11/pdf/f53_dah.pdf).

Ekström, A. (2001): Swedish Experience, schriftliche Fassung eines Vortrags auf dem gemeinsamen Workshop „Better Ways to Deliver and Fund Regional and Suburban Passenger Rail Service“ der World Bank, EU, EBRD und Agence de Développement de l'Alsace Colmar, 13.-15. Juni 2001 (http://www.worldbank.org/transport/rail/colmar/ekstrom.pdf).

– (2004): Swedish Infrastructure Charging Policy Guidelines, schriftliche Fassung eines Vortrags auf dem „Workshop on Rail Infrastructure Charges: Efficiency, Cost Recovery and the Development of International Train Services“ der European Conference of Transport Ministers, Genf, 28.-29. Oktober 2004 (http://www.cemt.org/topics/rail/Geneva04/Ekstrom.pdf).

European Conference of Ministers of Transport (ECMT) (2005): Railway Reform & Charges for the Use of Infrastructure, Paris (http://213.253.134.43/oecd/pdfs/browseit/7505081E.PDF).

European Foundation for the Improvement of Living and Working Conditions (2006): Profile of the rail transport sector in Sweden, Dublin (http://eurofound.europa.eu/emcc/publications/2006/ef0540enC1.pdf).

Green Cargo (2006a): Annual and Sustainable Development Report, Stockholm (http://www.greencargo.com/upload/pdfer/GC_05_eng.pdf).

– (2006b): Green Cargo's January – September 2006 Report, Pressemitteilung vom 16. November 2006, Stockholm (http://www.greencargo.com).

Hansson, L. / *Nilsson,* J.-E. (1991): A New Swedish Railroad Policy: Separation of Infrastructure and Traffic Production, in: Transportation Research A, 25A, S. 153-159.

Hilmola, O.-P. / *Szekely,* B. (2006): Deregulation of Railroads and Future Development Scenarios in Europe – Literature Analysis of Privatization Process Taken Place in US, UK and Sweden, Research Report 169 des Department of Industrial Engineering and Management der Lappeenranta University of Technology, Lappeenranta (http://kouvola.lut.fi/files/download/Tutkimusraportti169_OP_B.pdf).

IBM Business Consulting Services (2006): Eisenbahn-Regulierung in Europa. Vergleich des Status quo der Regulierung des Eisenbahnnetzzugangs in den EU-25 Ländern, der Schweiz und Norwegen, Zürich 2006 (http://www.db.de/site/shared/de/ dateianhaenge/positionspapiere/positionspapiereisenbahn_regulierung_in_europa_2006.pdf).

Inlandsbanan AB (2007): The Company, Östersund (http://www.inlandsbanan.se).

Institut d'Économie Industrielle (2003): The Economics of Passenger Rail transport. A Survey, IDEI Report #1 on Passenger Rail Transport, Toulouse, Januar 2003 (http://idei.fr/doc/wp/2003/rapport_db_1.pdf).

Järnvägsstyrelsen (2007a): About the Swedish Rail Agency, Borlänge (http://www.jvs.se/eng/about.htm).

– (2007b): Tasks & Organisation, Borlänge (http://www.jvs.se/eng/tasks.htm).

KCW GmbH / Uniconsult Universal Transport Consulting GmbH / HSH Nordbank AG / Steer Davies Gleave Ltd. (2006): Privatisierung der integrierten Deutschen Bahn AG – Auswirkungen und Alternativen, BDI-Drucksache Nr. 380, Berlin, Januar 2006 (http://www.dihk.de/inhalt/download/bahnstudie_teil1.pdf), (http://www.dihk.de/inhalt/download/bahnstudie_teil2.pdf), (http://www.dihk.de/inhalt/download/bahnstudie_teil3.pdf).

Latten, R. (1995): Vom Fehmarnsund zum Nordkap. Die Eisenbahnen in Skandinavien. Band 2. Schweden, Finnland, Aachen.

Lundberg, A. (1996): Restructuring of the Swedish State Railways, in: Japan Railway & Transport Review, Nr. 8, September 1996, S. 22-26 (http://www.jrtr.net/jrtr08/pdf/f22_lun.pdf).

Merkert, R. (2003): Die Liberalisierung des schwedischen Eisenbahnwesens – ein Beispiel vertikaler Trennung von Netz und Transportbetrieb, Volkswirtschaftlicher Diskussionsbeitrag Nr. 62 der Wirtschafts- und Sozialwissenschaftlichen Fakultät der Universität Potsdam, Potsdam (http://www.uni-potsdam.de/u/wipo/db62.pdf).

Näringsdepartementet (2006): Transport policy for sustainable development, Stockholm (http://www.sweden.gov.se/sb/d/2156/a/20469).

Nilsson, C. (1993): The Swedish Model: Labour Market Institutions and Contracts, in: Hartog, J./Theewes, J. (Hrsg.): Labour Market Contracts and Institutions: A Cross-national Comparison, Amsterdam, S. 233-266.

Nilsson, J.-E. (1995): Swedish Railway Case Study, in: Kopicki, R. / Thomson, L.: Best Methods of Railway Restructuring and Privatization, World Bank CFS Discussion Paper Series No. 111, Washington DC (http://worldbank.org/transport/publicat/b35.pdf).

– (2002): Restructuring Sweden's railways: The unintentional deregulation, in: Swedish Economic Review, 9. Jg., S. 229-254.

OECD (1998): Railways: Structure, Regulation and Competition Policy, DAFFE/CLP (98)1, Paris (http://www.oecd.org/dataoecd/35/5/1920239.pdf).

– (2005): Structural Reform in the Rail Industry, DAF(COMP)2005/46, Paris (http://www.oecd.org/dataoecd/7/14/35911008.pdf).

Palm, H. (2001): Die Verkehrsmärkte in Schweden und Dänemark – Entwicklungen im Ausschreibungswettbewerb, KCW-Schriftenreihe Bd. 1, Hamburg.

Prud'homme, R. / *Kopp,* P. (2006): The Stockholm Toll: An Economic Evaluation, Stockholm (http://www.sika-institute.se/Doclib/2006/pm_060907_prud.pdf).

Rikstrafiken (2003): A presentation of Rikstrafiken (National Public Transport Agency), Sundsvall (http://www.rikstrafiken.se/db_dokument/Rikstrafiken_presentation_eng_finalversion_may2003.pdf).

Scharp, J. (2005): Railway (De-)Regulation in EU Member States and the Future of European Rail, in: CESifo DICE Report – Journal for Institutional Comparisons, 3. Jg., Nr. 4, S. 26-33 (http://www.cesifo-group.de/pls/guestci/download/CESifo%20DICE%20Report%202005/CESifo%20DICE%20Report%204/2005/CESifoDICEreport405.pdf).

Shires, J. / *Preston,* J. (1999): Getting Back-on Track or Going off the Rails? An Assessment of Ownership and Organizational Reform of Railways in Europe, schriftliche Fassung eines Vortrags auf der 6th International Conference on Competition and Ownership in Land Passenger Transport, Kapstadt, 20.-23. September 1999 (http://www.its.usyd.edu.au/conferences/thredbo/thredbo6/shires_preston.pdf).

SJ AB (2002): SJ AB Annual Report 2001, Stockholm (http://www.sj.se/content/1/c4/81/91/arsredov_01_eng.pdf).

– (2006): SJ AB Annual Report 2005, Stockholm (http://www.sj.se/content/1/c6/02/29/43/Arsredov_05_eng_last.pdf).

Statens institut för kommunikationsanalys / Banverket (1999): Järnvägar 1999 – Railways 1999, Stockholm (http://www.sika-institute.se/Doclib/Import/101/ss2001_9.pdf).

Statens institut för kommunikationsanalys (2005): Bantrafik 1870-2003 – Rail Traffic 1870-2003, Stockholm (http://www.sika-institute.se/Doclib/Import/100/jvg_trafik.xls).

– (2006): Bantrafik 2004 – Rail Traffic 2004, Stockholm (http://www.sika-institute.se/Doclib/2006/ss_2006_10.pdf).

Statskontoret (2005): Six deregulations. Liberalisation of the markets for electricity, postal services, telecommunications, domestic air traffic, rail and taxi services in Sweden, Stockholm (http://www.statskontoret.se/upload/Publikationer/2005/200508.pdf).

Steer Davies Gleave (2003): EU Rail Liberalisation: Extended Impact Assessment. Regulatory Overview of Sweden. Technical Note, London (http://ec.europa.eu/transport/rail/countries/se/doc/sdg-sweden.pdf).

Stockholmförsöket (2007): The Stockholm Trials 22 August 2005 – 31 July 2006, Stockholm (http://www.stockholmsforsoket.se/templates/page.aspx?id=183).

Die Internetquellen wurden zuletzt am 1. September 2007 aufgerufen.

Der Liberalisierungsindex Bahn 2004 – eine kritische Würdigung

Von Andreas Knorr

I. Vorbemerkung

Mit der Richtlinie 91/440/EWG initiierte die EU vor über einem Jahrzehnt ein ehrgeiziges Programm der „Revitalisierung“ der Eisenbahn. Ziel war es zum einen, durch konsequente Öffnung der nationalen Schienennetze für Wettbewerber und die Schaffung eines EU-weiten integrierten Eisenbahnraums die kontinuierlichen Modal Split-Verluste der Schiene zu stoppen und nach Möglichkeit umzukehren. Angestrebt wurde zum anderen eine spürbare Rückführung der öffentlichen Ausgaben für diesen Verkehrsträger. Das am 3. März 2004 durch die EU-Kommission vorgeschlagene und am 18. Januar 2007 vom Europäischen Parlament angenommene dritte Eisenbahnpaket, das u.a. die vollständige Öffnung der Märkte für grenzüberschreitende Schienenpersonenfernverkehre innerhalb der EU für den 1. Januar 2010 anvisiert, verdeutlicht freilich, dass der Liberalisierungsprozess noch lange nicht abgeschlossen ist.[1]

Unbestritten ist auch, dass in den einzelnen EU-Mitgliedsstaaten die Öffnung der Eisenbahnmärkte unterschiedlich weit fortgeschritten ist. Gleichwohl liegen bislang nur wenige Studien zum Stand der Marktöffnung vor.

Als politisch mit Abstand einflussreichste Status quo-Analyse muss bislang der Liberalisierungsindex Bahn (im Folgenden kurz: LIB Index) gelten. Er wurde 2002[2] erstmals vorgestellt und 2004[3] aktualisiert sowie darüber hinaus methodisch teilweise überarbeitet. Allerdings sollte nicht übersehen werden, dass es sich beim LIB Index nicht um eine im strengen wissenschaftlichen Sinne unabhängige Analyse handelt. Erkennbar ist dies schon daran, dass der LIB Index nicht im Auftrag der EU-Kommission, dem eigentlichen Initiator, Motor und ‚Schiedsrichter‘ der EU-Bahnliberalisierung, erstellt wurde (obschon die Generaldirektion Energie und Verkehr den LIB Index auf ihrer Website neben zahl-

[1] Einzelheiten bei *Gersdorf* (2004).

[2] Vgl. *IBM Business Consulting Services / Kirchner* (2003).

[3] Vgl. *IBM Business Consulting Services / Kirchner* (2004).

reichen von ihr selbst in Auftrag gegebenen Studien zum Eisenbahnverkehr nicht nur ausdrücklich erwähnt, sondern sogar zum Download bereitstellt).[4]

Auftraggeber und alleiniger Finanzier des LIB Index ist vielmehr die Deutsche Bahn AG (DBAG), von deren Homepage er ebenfalls abrufbar ist.[5] Konzipiert wurde der LIB Index von IBM Business Consulting Services in Zusammenarbeit mit Professor Christian Kirchner, Inhaber des Lehrstuhls für deutsches, europäisches und internationales Zivil- und Wirtschaftsrecht und Institutionenökonomik an der Humboldt-Universität zu Berlin sowie zugleich Mitglied des BahnBeirats (eines den Vorstand der DBAG beratenden Gremiums, dem derzeit 26 Persönlichkeiten aus Politik, Wissenschaft und Wirtschaft angehören).[6] Gegenstand der folgenden Untersuchung ist daher die Frage, ob der LIB Index – und zwar dessen aktuelle, am 10. Mai 2004 veröffentlichte Version (im Folgenden: LIB Index 2004) – die bisherigen Ergebnisse des Liberalisierungsprozesses im europäischen Eisenbahnwesen vollständig und objektiv darzustellen vermag.

II. Der LIB Index 2004 im Überblick

1. Ziele und Untersuchungsgegenstand

Erkenntnisziel des LIB Index 2004 ist es, den „Stand der Marktöffnung der europäischen Schienenverkehrsmärkte der erweiterten EU sowie Norwegens und der Schweiz im Frühjahr 2004"[7] wiederzugeben, und zwar für den Schienenpersonen- und den Schienengüterverkehr. Im Vergleich zum LIB Index 2002 wurden erstmals acht der zehn neuen mittel- und osteuropäischen Beitrittstaaten in die Analyse einbezogen; außen vor blieben lediglich Malta und Zypern, die kein Eisenbahnnetz besitzen. Eine deutliche Einschränkung der Aussagekraft des LIB Index 2004 besteht allerdings darin, dass sein Fokus, wie schon der seiner Vorgängerversion aus dem Jahr 2002, „nicht auf einem absoluten, sondern auf dem relativen Liberalisierungsfortschritt der untersuchten Länder liegt."[8] Seine Autoren begründen dies damit, dass sich der absolute

4 http://ec.europa.eu/transport/rail/research/studies_de.htm.

5 http://www.db.de/site/bahn/de/unternehmen/konzern/verkehrspolitik/bahnineuropa/bahnineuropa.html. – Dort ist jedoch nur noch die aktualisierte Version des Jahres 2004 verfügbar; der LIB Index 2002 ist somit nur noch auf der Homepage der Generaldirektion Energie und Verkehr öffentlich zugänglich (über den Link in FN 5).

6 Eine Übersicht der Mitglieder findet sich auf S. 217 des Geschäftsberichts 2005 der DBAG. (http://www.db.de/site/bahn/de/unternehmen/investor_relations/finanzberichte/geschaeftsbericht/geschaeftsbericht_2005.html).

7 Vgl. *IBM Business Consulting Services / Kirchner* (2004), S. 1.

8 Ebenda.

Grad der Marktöffnung nämlich nur unter der Voraussetzung ermitteln ließe, dass „man sich zuvor darauf geeinigt hätte, wie eine vollständige Marktöffnung zu definieren wäre.“[9] Diese Aufgabe erscheint ihnen aber „weder möglich noch sinnvoll“, da „es sich bei den betreffenden Marktöffnungsschritten um einen dynamischen Prozess handelt, dessen Voraussetzungen sich mit dem Fortschreiten der Marktöffnung verändern“. Nichtsdestotrotz behaupten sie, der Index biete „eine gute Basis für einen Vergleich der relativen Wirksamkeit der nationalen Liberalisierungskonzepte in Bezug auf die Marktöffnung“, selbst wenn sie keinerlei Aussagen darüber treffen könnten, „welche Faktoren außerhalb der Senkung von Marktzutrittsschranken für die tatsächliche Entwicklung der betreffenden Märkte relevant gewesen sind.“[10] Insbesondere könne „nicht erfasst werden, welche Rolle unterschiedliche Politiken in Bezug auf die staatliche Finanzierung von Netzen und Rollmaterial sowie die Entgeltregelungen im Bereich des öffentlichen Personennahverkehrs spielen.“[11] Auch die für die objektive Bewertung der Liberalisierungswirkungen so zentralen Gesichtspunkte wie Kundenzufriedenheit, Sicherheitsstandards sowie Aspekte der Daseinsvorsorge werden nicht in die Analyse einbezogen.

2. Methodologie

a) Aufbau und Struktur des LIB Index 2004

Der LIB Index 2004 umfasst die Bereiche Güterverkehr (Gewicht: 50 Prozent), Schienenpersonenfernverkehr (25 Prozent) und Schienenpersonennahverkehr (25 Prozent); auf eine Analyse des Liberalisierungstandes im Marktsegment des urbanen Schienenverkehrs wird demgegenüber verzichtet.[12] Er setzt sich des Weiteren aus zwei Subindizes zusammen, dem LEX Index (Gewicht: 30 Prozent) und dem ACCESS Index (Gewicht: 70 Prozent). Deren jeweilige numerische Werte, die ein Land erreicht, werden zur Berechnung des Ranglistenplatzes eines Landes auf der Grundlage eines von den Autoren zu diesem Zweck entwickelten Gewichtungsschemas aggregiert.[13] Die maximal erreichbare Punktzahl, sowohl für den LIB Index als auch für seine beiden Sub-

[9] Ebenda, S. 7.

[10] Ebenda, S. 7.

[11] Ebenda, S. 11.

[12] Vgl. ebenda, S. 15.

[13] Das Gewichtungsschema ist im Anhang VII zum LIB Index 2004 im Detail in tabellarischer Form dargestellt. Abgesehen vom nicht näher konkretisierten Hinweis auf Expertenbefragungen findet sich jedoch weder dort noch im Text eine überzeugende Begründung dafür, auf welcher theoretischen oder faktischen Basis die Autoren sich für eben diese Gewichtungen entschieden haben.

indizes, beträgt dabei 1.000; im schlechtesten Fall werden noch 100 Punkte vergeben.[14,15]

Der LEX Index – kurz mit „Law in the books“ umschrieben – soll erfassen, inwieweit das Rechtssystem eines Landes dem Markteintritt von Eisenbahnunternehmen förderlich ist, d. h. es sollen die gesetzlichen Voraussetzungen für den Markteintritt identifiziert und quantifiziert werden.[16] Berücksichtigt werden dabei:[17]

- die Organisationsstruktur der (ehemaligen) Staatseisenbahn des nationalen Eisenbahnsystems, d. h. das Ausmaß der rechtlichen und organisationalen Trennung zwischen Eisenbahnunternehmen und Staat, insbesondere hinsichtlich Aktiva, Budget und Rechnungslegung (Gewicht: 25 Prozent);
- die Regulierung des Marktzugangs (Gewicht: 45 Prozent);
- die Befugnisse der nationalen Regulierungsbehörde (Gewicht: 30 Prozent).

Den LEX Index ergänzt der so genannte ACCESS Index („Law in action“). Dieser zweite Teilindex dient der Identifikation und Quantifizierung der effektiven Marktzutrittsmöglichkeiten, wie sie sich aus der Anwendung des geltenden Rechts durch die zuständigen nationalen Behörden faktisch ergeben.[18] Folgende Formen von Markteintrittsbarrieren werden im ACCESS Index erfasst:[19]

- Informatorische Marktzutrittsbarrieren, wie z. B. der Zeitbedarf für die Beschaffung relevanter Informationen sowie die Qualität der durch die zuständigen nationalen Behörden bereitgestellten Informationen (Gewicht: 5 Prozent);

---

14 Vgl. *IBM Business Consulting Services / Kirchner* (2004), S. 24.

15 Die Vorgabe von Maximalwerten seitens der Autoren ist allerdings in hohem Maße irreführend. Diese könnten nämlich von Außenstehenden fälschlicherweise mit dem hypothetischen Idealzustand vollständiger Liberalisierung gleichgesetzt werden, selbst wenn die Verfasser, wie schon erwähnt, diesen ausdrücklich nicht definieren und auch keine Bewertung des absoluten Liberalisierungsfortschritts vornehmen. Die, bezogen auf das Maximum von 1.000 Punkten, von den drei Erstplatzierten erreichten, recht hohen Werte (Großbritannien: 781, Schweden: 729, Deutschland: 728), könnten jedoch viele Leser zu dem Trugschluss verleiten, dass diese Märkte bereits sehr weitgehend geöffnet wurden – und vor allem allesamt ähnlich durchgreifend geöffnet wurden.

16 Vgl. ebenda, S. 19ff.

17 Vgl. für weitere Einzelheiten den LEX Fragebogen im Anhang IV zum *LIB Index 2004*.

18 Vgl. *IBM Business Consulting Services / Kirchner* (2004), S. 19ff. Vgl. für weitere Details den ACCESS Fragebogen im Anhang V zum *LIB Index 2004*.

19 Vgl. ebenda, S. 22f.

- administrative Marktzutrittsbarrieren, wie z. B. die Modalitäten der Vergabe von Betriebsgenehmigungen, Sicherheitszertifikaten und die Fahrzeugzulassungsvorschriften (Gewicht: 20 Prozent);
- betriebliche Marktzutrittsbarrieren, u.a. die Netzzugangsbedingungen sowie die Zugangsmöglichkeiten zu erforderlichen Inputs (Bahnstrom, Dieselbetankung usw.) (Gewicht: 50 Prozent);
- der Anteil des für Newcomer zugänglichen inländischen Marktes in jedem der drei betrachteten Marktsegmente, und dies bezogen auf das Jahr 2003 (Gewicht: 25 Prozent).

Ein weiterer spezieller Index, der so genannte COM Index 2004, ergänzt den LIB Index 2004. Es ist anzumerken, dass dieser Index zwar einen wesentlichen Bestandteil des LIB Index 2002 darstellte, in welchen er mit einem Gewicht von 25 Prozent einfloss (die entsprechenden Gewichte des LEX Index und des ACCESS Index betrugen damals noch 25 Prozent respektive 50 Prozent).[20] In die Berechnung des Länderranking im LIB Index 2004 fließt er allerdings nicht mehr mit ein; jedoch wird er weiterhin berechnet und ergänzend zum LIB Index 2004 separat ausgewiesen.

Die Verfasser begründen diese methodische Veränderung mit der Notwendigkeit, besser „zwischen der Zugänglichkeit der Schienenverkehrsmärkte aus Sicht Dritter EVU[21] einerseits und der Entwicklung des Marktes, die neben der Liberalisierung weiteren Einflüssen unterliegt, andererseits“[22] unterscheiden zu müssen. Der nun eigenständige COM Index 2004 soll somit als weiterhin „wichtiger Bestandteil der Studie – nämlich als so genannter Markttest“ – die „Wettbewerbsdynamik“ widerspiegeln.[23] Konkret wird er von den Verfassern als Marktperformanceindikator verstanden, der „eine ex-post Betrachtung der Liberalisierung“ vornimmt und untersuchen soll, „wie sich der Markt für Dritte EVU bislang entwickelt hat“[24].

Der COM Index 2004 wird aus folgenden Daten gespeist:[25]

- der Entwicklung des Modal Split zwischen 1991 und 2001 (Gewicht: 5 Prozent; Schienenpersonen- und -güterverkehr sind dabei jeweils mit 50 Prozent gewichtet);

---

[20] Vgl. *IBM Business Consulting Services / Kirchner* (2003), S. 26.

[21] EVU = Eisenbahnverkehrsunternehmen.

[22] *IBM Business Consulting Services / Kirchner* (2004), S. 4.

[23] Ebenda, S. 19.

[24] Ebenda, S. 23.

[25] Vgl. ebenda, S. 23.

- der Anzahl der EVU bezogen auf das Jahr 2003 (Gewicht: 45 Prozent; darin fließen wiederum mit 40 Prozent die Zahl der formal zugelassenen EVU und mit 50 Prozent die der tatsächlich aktiven EVU ein. Die verbliebenen 10 Prozent entfallen auf das rechnerische Verhältnis von aktiven zu zugelassenen EVU);
- die Marktanteile der externen EVU im Jahr 2003, gemessen in Prozent der für die Newcomer zugänglichen Schienenkilometer (Gewicht: 50 Prozent – dabei entfällt auf deren absoluten Marktanteil wiederum ein Gewicht von 75 Prozent, während das Marktanteilswachstum zwischen 2001/2002 und 2003/2004 mit 25 Prozent berücksichtigt wird).

Alle anderen denkbaren Marktergebnisse, die von der Liberalisierung beeinflusst worden sein könnten, wie z. B. Preis- und Kostentrends, Veränderungen des Volumens staatlicher Beihilfen, Variationen der Produktqualität sowie nicht zuletzt die Entwicklung der Unfallhäufigkeit im Schienenverkehr, werden im COM Index 2004 dagegen nicht erfasst.

b) Datenbasis

aa) LIB Index 2004

Die Daten, auf denen der LIB Index 2004 samt seiner beiden zwei Teilindices beruht, wurden überwiegend mittels Befragungen im Einzelnen namentlich nicht genannter Experten der jeweiligen Verkehrsministerien, der zuständigen Regulierungs- und sonstigen Zulassungs- und Fachaufsichtsbehörden, der Infrastrukturbetreiber, der Eisenbahnunternehmen, der Bahnindustrie sowie von sonstigen Gesprächspartnern erhoben.[26] Ergänzend befragt wurde darüber hinaus noch das europäische Travel & Transport-Expertennetzwerk von IBM Business Consulting Services. Deren Antworten wurden „in der Regel durch mehrere Ansprechpartner validiert; eine Überprüfung erfolgt jedoch auch anhand von Sekundärmaterial, wie zum Beispiel Gesetzestexten, Schienennetz-Nutzungsbedingungen oder anderen Studien“[27]. Wenn es innerhalb des Erhebungszeitraums „trotz intensiver Recherche nicht möglich war, für die Teilindizes LEX und ACCESS eine plausible Antwort zu finden, wird die Annahme getroffen, dass es auch für einen potenziellen Marktteilnehmer zu zeit- und somit zu kostenintensiv sein würde, diese für den Markteintritt essentiellen Daten

---

[26] Vgl. ebenda, S. 16, insbesondere die Übersicht in Abbildung 4.1.

[27] Ebenda, S.15. – Ein diesbezügliches Literaturverzeichnis enthalten die Anhänge I und XIII des *LIB Index 2004*.

zu erheben"[28]. In derartigen Fällen wurde daher konsequenterweise die minimale Punktzahl vergeben.

bb) COM Index 2004

Die Daten, welche die Grundlage des COM Index 2004 bilden, wurden demgegenüber „u.a. aus Befragungen, aus Geschäftsberichten sowie aus verkehrsstatistischem Material der EU und nationaler Behörden gewonnen"[29].

3. Kernaussagen des LIB Index 2004

a) Generelle Aussagen

Die zentralen Erkenntnisse der Autoren LIB Index 2004 lassen sich wie folgt zusammenfassen:[30]

- die Liberalisierung der Schienengüter- und -personenverkehrsmärkte hat „sich langsam" entwickelt und wird anstelle nationaler Anstrengungen „im Wesentlichen durch Reformen [getrieben], die den Mitgliedstaaten aufgrund der von der Europäischen Kommission initiierten neuen europäischen Eisenbahngesetzgebung aufgegeben sind";
- insgesamt befindet sich der europäische Liberalisierungsprozess immer noch im „Anfangsstadium";
- im Eisenbahnsektor herrscht „nach wie vor Nachholbedarf gegenüber anderen Netzindustrien wie zum Beispiel der Telekommunikation oder dem Energiesektor";
- der Liberalisierungsprozess schreitet im Ländervergleich in sehr unterschiedlichem Tempo voran, wobei „sich lediglich rund ein Drittel der Länder deutlich und positiv vom übrigen Europa bezüglich der Markteintrittsbarrieren hervorhebt", wogegen ein „harmonisierter, europäischer Eisenbahnverkehrsbinnenmarkt […] noch lange nicht in Sicht" scheint.

Etwas konkreter bemängeln die Verfasser insbesondere, dass

- „die Marktanteile dritter EVU trotz eines verstärkt zu beobachtenden Trends zur Internationalisierung immer noch marginal sind";

---

[28] Ebenda.
[29] Ebenda, S. 23.
[30] Zum Folgenden vgl. ebenda, S. 1ff.

- die regulatorische Aufsicht regelmäßig inadäquat und nicht bei unabhängigen Behörden angesiedelt sei;
- im Bereich der Zulassung des rollenden Materials die formelle Liberalisierung „aufgrund von teuren und komplexen Zulassungsprozessen" noch immer eine wichtige Eintrittsschranke bildet.

b) Länderrankings

Diese generellen Beobachtungen werden anschließend detaillierter im Rahmen einer Länderrangliste dargestellt. Der Gesamtindex (siehe Abbildung 1) wird von acht Ländern angeführt, deren Liberalisierungsprozess die Verfasser als „on schedule" bezeichnen: Großbritannien (erreichte Punktzahl: 781), Schweden (729), Deutschland (728), die Niederlande (695), Dänemark (693), Italien (688), Schweiz (677) und Portugal (668).

Im Gegensatz dazu wird der Liberalisierungsprozess in den zwölf Ländern mit Punktzahlen zwischen 305 (im Fall Frankreichs) und 589 (Norwegen) als „delayed" bezeichnet. Der Liberalisierungsprozess in Spanien (148 Punkte), Irland (149), Griechenland (162), Litauen (222) und Estland (257) wird schließlich als „pending departure" eingestuft.[31]

Während sich Abbildung 1 in Bezug auf die beiden Teilindices nicht wesentlich von dem des Gesamtindex unterscheidet, scheint sich, so die Verfasser, „das Niveau der gesetzlichen Markteintrittsbarrieren (LEX-Index: „Law in the books") langsam anzugleichen". In klarem Gegensatz dazu weise „die Höhe der praktischen Markteintrittshürden (ACCESS-Index: „Law in action") weiterhin signifikante Unterschiede auf"[32]. Diese Beobachtungen wirken sich wie folgt auf die Rangliste der Länder in den beiden Teilindices aus: Die Top 8 im LEX Index (siehe Abbildung 2) bilden Großbritannien (282 Punkte), Portugal (246), Dänemark (236), Deutschland (225), Italien (223), Schweden (202), die Niederlande (199) und Finnland (191).[33]

---

[31] Vgl. ebenda, S. 2, in Verbindung mit den Anhängen VIII.2 und VIII.3 (alle Zahlen gerundet).

[32] Ebenda, S. 2.

[33] Vgl. ebenda, S. 27, in Verbindung mit Anhang VIII.2 (alle Zahlen gerundet). Die nationale Gesetzgebung der Schweiz, Polens, Litauens und Norwegens wird ebenso als „EVU-freundlich" eingestuft.

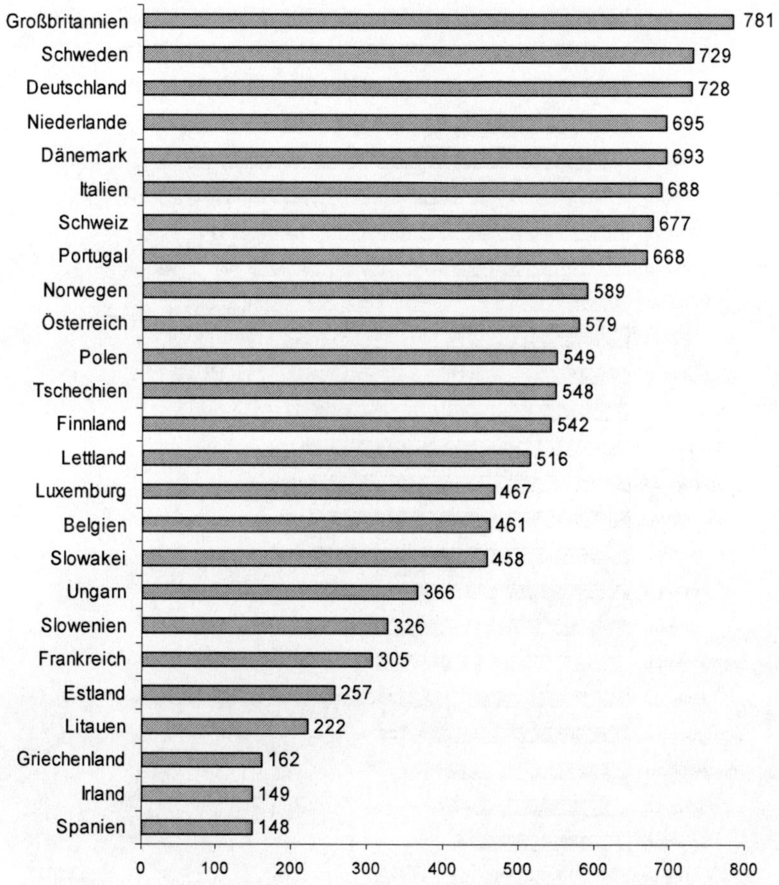

Quelle: IBM Business Consulting Services / Kirchner (2004), S. 25.

Abbildung 1: Länderranking im LIB Index 2004

Die Top 8 der Länder laut ACCESS Index (siehe Abbildung 3) sind Schweden (527 Punkte), Deutschland (503), Großbritannien (499), die Niederlande (495), die Schweiz (495), Italien (465), Dänemark (457) und Portugal (422).[34]

[34] Vgl. ebenda, S. 29, in Verbindung mit Anhang VIII.2 (alle Zahlen gerundet). Länder mit „relativ hohen Marktzugangshürden“ sind laut LIB Index 2004 Luxemburg, die Slowakische Republik, Ungarn, Frankreich, Slowenien, Litauen, Estland, Irland, Spanien und Griechenland.

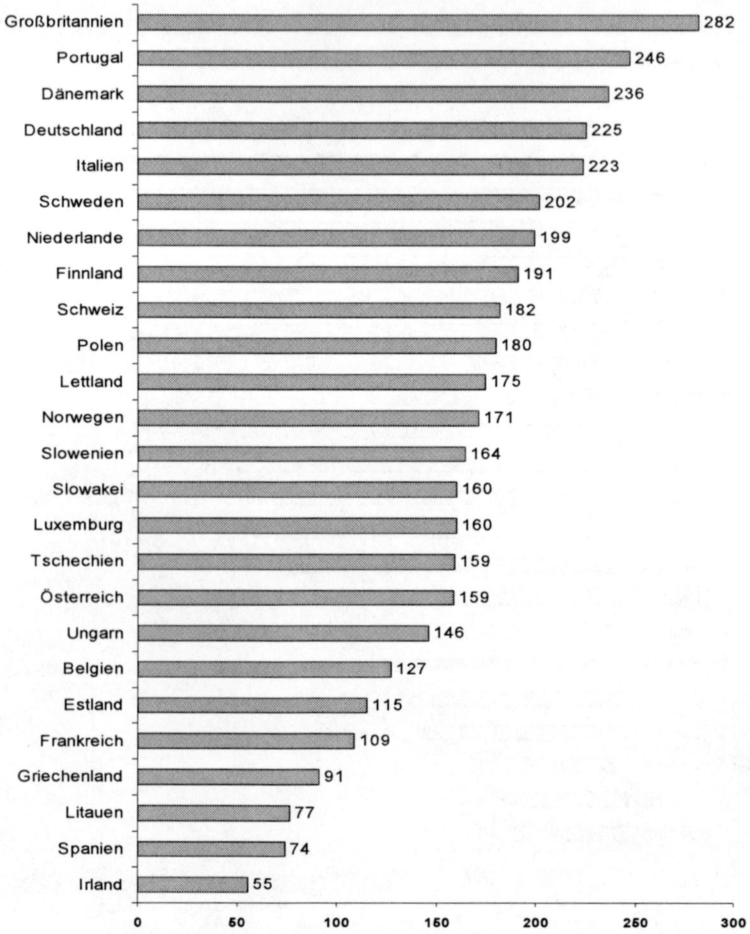

Quelle: IBM Business Consulting Services / Kirchner (2004), S. 27.

Abbildung 2: Länderranking im Teilindex LEX

Im COM Index 2004 unterscheiden die Autoren schließlich zwischen Ländern mit „anfänglichem Wettbewerb" und Ländern, die immer noch durch „Monopole" geprägt sind.[35] Die erste Gruppe wird von Großbritannien mit einem Wert von 5,85 angeführt, gefolgt von Schweden (5,10), Deutschland (5,02), der Schweiz (4,94), den Niederlanden (4,53), Dänemark (3,88). Mit deutlichem Abstand folgen auf den Plätzen die Slowakische Republik (2,58),

[35] Vgl. ebenda, S. 32, in Verbindung mit dem Anhang VIII.2.

Estland (2,39) und Italien (2,29). Spanien (1,06), Irland (1,00) und Griechenland (1,00) bilden die Schlusslichter (siehe Abbildung 4).

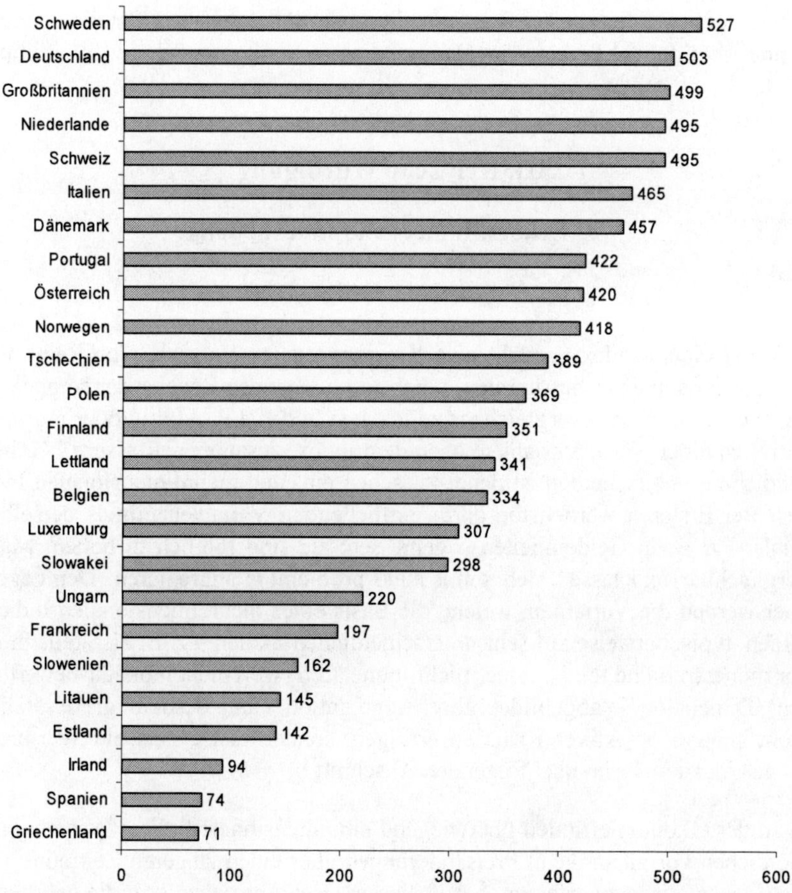

Quelle: IBM Business Consulting Services / Kirchner (2004), S. 32 sowie Anhang VIII.2.

Abbildung 3: Länderranking im Teilindex ACCESS

Insgesamt offenbart der COM Index 2004 im Vergleich zum LIB Index 2004 einen signifikant höheren Polarisierungsgrad zwischen den liberalisierungswillige(re)n und weniger liberalisierungswilligen Ländern.

In Ermangelung näherer Erläuterungen seitens der Autoren bleibt in diesem Zusammenhang im Übrigen unklar, warum die Darstellung des COM Index

2004 im Haupttext[36] und im relevanten Anhang VIII.2 voneinander abweicht. Während erstere auf Punktzahlen (jeweils mindestens 100 bis zum erreichten Höchstwert von 585) basiert, liegen der Darstellung im Anhang die von den Ländern erreichten „Werte" zugrunde (sie schwanken von 1,00 bis 5,85). Offensichtlich wurden diese „Werte" – die auch die Datenbasis für die nachstehende Abbildung 4 liefern – im Haupttext einfach mit dem Faktor 100 multipliziert.

III. Kritische Würdigung

1. Exkurs: Indices und Indexbildung

a) Definition und Grundtypen

Unter einem Index versteht man den statistischen Versuch, eine Reihe von Variablen nach einer bestimmten, vorab festzulegenden Regel – der so genannten Indexdefinition – vergleichbar zu machen und (i.d.R. additiv oder multiplikativ) zu einer neuen Variablen, eben dem Index, zusammenzufassen.[37] Grundsätzlich zu unterscheiden ist dabei zwischen ein- und mehrdimensionalen Indices. Bei Ersteren werden die darin einfließenden Variablen mittels derselben Skala – z. B. in Geldeinheiten – gemessen; sie sind folglich in hohem Maße vergleichbar und lassen sich somit auch problemlos aggregieren. Demgegenüber werden die Variablen, welche die Basis eines mehrdimensionalen Indices bilden, typischerweise auf sehr unterschiedlichen Skalen – z. B. also teils in einer monetären und teils in einer nicht-monetären (weil nicht monetär bewertbaren) Dimension – abgebildet. Ihre Aggregation kann deshalb grundsätzlich nicht anhand objektiver Kriterien erfolgen, sondern setzt stets ein Werturteil voraus; dazu mehr im nachfolgenden Abschnitt b).

In der Ökonomie finden überwiegend eindimensionale Indices Anwendung. Sie dienen vor allem dazu, Preisänderungen über einen längeren Zeitraum hinweg systematisch zu erfassen.[38] Aus diesem Grund beziehen sich die gebräuchlichsten Indices denn auch auf die Entwicklung der Verbraucherpreise (Lebenshaltungskostenindex), der Immobilienpreise, von Aktien und Rentenpapieren sowie – im Bereich der monetären Außenwirtschaftstheorie – auf Kaufkraftparitäten. Aber auch die Konzentrationsmessung im Rahmen der Wettbewerbspolitik – Stichwort: Herfindahl-Hirshman Index, kurz HHI – bedient sich seit Langem dieses Werkzeugs.

---

[36] Vgl. ebenda, S. 32.

[37] Ausführlich dazu *Hill / Esser / Schell* (2004), *Kromrey* (2006).

[38] Vgl. zum Folgenden grundsätzlich *Milbrath* (1982).

Ein praktisches Beispiel für einen der wenigen in den Wirtschaftswissenschaften genutzten mehrdimensionalen – methodisch freilich eben deshalb sehr umstrittenen – Index ist der vom späteren Nobelpreisträger Amartya Sen als umfassender Maßstab zum Vergleich des sozioökonomischen Entwicklungsstands von Volkswirtschaft konzipierte Human Development Index.[39]

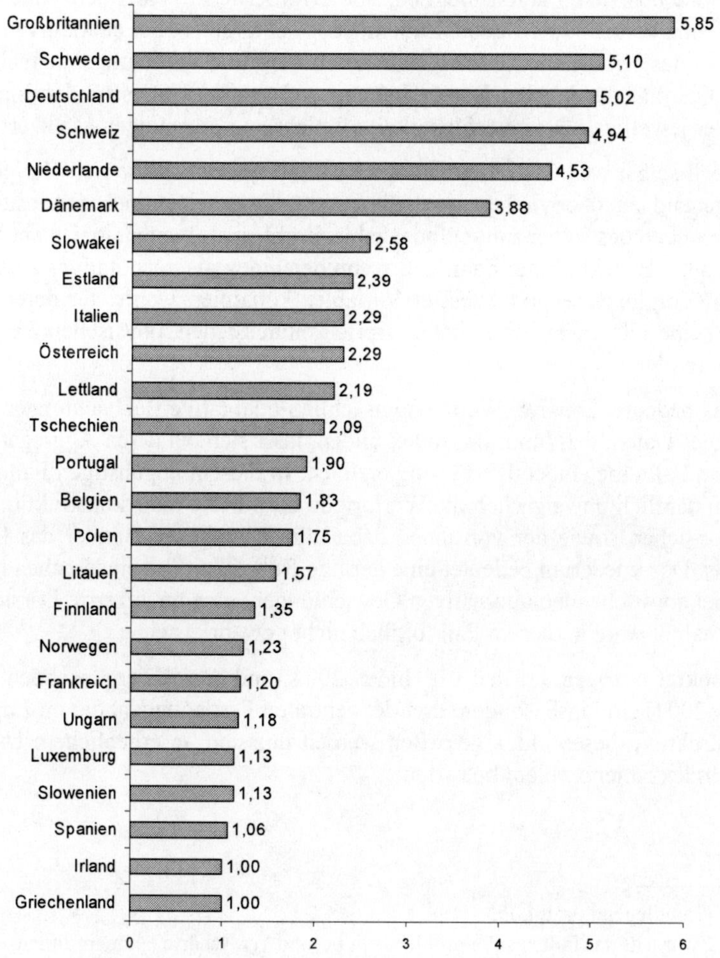

Quelle: IBM Business Consulting Services / Kirchner (2004), S. 32.

Abbildung 4: Länderranking im COM Index 2004

[39] Vgl. dazu *Todaro / Smith* (2006).

b) Grundlegende Probleme der Indexbildung

In der Realität ist es insbesondere bei der Bildung länderübergreifender mehrdimensionaler Indices wie dem LIB Index 2004 – und wie bei statistischen Ländervergleichen ganz allgemein – schon aus Kostengründen und aufgrund von Sprachbarrieren kaum möglich, alle erforderlichen Variablen vollständig, genau und zeitnah zu erfassen. Zudem ist – insbesondere bei qualitativen Variablen – das Kriterium der Vergleichbarkeit aufgrund der häufig unterschiedlichen Qualität der lokalen Datenerhebung und großen Unterschieden hinsichtlich der jeweiligen Datenverfügbarkeit oft nicht im notwendigen Maße erfüllt.[40]

Doch selbst wenn es im hypothetischen Fall gelänge, diese Schwierigkeiten weitgehend zu überwinden, wird die Aussagekraft eines mehrdimensionalen Index wegen des so genannten Indexzahlenproblems mitunter signifikant beeinträchtigt.[41] Es tritt immer dann auf, wenn der Index als quantitativer Ausdruck eines Komplexes separat erfasster Variablen konzipiert wurde, für deren Messung keine allgemeinverbindlichen, sprich einheitlichen, physischen Einheiten existieren.[42]

Das bedeutet konkret: Wenn hauptsächlich qualitative Beobachtungen, d. h. ‚weiche' Daten, den Input des Index bilden, lässt sich bei deren Aggregation in keinem Fall eine eindeutige Lösung erzielen. In diesem ungünstigen Fall dominieren nämlich unweigerlich die Werturteile der für die Indexkonstruktion Verantwortlichen sowie der von ihnen dabei hinzugezogenen Berater das Endergebnis. Das wiederum bedeutet eine geringe Robustheit des entsprechenden Index bei abweichenden alternativen Gewichtungen; eine unverzerrte Darstellung der Realität wäre in diesem Fall folglich nicht gewährleistet.

Konkret bezogen auf den LIB Index 2004 (und den ihn ergänzenden COM Index 2004) sind insbesondere drei der zentralen Festlegungen, die im Zuge der Konstruktion dieses Index getroffen werden mussten, in erheblichem Umfang vom Indexzahlenproblem betroffen:

---

[40] Grundlegend dazu *Löbbe* (1993).

[41] Zwar tritt das Indexzahlenproblem mit besonderer Schärfe bei mehrdimensionalen Indices auf; es mindert jedoch auch die Qualität eindimensionaler Indices, selbst wenn diese auf einem umfassenden und repräsentativen ‚harten' Datensatz (wie z. B. Preisdaten) beruhen. Im Bereich der Inflationsmessung ist dies im Wesentlichen darauf zurückzuführen, dass die von den diversen einschlägigen Indices (z. B. der Laspeyres-, Paasche- und Fisher-Index) erfassten Preisdaten Veränderungen der Qualität der in den zugrunde gelegten Warenkorb eingeflossenen Güter nicht adäquat widerspiegeln – ein Problem, welches auch jüngere Verfahren (Stichwort: ‚Hedonistic prices') bislang nicht überzeugend lösen konnten.

[42] Vgl. dazu bereits *Frisch* (1936), S. 1.

- die Definition des relevanten Marktes bzw. der relevanten Märkte, deren Entwicklung der Index erfassen soll, sowie das relative Gewicht, das ihnen beigemessen wird;
- die Entscheidung darüber, welche Beobachtungen – sprich Liberalisierungseffekte –in die Analyse einbezogen werden sollen und welche nicht;
- die Entscheidung über das relative Gewicht jeder einzelnen als relevant eingestuften Beobachtung.

Wie im Folgenden ausführlich gezeigt werden soll, gelang es den Urhebern des ganz überwiegend qualitativ ausgerichteten LIB Index 2004 (wie auch des COM Index 2004) nicht, das Indexzahlenproblem – konkretisiert durch die drei soeben angeführten Teilaspekte – in befriedigender Art und Weise zu behandeln.

2. Gravierende methodische Probleme bei der Datenerhebung

Wie bereits zuvor angemerkt, versäumen es die Autoren des LIB Index 2004, alle befragten Personen, deren berufliche Position und Aufgabenbereiche vollständig offen zu legen. Lediglich eine sehr allgemein gehaltene, hochgradig aggregierte tabellarische Übersicht wird von den Autoren bereitgestellt (siehe Abbildung 5). Sie listet für jedes untersuchte Land diejenigen, von den Verfassern als relevant eingestuften Organisationen auf, bei deren Angehörigen auf der Grundlage von Standardfragebögen diejenigen interviewbasierten Daten erhoben wurden, welche in die beiden Teilindices des LIB Index 2004 sowie in den COM Index 2004 einflossen. Diese Unterlassung macht es sämtlichen Außenstehenden faktisch nicht nur unmöglich, die Werturteile der von den Autoren des Index ausgewählten Interviewpartner und ergänzend hinzugezogenen Experten näherungsweise abzuschätzen. Vor allem lassen sich daraus etwaige Interessenkonflikte der Befragten, die das Endergebnis offensichtlich erheblich beeinflussen können, nicht erkennen.

Neben der mangelnden Aufklärung darüber, welche der erhobenen Primärdaten nachträglich nochmals verifiziert und auf faktische Korrektheit hin überprüft wurden und welche nicht, offenbart das Schaubild in Abbildung 5 noch ein weiteres fundamentales Problem ihrer Datenerhebungsmethode. Es belegt nämlich eindeutig, dass es den Verfassern nicht gelang, qualifizierte Interviewpartner in sämtlichen von ihnen selbst für eine objektive Bewertung als relevant eingeschätzten Organisationen – d. h. unter anderem die Fachministerien, die etablierten Betreiber, Newcomer sowie Regulierungsbehörden –, zu gewinnen. Warum dies der Fall war, wird allerdings verschwiegen.

Dieses Versäumnis hat insbesondere für die Bewertung des Liberalisierungsgrades in den Ländern Belgien, Finnland, Frankreich, Irland, Litauen, Luxemburg, Norwegen, der Slowakischen Republik sowie Spanien gravierende negative Konsequenzen. Dort glückte es den Verfassern lediglich, Interviewpartner für eine respektive zwei der sieben Kategorien zu gewinnen. Sogar im Falle des „Gesamtsiegers" Großbritanniens gelang es nur drei dieser sieben Bereiche abzudecken. Auf Grund des Mangels an Hintergrundinformationen bezüglich der Art und Weise, wie die Verfasser des LIB Index 2004 mit den genannten erheblichen Mankos umgegangen sind, muss die Gültigkeit einer großen Zahl der Ländererergebnisse ernstlich in Zweifel gezogen werden. Gründe dafür sind die Unvollständigkeit der erhobenen Daten für die meisten Länder sowie ihre auch deshalb unzureichende Vergleichbarkeit untereinander. Schon aufgrund dieser beiden bedeutenden Einschränkungen stellt der LIB Index 2004 daher, anders als von seinen Verfassern propagiert, auch auf keinen Fall ein aussagekräftiges, sprich objektives und empirisch hinreichend fundiertes Länderranking dar.

3. Sachlich nicht nachvollziehbare Gewichtung der drei untersuchten Segmente des Eisenbahnmarktes

Der Eisenbahnmarkt kann grundsätzlich, bei rein funktionaler Betrachtung, in die drei Teilmärkte Transportbetrieb, ergänzende Leistungen und Betriebsmittel untergliedert werden. Eine weitere Untergliederung des Teilmarktes Transportbetrieb, der in diesem Zusammenhang von vorrangigem Interesse ist, könnte zu einer Aufteilung in folgende vier Segmente führen: Schienengüterverkehr, Schienenpersonenfernverkehr, regionaler Schienenpersonennahverkehr (Regionalverkehr) sowie urbaner Schienenpersonennahverkehr (Stadtverkehr). Die Marktsegmente Schienengüter- und Schienenpersonenfernverkehr ließen sich wiederum noch in die beiden Untersegmente inländische vs. grenzüberschreitende Verkehre aufspalten. Und im Bereich des Schienenpersonenfernverkehrs könnte schließlich noch zwischen Hochgeschwindigkeitsverkehren und konventionellen, d. h. langsameren, Verkehrsangeboten differenziert werden.

Selbst wenn man das Werturteil der Autoren des LIB Index 2004, den Sektor des urbanen Schienenpersonennahverkehrs zu vernachlässigen, akzeptiert, erscheint dennoch die Gewichtung der verbliebenen drei Segmente empirisch sehr fragwürdig. Dem Schienengüterverkehr wird im LIB Index 2004, wie bereits erwähnt, ein Gewicht von 50 Prozent beigemessen; die Segmente Schienenpersonenfern- und -nahverkehr werden jeweils mit 25 Prozent gewichtet. Betrachtet man dagegen beispielhaft deren jeweilige Umsatzanteile auf dem deutschen Markt, ergibt sich ein anderes Bild. Der Gesamtumsatz des deutschen Marktes für Schienenverkehrsleistungen (inklusive des zwanzigprozentigen Anteils des städtischen Schienenpersonennahverkehrs) belief sich im Jahre 2006 auf 17,8 Mrd. €.[43] Dabei stellte das Marktsegment des Schienenpersonennahverkehrs mit einem Umsatzanteil von 46 Prozent, d. h. in absoluten Zahlen von knapp 8,2 Mrd. €, das mit deutlichem Abstand größte Marktsegment dar.

	LEX		ACCESS					Homologation (ACCESS)		
Interviewpartner	Transportministerium	Regulierungsbehörde (oder *Rail Administration*)	Infrastrukturbetreiber	*Incumbent*	Dritte EVU	Lizenzvergebende Stelle	Sicherheitszertifikats-vergebende Stelle	Fahrzeugzulassungs-vergebende Stelle	Bahnindustrie	Andere
Belgien					x				x	
Dänemark	x	x	x	x	x				x	
Deutschland		x	x	x	x	x	x	x	x	
Estland	x	x	x		x	x				
Finnland	x			x						
Frankreich					x				x	
Griechenland				x					x	
Großbritannien	x	x			x					x*
Irland	x									
Italien	x	x	x		x	x			x	
Lettland	x	x				x				
Litauen	x			x						
Luxemburg					x				x	
Niederlande	x	x	x	x	x		x	x		
Norwegen			x						x	x**
Österreich	x	x	x	x	x				x	x***
Polen	x	x	x	x	x	x	x		x	
Portugal		x		x	x					
Schweden	x	x	x			x	x			
Schweiz	x	x	x		x	x	x	x	x	
Slowakei	x		x		x				x	
Slowenien	x			x					x	
Spanien	x			x					x	
Tschechien	x	x	x		x					
Ungarn	x		x	x					x	

* u.a. *Strategic Rail Authority*
** Norwegische Unternehmensberatung
*** Rechtsanwaltskanzlei in Wien

Quelle: IBM Business Consulting Services/Kirchner (2004), S. 16.

Abbildung 5: Übersicht der Interviewpartner

Im Gegensatz dazu beliefen sich die Umsatzanteile der Segmente Schienenpersonenfern- sowie Schienengüterverkehr auf lediglich 17 Prozent respektive

[43] Vgl. *SCI Verkehr GmbH* (2006).

19 Prozent. Dies entspricht einem Marktvolumen von etwa 3,03 Mrd. €[44] bzw. 3,38 Mrd. €. Der verbliebene Anteil von 18 Prozent respektive 3,2 Mrd. € entfiel auf die schienengebundenen Stadtverkehre.

Bei einer streng an der Marktrealität orientierten – und deshalb umsatzorientierten – Betrachtung ergäben sich folglich signifikant andere Gewichtungen für die drei im LIB Index 2004 erfassten Teilmärkte des Eisenbahnwesens, als sie von dessen Verfassern (wie bereits erwähnt ohne jede sachliche Begründung) zugrunde gelegt wurden. Von der Datenlage her sachlich vertretbar wäre – wohlgemerkt ausschließlich für den deutschen Markt[45] – folglich ein Gewicht von 56 Prozent für den Schienenpersonennahverkehr. Dies wäre ein mehr als doppelt so hohes Gewicht wie im LIB Index 2004 für ihn vorgesehen ist (Soll: 25 Prozent). Analog dürften die beiden verbliebenen Segmente, der Schienenpersonenfernverkehr und der Schienengüterverkehr, nur mit 20,7 Prozent respektive mit 23,7 Prozent gewichtet werden.

Dies bedeutet, dass die Verfasser des LIB Index 2004 nur den Bereich Schienenpersonenfernverkehr näherungsweise korrekt gewichtet haben. Selbst hier ist allerdings eine Abweichung zwischen Soll und Ist von 4,3 Prozentpunkten, also beinahe 20 Prozent, zu konstatieren. Anzumerken ist in diesem Zusammenhang außerdem, dass der relative Anteil der drei Marktsegmente in den 25 Ländern, die untersucht wurden, stark voneinander abweicht und dass in kleineren Ländern, wie z. B. Luxemburg oder der Schweiz, zudem eine exakte Differenzierung zwischen Schienenpersonennah- und -fernverkehr aus offensichtlichen Gründen unsinnig bzw. schwierig ist.

Als Fazit ist deshalb festzustellen, dass das dem LIB Index 2004 zugrunde gelegte Gewichtungssystem die Realität des Marktgeschehens nicht objektiv, sondern in hohem Maße verzerrt wiedergibt. Dies gilt umso mehr, als sich, wie weiter unten noch gezeigt wird, die Marktzutrittsbedingungen, also die rechtlichen und faktischen Markteintrittsbarrieren, auf den drei betrachteten Teilmärkten in den meisten Ländern vielfach nicht unwesentlich nach Art und Grad voneinander unterscheiden. Hinzu kommt, dass keineswegs alle Eisenbahnunternehmen auf diesen drei Teilmärkten aktiv sind, sondern sich häufig auf einzelne Segmente spezialisiert haben. Methodisch wäre es folglich sinnvoller gewesen, besagte drei Segmente analytisch vollständig zu trennen, d. h. jeweils ei-

---

[44] Die DBAG, die mehr als 99 Prozent des Schienenpersonenfernverkehrs kontrolliert, nennt für das Geschäftsjahr 2005 einen Gesamtumsatz von 2,9 Mrd. €, woraus ein geringfügig niedrigeres Gesamtvolumen in diesem Segment resultieren würde. Vgl. *DB Fernverkehr AG* (2005), S. 2.

[45] Eine entsprechende Analyse müsste für jeden einzelnen Ländermarkt angestellt werden. Die dort ermittelten Werte wären dann auf Basis des jeweiligen nationalen Umsatzanteils am Gesamtmarkt aller im LIB Index 2004 betrachteter Länder zu einem wirklich repräsentativen Mittelwert zu aggregieren.

genständige, also teilmarktbezogene LIB Indices bzw. COM Indices zu konzipieren.[46]

4. Marktöffnung – unpräzise Messung, simplifizierende Schlussfolgerungen

a) Lückenhafte Erfassung von Markteintrittsbarrieren

Der LIB Index 2004 wird von seinen Urhebern als objektiver und umfassender Maßstab aller relevanten rechtlichen und tatsächlichen Markteintrittsbarrieren propagiert. Dies ist jedoch aus einer Reihe von Gründen sachlich unzutreffend.

Während der LEX Index als einigermaßen neutrale und ausführliche Beschreibung des eisenbahnspezifischen Rechtsrahmens (bzw. des „Law in the books") angesehen werden kann, können dem wichtigeren ACCESS Index keine vergleichbaren Qualitäten im Hinblick auf die Erfassung sämtlicher tatsächlich relevanter Markteintrittsbarrieren attestiert werden. Dieses Manko wird indirekt sogar von den Verfassern selbst zugegeben. Zwar argumentieren sie, sich bei „der Erstellung des ACCESS-Index […] konsequent in die Lage eines Dritten EVU, welches alle geforderten Schritte bis zur Marktpräsenz durchlaufen muss",[47] versetzt zu haben. An einer früheren Stelle des Textes betonen sie demgegenüber, dass es „nicht Aufgabe des ACCESS-Index sein [kann], alle theoretisch denkbaren Hürden und Hindernisse für den Marktzutritt zu ermitteln und in Kostenkategorien zu erfassen"[48].

Der inhaltliche Widerspruch zwischen diesen beiden Aussagen ist offenkundig. Er enthüllt zugleich den insgesamt wohl schwerwiegendsten Mangel des LIB Index 2004 (wie auch bereits des LIB Index 2002) sowie insbesondere des ACCESS Index: die Unfähigkeit bzw. den Unwillen der Verfasser, alle für einen Newcomer bedeutsamen Markteintrittsbarrieren präzise zu identifizieren und sie in der einzigen „Währung" auszudrücken, die für seine Markteintrittsentscheidung relevant ist: die absolute Höhe der totalen Eintrittskosten und damit seines Kostennachteils gegenüber dem bereits etablierten und i.d.R. staatlichen Betreiber.

Wie bereits an anderer Stelle kurz erwähnt, gehen die Autoren des LIB Index 2004 des Weiteren von der irrigen und selbst bei nur oberflächlicher Betrachtung der Praxis sachlich leicht widerlegbaren Annahme aus, wonach ein

---

[46] D. h. einen LIB Index Schienengüterverkehr, einen LIB Index Schienenpersonennahverkehr etc.

[47] *IBM Business Consulting Services / Kirchner* (2004), S. 21.

[48] Ebenda, S. 10.

Newcomer in den drei vom Index erfassten Marktsegmenten im Wesentlichen auf die gleichen Markteintrittsbarrieren stoßen würde, wenn auch möglicherweise in unterschiedlicher Intensität. Diese ebenfalls sachlich nicht näher begründete Mutmaßung ignoriert freilich zwei Tatsachen:

- die beträchtlichen Unterschiede bezüglich der jeweiligen rechtlichen und faktischen Rahmenbedingungen für den Marktzugang zu den einzelstaatlichen Schienengüterverkehrs-, Schienenpersonennah- und Schienenpersonenfernverkehrsmärkten sowie
- die sehr heterogene Organisationsstruktur, sprich das unterschiedliche Ausmaß vertikaler Integration der dort ansässigen etablierten Betreiber.

Wie die folgenden Beispiele zum Status quo der Marktzutrittsregulierung in Deutschland zeigen werden, können bestimmte Markteintrittsbarrieren in der Realität durchaus nur auf ein einzelnes Marktsegment beschränkt sein, während sie in den beiden anderen Marktsegmenten nicht existieren.

Zunächst soll der deutsche Markt für Schienenpersonennahverkehrsleistungen betrachtet werden. Nach deutschem Recht wird der Zugang zu diesem Markt nicht durch den Bund, sondern auf der Grundlage länderspezifischer Regionalisierungsgesetze[49] durch die 16 Bundesländer kontrolliert. Die Finanzmittel für diese Leistungen werden jedoch vom Bund bereitgestellt, und ihr Volumen hat sich seit der Bahnreform im Jahre 1994 trotz kürzlich beschlossener Kürzungen mehr als verdoppelt.[50] Die Regionalisierungsgesetze der Länder sehen i.d.R. keine zwingende Ausschreibung der Verkehrsleistungen vor. Stattdessen erlauben sie häufig die willkürliche Vergabe von Langzeitverträgen (mit einer Laufzeit von über 10 Jahren) an ein Eisenbahnverkehrsunternehmen ihrer Wahl. Im speziellen deutschen Fall besitzt der etablierte Betreiber, d. h. die vollständig (horizontal als auch faktisch vertikal[51]) integrierte DBAG – vielmehr ihre Tochtergesellschaft DB Regio AG –, in diesem hochsubventionierten, somit wirtschaftlich sehr attraktiven Markt einige bedeutsame Vorteile gegenüber Newcomern.[52] Diese schlagen sich in einer überragenden Marktstel-

---

[49] Zu den Einzelheiten *Püttner* (1997), *Barth* (2000) und *Winnes* (2005).

[50] Vgl. *Pällmann* (2004).

[51] Rechtlich ist die DBAG funktionell in fünf getrennte Einheiten getrennt. Diese beinhalten u.a. die DB Fernverkehr AG (Schienenpersonenfernverkehr), die DB Regio AG ([Schienen-]Personennahverkehr) und die DB Netz AG. Die Aktivitäten der Einzelgesellschaften werden jedoch von der DB Konzern AG, der Holdinggesellschaft, welche auch sämtliche Aktien an diesen Einzelgesellschaften hält, über Beherrschungs- und Gewinnabführungsverträge koordiniert und dadurch zentral kontrolliert.

[52] Es handelt sich außerdem um das einzige Marktsegment ihres (schienengebundenen) Kerngeschäfts, in dem die DBAG nachhaltig profitabel ist. Bedeutende Gewinne erwirtschaften ansonsten nur die Zukäufe Schenker und BAX, allesamt Logistikunternehmen, die ihre Leistungen fast ausschließlich auf der Straße, zu Wasser und in der Luft erbringen.

lung dieses Unternehmens nieder; sein Marktanteil beläuft, mit langsam fallender Tendenz, den jüngsten verfügbaren Zahlen (für das Jahr 2004) zufolge je nach Berechnungsmethode auf 96 Prozent (bezogen auf das Passagieraufkommen), bzw. auf 94,8 Prozent (bezogen auf die insgesamt angebotenen Schienenkilometer) bzw. auf 91,8 Prozent (bezogen auf die insgesamt erbrachten Zugkilometer).[53]

Einer der Gründe für diese anhaltende Dominanz ist sicherlich, dass die DBAG wiederholt – und zwar erfolgreich – Bundesländern, die ernsthaft über Ausschreibungen nachdachten, drohte, Fernverkehrsleistungen einzustellen - oder zu reduzieren oder aber Wartungs- und Reparatureinrichtungen stillzulegen, und zwar insbesondere in Regionen mit überdurchschnittlich hoher Arbeitslosigkeit.[54] Bislang praktizieren trotz erheblicher EU-rechtlicher Bedenken[55] nur zwei deutsche Bundesländer (Hessen und Schleswig-Holstein) eine relativ strikte Ausschreibungspolitik für alle Leistungen des Schienenpersonennahverkehrs. Einige andere Bundesländer ziehen es vor, nur große Teilnetze auszuschreiben. Das bedeutet, dass geografisch gesehen, weitreichende Netze und/oder Leistungen mit hohen Frequenzen vergeben werden. Beide Merkmale überfordern häufig das betriebliche Leistungsvermögen von Newcomern – sei es aufgrund eines Mangels an Erfahrung, sei es aufgrund von Beschaffungsproblemen beim rollenden Material –, aber nicht jenes des etablierten Betreibers, also der DB Regio AG.[56]

Der Zugang zu den Märkten für Schienenpersonenfernverkehrs- und Schienengüterverkehrsleistungen wirft demgegenüber ganz andere Probleme auf. Die Verfasser des LIB Index 2004 unterstellen de facto, dass jeder Newcomer, sofern er nur alle relevanten gesetzlichen Vorgaben erfüllt sowie über das notwendige rollende Material und die gewünschten Trassen verfügt, in diesen beiden Marktsegmenten mit keinen weiteren Eintrittshürden konfrontiert wird. Diese Annahme ignoriert jedoch die besondere Anreizstruktur des vertikal integrierten DB-Konzerns. So ist die Höhe der Netzzugangsgebühren, welche die DB Netz AG den Eisenbahnverkehrsunternehmen inklusive der DB-Transportsparten in Rechnung stellt, für die Entwicklung des Geschäftsergebnisses des Gesamtkonzerns nur von untergeordneter Bedeutung. Konkret würden selbst

---

53 Vgl. *Deutscher Bundestag* (2004), S. 18. – In ihrem aktuellen Wettbewerbsbericht beziffert die DBAG für das Jahr 2005 ihren Marktanteil auf 84,4 Prozent bei den Zugkilometern bzw. auf 93,8 Prozent bei den Personenkilometern. Eine Angabe zu ihrem Anteil am gesamten Passagieraufkommen findet sich in dieser Publikation nicht. Vgl. *Deutsche Bahn AG* (2006), S. 18.

54 Anekdotische Evidenz in großer Zahl findet sich unter anderem bei *Tegner* (2004), S. 774.

55 Vgl. *Gersdorf* (2004).

56 Vgl. *Tegner* (2004), S. 776.

missbräuchlich überhöhte oder die Wettbewerber der DBAG diskriminierende Trassenpreise das Gesamtergebnis des Konzerns ceteris paribus nicht verschlechtern. Schließlich würden die daraus resultierenden Zusatzkosten für die Transporttochtergesellschaften konzernintern durch einen höheren Erlös der Sparte DB Netz AG voll kompensiert. Eine derartige Strategie des Raising rivals' costs, sofern sie praktiziert würde, wäre jedoch geeignet, Newcomer von einem Markteintritt und der Aufnahme direkten Wettbewerbs mit den DBAG-Schienenpersonenfern- und -güterverkehrstöchtern abzuschrecken. In diesem Zusammenhang sollte nicht übersehen werden, dass die soeben beschriebenen Anreize im Augenblick noch durch die Tatsache verstärkt werden könnten, dass die Trassenzugangsgebühren in Deutschland – anders als in bestimmten Segmenten der Post-, Telekommunikations- und Energiemärkte – trotz der 2005 formaljuristisch erfolgten Zuordnung der Eisenbahnregulierung in den Kompetenzbereich der Bundesnetzagentur im Moment noch keiner effektiven Ex ante-Regulierung unterliegen.[57]

Schließlich besitzen die etablierten Betreiber – beinahe alle sind immer noch Unternehmen in staatlichem Eigentum – bedingt durch intensive und langwährende persönliche Kontakte substantielle und nicht messbare informelle Vorteile im politischen Umfeld, die Newcomer mittelfristig, sicherlich auch längerfristig nicht in ähnlichem Umfang erreichen können. Diese Kontakte mögen, gewollt oder ungewollt, eine bessere Behandlung der etablierten Betreiber im politischen und regulatorischen Prozess zur Folge haben (Stichwort: ‚Regulatory Capture').

Die anhand der vorausgegangenen Beispiele identifizierten Marktzutrittsbarrieren, das aus ihnen resultierende Potential für antikompetitive Praktiken, aber auch die gegebenenfalls als potente Entry Barriers wirkenden Wettbewerbsvorteile bereits etablierter und nicht zuletzt staatlicher Anbieter, können als allgemein bekannt vorausgesetzt werden. Ihre wettbewerbspolitischen Implikationen wurden zudem in der einschlägigen Fachliteratur, insbesondere der industrieökonomischen Literatur, bereits seit mehreren Jahrzehnten umfassend diskutiert. Trotz ihrer offensichtlich hohen Relevanz für Eisenbahnmärkte nahmen die Verfasser des LIB Index 2004 diese für die Beurteilung des Markt- und Wettbewerbsgeschehens sehr wesentlichen Einflussfaktoren ohne nähere Begründung weitgehend von ihrer Analyse aus. Lediglich im Zusammenhang mit dem COM Index2004 werden sie am Rande, wenngleich ebenfalls höchst unvollständig und entsprechend kursorisch, angesprochen.

---

[57] Vgl. etwa *Eisenkopf* (2002). – Trotz des überragenden Marktanteils der DBAG auf sämtlichen Teilmärkten entschied sich der Gesetzgeber, anders als im Telekommunikationsbereich, interessanterweise auch nicht für eine asymmetrische Regulierung.

Zusammenfassend ist somit festzuhalten, dass nur ein sehr bescheidener Teil des inzwischen sehr umfangreichen theoretischen und empirischen Wissens - über die Wettbewerbswirkungen von Markteintrittsbarrieren und potentieller Behinderungspraktiken marktbeherrschender Unternehmen in die Konzeption des LIB Index 2004 einfloss. Ein realistisches Abbild des tatsächlichen Stands der Marktöffnung bzw. der Liberalisierung sowie vor allem der von Newcomern zu überwindenden Zutrittsbarrieren liefert er folglich (auch) deshalb nicht.

b) Systematische Überzeichnung der tatsächlichen Wettbewerbsentwicklung

Der ACCESS Index, vor allem aber der COM Index 2004, sollen die länderspezifischen Unterschiede hinsichtlich der tatsächlichen Wettbewerbsentwicklung in den drei betrachteten Teilmärkten widerspiegeln. Dabei unterstellen die Autoren zunächst prinzipiell eine positive Korrelation zwischen dem Marktanteil der Newcomer und der Wettbewerbsintensität.[58] Entscheidende Bedeutung für die Wettbewerbsintensität messen die Autoren in diesem Zusammenhang jedoch vor allem dem potenziellen Wettbewerb – „wie er sich in den Teilindices LEX und ACCESS niederschlägt" – bei.[59]

Problematisch an der ersten Annahme ist nicht nur die empirisch inzwischen gut abgesicherte Erkenntnis, dass selbst bei weitgehender Abwesenheit rechtlicher und sonstiger Marktzutrittsbarrieren die Existenz potentieller Konkurrenten für sich betrachtet regelmäßig weniger wettbewerbsbelebend wirkt als der tatsächliche Marktzutritt von Newcomern – eine Erkenntnis, der nicht nur die Architekten der Deregulierung in der Zivilluftfahrt Tribut zollen mussten.[60] Erschwerend hinzu kommt, dass die Autoren des LIB Index 2004 darüber hinaus, wie weiter oben bereits dargelegt wurde, die auf den Eisenbahnmärkten noch in großer Zahl und Vielfalt vorhandenen Marktzutrittsbarrieren offenkundig systematisch unterschätzen. Es sprechen somit einige Gründe dafür, dass der LIB Index 2004 und vor allem der diesbezüglich besonders relevante COM Index 2004 die effektive Wettbewerbsintensität häufig spürbar überzeichnen. Sie sollen im Folgenden näher erläutert werden.

Äußerst ungewöhnlich und vor allem sachlich verfehlt ist des Weiteren die von den Autoren zur Erfassung der Marktanteile neu in den Markt eingetretener Eisenbahnunternehmen angelegte Methode. Sie ist nicht zuletzt deswegen ausgesprochen fragwürdig, weil der von den Newcomern erreichte Marktanteil sowie dessen Zuwachsrate mit einem Gewicht von 50 Prozent in den COM In-

---

[58] Vgl. ebenda.

[59] *IBM Business Consulting Services / Kirchner* (2004), S. 23.

[60] Vgl. dazu für viele *Baumol / Panzar / Willig* (1988) sowie *Arndt* (2004).

dex 2004 eingehen und darüber hinaus die schiere Anzahl zugelassener bzw. aktiver Newcomer darin mit weiteren 45 Prozent berücksichtigt wird.[61]

Des Weiteren ist auch das Verfahren zur Bestimmung des Marktanteils dritter Eisenbahnunternehmen sachlich schwer nachzuvollziehen. So wurde durch Expertenbefragungen zunächst der für Newcomer überhaupt zugängliche Markt abgefragt. Ungewöhnlich daran ist zunächst, dass dieser als Prozentsatz der auf dem jeweiligen Netz insgesamt geleisteten Trassenkilometer definiert ist (d. h. der in Kilometern ausgedrückten Fahrleistung aller dort im Betrachtungszeitraum verkehrenden Züge), anstatt eine der üblichen ökonomischen Kategorien (z. B. Anteil am Gesamtumsatz) zugrunde zu legen.

Regelrecht absurd ist in diesem Zusammenhang jedoch vor allem, dass der Fragebogen zwar zwischen insgesamt sechs Abstufungen von Marktoffenheit unterscheidet; sie reichen vom einen Extrem des Open access über vier Zwischenstufen bis zum anderen Extrem des vollkommen unzugänglichen Marktes. Den Befragten wurde also ein ausreichend differenzierter Antwortraum geboten.[62] Ihre Antworten gehen allerdings gar nicht in den COM Index 2004 ein,[63] obschon diese Varianten der Marktzugangsregulierung unstreitig für die tatsächlichen Marktöffnungs- und Wettbewerbseffekte in höchstem Maße relevant sind. Das heißt auch, dass die Autoren darauf verzichteten, die Marktzutrittschancen potentieller Anbieter systematisch zu erfassen. Sie können damit ihre Basishypothese vom überragenden Einfluss des potentiellen Wettbewerbs auf die Wettbewerbsentwicklung empirisch nicht belegen. Ermittelt und im Index berücksichtigt werden lediglich die in Tonnen- bzw. Personenkilometern gemessenen Marktanteile der Newcomer.

Die geringe Eignung sowohl des LIB Index 2004 als auch des COM Index 2004 als Indikatoren des erreichten Liberalisierungsgrades bzw. der tatsächlichen Wettbewerbsentwicklung soll abschließend mit einem praktischen Beispiel – einem kurzen Vergleich des deutschen und des schwedischen Eisenbahnmarktes – belegt werden. Beide Länder liegen nicht nur im LIB Index 2004 hinter Großbritannien an der Spitze. Auch die Wettbewerbsintensität auf dem schwedischen Markt wurde im COM Index 2004 als nur unwesentlich höher bewertet als in Deutschland. Gleichwohl unterschieden sich die Marktanteile, welche dritte Eisenbahnunternehmen im Personenverkehr jeweils erreichen konnten, signifikant (nur im Schienengüterverkehr sind sie mit 15 Prozent in Deutschland und ca. 12 Prozent in Schweden in etwa vergleichbar). Für den

[61] Vgl. *IBM Business Consulting Services / Kirchner* (2004), S. 23.

[62] Vgl. *IBM Business Consulting Services / Kirchner* (2004), Anhang VI. – Bei den Zwischenstufen handelt es sich um die Varianten Ausschreibung vs. freihändige Vergabe, jeweils mit und ohne Exklusivität.

[63] Vgl. ebenda, Anhang VII.

schwedischen Markt lässt sich feststellen, dass die Newcomer im Schienenpersonenverkehr bis heute insgesamt einen Marktanteil von 27 Prozent erreicht haben. Während sie im Schienenpersonenfernverkehr knapp 10 Prozent realisieren konnten, werden inzwischen nahezu 50 Prozent des Schienenpersonennahverkehrs von Newcomern abgewickelt. Die signifikant niedrigeren Vergleichswerte für Deutschland wurden bereits weiter oben genannt.[64] Dieses Ergebnis ist umso erstaunlicher, als der deutsche Markt die absolut höchste Anzahl zugelassener wie aktiver Eisenbahnunternehmen aller im LIB Index 2004 erfassten Länder aufweist.

Der Verweis auf die schiere Zahl – welche, wie bereits erwähnt, gleichwohl mit einem Gewicht von 45 Prozent in den COM Index 2004 einfließt – ist aus wettbewerbspolitischer Sicht freilich in hohem Maße irreführend. Größtenteils handelt es sich nämlich neben Betreibern von Schmalspur- und Museumsbahnen um Anbieter von Hafen- oder Zubringerverkehren, die nicht direkt mit der DBAG konkurrieren.[65] Gleichwohl spiegelt sich diese hohe Zahl im COM Index 2004 in einer scheinbar besonders hohen Wettbewerbsintensität wider. Eine seriösere Analyse der Konzentrationsverhältnisse etwa auf Basis des Herfindahl-Hirshman Index hätte jedoch die nach wie vor ungebrochene Dominanz der DBAG auf sämtlichen Teilmärkten des deutschen Eisenbahnwesens belegt. In Schweden hingegen ging die Marktmacht des ehemaligen staatlichen Angebotsmonopolisten nach diesem Maßstab in den vergangenen Jahren im direkten Vergleich im Güterverkehr sowie vor allem im SPNV deutlich und relativ rasch zurück.

Zusammengefasst bleibt festzustellen, dass weder der LIB Index 2004 noch der COM Index 2004 dem Anspruch ihrer Verfasser gerecht werden können, verlässliche Informationen über die Wettbewerbsintensität bzw. die ‚Wettbewerbsdynamik' auf den betrachteten Märkten für Schienenverkehrsleistungen zu liefern.

c) Wurden die Ziele der Liberalisierung tatsächlich erreicht?

Marktliberalisierung ist kein Selbstzweck, sondern vielmehr ein Instrument, mit dessen Hilfe gewöhnlich eine Vielzahl von ökonomischen und politischen Zielen erreicht werden sollen. Die spezifischen Ziele der Eisenbahnliberalisierung innerhalb der EU wurden im ersten Abschnitt dieser Abhandlung bereits beschrieben. Die wirtschaftspolitisch letztlich relevante Frage, ob und wenn ja inwieweit diese Ziele in der Tat realisiert werden konnten, werden allerdings von den Verfassern des LIB Index 2004 vollständig ausgeklammert. Eine derar-

[64] Vgl. *Steer Davies Gleave* (2004a und 2004b).

[65] Vgl. *Pällmann* (2004), S. 129.

tige Analyse müsste naturgemäß detaillierte Marktperformancedaten, wie z. B. Daten über Preisentwicklungen, Qualitätsaspekte, Indikatoren zur Kundenzufriedenheit, Subventionsumfang und -trends, Schuldenstände, Produktivitätsindikatoren und Sicherheitstrends als wesentliche Liberalisierungswirkungen umfassen. Erst auf dieser Grundlage ließen sich jedoch die tatsächlichen Resultate der alternativen Liberalisierungsansätze in den Ländern der EU umfassend miteinander vergleichen und daraus in gewissem Umfang Best Practices ableiten.

IV. Fazit

Das Ergebnis der vorliegenden Abhandlung ist eindeutig. Der LIB Index 2004 stellt einen in jeder Hinsicht ungeeigneten Indikator der Marktöffnung im europäischen Eisenbahnwesen dar. Er genügt aus den zuvor ausführlich dargelegten Gründen weder wettbewerbstheoretisch noch methodisch den hohen Ansprüchen, die an eine solche Messgröße zu stellen sind.

Literaturverzeichnis

Arndt, A. (2004): Die Liberalisierung des grenzüberschreitenden Luftverkehrs in der EU – eine quantitative Analyse der Wohlfahrtswirkungen und des Anbieterverhaltens, Frankfurt am Main u.a. (zugleich Diss., Universität Bremen).

Auner, A. (2004): Ziel des Lib-Index Bahn, Papier präsentiert auf dem Symposium „Rail Liberalisation Index 2004", Berlin, 27. November 2003 (http://www.rewi.hu-berlin.de/jura/ls/knr/).

Barth, S. (2000): Nahverkehr in kommunaler Verantwortung. Der öffentliche Personennahverkehr nach der Regionalisierung, Bielefeld (zugleich Diss., Universität Konstanz).

Baumol, W. / *Panzar,* J. / *Willig,* R. (1988): Contestable Markets and the Theory of Industry Structure, 2. Auflage, New York.

Deutsche Bahn AG (2006): Wettbewerbsbericht 2006, Berlin (http://www.db.de/site/shared/de/dateianhaenge/berichte/wettbewerbsbericht_2006.pdf).

DB Fernverkehr AG (2005): Geschäftsbericht 2005, Berlin (http://www.db.de/site/bahn/de/unternehmen/investor_relations/finanzberichte/geschaeftsbericht/geschaeftsbericht_2005.html).

Deutscher Bundestag (2004): Antwort der Bundesregierung auf die Große Anfrage der Abgeordneten Horst Friedrich (Bayreuth), Daniel Bahr (Münster), Rainer Brüderle, weiterer Abgeordneter und der Fraktion der FDP, Drucksache 15/3430, Berlin, 28. Juni 2004.

Eisenkopf, A. (2002): Ex ante vs. ex post Regulation in the German Railway Sector, Papier präsentiert auf dem WIP Workshop 2002, Technische Universität Berlin.

Frisch, R. (1936): The Problem of Index Numbers, Econometrica, Vol. 4, S. 1-38.

Gersdorf, H. (2004): Marktöffnung im Eisenbahnsektor, Zeitschrift für das gesamte Handelsrecht und Wirtschaftsrecht (ZHR), Vol. 168, S. 576-612.

Hill, P. / *Esser,* E. / *Schnell,* R. (2004): Methoden der empirischen Sozialforschung, 7. Auflage, München und Wien.

IBM Business Consulting Services / Kirchner, Christian (2003): Liberalisierungsindex Bahn 2002. Vergleich der Marktöffnung in den Eisenbahnmärkten der 15 Mitgliedsstaaten der Europäischen Union, der Schweiz und Norwegens, ohne Ort (http://ec.europa.eu/transport/rail/market/doc/lib-index-report_de.pdf).

– (2004): Liberalisierungsindex Bahn 2004. Vergleich der Marktöffnung in den Eisenbahnmärkten der 15 Mitgliedsstaaten der Europäischen Union, der Schweiz und Norwegens, ohne Ort (http://www.db.de/site/bahn/de/unternehmen/presse/ mediathek/infomaterial/libindex2004.html).

Kromrey, H. (2006): Empirische Sozialforschung, 11. Auflage, Stuttgart.

Löbbe, K. (1993): Qualitätsansprüche der angewandten Wirtschaftsforschung, in: Statistisches Bundesamt (Hrsg.): Qualität statistischer Daten: Beiträge zum wissenschaftlichen Kolloquium am 12./13. November in Wiesbaden, Schriftenreihe „Forum der Bundesstatistik", Band 25, Wiesbaden, S. 46-54.

Milbrath, G. (1982): Probleme der Indexierung volkswirtschaftlich wichtiger Größen, Baden-Baden.

Pällmann, W. (2004): Zehn Jahre Bahnreform: Bilanz und Ausblick, Internationales Verkehrswesen, Jg. 56, S. 127-133.

Püttner, G. (1997): Der regionalisierte Nahverkehr, Baden-Baden.

SCI Verkehr GmbH (2006): Der deutsche Bahnmarkt: Marktanalyse 2006 bis 2011. Akteure, Volumina und Prognosen, Berlin (eine Kurzfassung der Studie wurde publiziert in: ETR – Eisenbahntechnische Rundschau, Nr. 9, September 2006, S. 1-4).

Steer Davies Gleave (2004a): EU Passenger Rail Liberalisation: Extended Impact Assessment. Final Report March 2004, London (http://ec.europa.eu/transport/rail /research/studies_de.htm).

– (2004b): EU Passenger Rail Liberalisation: Extended Impact Assessment. Final Report March 2004. Appendix B, London (http://ec.europa.eu/transport/rail/research/studies_de.htm).

Tegner, H. (2004): Marktzugang im Schienenpersonennahverkehr – Eine politökonomische Analyse, Wirtschaftsdienst, Vol. 84, S. 772-778.

Todaro, M. / *Smith,* S. (2006): Economic Development, 9. Auflage, Harlow, London, New York u.a.

Winnes, M. (2005): Der Ordnungsrahmen im deutschen Nahverkehr. Eine Bestandsaufnahme nach Bahnreform und Regionalisierung, Münster (zugleich Diss., Universität Mannheim).

Die Internetquellen wurden zuletzt am 1. September 2007 aufgerufen.

Verzeichnis der Autoren

Alexander Eisenkopf, Dr., Universitätsprofessor, Zeppelin University Friedrichshafen

Carsten Hahn, Dipl. Kfm., ehemals Zeppelin University Friedrichshafen, heute Lufthansa Technik AG, Frankfurt am Main

Andreas Knorr, Dr., Universitätsprofessor, Deutsche Hochschule für Verwaltungswissenschaften Speyer

Christian Schnöbel, Dipl. Kfm., Zeppelin University Friedrichshafen